PROBLEMA DO SER, DO DESTINO E DA DOR

4ª edição - Março de 2025

Capa
Juliana Mollinari

Imagem Capa
Shuterstock | andreiuc88

Projeto gráfico e diagramação
Juliana Mollinari

Revisão
Alessandra Miranda de Sá

Tradução
Renata Barboza da Silva
Simone T. Nakamura Bele da Silva

Assistente editorial
Ana Maria Rael Gambarini

Coordenação Editorial
Ronaldo A. Sperdutti

Impressão
Gráfica Santa Marta

O produto da venda desta obra é destinado à manutenção das atividades assistenciais da Sociedade Espírita Boa Nova, de Catanduva, SP.

© 2021-2025 by Boa Nova Editora

Av. Porto Ferreira, 1.031 | Parque Iracema
CEP 15809-020 | Catanduva/SP
17.3531-4444

www.**boanova**.net
boanova@boanova.net

Dados Internacionais de Catalogação na Publicação (CIP)
(Câmara Brasileira do Livro, SP, Brasil)

Denis, Léon
    O problema do ser, do destino e da dor / Léon Denis. -- 1. ed. -- Catanduva, SP : Edicel Editora, 2021.

    ISBN 978-65-89547-05-1

    1. Doutrina espírita 2. Espiritismo 3. Filosofia I. Título.

21-78749   CDD-133.901

Índices para catálogo sistemático:

1. Filosofia espírita   133.901

Aline Graziele Benitez - Bibliotecária - CRB-1/3129

Impresso no Brasil – Printed in Brazil
04-03-25-5.000-14.000

PROBLEMA DO SER, DO DESTINO E DA DOR

LÉON DENIS

 **EDICEL®**

LÉON DENIS (1846/1927)

Um dos mais extraordinários espíritas de todos os tempos.

Sucessor e propagador da obra de Allan Kardec, a qual ampliou em termos filosóficos.

Seus elevados conceitos doutrinários alicerçados na mais pura moral cristã e nos ensinamentos dos espíritos lançaram novas luzes sobre a Doutrina Espírita, que enfrentava, na época, a contestação e o desprezo de grupos religiosos e científico-materialistas. Léon Denis a todos respondia com a sua mais pura naturalidade, baseando-se nos ensinamentos do Cristo e na mais alta inspiração dos seus mentores, que, como ele próprio confessava, "nessas horas nunca o abandonaram".

Era também um orador excepcional que sempre atraía multidões, sua vida era regrada pelos exemplos do Divino Mestre, tendo para todos e a qualquer momento sempre uma palavra de ânimo, quando não a própria ajuda material, que para ele mesmo já era escassa.

Atrás de si deixou o exemplo da caridade, da renúncia e do trabalho.

Sua obra doutrinária é básica e enfoca os problemas da angústia e da dor, a destinação do homem e a maneira de compreender e equacionar os obstáculos da vida torrena.

Destacamos as seguintes obras de sua autoria: *Depois da morte*, *Cristianismo e Espiritismo*, *Joana D'Arc médium*, *O porquê da vida* e *No invisível*. Desencarnou trabalhando, aos 81 anos.

SUMÁRIO

O PROBLEMA DA DOR

INTRODUÇÃO

Uma observação dolorosa surpreende o pensador na velhice. Ela se torna ainda mais lastimável em consequência das impressões experimentadas em seu giro pelo mundo espiritual, e ele então reconhece que o ensinamento ministrado pelas instituições humanas em geral – religiões, escolas, universidades –, se nos ensinam muitas coisas supérfluas, em compensação não nos ensinam quase nada do que mais temos necessidade de conhecer para a nossa conduta: a direção da existência terrestre e a preparação para o além.

Aqueles a quem cabe a alta missão de esclarecer e guiar a alma humana parecem ignorar sua natureza e seus verdadeiros destinos.

Nos meios universitários, uma completa incerteza ainda reina sobre a solução do problema mais importante com que o homem se defronta no decorrer de sua passagem pela Terra. Essa incerteza se reflete em todo o ensino. Uma boa parte dos professores e pedagogos afasta sistematicamente de suas lições tudo o que se refere ao problema da vida, às questões de seu objetivo e finalidade.

Encontramos a mesma dificuldade nos líderes religiosos. Por suas afirmações desprovidas de provas, conseguem comunicar às almas sobre as quais têm responsabilidade apenas uma crença que não responde mais à lógica de uma crítica sã nem às exigências da razão.

A rigor, na universidade, assim como na Igreja, modernamente a alma encontra somente obscuridade e contradição em tudo que diz respeito ao problema de sua natureza e de seu futuro. É a esse estado de coisas que é preciso atribuir, em grande parte, os males de nosso tempo: a incoerência das ideias, a desordem da consciência, a anarquia moral e social.

A educação dispensada às gerações é complicada: não lhes esclarece o caminho da vida e não as estimula para as lutas da existência. O ensino clássico habilita a cultivar, a ornar a inteligência, mas não ensina a agir, a amar, a se dedicar nem a alcançar uma concepção do destino que desenvolva as energias profundas do eu e oriente nossos impulsos, nossos esforços, para um objetivo elevado. No entanto, essa concepção é indispensável a todo ser, a toda sociedade, porque é o sustentáculo, a consolação suprema nas horas difíceis, a fonte das virtudes atuantes e das altas inspirações.

Carl du Prel[1] relata o seguinte fato[2]:

"Um dos meus amigos, professor da universidade, sentiu a dor de perder sua filha, o que reavivou nele o problema da imortalidade. Ele se dirigiu aos seus colegas, professores de filosofia, esperando encontrar consolação em suas respostas. Teve uma amarga decepção: havia pedido pão e lhe ofereciam pedra; procurava uma afirmação e respondiam-lhe com um 'talvez'."

Francisque Sarcey, modelo completo do professor da universidade, escreveu[3]: "Estou na Terra. Ignoro absolutamente como vim e como fui lançado aqui. Ignoro ainda mais como sairei daqui e o que acontecerá quando sair".

Não se pode confessar mais francamente: a filosofia da escola, após tantos séculos de estudo e trabalho, ainda é apenas uma doutrina sem luz, sem calor, sem vida[4]. A alma de nossos filhos, sacudida entre sistemas diversos e contraditórios – o positivismo de Auguste Comte, o naturalismo de

---

1 Carl du Prel (1839-1899): destacado filósofo alemão e um dos importantes pensadores modernos, grande defensor das ideias espíritas no seu tempo contra os materialistas. Deixou muitas obras publicadas (Nota do Editor).
2 Carl du Prel. *La mort et l'au-delà* (A morte e o além).
3 *Petit Journal*, "Crônica", 7 de março de 1894.
4 A propósito dos exames universitários, M. Ducros, sub-reitor da Faculdade de Aix, escreveu no *Journal des Débats* (*Jornal dos Debates*), em 3 de maio de 1912: "Parece que existe entre o discípulo e as coisas um como anteparo, não sei que nuvem de palavras aprendidas, fatos dispersos e opacos. É sobretudo na filosofia que se prova esta triste impressão".

Hegel, o materialismo de Stuart Mill, o ecletismo de Cousin[5] etc. –, flutua incerta, sem ideal, sem um objetivo preciso.

Daí o desânimo precoce e o pessimismo desanimador, doenças das sociedades decadentes, ameaças terríveis para o futuro, às quais se acrescenta o ceticismo amargo e zombeteiro de tantos jovens que acreditam apenas no dinheiro e honram apenas o sucesso.

O ilustre professor Raoul Pictet assinala esse estado de espírito na introdução de sua última obra sobre as ciências psíquicas[6]. Ele fala do efeito desastroso produzido pelas teorias materialistas sobre a mentalidade de seus alunos e conclui assim:

"Esses pobres jovens admitem que tudo o que se passa no mundo é efeito necessário e fatal de condições primárias, em que a vontade não intervém. Consideram que sua própria existência é, forçosamente, joguete da fatalidade inevitável, à qual estão ligados, de pés e mãos atados. Esses jovens param de lutar logo que encontram as primeiras dificuldades. Não acreditam mais em si mesmos. Tornam-se túmulos vivos, onde guardam, confusamente, suas esperanças, seus esforços, seus desejos, fossa comum de tudo o que lhes fez bater o coração até o dia do envenenamento. Tenho visto esses cadáveres diante de suas carteiras e no laboratório, e têm-me causado pena."

Tudo isso não é somente aplicável a uma parte de nossa juventude, mas também a muitos homens de nosso tempo e de nossa geração, nos quais podemos constatar um sintoma de cansaço moral e de abatimento.

---

5 Auguste Comte (francês). J. G. Friedrich Hegel (alemão), J. Stuart Mill (inglês) e Victor Cousin (francês): filósofos de grande influência. Positivismo, naturalismo e materialismo são doutrinas filosóficas, enquanto ecletismo é um método que consiste em reunir teses de doutrinas diversas (N.E.).

6 *Etude critique du matérialisme et du spiritualisme, pour la physique expérimentale (Estudo crítico do materialismo e do espiritualismo pela física experimental)*.

F. Myers[7] também o reconhece: "Há como que uma inquietude, um descontentamento, uma falta de confiança no verdadeiro valor da vida. O pessimismo é a doença moral de nosso tempo"[8]. As teorias de além-Reno[9], as doutrinas de Nietzsche, de Schopenhauer, Haeckel[10], dentre outros, muito contribuíram para desenvolver esse estado de coisas. Sua influência se espalha por toda parte. Deve-se atribuir a eles, em grande parte, esse lento trabalho, obra obscura de ceticismo e desencorajamento que se desenvolve na alma contemporânea.

É tempo de reagir com vigor contra essas doutrinas funestas e de procurar, fora da órbita oficial e das velhas crenças, novos métodos de ensino que respondam às imperiosas necessidades do momento presente. É preciso preparar os espíritos para as necessidades, os combates da vida atual e das vidas futuras; é preciso, sobretudo, ensinar o ser humano a se conhecer, a desenvolver, em vista de seus objetivos, as forças latentes que nele dormem.

Até aqui, o pensamento esteve limitado a círculos estreitos: religiões, escolas ou sistemas que se digladiam e se combatem reciprocamente. Daí essa divisão profunda das ideias, essas correntes violentas e contrárias que perturbam e transtornam o meio social.

Aprendamos a sair desses círculos rígidos e a dar livre expansão ao pensamento. Cada sistema contém uma parte de verdade; nenhum contém a realidade por completo. O universo e a vida possuem aspectos bastante variados, bastante numerosos para que algum sistema possa abarcar todos. Dentre essas concepções absurdas, é preciso recolher os fragmentos de verdade que elas contêm, aproximá-los e colocá-los de

---

7 Friedrich Myers (1834-1901): professor da Universidade de Cambridge (Inglaterra). Seus estudos contribuíram para o entrelaçamento da ciência com a ideia de um Criador. No meio científico defendeu postulados espíritas, como as vidas sucessivas e a reencarnação. Ferrenho opositor do materialismo, é considerado uma das inteligências brilhantes de sua época (N.E.).

8 Friedrich Myers. *Human personality (Personalidade humana)*.

9 O autor, ao usar o termo "além-Reno", refere-se à Alemanha (N.E.).

10 Nietzsche, Schopenhauer, Haeckel: os dois primeiros filósofos e o último biólogo alemães (N.E.).

acordo. Depois, unindo-os aos novos e múltiplos aspectos da verdade que descobrimos a cada dia, caminharmos rumo à unidade majestosa e à harmonia do pensamento.

A crise moral e a decadência de nossa época provêm, em grande parte, do fato de o espírito humano ter se imobilizado durante muito tempo. É preciso tirá-lo da inércia, das rotinas seculares, levá-lo às mais elevadas altitudes, sem perder de vista as bases sólidas que vêm oferecer-lhe uma ciência engrandecida e renovada. É esta ciência do amanhã que trabalhamos para que seja constituída. Ela nos fornecerá o critério indispensável, os meios de verificação e de comparação sem os quais o pensamento, entregue a si mesmo, sempre correrá o risco de se perder.

A perturbação e a incerteza que verificamos no ensino repercutem e se encontram, como dissemos, em toda ordem social.

Por toda parte, há um estado de crise inquietante. Sob a superfície brilhante de uma civilização refinada, esconde-se um mal-estar profundo. A irritação cresce nas classes sociais. O conflito de interesses, a luta pela vida tornam-se, dia a dia, mais ásperos. O sentimento do dever tem-se enfraquecido na consciência popular a tal ponto que muitos homens nem mesmo sabem onde está o dever. A lei do número, ou seja, da força cega, domina mais do que nunca. Retóricos[11] mentirosos dedicam-se a desencadear as paixões, os maus instintos da multidão, a espalhar teorias nocivas, às vezes criminosas. Depois, quando a maré sobe e o vento sopra em tempestade, eles se escondem e afastam de si toda a responsabilidade.

Onde está, então, a explicação desse mistério, dessa contradição notável entre as aspirações generosas de nosso tempo e a realidade brutal dos fatos? Por que um regime que havia

---

11 Retórico: orador que faz discurso pomposo e sem conteúdo (N.E.).

despertado tantas esperanças ameaça chegar à anarquia, à ruptura de todo o equilíbrio social?

A implacável lógica vai nos responder: a democracia, radical ou socialista, nas massas profundas e em seu espírito dirigente, inspirando-se nas doutrinas negativistas, podia chegar somente a um resultado negativo para a felicidade e a elevação da humanidade. Tal o ideal, tal o homem; tal a nação, tal o país!

As doutrinas negativistas, em suas consequências extremas, levam fatalmente à anarquia, ou seja, ao vácuo, ao nada social. A história humana já teve, diversas vezes, essa dolorosa experiência.

Enquanto se tratou de destruir os restos do passado, de dar o último golpe nos privilégios que restavam, a democracia serviu-se habilmente de seus meios de ação. Porém, hoje, o que importa é construir a cidade do futuro, o vasto edifício que deve abrigar o pensamento das gerações. E, diante dessas tarefas, as doutrinas mostram sua insuficiência e revelam sua fragilidade; vemos os melhores operários se debaterem em uma espécie de impotência material e moral.

Nenhuma obra humana pode ser grande e durável se não se inspirar, na teoria e na prática, em seus princípios e em suas aplicações, nas leis eternas do universo. Tudo o que é concebido e edificado fora das leis superiores se constrói na areia e afunda.

Acontece que as doutrinas do socialismo atual têm um erro essencial. Elas querem impor uma regra em contradição com a natureza da verdadeira lei da humanidade: o nível igualitário.

A evolução gradual e progressiva é a lei fundamental da natureza e da vida. É a razão de ser do homem, a norma do universo. Posicionar-se contra ela, substituir-lhe por outro o fim, seria tão insensato quanto querer parar o movimento da Terra ou o fluxo e refluxo das marés.

O lado mais fraco da doutrina socialista é a ignorância absoluta do homem, de seu princípio essencial, das leis que dirigem o seu destino. E, quando se ignora o homem individual, como se poderia governar o homem social?

A origem de todos os nossos males está em nossa falta de saber e em nossa inferioridade moral. Toda sociedade permanecerá fraca e dividida enquanto a desconfiança, a dúvida, o egoísmo, a inveja e o ódio a dominarem. Não se transforma uma sociedade por meio das leis. As leis e as instituições não seriam nada sem os costumes, sem as crenças elevadas. Quaisquer que sejam a forma política e a legislação de um povo, se ele possui bons costumes e convicções firmes, será sempre mais feliz e mais poderoso do que um outro povo de moralidade inferior.

Para melhorar a forma de uma sociedade, sendo ela o resultado das forças individuais, boas ou más, é preciso agir inicialmente sobre a inteligência e a consciência dos indivíduos.

Porém, para a democracia socialista, o homem interior, o homem da consciência individual, não existe; a coletividade o absorve por completo. Os princípios que adota não passam de uma negação de toda filosofia elevada e de toda causa superior. Não se procura outra coisa a não ser conquistar direitos. Entretanto, o gozo dos direitos não pode ser obtido sem a prática dos deveres. O direito sem o dever, que o limita e o corrige, produz apenas novas aflições, novos sofrimentos.

Eis por que o impulso formidável do socialismo não faz nada mais do que deslocar os apetites, as ambições, as causas das doenças, e substituir as opressões do passado por um despotismo[12] novo, ainda mais intolerável. Vemos isso no exemplo da Rússia.

Já podemos medir a extensão dos desastres causados pelas doutrinas negativistas. O determinismo, o materialismo, ao negar a liberdade humana e a responsabilidade, minam as próprias bases da ética universal. O mundo moral não passa de um anexo da fisiologia, ou seja, o reinado, a manifestação da força cega e irresponsável. Os espíritos de elite professam

---

12 Despotismo: sistema de governo que se funda no poder de dominação sem freios (N.E.).

o niilismo metafísico[13], e a massa humana, o povo, sem crenças, sem princípios determinados com exatidão, fica entregue a homens que exploram suas paixões e especulam com suas ambições.

O positivismo[14], apesar de ser menos absoluto, não é menos prejudicial em suas consequências. Por sua teoria do desconhecido, suprime as noções de objetivo e de larga evolução. Ele pega o homem na fase atual de sua vida, simples fragmento de seu destino, e o impede de ver para diante e para trás de si; método estéril e perigoso, feito, parece, para cegos de espírito e que se tem proclamado, muito falsamente, como a mais bela conquista do espírito moderno.

Esse é o estado atual da sociedade. O perigo é imenso e, se alguma grande renovação espiritualista e científica não se produzisse, o mundo acabaria na incoerência e na confusão.

Nossos homens de governo já sentem o que lhes custa viver numa sociedade em que as bases essenciais da moral estão abaladas, em que as leis são brandas, frágeis ou superficiais, em que tudo se confunde, até mesmo a noção elementar do bem e do mal.

É verdade que as Igrejas, apesar de suas fórmulas antiquadas e de seu espírito contrário ao progresso, ainda agrupam ao redor de si muitas almas sensíveis; porém, tornaram-se incapazes de afastar o perigo, pela impossibilidade em que se colocaram de fornecer uma definição precisa do destino humano e do além, apoiada em fatos comprovados.

---

13 Niilismo metafísico: doutrina materialista segundo a qual só haverá progresso e avanço para o homem após a destruição do que existe na sociedade quanto aos conhecimentos adquiridos no campo da crença em um poder criador, de onde derivam a vida e todas as coisas (N.E.).

14 Positivismo: doutrina filosófica do francês Augusto Comte (1798-1875) baseada na investigação científica. Ensina que é pelo conhecimento científico (aplicação da ciência) que se resolvem os problemas sociais. Essa filosofia teve de início grande influência sobre os militares, políticos e intelectuais brasileiros no século 18. A divisa "Ordem e Progresso", da bandeira brasileira, é um conceito da filosofia positivista. Do positivismo deriva o que conhecemos hoje como sociologia (N.E.).

A humanidade, cansada de dogmas[15] e de especulações sem provas, mergulhou no materialismo ou na indiferença. Não há salvação para o pensamento, senão por uma doutrina baseada na experiência e no testemunho dos fatos.

De onde virá essa doutrina? Do abismo em que nos arrastamos, que poder nos livrará? Que ideal novo virá dar ao homem a confiança no futuro e o fervor pelo bem? Nas horas trágicas da História, quando todos pareciam desesperados, o socorro nunca faltou. A alma humana não pode afundar inteiramente e morrer. No momento em que as crenças do passado se esgotam, uma concepção nova da vida e do destino, baseada na ciência dos fatos, reaparece. A grande tradição revive sob formas engrandecidas, mais jovens e mais belas. Ela mostra a todos um futuro cheio de esperança e de promessas. Saudemos o novo reino da ideia vitoriosa da matéria e trabalhemos para preparar seus caminhos!

A tarefa a cumprir é grande, e a educação do homem deve ser totalmente refeita. Essa educação, como vimos, nem a universidade nem a Igreja estão em condições de fornecer, uma vez que não possuem mais as sínteses necessárias para esclarecer a marcha das novas gerações. Apenas uma doutrina pode oferecer essa síntese: a do Espiritismo; ela já sobe no horizonte do mundo intelectual e parece iluminar o futuro.

A essa filosofia, a essa ciência livre, independente, desprovida de toda pressão oficial, de todo compromisso político, as descobertas contemporâneas trazem a cada dia novas e preciosas contribuições. Os fenômenos do magnetismo, da radioatividade, da telepatia, são aplicações de um mesmo princípio, manifestações de uma mesma lei que rege, ao mesmo tempo, o ser e o universo.

Mais alguns anos de trabalho paciente, de experimentação conscienciosa, de pesquisas contínuas, e a nova educação terá encontrado sua fórmula científica, sua base essencial.

15 Dogma: ensinamento, conceito ou regra formulada por dirigente religioso ou associação religiosa com os quais impõe aos seus seguidores, de forma autoritária e indiscutível, as regras de conduta e sua maneira de interpretar os textos sagrados (N.E.).

Esse acontecimento será o maior fato da História desde o aparecimento do Cristianismo.

A educação, sabemos, é o fator mais poderoso do progresso; ela contém a origem do futuro. Mas, para ser completa, deve se inspirar no estudo da vida sob suas duas formas alternantes, visível e invisível, em sua plenitude[16], em sua evolução crescente em direção aos cimos da natureza e do pensamento.

Os mestres dirigentes da humanidade têm um dever imediato a cumprir. É o de recolocar o espiritualismo na base da educação, de trabalhar para refazer o homem interior e a saúde moral. É preciso despertar a alma humana, adormecida por uma teoria destrutiva, mostrar-lhe seus poderes ocultos, fazê-la ter consciência de si mesma, para realizar seu glorioso destino.

A ciência moderna analisou o mundo exterior; suas descobertas no universo objetivo são profundas: isso será sua honra e sua glória; mas ainda não sabe nada sobre o universo invisível e o mundo interior. É esse o império ilimitado que lhe resta conquistar. Saber por quais laços o homem se liga ao conjunto, descer às sinuosidades[17] misteriosas do ser, onde a sombra e a luz se misturam como na caverna de Platão[18], percorrer seus labirintos, os redutos secretos, procurar conhecer o "eu" moral e o "eu" profundo, a consciência e a subconsciência: não há estudo mais necessário que esse. Enquanto as escolas e as academias não o tiverem introduzido em seus programas, nada terão feito pela educação definitiva da humanidade.

---

16 Plenitude: qualidade daquilo que é completo, inteiro (N.E.).

17 Sinuosidade: que apresenta curvas irregulares. Nesse caso, que não se manifesta com franqueza (N.E.).

18 No seu livro *A República*, Platão desenvolve a ideia de O Mito da Caverna, na qual um espectador, apreciando as imagens refletidas no fundo da caverna onde está, julga ver o que é real, quando o que de fato vê são imagens que vêm de um mundo exterior, que ele não vê. A vida na Terra seria, assim, a imagem refletida na parede do fundo da caverna, onde nós estamos vivendo; é ilusória. E a vida real é a do Espírito, que nós não vemos, mas que existe (N.E.).

Porém, já vemos surgir e se constituir uma psicologia totalmente maravilhosa e imprevista, de onde vão derivar uma nova concepção do ser e a noção de uma lei superior, que engloba e resolve todos os problemas da evolução e do futuro.

Um tempo se acaba; novos tempos se anunciam. A hora em que estamos é de crise, de parto doloroso. As formas esgotadas do passado empalidecem e se desfazem para dar lugar a outras, de início vagas e confusas, mas que se definem cada vez mais. Nelas se esboça o pensamento crescente da humanidade.

O espírito humano está em trabalho, por toda parte, sob a aparente decomposição das ideias e dos princípios. Em tudo, na ciência, na arte, na filosofia e até mesmo no seio das religiões, o observador atento pode constatar que uma lenta e trabalhosa gestação se produz. A ciência, especialmente, lança em abundância sementes de ricas promessas. O século que começa será o de poderosas descobertas.

As formas e as concepções do passado, dizíamos, não são suficientes. Por mais respeitável que pareça essa herança, apesar do sentimento piedoso com que se podem considerar os ensinamentos legados por nossos pais, sente-se, geralmente, compreende-se, que eles não foram suficientes para desfazer o mistério sufocante do porquê da vida.

Entretanto, atualmente, pode-se viver e agir com mais intensidade do que nunca. Mas é possível viver e agir plenamente sem ter consciência do objetivo a ser atingido? O estado da alma contemporânea pede, reclama, uma ciência, uma arte, uma religião de luz e liberdade que venham dissipar-lhe as dúvidas, libertá-la das velhas servidões e das misérias do pensamento, guiá-la para os horizontes radiosos onde se sente levada por sua própria natureza e pelo impulso de forças irresistíveis.

Muito se fala sobre progresso, mas o que se entende por progresso? É uma palavra vazia e sonora na boca dos oradores, para a maior parte dos materialistas, ou possui um sentido determinado? Vinte civilizações passaram sobre a Terra, iluminando com suas luzes a marcha da humanidade. Seus grandes focos brilharam na noite dos séculos e depois se apagaram. E o homem ainda não distingue, atrás dos horizontes limitados de seu pensamento, o além sem limites para onde o destino o leva; sem condições de solucionar o mistério que o rodeia, usa sua força nas obras da Terra e foge aos esplendores de sua tarefa espiritual, que fará sua verdadeira grandeza.

A fé no progresso não caminha sem a fé no futuro, no futuro de cada um e de todos. Os homens só progridem e só avançam se acreditarem nesse futuro e se marcharem com confiança, com certeza, para o ideal entrevisto.

O progresso não consiste somente nas obras materiais, na criação de máquinas poderosas e de todo equipamento industrial; não consiste, igualmente, em descobrir processos novos de arte, de literatura ou de formas de eloquência. Seu objetivo mais alto é agarrar, atingir a ideia primordial, a ideia-mãe que fecundará toda a vida humana, a fonte elevada e pura de onde derivarão, ao mesmo tempo, as verdades, os princípios, os sentimentos que inspirarão as obras importantes e as nobres ações.

É tempo de compreendê-lo: a civilização só poderá engrandecer-se, a sociedade só pode subir se um pensamento sempre mais elevado, se uma luz mais viva vierem inspirar, esclarecer os espíritos e tocar os corações, renovando-os. Somente a ideia e o pensamento levam à ação. Somente a vontade de realizar a plenitude do ser, cada vez melhor, cada vez maior, pode nos conduzir aos cimos longínquos em que a ciência, a arte e toda obra humana, em uma palavra, encontrarão sua expansão, sua regeneração.

Tudo nos diz isso: o universo é regido pela lei de evolução; é isso o que entendemos pela palavra progresso. E nós mesmos, em nosso princípio de vida, em nossa alma e nossa consciência, estamos sempre submetidos a essa lei. Não se pode desconhecer hoje essa força soberana que conduz a alma e suas obras através do infinito do tempo e do espaço, rumo a um objetivo sempre mais elevado; mas uma lei assim só pode concretizar-se por nossos esforços.

Para fazer obra útil, para cooperar com a evolução geral e recolher nela todos os frutos, é preciso antes aprender a distinguir, a reconhecer a razão, a causa e o objetivo dessa evolução, saber aonde ela conduz, a fim de participar, na plenitude das forças e das faculdades que dormem em nós, dessa ascensão grandiosa.

Nosso dever é o de traçar o caminho à humanidade futura da qual ainda faremos parte integrante, como nos ensina a comunhão das almas, a revelação dos grandes instrutores invisíveis, do mesmo modo que a natureza ensina, por suas milhares de vozes e pela renovação eterna de todas as coisas, àqueles que sabem estudá-la e compreendê-la.

Vamos rumo ao futuro, rumo à vida sempre renascente, pelo caminho imenso que nos abre o Espiritismo!

Tradições, ciências, filosofias, religiões, iluminai-vos com uma chama nova; sacudi vossos velhos sudários[19] e as cinzas que os cobrem. Escutai as vozes reveladoras do túmulo, elas nos trazem uma renovação do pensamento com os segredos do além, que o homem tem necessidade de conhecer para melhor viver, melhor agir e melhor morrer!

LÉON DENIS

---

19 Sudário: espécie de lençol com o qual antigamente se envolviam os corpos dos mortos para o sepultamento. Mortalha (N.E.).

O PROBLEMA DO SER

Estudos experimentais sobre os aspectos ignorados do ser
humano – As personalidades duplas – A consciência
profunda – A renovação da memória – As vidas anteriores
e sucessivas etc.

1 – A EVOLUÇÃO DO PENSAMENTO

Uma lei, já o dissemos, rege a evolução do pensamento, assim como a evolução física dos seres e dos mundos; a compreensão do universo se desenvolve com o progresso do espírito humano.

Essa concepção geral do universo e da vida foi expressa de mil maneiras, sob mil formas diferentes no passado. Ela o é hoje, em termos mais amplos, e o será sempre, com mais amplitude, à medida que a humanidade escalar os degraus de sua ascensão.

A ciência vê alargar-se sem cessar o seu campo de exploração. Todos os dias, com a ajuda de seus poderosos instrumentos de observação e de análise, ela descobre novos aspectos da matéria, da força e da vida, mas o que ela constata o espírito já havia percebido há muito tempo, pois o voo do pensamento está sempre adiante e supera os meios de ação da ciência positiva. Os instrumentos não seriam nada sem a inteligência, sem a vontade que os dirige.

A ciência é incerta e mutável, renova-se sem cessar. Seus métodos, suas teorias e seus cálculos, edificados com bastante dificuldade, desabam diante de uma observação mais atenta ou uma indução mais profunda, para dar lugar a outras teorias que por sua vez não serão definitivas[1]. A ciência nuclear, por exemplo, derrubou a teoria do átomo indivisível que, há dois mil anos, servia de base à física e à química. Quantas descobertas semelhantes demonstraram no passado

1 O professor Charles Richet assim o reconhece: "A ciência nunca deixou de ser uma série de erros e aproximações, constantemente evoluindo para constantemente cair com rapidez tanto maior quanto mais elevado o seu grau de adiantamento" (*Annales des Sciences Psychiques – Anais das Ciências Psíquicas*, janeiro de 1905).
Nota do Editor: o autor citou, na nota acima, Charles Richet (1850-1935), um notável médico fisiologista francês (prêmio Nobel de 1913), que com sua inteligência prestou grande serviço à ciência.

a fraqueza do espírito científico! Este só chegará à realidade quando se elevar acima da miragem dos fatos materiais, rumo à região das causas e das leis.

Foi dessa maneira que a ciência pôde determinar os princípios imutáveis da lógica e da matemática. Não acontece o mesmo com os outros campos de pesquisa. O sábio, na maior parte das vezes, para ela leva os seus preconceitos, tendências e rotinas e todos os elementos de uma personalidade pouco desenvolvida, como podemos constatar no domínio dos estudos psíquicos, sobretudo na França, onde até agora foram encontrados poucos sábios corajosos e verdadeiramente esclarecidos para seguir uma estrada já amplamente trilhada pelas mais belas inteligências de outras nações.

Apesar de tudo, o espírito humano avança passo a passo no conhecimento do ser e do universo. Nossas informações sobre a força e a matéria se modificam a cada dia; a personalidade humana se revela sob aspectos inesperados. Em presença de tantos fenômenos experimentalmente constatados, em presença de testemunhos que se acumulam de todas as partes[2], nenhum espírito inteligente e perspicaz pode continuar a negar a realidade da sobrevivência do espírito; nada mais pode escapar às consequências morais e às responsabilidades que ela acarreta.

O que dizemos da ciência, poderíamos igualmente dizer da filosofia e das religiões que surgiram no decurso dos séculos. Elas constituem outras tantas etapas ou trechos percorridos pela humanidade, ainda criança, elevando-se a planos espirituais cada vez mais vastos e ligados entre si. Em seu encadeamento, essas crenças diversas nos aparecem como o desenvolvimento gradual do ideal divino, refletido no pensamento, com tanto mais brilho e pureza quanto melhor e mais puro vai se tornando.

É essa a razão pela qual as crenças e o conhecimento de um tempo ou de um meio parecem ser, para o tempo ou o meio em que reinam, a representação da verdade como os

---

2 Ver a minha obra *No invisível*, Editora Edicel

homens dessa época podem alcançá-la e compreendê-la, até que o desenvolvimento de suas faculdades e de sua consciência os torne aptos a perceber uma forma mais elevada, uma radiação mais intensa dessa verdade.

Sob esse ponto de vista, o próprio fetichismo[3] se explica, apesar de seus ritos sangrentos. São as primeiras palavras da alma infantil, tentando soletrar a linguagem divina e fixando, em traços grosseiros, sob as formas apropriadas ao seu estado mental, sua concepção vaga, confusa, rudimentar, de um mundo superior.

O paganismo representa um conceito mais elevado, embora bastante antropomórfico[4]. Nele, os deuses são semelhantes aos homens; possuem todas as paixões, todas as fraquezas. Mas, agora, a noção do ideal se purifica com a do bem. Um raio da eterna beleza vem fecundar as civilizações no berço.

Mais acima vem a ideia cristã, repleta de sacrifício, de renúncia em sua essência. O paganismo grego era a religião da natureza radiosa; o Cristianismo é a da humanidade sofredora, religião das catacumbas, das criptas[5] e dos túmulos, que teve seu início na perseguição e na dor, e guarda a marca de sua origem. Reação necessária contra a sensualidade pagã, se tornará, por seu próprio exagero, impotente para vencê-la, porque com o ceticismo[6] a sensualidade renascerá.

O Cristianismo, em sua origem, deve ser considerado o maior esforço tentado pelo mundo invisível para se comunicar ostensivamente com a nossa humanidade. É, segundo a expressão de F. Myers, "a primeira mensagem autêntica do além". Já as religiões pagãs eram ricas em fenômenos ocultos de todos os gêneros e de adivinhações. Mas a ressurreição, ou seja, as aparições do Cristo materializado após sua morte,

---

3 Fetichismo: culto de objetos materiais, considerados a encarnação de um espírito, ou em ligação com ele, e possuidores de poderes sobrenaturais (N.E.).
4 Antropomórfico: que tem forma semelhante à do homem (N.E.).
5 Cripta: nesse caso, galeria subterrânea na qual se encontravam os cristãos perseguidos na época em que o Cristianismo era proibido (N.E.).
6 Ceticismo: descrença, estado de quem duvida de tudo (N.E.).

constitui a manifestação mais poderosa de que os homens têm sido testemunhas. Ela foi o sinal da entrada em cena do mundo dos espíritos, que se produziu de mil maneiras nos primeiros tempos cristãos. Dissemos, aliás, em outra obra[7], como e por que, pouco a pouco, o véu do além foi se abaixando e o silêncio se fez, salvo para alguns privilegiados: videntes, extáticos[8] e profetas.

Assistimos hoje a um novo impulso do mundo invisível na História. As manifestações do além, de passageiras e isoladas, tendem a tornar-se permanentes e universais. Um caminho se estabelece entre os dois mundos, a princípio simples pista, atalho estreito, mas que se alarga, melhora pouco a pouco até se tornar uma estrada larga e segura. O Cristianismo teve como ponto de partida fenômenos de natureza semelhante àqueles constatados em nossos dias no domínio das ciências psíquicas. É por meio desses fatos que se revelam a influência e a ação de um mundo espiritual, verdadeira morada e eterna pátria das almas. Por eles, um imenso azul se abre sobre a vida infinita; a esperança vai renascer nos corações angustiados, e a humanidade irá se reconciliar com a morte.

As religiões têm contribuído de forma determinante para a educação humana; têm colocado um freio às paixões violentas, à barbárie das idades do ferro e gravado fortemente a noção moral no fundo da consciência. A estética religiosa criou obras-primas em todos os domínios; participou de forma ativa na revelação da arte e da beleza que se manifestaram no decorrer dos séculos. A arte grega criou que se erguem, bíblias de pedra sob o céu, com suas notáveis torres esculpidas, suas naves imponentes, cheias de vibração da música dos

---

7 Ver *Cristianismo e Espiritismo*, capítulo 5, Ed. FEB.
8 Extático: que entra em transe. É quando o espírito do médium alcança estados de extraordinária independência em relação ao corpo físico e penetra mundos desconhecidos, enquanto nos sonhos e no sonambulismo o espírito percorre o mundo terrestre. Ver *O Livro dos Espíritos*, questão 455 (N.E.).

órgãos e dos cânticos sagrados, suas altas ogivas, de onde a luz desce em ondas e se derrama pelos afrescos e estátuas; mas seu papel está se acabando, porque hoje ela repete a si mesma, ou descansa, exausta.

O erro religioso, principalmente o católico, não pertence à ordem estética, que não se engana: ele é de ordem lógica. Consiste em encerrar a religião em dogmas estreitos, em formas rígidas. Uma vez que o movimento constitui a própria lei da vida, o Catolicismo imobilizou o pensamento, em vez de provocar sua expansão.

Está na natureza do homem esgotar todas as formas de uma ideia, ir até os extremos antes de retomar o curso inicial de sua evolução. Cada verdade religiosa, afirmada por um inovador, se enfraquece e se altera com o tempo, por serem os discípulos quase sempre incapazes de se manter à altura a que o Mestre os atraíra. A doutrina torna-se, desde esse momento, uma fonte de abusos e provoca, pouco a pouco, um movimento contrário, no sentido do ceticismo e da negação. Depois da fé cega vem a incredulidade; o materialismo faz sua obra, e somente quando ele mostra toda a sua impotência na ordem social é que uma renovação idealista se torna possível.

Desde os primeiros tempos do Cristianismo, correntes diversas – judaica, helênica[9], gnóstica[10] – se misturam e se chocam no leito da religião nascente. Cismas vêm à luz; as rupturas e os conflitos se sucedem, no meio dos quais o pensamento do Cristo vai pouco a pouco se encobrindo e se obscurecendo. Mostramos de quais alterações, de quais modificações sucessivas a doutrina cristã foi objeto no decorrer dos tempos[11]. O verdadeiro Cristianismo foi uma lei de amor e liberdade; as Igrejas fizeram dele uma lei de temor e escravidão.

---

9 Helênico: relativo ou pertencente à Grécia antiga (N.E.).

10 Gnóstico: que segue os ensinamentos da gnose (busca interior ou autoconhecimento), cujas origens estão nas antigas religiões orientais e nos filósofos gregos, especialmente em Sócrates e Platão (N.E.).

11 *Cristianismo e Espiritismo*, primeira parte, Ed. FEB.

Daí os pensadores se afastarem gradualmente da Igreja; daí o enfraquecimento do espírito religioso.

Por causa da perturbação que invadiu os espíritos e as consciências, o materialismo ganhou terreno. Sua moral, dita científica, que proclama a necessidade da luta pela vida, o desaparecimento dos fracos e a seleção dos fortes, reina hoje soberanamente na vida pública e na individual. Todas as atividades se voltam para a conquista do bem-estar e dos prazeres físicos. Por falta de preparação moral e de disciplina, a alma perde sua força; o mal-estar e a discórdia se espalham por toda parte, nas famílias, nas nações. É, dizíamos, um período de crise. Nada morre, apesar das aparências; tudo se transforma e se renova. A dúvida que persegue as almas em nossa época prepara o caminho para as convicções de amanhã, para a fé inteligente e esclarecida que reinará sobre o futuro e se estenderá a todos os povos, a todas as raças.

Embora ainda jovem e dividida pelas necessidades de território, de distância e de clima, a humanidade começou a tomar consciência de si mesma. Acima e fora das incompatibilidades políticas e religiosas, agrupamentos de inteligências se constituem. Homens preocupados com os mesmos problemas, instigados pelos mesmos cuidados, inspirados pelo invisível, trabalham numa obra comum e perseguem as mesmas soluções. Pouco a pouco os elementos de uma ciência psicológica e de uma crença universal aparecem, fortificam-se e aumentam. Um grande número de testemunhas imparciais vê nisso o início de um movimento do pensamento que tende a abranger todas as sociedades da Terra.[12]

A ideia religiosa acaba de percorrer seu ciclo inforior, e os planos de uma espiritualidade mais alta vão se esboçando. Pode- se dizer que a religião é o esforço da humanidade para se comunicar com a essência eterna e divina. Eis por que

---

12 Sir O. Lodge, reitor da Universidade de Birmingham, membro da Academia Real, vê nos estudos psíquicos o próximo advento de uma nova e mais livre religião (*Anais das Ciências Psíquicas*, dezembro de 1905). Ver também Maxwell, procurador-geral na Corte de Apelação de Paris (*Les phenomènes psychiques – Os fenômenos psíquicos*).

sempre haverá religiões e cultos cada vez maiores e de acordo com as leis superiores da estética, que são a expressão da harmonia universal. O belo, em suas regras mais elevadas, é uma lei divina, e suas manifestações, ligadas à ideia de Deus, revestirão forçosamente um caráter religioso.

À medida que o pensamento evolui, missionários de todas as ordens vêm provocar a renovação religiosa no seio da humanidade. Assistimos ao começo de uma dessas renovações, bem maior e bem mais profunda que as anteriores. Já não tem somente homens por representantes e intérpretes, o que tornaria essa revelação tão precária quanto as outras. São os espíritos inspiradores, os gênios do espaço, que exercem ao mesmo tempo sua ação sobre toda a superfície do globo e em todos os domínios do pensamento. Sobre todos os pontos, aparece o Espiritismo. E logo surge a pergunta: "O que é você? Ciência ou religião? Espíritos de pouco alcance, vocês julgam que o pensamento deve seguir eternamente os caminhos abertos pelo passado?"

Até aqui, todos os domínios intelectuais têm sido separados uns dos outros, cercados de barreiras, de muralhas, a ciência de um lado, a religião de outro; a filosofia e a metafísica[13] estão eriçadas de espinhos impenetráveis. Quando tudo é simples, vasto e profundo no domínio da alma como no do universo, o espírito de sistema tudo complica, diminui, divide. A religião foi emparedada no sombrio cárcere dos dogmas e dos mistérios; a ciência, aprisionada nas mais baixas camadas da matéria. Essa não é a verdadeira religião, nem a verdadeira ciência. Bastará elevar-se acima dessas classificações arbitrárias[14] para compreender que tudo se concilia e se reconcilia em uma visão mais alta.

Nos dias de hoje, nossa ciência, ainda que elementar, quando estuda o espaço e os mundos, não provoca imediatamente um sentimento de entusiasmo, de admiração quase

---

13 Metafísica: segundo Aristóteles, estudo do ser como ser e sobre os princípios e causas primeiras do ser (N.E.).
14 Arbitrário: que resultou do desejo de alguém; que não respeita regras (N.E.).

religiosa? Lede as obras dos grandes astrônomos, dos matemáticos de gênio. Eles vos dirão que o universo é um prodígio de sabedoria, de harmonia, de beleza e que, no conjunto dessas leis superiores, se realiza a união da ciência, da arte e da religião pela visão de Deus em sua obra. Chegado a essas alturas, o estudo torna-se uma meditação profunda e o pensamento se transforma em prece!

O Espiritismo vai acentuar, desenvolver essa tendência, dar-lhe um sentido mais claro e mais preciso. Pelo lado experimental, é apenas uma ciência; pelo objetivo de suas pesquisas, penetra nas regiões invisíveis e se eleva até as fontes eternas, de onde saem toda a força e vida. Dessa forma, une o homem ao poder divino e torna-se uma doutrina, uma filosofia religiosa. É, além disso, o laço que reúne duas humanidades. Por meio dele, os espíritos prisioneiros na carne e os que estão livres comunicam-se, estabelecendo uma verdadeira comunhão entre si.

Não se deve, portanto, ver nele uma religião no sentido restrito, no sentido atual dessa palavra. As religiões de nosso tempo querem dogma, padres e rituais, e a nova doutrina não os comporta. Ela está aberta a todos os investigadores; o espírito de livre crítica, de exame e de verificação preside às suas investigações.

Os dogmas, os sacerdotes e os pastores são necessários, e ainda o serão por muito tempo às almas jovens e tímidas que penetram a cada dia no círculo da vida terrestre e não se podem reger no caminho do conhecimento nem analisar suas necessidades e sensações.

O Espiritismo dirige-se sobretudo às almas evoluídas, aos espíritos livres e emancipados, que querem encontrar por si mesmos a solução dos grandes problemas e a fórmula de seu credo. Ele lhes oferece uma concepção, uma interpretação das verdades e das leis universais, baseada na experimentação, na razão e no ensinamento dos espíritos. Acrescentai a isso a revelação dos deveres e das responsabilidades que, por si sós, dão uma base sólida ao nosso instinto de justiça.

Depois, com a força moral, as satisfações do coração, a alegria de se reencontrar, pelo menos em pensamento, algumas vezes até com a forma[15], os seres amados que julgávamos perdidos. À prova de sua sobrevivência junta-se a certeza de reencontrá-los e de reviver com eles vidas inumeráveis, vidas de ascensão, de felicidade ou de progresso.

Assim, gradualmente, os problemas mais obscuros se esclarecem; o além se entreabre; o lado divino dos seres e das coisas se revela. Pela força desses ensinamentos, cedo ou tarde, a alma humana subirá e, nas alturas que atingir, verá que tudo se liga, que as diferentes teorias, contraditórias e hostis em aparência, são apenas aspectos diversos de um mesmo todo. As leis dos majestosos universos se resumirão, para ela, numa lei única, força ao mesmo tempo inteligente e consciente, modo de pensamento e de ação. E, por ela, todos os mundos, todos os seres se acharão ligados numa mesma unidade poderosa, associados numa mes- ma harmonia, arrastados para um mesmo objetivo.

Chegará o dia em que todos os pequenos sistemas, limitados e ultrapassados, se fundirão em uma vasta síntese, abrangendo todos os reinos da ideia. Ciência, filosofia, religião, hoje divididas, se reunirão na luz, e será então a vida, o esplendor do espírito, o reino do conhecimento.

Nesse acordo magnífico, as ciências fornecerão a precisão e o método na ordem dos fatos; as filosofias, o rigor de suas deduções lógicas; a poesia, a irradiação de suas luzes e a magia de suas cores. A religião acrescentará a tudo isso as qualidades do sentimento e a noção da estética elevada. Assim se realizará a beleza na força e na unidade do pensamento. A alma se orientará para os mais altos cimos, mantendo sempre o equilíbrio de relação necessário que deve regular a marcha paralela e ritmada da inteligência e da consciência, em sua ascensão à conquista do bem e da verdade.

---

15 Ver *No invisível*, "Aparições e materializações dos espíritos", capítulo 20, Ed. Editora Edicel.

2 – O CRITÉRIO DA DOUTRINA DOS ESPÍRITOS

O Espiritismo baseia-se num completo conjunto de fatos: uns simplesmente físicos nos têm revelado a existência e o modo de ação de forças há muito tempo desconhecidas; outros têm um caráter inteligente. São eles: a escrita direta ou automática, a tiptologia[1], os discursos pronunciados em transe ou por incorporação. Todas essas manifestações, já as passamos em revista e já as analisamos em outras publicações[2]. Vimos que elas são frequentemente acompanhadas de sinais, de provas que estabelecem a identidade e a intervenção das almas humanas que viveram na Terra e que foram libertadas pela morte.

Foi por meio desses fenômenos que os espíritos[3] espalharam seus ensinamentos no mundo, e esses ensinamentos foram, como veremos, confirmados experimentalmente em muitos lugares.

O Espiritismo se dirige, portanto, ao mesmo tempo aos sentidos e à inteligência. Experimental, quando estuda os fenômenos que lhe servem de base; racional, quando verifica os ensinamentos que deles derivam. Constitui um instrumento poderoso para a busca da verdade, uma vez que pode servir simultaneamente em todos os domínios do conhecimento.

As revelações dos espíritos, dizíamos, são confirmadas pela experiência. Sob o nome de fluidos, os espíritos nos têm

---

1 Tiptologia: manifestação dos espíritos por meio de toques, pancadas ou arranhões. Foi assim que em Rochester (Estados Unidos) se iniciou, com as irmãs Fox, a fase atual do espiritualismo, que com Allan Kardec (na França) viria a resultar na codificação da Doutrina Espírita (N.E.).
2 Ver *No invisível*, segunda parte. Falamos aqui somente dos fatos espíritas e não dos fatos de animismo ou manifestações dos vivos a distância.
3 Chamamos espírito a alma revestida apenas de seu corpo sutil, sem o corpo carnal.

ensinado teoricamente e demonstrado na prática, desde 1850[4], a existência das forças incalculáveis que a ciência rejeitava *a priori*[5]. Sir W. Crookes, entre os sábios que tinham grande autoridade, foi o primeiro que constatou depois a realidade dessas forças, e a ciência atual reconhece nelas, a cada dia, a importância e a variedade, graças às descobertas célebres de Roentgen, Hertz, Becquerel, Curie, G. Le Bon[6] etc.

Os espíritos afirmavam e demonstravam a ação possível da alma sobre a alma, em todas as distâncias, sem o auxílio dos órgãos, e essa ordem de fatos gerou oposição e incredulidade.

Acontece que os fenômenos da telepatia, da sugestão mental, da transmissão dos pensamentos, observados e provocados hoje em todos os meios, vieram, aos milhares, confirmar essas revelações.

Os espíritos ensinavam a preexistência, a sobrevivência, as vidas sucessivas da alma.

E eis que as experiências de F. Colavida, E. Marata[7], as do coronel De Rochas, as minhas etc. estabeleceram que não

---

4 Ver *O Livro dos Espíritos* e *O Livro dos Médiuns*, de Allan Kardec. Pode-se ler na *Revista Espírita* de 1860 uma mensagem do espírito do doutor Vignal, declarando que os corpos irradiam luz obscura. Não está aí a radioatividade constatada pela ciência atual, mas que era ignorada pela ciência da época? Eis o que foi escrito em 1867 por Allan Kardec, na *Gênese* (os fluidos): "Quem conhece a constituição íntima da matéria palpável? Talvez ela só seja compacta em relação aos sentidos e o que disso poderia ser prova é a facilidade com a qual é atravessada pelos fluidos espirituais e os espíritos, aos quais não opõe mais obstáculo que os corpos transparentes aos raios de luz. "A matéria tangível, tendo por elemento primitivo o fluido cósmico etéreo, deve poder, ao se desagregar, retornar ao estado gasoso, como o diamante, o mais duro dos corpos, pode se transformar em gás impalpável. A solidificação da matéria é na realidade apenas um estado transitório do fluido universal, que pode retornar ao seu estado primitivo quando as condições de união param de existir."

5 A priori: diz-se de afirmação anterior à experiência (N.E.).

6 **Conrad Roentgen**: físico alemão, descobriu os raios X, de largo emprego nas atividades industriais e particularmente na medicina. Prêmio Nobel de Física de 1901. **Gustav Hertz**: engenheiro eletricista alemão. Descobriu as ondas hertzianas da radiotransmissão e da telegrafia. **H. Becquerel**: físico francês, prêmio Nobel de Física. **Pierre Curie**: físico e químico francês. Junto com sua mulher, Marie Curie, descobriu os elementos químicos rádio e polônio. Ambos receberam o prêmio Nobel de Física em 1903. **Gustav Le Bon**: médico e sociólogo francês (N.E.).

7 F. Colavida, E. Marata (espanhóis) e coronel De Rochas (francês): pesquisadores espíritas (N.E.).

apenas as lembranças dos menores detalhes da vida atual até a mais tenra infância e mais ainda as das vidas anteriores estão gravadas nas profundezas da consciência. Um passado inteiro, ocultado no estado de vigília, reaparece, revive no estado de transe. De fato, essas lembranças puderam ser reconstituídas num certo número de pacientes adormecidos, como mais tarde o estabeleceremos, quando abordarmos mais especificamente essa questão[8].

Vê-se que o Espiritismo não poderá, a exemplo das antigas doutrinas espiritualistas, ser considerado um puro conceito metafísico. Ele se apresenta com um caráter muito diverso e responde às exigências de uma geração educada na escola do criticismo e do racionalismo, que se tornou desconfiada dos exageros de um misticismo mórbido e agonizante.

Hoje, já não basta crer; quer-se saber. Nenhuma concepção filosófica ou moral tem a chance de ter sucesso se não se apoiar sobre uma demonstração ao mesmo tempo lógica, matemática e positiva e se, além disso, não a coroar uma sanção que satisfaça a todos os nossos instintos de justiça.

Pode-se observar que essas condições foram perfeitamente preenchidas por Allan Kardec na magistral exposição feita por ele em *O Livro dos Espíritos.*

Esse livro é o resultado de um imenso trabalho de classificação, coordenação e seleção que teve por base inúmeras mensagens, vindas de fontes diversas, desconhecidas umas das outras, obtidas em todas as partes do mundo e que o importante compilador reuniu, após ter se certificado de sua autenticidade. Ele teve o cuidado de afastar as opiniões isoladas, os testemunhos duvidosos, para conservar apenas os pontos sobre os quais as afirmações estavam de acordo.

Falta muito tempo para que esse trabalho fique terminado. Ele tem continuidade todos os dias, desde a morte do grande iniciador. Já possuímos uma síntese poderosa, da qual Kardec

---

8 Ver *Compte rendu du congrès espirite (Relatório do Congresso Espírita)*, de 1900. Ver também A. de Rochas, *Les vies successives (As vidas sucessivas)*. Chacornac, 1911.

traçou as grandes linhas, e que os herdeiros de seu pensamento se esforçam por desenvolver com o concurso do mundo invisível. Cada um deles traz seu grão de areia ao edifício comum, a esse edifício cujas bases se fortificam a cada dia pela experimentação científica, mas cujo remate se elevará cada vez mais alto.

Eu mesmo, posso dizer, fui privilegiado com os ensinamentos de guias espirituais, cuja assistência e conselhos nunca me faltaram nestes 30 anos. Suas revelações tomaram um caráter particularmente didático no decorrer de sessões que se sucederam durante oito anos e das quais falei frequentemente numa obra anterior[9].

Na obra de Allan Kardec, o ensinamento dos espíritos é acompanhado, para cada questão, de considerações, comentários e esclarecimentos que fazem sobressair, com mais nitidez, a beleza dos princípios e a harmonia do conjunto. É aí que se mostram as qualidades do autor. Ele se preocupou em, antes de tudo, dar um sentido claro e preciso às expressões que habitualmente emprega em seu raciocínio filosófico; depois, em definir bem os termos que poderiam ser interpretados em sentidos diferentes. Ele sabia que a confusão reinante na maior parte dos sistemas provém da falta de clareza das expressões empregadas pelos seus autores.

Uma outra regra, não menos essencial em toda exposição metódica e que Allan Kardec observou cuidadosamente, é a que consiste em descrever as ideias e apresentá-las em condições que as tornem compreensíveis para qualquer leitor. Enfim, após ter desenvolvido essas ideias numa ordem e num encadeamento que as ligavam entre si, soube deduzir conclusões, que já constituem, na ordem racional e na medida dos conceitos humanos, uma realidade, uma certeza.

É por essa razão que nos propusemos a adotar aqui os termos, as visões, os métodos utilizados por Allan Kardec como sendo os mais certos, reservando-nos a acrescentar ao nosso trabalho todos os desenvolvimentos resultantes de

9 Ver *No invisível*, Editora Edicel.

50 anos de pesquisas e de experimentação que aconteceram desde a aparição de suas obras.

Por tudo isso, vemos que a doutrina dos espíritos, da qual Kardec foi o intérprete e o compilador sensato, reúne, do mesmo modo que os sistemas filosóficos mais apreciados, as qualidades essenciais de clareza, lógica e rigor.

Mas o que nenhum outro sistema podia oferecer era o importante conjunto de manifestações com a ajuda das quais essa doutrina a princípio se afirmou no mundo, e em seguida pôde ser verificada, a cada dia, em todos os lugares. Ela se dirige aos homens de todas as classes, de todas as condições, e não apenas aos seus sentidos, à sua inteligência, mas também ao que há de melhor neles, à sua razão, à sua consciência.

Não constituem essas potências, íntimas em sua união, um critério do bem e do mal, do verdadeiro e do falso, mais ou menos claro ou velado, sem dúvida, segundo o adiantamento das almas, mas que se encontra em cada uma delas como um reflexo da razão eterna, da qual elas emanam?

Há duas coisas na doutrina dos espíritos: uma revelação do mundo espiritual e uma descoberta humana; ou seja: de uma parte, um ensinamento universal, extraterrestre, idêntico a si mesmo em suas partes essenciais e seu sentido geral; de outra, uma confirmação pessoal e humana, que continua a ser feita segundo as regras da lógica, da experiência e da razão. A convicção que daí deriva se fortifica e fica cada vez mais definida, à medida que as comunicações tornam-se mais numerosas e à medida que, por isso mesmo, os meios de verificação se multiplicam e se ampliam.

Até agora tínhamos conhecido apenas sistemas pessoais, revelações particulares. Hoje são milhares de vozes, as vozes dos desencarnados, que se fazem ouvir. O mundo invisível entra em ação e, no número dos seus agentes, espíritos elevados se deixam reconhecer pela força e pela beleza de seus ensinamentos. Os grandes gênios do mundo dos espíritos, movidos por um impulso divino, vêm guiar o pensamento para cumes radiosos[10].

Não há aí uma manifestação vasta e grandiosa diferente das do passado? A diferença dos meios só encontra outra igual na diferença dos resultados. Comparemos:

A revelação pessoal é falível. Todos os sistemas filosóficos humanos, todas as teorias individuais, como as de Aristóteles, Tomás de Aquino, Kant, Descartes, Spinoza[11], como as de nossos contemporâneos, são necessariamente influenciadas pelas opiniões, tendências, preconceitos e sentimentos do revelador. O mesmo acontece com as condições de tempo e de lugar em que elas se produzem. O mesmo poderia ser dito das doutrinas religiosas.

A revelação dos espíritos, impessoal e universal, escapa à maior parte dessas influências e ao mesmo tempo reúne a maior quantidade de probabilidades, senão de certezas. Não pode ser nem abafada, nem desnaturalizada. Nenhum homem, nenhuma nação, nenhuma Igreja tem o privilégio dela. Ela desafia todas as inquisições e acontece onde menos se espera encontrá-la. Têm-se visto homens, que lhe eram os mais hostis, convertidos às suas ideias pelo poder das manifestações, comovidos até o fundo da alma pelos desafios e exortações de seus parentes falecidos, tornando-se voluntariamente instrumentos de uma propaganda ativa.

No Espiritismo, muitos foram avisados, como no caso de São Paulo, e são fenômenos semelhantes ao do caminho de Damasco que provocaram a mudança de opinião deles.

---

10 Ver as comunicações publicadas por Allan Kardec em *O Livro dos Espíritos* e em *O Céu e o Inferno*; *Ensinos espiritualistas*, obtidos por Stainton Moses. Indicamos também *Le problème de l'au-delà – Conseils des invisibles* (*O problema do além – Conselhos dos invisíveis*), coleção de mensagens publicadas pelo general Amade. Paris, Leymarie, 1902. *Sur le chemin...* (*No caminho...*), de Albert Pauchard, e *La vie continue de l'ame* (*A vida contínua da alma*), de A. Naschitz-Rousseau, coleções de mensagens de grande interesse (Paris, Edições Jean Meyer, 1922).

11 Aristóteles, Tomás de Aquino, Kant, Descartes, Spinoza: filósofos de grande destaque (N.E.).

Os espíritos têm provocado o surgimento de numerosos médiuns em todos os lugares, no seio de todas as classes e dos mais diversos grupos sociais, e até mesmo no íntimo dos santuários. Padres e pastores têm recebido suas instruções e as têm propagado abertamente ou, então, sob o véu do anonimato[12]. Seus parentes, seus amigos falecidos, desempenhavam junto deles as funções de mestres e de reveladores, acrescentando a seus ensinamentos provas formais e irrecusáveis de sua identidade.

Foi assim, dessa forma, que o Espiritismo pôde tomar conta do mundo e derramar sobre ele suas luzes. Existe um majestoso acordo em todas essas vozes que se têm elevado simultaneamente para que nossa sociedade descrente e apática ouça a boa-nova da sobrevivência, e forneça a explicação dos problemas da morte e da dor. A revelação tem chegado por via mediúnica no coração das famílias até o fundo dos antros e infernos sociais. Os condenados da prisão de Tarragona não foram vistos dirigir ao Congresso Espírita Internacional de Barcelona, em 1888, uma adesão tocante em favor de uma doutrina que, diziam eles, tinha-os convertido ao bem e os reconciliado com o dever[13]?!

---

12 Ver Rafael, *Le doute (A dúvida)*; P. Marchal, *O espírito consolador* (Paris: Didier et. Cie., 1878); Reverendo Stainton Moses, *Ensinos espiritualistas*.
O padre Didon escrevia (4 de agosto de 1876), nas suas *Lettres a Mlle. Th. V.* (Plon- Nourrit, Ed. Paris, 1902): "Acredito na influência que os mortos e os santos exercem misteriosamente sobre nós. Vivo em profunda comunhão com esses invisíveis e sinto agradavelmente os benefícios de sua secreta convivência".
M. Alfred Benézech, importante pastor da Igreja reformada da França, escrevia-nos a respeito desses fenômenos observados por ele mesmo: "Pressinto que o Espiritismo poderia vir realmente a se tornar uma religião positiva, não à maneira das religiões reveladas, mas na qualidade de religião estabelecida sobre fatos de experiência e plenamente de acordo com o racionalismo e a ciência. Coisa estranha! Na nossa época de materialismo, em que as Igrejas parecem estar a ponto de se desorganizar e se dissolver, o pensamento religioso volta a nós por sábios, acompanhado do maravilhoso dos tempos antigos. Mas esse maravilhoso, que distingo do milagre, uma vez que é apenas um fato natural superior e raro, não estará mais a serviço de uma Igreja particularmente honrada com os favores da divindade; será propriedade da humanidade, sem distinção de cultos. Quanto maior grandeza e moral!"
13 Ver *Compte rendu du Congrès Spirite de Barcelona (Relatório do Congresso Espírita de Barcelona)*, 1888. Paris, 42, rua Saint-Jacques, Livraria das Ciências Psíquicas.

No Espiritismo, a multiplicidade das fontes de ensinamento e de difusão constitui um controle permanente que frustra e torna estéreis todas as oposições e as intrigas. Por sua própria natureza, a revelação dos espíritos furta-se a todas as tentativas de monopólio ou de falsificação. Perante ela, o espírito de dissidência ou de dominação permanece impotente, porque, se conseguissem extingui-la ou desnaturá-la num ponto, ela imediatamente reviveria em cem pontos diferentes, frustrando assim ambições nocivas e traiçoeiras.

Nesse imenso movimento revelador, as almas obedecem a ordens vindas do alto; elas próprias o declaram. Sua ação é regulada de acordo com um plano traçado anteriormente e que se desenrola com majestosa amplidão. Um conselho invisível preside à sua execução, do seio dos espaços. É composto de grandes espíritos de todas as raças, de todas as religiões, de almas da mais elevada origem que viveram neste mundo seguindo a lei de amor e de sacrifício. Essas potências benfazejas pairam entre o céu e a Terra, unindo-os num traço de luz pelo qual as preces sobem sem cessar e por onde descem as inspirações.

No que diz respeito aos ensinamentos espíritas, há, entretanto, um fato, uma exceção que impressionou certos observadores e do qual se serviram como de um argumento fundamental contra o Espiritismo: Por que os espíritos que, no conjunto dos países latinos, ensinam a lei das vidas sucessivas e as reencarnações da alma na Terra negam-na ou deixam-na passar em branco nos países anglo-saxões? Como explicar uma contradição tão flagrante? Não há aí um fundo capaz de destruir a unidade de doutrina que caracteriza a revelação nova?

Notemos que não há nenhuma contradição, mas simplesmente uma graduação originada dos preconceitos de casta, de raça e de religião profundamente enraizados em certos países.

O ensinamento dos espíritos, mais completo, mais extenso desde o princípio nos meios latinos, foi, em sua origem, restringido e graduado em outras regiões por motivos de oportunidade.

Pode-se constatar que o número de comunicações espíritas que afirmam o princípio das reencarnações sucessivas aumenta todos os dias na Inglaterra, nos Estados Unidos e nos demais países. Muitas delas fornecem até mesmo argumentos preciosos na discussão aberta entre espiritualistas de diferentes escolas. A ideia reencarnacionista tem adquirido tanto terreno além do Atlântico que um dos principais órgãos espiritualistas americanos lhe é inteiramente favorável. O *Light*, de Londres, após ter afastado por muito tempo essa questão, discute-a hoje abertamente.

Portanto, se a princípio houve sombras e contradições, elas eram apenas aparentes e não oferecem nenhuma resistência a um exame sério.

Como todas as novas doutrinas, a revelação espírita levantou muitas objeções e críticas. Consideremos algumas.

Antes de mais nada, acusam-nos de querer logo filosofar; de ter edificado sobre a base dos fenômenos um sistema antecipado, uma doutrina prematura, e de ter comprometido assim o caráter positivo do Espiritismo.

Um renomado escritor, fazendo-se intérprete de um certo grupo de psiquistas[14], resumia suas críticas nestes termos: "Uma objeção séria contra a hipótese espírita é a que se refere à filosofia que certos homens muito apressados atribuíram ao Espiritismo. O Espiritismo, que deveria ser uma ciência no seu início, é agora uma filosofia imensa, para a qual o universo não tem segredos".

Poderíamos lembrar a esse autor que os homens de quem ele fala representaram em tudo isso apenas papel de intermediários, limitando-se a coordenar e a publicar os ensinamentos que os espíritos transmitiam por via mediúnica.

---

14 Psiquistas: eram assim designados os adeptos da teoria metapsíquica desenvolvida por Charles Richet (1850-1935), da qual deriva o que hoje conhecemos como psicologia e parapsicologia (N.E.).

Por outro lado, devemos notar, sempre haverá indiferentes, descrentes, espíritos contrários ao progresso, prontos a achar que nós andamos com muita pressa. Nenhum progresso seria possível caso se tivesse que esperar pelos retardatários. É realmente engraçado ver pessoas que começaram há pouco tempo a se interessar pelas questões espíritas pretender ditar regras a homens como Allan Kardec, por exemplo. Este só se atreveu a publicar seus trabalhos após anos de laboriosas pesquisas e de maduras reflexões, obedecendo a ordens formais e bebendo em fontes de informação das quais nossos excelentes críticos nem sequer parecem ter ideia.

Todos os que seguem com atenção o desenvolvimento dos estudos psíquicos podem constatar que os resultados adquiridos vieram confirmar em todos os pontos e fortalecer cada vez mais a obra de Kardec.

Friedrich Myers, o importante professor de Cambridge, que foi durante 20 anos, no dizer de Charles Richet, a alma da Sociedade de Pesquisa de Londres, e que o Congresso Oficial Internacional de Psicologia de Paris elevou, em 1900, à dignidade de presidente honorário, declarou, nas últimas páginas de sua obra magistral *La personnalité humaine; sa survivance (A personalidade humana; sua sobrevivência)*, cuja publicação produziu no meio dos sábios uma sensação profunda: "Para todo pesquisador esclarecido e consciencioso, essas pesquisas resultam, lógica e necessariamente, em uma vasta síntese filosófica e religiosa". Partindo desses dados, ele consagra seu décimo capítulo a uma "generalização ou conclusão que estabelece uma relação mais clara entre as novas descobertas e os esquemas já existentes do pensamento e das crenças dos homens civilizados"[15].

Termina assim a exposição de seu trabalho:

> "... Bacon havia previsto a vitória progressiva da observação e da experiência em todos os domínios dos estudos humanos; em todos, salvo um: o domínio das 'coisas divinas'. Devo mostrar que

15 F. Myers, *La personnalité humaine; sa survivance, ses manifestations supranormales. (A personalidade humana; sua sobrevivência, suas manifestações sobrenaturais)*. Paris: Ed. Félix Alcan, 1905.

essa grande exceção não se justifica. Afirmo que existe um método para atingir o conhecimento dessas coisas divinas com a mesma certeza, a mesma segurança com que temos alcançado o progresso no conhecimento das coisas terrestres. A autoridade das Igrejas será assim substituída pela da observação e da experiência. Os impulsos da fé se transformarão em convicções racionais e firmes que farão nascer um ideal superior a todos aqueles que a humanidade houver conhecido até esse momento."

Assim, o que certos críticos com a visão limitada consideram uma tentativa prematura aparece a F. Myers como "uma evolução necessária e inevitável". A síntese filosófica que conclui sua obra recebeu as mais altas aprovações. Para Sir Oliver Lodge, o acadêmico inglês, "ela constitui verdadeiramente um dos esquemas mais vastos, mais compreensíveis e bem fundados da existência jamais vistos"[16]

O professor Flournoy, de Genebra, fez a isso o maior elogio em seus *Archives de Psychologie de la Suisse Romande – Arquivos de Psicologia da Suíça* (junho de 1903).

Na França, outros homens de ciência, sem serem espíritas, chegaram a conclusões idênticas.

M. Maxwell, doutor em medicina, procurador-geral junto à corte de apelação de Bordeaux, exprimia-se assim[17]:

"O Espiritismo vem a seu tempo e responde a uma necessidade geral... A extensão que essa doutrina está tomando é um dos mais curiosos fenômenos da época atual. Assistimos ao que me parece ser o nascimento de uma verdadeira religião, sem cerimônias rituais e sem clero, mas tendo assembleias e práticas. Pelo que me diz respeito, tenho um extremo interesse nessas reuniões e tenho a impressão de assistir ao nascimento de um movimento religioso predestinado a um grande futuro."

---

16 A síntese de F. Myers pode se resumir assim: evolução gradual e infinita, em numerosas etapas, da alma humana, na sabedoria e no amor. A alma humana tira a sua força e graça de um universo espiritual. Esse universo é animado e dirigido pelo espírito divino, o qual é acessível à alma e está em comunicação com ela.

17 J. Maxwell, *Les phénomènes psychiques*. Paris, F. Alcan, 1903.

Perante tais testemunhos, as recriminações de nossos opositores caem por si mesmas. A que devemos atribuir sua aversão à doutrina dos espíritos? Será pelo fato de o ensinamento espírita, com sua lei de responsabilidades, com o encadeamento de causas e efeitos que ele nos mostra no domínio moral e com os exemplos de penalidades e recompensas que nos traz, ter se tornado um terrível embaraço para a quantidade de pessoas que dão pouca importância à filosofia?

Falando dos fatos psíquicos, F. Myers disse: "Essas observações, experiências e induções abrem a porta a uma revelação"[18]. É evidente que o dia em que as relações com o mundo dos espíritos se estabeleceram, pela própria força das coisas, o problema do ser e do destino levantou-se imediatamente com todas as suas consequências e sob novos aspectos.

De qualquer forma, não era possível nos comunicarmos com nossos parentes e amigos falecidos, fosse qual fosse o seu modo de existência, sem nos interessar por sua situação, forçosamente ampliada e diferente do que era na Terra, pelo menos para as almas já evoluídas.

Em nenhuma época da História o homem pôde subtrair-se aos grandes problemas da vida, da morte e da dor. Apesar de sua impotência para resolvê-los, eles o têm preocupado incessantemente, voltando sempre com mais força, a cada vez que tenta afastá-los, insinuando-se em todos os acontecimentos da vida, em todas as partes de seu entendimento, batendo, por assim dizer, às portas de sua consciência. E quando uma fonte nova de ensinamentos, de consolação, de força moral, quando vastos horizontes se abrem ao pensamento, como pode ele ficar indiferente? Não ocorrerá exatamente conosco a mesma coisa que estão passando os nossos parentes? Não é, portanto, nossa sorte futura, nossa sorte de amanhã que está em jogo?

18 F. Myers, *La personnalité humaine*.

Eis a questão! Esse tormento, essa angústia do desconhecido que persegue a alma através dos tempos, essa intuição confusa de um mundo melhor, pressentido, desejado, essa procura de Deus e de sua justiça podem ser, em uma nova e mais larga compreensão, acalmados, esclarecidos, satisfeitos, e devemos então desprezar os meios de o conseguir? Não há, nesse desejo, nessa necessidade do pensamento de sondar o grande mistério, um dos mais belos privilégios do ser humano? Não é isso que constitui a dignidade, a beleza, a razão de ser da sua vida?

E a cada vez que desconhecemos esse direito, esse privilégio, a cada vez que renunciamos por algum tempo a voltar a vista para o além, a dirigir o pensamento a uma vida mais elevada, a cada vez que o homem quis restringir seu horizonte à vida presente, não vimos, ao mesmo tempo, as misérias morais se agravarem, o fardo da existência cair com mais peso sobre os ombros dos desventurados, o desespero e o suicídio multiplicarem a área de sua devastação e a sociedade se encaminhar para a decadência e a anarquia?

Há ainda uma outra objeção: a filosofia espírita, dizem os nossos críticos, não tem consistência. As comunicações sobre as quais se funda provêm, o mais frequentemente, do próprio médium, de seu inconsciente ou então dos assistentes. O médium em transe *lê no espírito dos consulentes as doutrinas que aí se acham acumuladas, doutrinas ecléticas, tomadas de todas as filosofias do mundo o, especialmente, do hinduísmo.*

O autor dessas linhas terá refletido bem nas dificuldades que uma experiência dessas deve apresentar? Ele seria capaz de nos explicar os processos para se poder ler, à primeira vista, no cérebro das outras pessoas, as doutrinas que nele estão "acumuladas"? Se o pode, que o faça, senão deveremos tomar suas alegações como palavras, nada mais do que palavras, empregadas levianamente, fruto de uma crítica apaixonada. Aquele que não quer parecer ser enganado pelos sentimentos é, muitas vezes, enganado pelas palavras. A incredulidade sistemática num ponto torna-se credulidade ingênua em outro[19].

Lembremo-nos inicialmente de que a maior parte dos médiuns, no início das manifestações, era inteiramente contrária às opiniões expressas nas mensagens. Quase todos haviam recebido educação religiosa e estavam impregnados de ideias de paraíso e de inferno. Suas ideias sobre a vida futura, quando as tinham, eram muito diferentes daquelas expostas pelos espíritos, o que, ainda hoje, é o caso mais frequente. Era o que acontecia com três médiuns de nosso grupo, damas católicas e praticantes que, apesar dos ensinamentos filosóficos que recebiam e transmitiam, jamais renunciaram completamente à sua religião.

Quanto aos assistentes, aos ouvintes, às pessoas designadas pelo nome de "consulentes", tampouco nos esqueçamos de que, ao alvorecer do Espiritismo na França, ou seja, na época de Allan Kardec, os homens que possuíam noções de filosofia, fosse oriental, fosse druídica[20], que aceitavam a ideia da transmigração[21] ou vidas sucessivas da alma, constituíam reduzidíssimo número, e era preciso ir procurá-los no seio das academias ou em alguns meios científicos bastante restritos.

Perguntaremos aos nossos opositores como é que médiuns inumeráveis, espalhados por todos os pontos da Terra, desconhecidos uns dos outros, conseguiram constituir por si mesmos as bases de uma doutrina sólida o suficiente para resistir a todos os ataques, a todos os assaltos; exata o suficiente para que seus princípios tenham sido confirmados e

---

19 É notório que a sugestão e a transmissão do pensamento só podem exercer ação sobre pessoas preparadas há muito tempo e por pessoas que, sobre eles, tomaram certo ascendente. Até agora, essas experiências trazem apenas palavras ou séries de palavras, e nunca um conjunto de "doutrinas". Um médium ledor de pensamentos que se inspira nas opiniões dos assistentes tiraria daí, se isso fosse possível, não noções precisas sobre um princípio qualquer de filosofia, mas os dados mais confusos e mais contraditórios.

20 Druídico: relativo aos druidas, ou seja, aos antigos sacerdotes entre os gauleses e bretões (N.E.).

21 Transmigração: passagem da alma de um corpo para outro (N.E.).

tenham recebido a cada dia a confirmação da experiência, como estabelecemos no início deste capítulo.

Em relação à sinceridade das comunicações mediúnicas e ao seu alcance filosófico, lembremos as palavras de um orador, cujas opiniões não parecerão suspeitas aos olhos de todos os que conhecem a aversão que a maior parte dos dirigentes das Igrejas tem pelo Espiritismo.

Num sermão pronunciado a 7 de abril de 1899, em Nova York, o reverendo J. Savage, pregador de renome, dizia:

"As supostas bobagens que, dizem, vêm do além, formam legião. E, ao mesmo tempo, existe toda uma literatura moral das mais puras e ensinamentos espiritualistas incomparáveis. Sei de um livro, por exemplo, cujo autor era graduado em Oxford, pastor da igreja inglesa, e que se tornou espírita e médium[22]. Seu livro foi escrito automaticamente[23]. Às vezes, para desviar o pensamento do trabalho que a mão realizava, ele lia Platão em grego. E seu livro, contrariamente ao que se admite, em geral, para obras desse gênero, expõe ideias e princípios em oposição absoluta às suas próprias crenças religiosas, ainda que tivesse se convertido antes de o ter concluído. Essa obra contém ensinamentos morais e espirituais dignos de qualquer bíblia do mundo.

"As primeiras idades do Cristianismo, vós vos lembrais disso e lestes São Paulo, eram compostas de gente com quem as pessoas de consideração não queriam ter nada em comum. O espiritualismo dos últimos tempos estreou por uma forma semelhante. Mas, nos dias de hoje, muitos nomes famosos se enfileiram sob essa bandeira, e encontram-se os melhores e mais inteligentes homens. Lembrai-vos que é, em geral, um grande movimento bastante sincero."[24]

---

22 Trata-se do livro de Stainton Moses, *Ensinos espiritualistas*.

23 O livro foi escrito automaticamente, ou seja, por via mediúnica. Veja *O Livro dos Médiuns*, 2ª parte, capítulo 15 (N.E.).

24 Reproduzido pela *Revue du Spiritualisme Moderne (Revista do Espiritualismo Moderno)*, 25 de outubro de 1901. Devemos fazer notar que em casos como o de Stainton Moses, como em alguns outros, as mensagens não são somente obtidas pela escrita automática, mas ainda pela escrita direta, sem o intermédio de nenhuma mão humana.

Em seu discurso, o reverendo Savage soube colocar cada coisa em seu lugar. É verdade que as comunicações mediúnicas não oferecem todas o mesmo interesse. Muitas são um conjunto de banalidades, de repetições, de lugares-comuns. Nem todos os espíritos estão aptos a nos dar ensinamentos úteis e profundos[25]. Assim como na Terra, e mais ainda, a escala dos seres no além comporta graus infinitos. Ali se encontram as mais nobres inteligências, assim como as almas mais vulgares. Mas, às vezes, os próprios espíritos inferiores, ao nos descreverem sua situação moral, suas impressões em relação à morte e ao além, iniciando-nos nas particularidades de sua nova existência, nos fornecem materiais preciosos para determinar as condições de sobrevivência, de acordo com as diversas categorias de espíritos. Há, portanto, elementos de instrução a serem considerados em nossas relações com eles, porém nem tudo deve ser aproveitado. Cabe ao experimentador prudente e observador inteligente saber separar o ouro da ganga[26]. A verdade nem sempre nos chega pura, e a ação do alto deixa às faculdades e à razão do homem o campo necessário para se exercitarem e desenvolverem.

Em tudo isso, sérias precauções devem ser tomadas, um contínuo e atento exame deve ser exercido. É preciso se pôr em guarda contra as fraudes, conscientes ou inconscientes, e ver se não há nas mensagens escritas um simples caso de animismo[27]. Com esse objetivo, convém certificar-se de que as comunicações são, pela forma e pelo fundo, superiores à capacidade do médium. É preciso exigir provas de identidade da parte dos manifestantes e não abrir mão de todo rigor, a não ser nos casos em que os ensinamentos, por sua superioridade e majestosa amplitude, se impõem por si mesmos e estão muito acima da capacidade do médium.

---

25 Veja *O Livro dos Espíritos*, questão 100 (N.E.).
26 Ganga: resíduo ou sobra imprestável do minério de onde se extraiu ouro, prata, minerais raros ou pedras preciosas (N.E.).
27 Animismo: comunicação proveniente do próprio médium (seja consciente ou inconscientemente) e que é tida como sendo de um espírito (N.E.).

Mesmo quando a autenticidade das comunicações é reconhecida, ainda assim é preciso compará-las e submeter a exames severos os princípios científicos e filosóficos que expõem, e aceitar apenas os pontos em que há unanimidade.

Além das fraudes de origem humana, há também as mistificações de origem oculta. Todos os experimentadores sérios sabem que podemos considerar duas espécies de Espiritismo: um, praticado a torto e a direito, sem método, sem elevação de pensamento, e que atrai para nós os tolos do espaço, os espíritos levianos e zombeteiros, que são numerosos na atmosfera terrestre; o outro, considerável, praticado com seriedade, com um sentimento de respeito, nos põe em relação com os espíritos adiantados, desejosos de socorrer e esclarecer aqueles que os chamam com fervor no coração. É esse Espiritismo que as religiões têm conhecido e designado em todos os tempos sob o nome de "comunicação dos santos".

Pergunta-se também: como, nesse vasto conjunto de comunicações, cujos autores são invisíveis, podemos distinguir o que provém de entidades superiores e deve ser conservado? Para essa pergunta, há apenas uma resposta: como distinguimos os bons dos maus livros dos autores falecidos há muito tempo? Não temos nós um julgamento, uma regra para medir a qualidade dos pensamentos, mesmo que venham de outro mundo ou do nosso? Podemos julgar as mensagens mediúnicas principalmente por seus efeitos moralizadores, que inúmeras vezes têm melhorado muito o caráter e purificado a consciência das pessoas. Esse é o critério mais seguro de todo ensinamento filosófico.

Em nossas relações com os espíritos, existem também sinais de reconhecimento para distinguir os bons dos atrasados. Os sensitivos reconhecem facilmente a natureza dos fluidos: sutis e agradáveis nos bons; violentos, glaciais e difíceis de suportar nos espíritos maus. Um de nossos médiuns sempre anunciava com antecipação a chegada do "espírito azul", que se revelava por vibrações harmoniosas e de radiações brilhantes. Há alguns que se distinguem pelo odor, o que é percebido por alguns médiuns. Delicados e suaves em alguns, esses odores são repugnantes em outros[28]. A elevação de um espírito se mede pela pureza de seus fluidos, pela beleza de sua forma e de sua linguagem.

Algumas vezes o que mais impressiona, persuade e convence são as conversas estabelecidas com nossos parentes e amigos que nos precederam na vida espiritual. Quando provas incontestáveis de identidade nos dão a certeza de sua presença, quando a intimidade de outrora, a confiança e a abnegação reinam novamente entre eles e nós, as revelações, obtidas nessas condições, assumem um caráter dos mais sugestivos. Diante delas, as últimas hesitações da descrença desaparecem forçosamente para dar lugar aos impulsos do coração.

É possível resistir, na realidade, às vozes, aos chamados daqueles que compartilharam nossa vida, cercaram nossos primeiros passos de terna solicitude, aos chamamentos dos companheiros de nossa infância, de nossa juventude, de nossa vida adulta, que, um por um, sumiram na morte, deixando nosso caminho, a cada partida, mais solitário e mais desolado? Eles voltam no transe, com atitudes, inflexões de voz, evocações de lembrança, com milhares e milhares de provas de identidade, banais em seus detalhes para os estranhos, mas tão comovedoras para os interessados! Eles nos dão instruções em relação aos problemas do além, exortam-nos e consolam-nos. Os homens mais frios, os mais sábios experimentadores, como o professor Hyslop, não puderam resistir a essas influências do além-túmulo29. Isso demonstra que, no Espiritismo, como alguns o pretendem, não há apenas práticas frívolas e abusivas, mas que nele se encontra um móvel nobre e generoso, ou seja, a afeição pelos nossos mortos, o interesse que temos por sua memória. Não é esse um dos lados mais respeitáveis da natureza humana, um dos sentimentos, uma das forças que elevam o homem acima da matéria e o diferencia dos irracionais?

28 Ver Maxwell, *Les phénomènes psychiques*.
29 Ver em *No invisível*, capítulo 19, as conversações do professor Hyslop, da Universidade de Columbia, com seu pai, irmãos e tios falecidos.

Depois, ao lado disso, e acima dos conselhos comovidos de nossos parentes, devemos assinalar as aparições poderosas dos espíritos de gênio, as páginas escritas febrilmente, na meia obscuridade, por médiuns comprovadamente incapazes de compreender-lhes o valor e a beleza, mas nas quais o esplendor do estilo se alia à profundidade das ideias, ou então os discursos impressionantes, como muitas vezes ouvimos em nosso grupo de estudos, pronunciados por um médium bastante modesto de saber, e por intermédio de um espírito nos falava sobre o eterno enigma do mundo e das leis que regem a vida espiritual. Aqueles que tiveram a honra de assistir a essas reuniões sabem que influência penetrante exerciam sobre todos nós. Apesar das tendências à dúvida e do espírito zombador dos homens de nossa geração, há modos, formas de linguagem, impulsos de eloquência aos quais eles não poderiam resistir. Os mais prevenidos seriam obrigados a reconhecer neles a característica, a marca incontestável de uma grande superioridade moral, a marca da verdade. Na presença desses espíritos, que por alguns momentos desceram ao nosso mundo obscuro e atrasado para nele fazerem brilhar um clarão de seu gênio, o criticismo mais exigente se inquieta, hesita e se cala.

Durante 20 anos recebemos, em Tours, comunicações dessa ordem. Elas diziam respeito a todos os grandes problemas, a todas as questões importantes de filosofia e de moral, e compunham diversos volumes manuscritos. Foi o resumo desse trabalho, bastante extenso, muito grande para ser publicado integralmente, que quis apresentar aqui. Jerônimo de Praga, meu amigo, meu guia do presente e do passado, o espírito magnânimo que dirigiu os primeiros voos de minha inteligência infantil em idades remotas, é seu autor. Quantos outros espíritos elevados não espalharam assim seus ensinamentos pelo mundo, na intimidade de alguns grupos! Quase todos anônimos, revelam-se apenas pelo alto valor de suas concepções! Foi-me dado erguer alguns dos véus que encobriam sua verdadeira personalidade. Mas devo guardar seu segredo, pois os espíritos mais elevados são reconhecidos precisamente por essa particularidade, que é a de se esconder sob designações emprestadas e a de querer ficar ignorados. Os nomes célebres que encontramos assinando certas comunicações, ocas e vazias, não passam, na maioria das vezes, de enganadores espertos.

A partir de todos esses detalhes, quis demonstrar uma coisa: esta obra não é exclusivamente minha, e sim o reflexo de um pensamento mais alto que procuro interpretar. Ela está de acordo, em todos os pontos essenciais, com os princípios expressos pelos instrutores de Allan Kardec; entretanto, foram abordados nela alguns pontos que eles haviam deixado obscuros. Levei também em consideração o movimento dos pensamentos e da ciência humana, de suas descobertas, e o cuidado de assinalá-los nesta obra. Em certos casos, acrescentei-lhe minhas impressões pessoais e meus comentários; porque, no Espiritismo, nunca é demais dizê-lo, não há dogmas, e cada um de seus princípios pode e deve ser discutido, julgado e submetido ao exame da razão.

Considerei um dever conseguir que meus irmãos da Terra tirassem proveito desses ensinamentos. Uma obra vale pelo que é. O que quer que se pense e se diga da revelação dos espíritos, não posso admitir que, quando em todas as universidades se ensinam sistemas metafísicos feitos pelo pensamento dos homens, se possam negligenciar e rejeitar os princípios divulgados pelas nobres inteligências do espaço.

Se damos valor aos mestres da razão e da sabedoria humana, não há motivo para deixarmos de dar o verdadeiro valor aos mestres da razão sobre-humana, representantes da mais alta e mais profunda sabedoria. O espírito do homem, comprimido pela carne, privado da plenitude de seus recursos e de suas percepções, não pode chegar por si só ao conhecimento do universo invisível e de suas leis. O círculo em que se agitam nossa vida e nosso pensamento é limitado, e nosso ponto de vista é restrito. A insuficiência dos dados que possuímos torna toda nossa generalização impossível ou improvável. Faltam-nos guias para penetrar no domínio desconhecido e infinito das leis. É com a colaboração dos grandes pensadores dos dois mundos, das duas humanidades, que as mais altas verdades serão alcançadas, ou pelo menos vislumbradas, e que os mais nobres princípios serão estabelecidos. Muito melhor e com muito mais segurança que nossos mestres terrestres, os do além sabem nos colocar em presença do problema da vida, do mistério da alma, ajudar-nos a adquirir consciência de nossa grandeza e de nosso futuro.

Às vezes, uma pergunta é feita, uma nova objeção é apontada. Em presença da infinita variedade de comunicações e da liberdade que cada um tem de apreciá-las, de verificá-las de acordo com sua vontade, o que será, dizem-nos, da unidade de Doutrina Espírita, essa unidade poderosa que tem feito a força, a grandeza e assegurado a duração das religiões sacerdotais?

O Espiritismo, já o dissemos, não dogmatiza[30]. Ele não é nem uma seita[31], nem uma ortodoxia[32]. É uma filosofia viva, aberta a todos os espíritos livres, e que progride por evolução. Ele não faz nenhuma imposição; ele propõe, e o que propõe apoia-se em fatos de experiências e provas morais. Não exclui nenhuma das outras crenças, mas se eleva acima delas e abraça-as numa fórmula mais ampla, numa expressão mais elevada e extensa da verdade.

As inteligências superiores nos abrem o caminho. Elas nos revelam os princípios eternos que cada um de nós adota e assimila, na medida de sua compreensão, de acordo com o grau de desenvolvimento atingido pelas faculdades de cada um na sucessão de suas vidas.

---

30 Dogmatizar: ensinar dogmas, os fundamentos inquestionáveis de uma doutrina (N.E.).
31 Seita: grupo (geralmente religioso) que professa a mesma doutrina (N.E.).
32 Ortodoxia: fidelidade absoluta a uma doutrina ou filosofia. Que não aceita conceitos ou ideias novas (N.E.).

Em geral, a unidade das doutrinas é obtida somente à custa da submissão cega e passiva a um conjunto de princípios, de fórmulas fixadas em moldes inflexíveis. É a petrificação do pensamento, o divórcio entre a religião e a ciência, e estas não podem desenvolver-se nem prosperar sem liberdade e movimento.

Essa imobilidade, essa inflexibilidade dos dogmas, priva a religião, que as impõe a si mesma, de todos os benefícios do movimento social e da evolução do pensamento. Considerando-se como a única crença boa e verdadeira, chega a ponto de condenar tudo o que está fora dela, e se enclausura, assim, num túmulo, para dentro do qual pretende arrastar consigo a vida intelectual e o gênio das raças humanas.

A maior preocupação do Espiritismo é evitar as consequências funestas da ortodoxia.

Sua revelação é uma exposição livre e sincera das doutrinas que nada têm de imutáveis, mas que constituem uma etapa nova em relação à verdade eterna e infinita. Cada um tem o direito de analisar-lhe os princípios, que são aprovados apenas pela consciência e pela razão. Mas, ao adotá-los, cada um deve pautar por eles a sua vida e cumprir as obrigações que deles derivam. Quem não os cumpre não pode ser considerado verdadeiro espírita.

Allan Kardec sempre nos advertiu sobre o dogmatismo e o espírito de seita[33]. Ele nos recomenda incessantemente, em suas obras, não deixarmos cristalizar o Espiritismo e evitar os métodos destrutivos que arruinaram o espírito religioso.

Nos nossos tempos de discórdia e de lutas políticas e religiosas, em que a ciência e a ortodoxia estão em guerra, gostaríamos de demonstrar aos homens de boa vontade de todas as opiniões, de todas as crenças, assim como a todos os pensadores verdadeiramente livres e dotados de uma ampla compreensão, que há um terreno neutro, o do Espiritismo,

---

33 Os dogmas, pontos fundamentais e indiscutíveis de algumas religiões, sempre foram decretados pelos dirigentes religiosos para submeter cegamente os seus seguidores a um domínio inquestionável. A Doutrina Espírita apoia-se na lógica e na razão e é antidogmática (N.E.).

em que podemos nos encontrar e nos dar as mãos. Chega de dogmas! Chega de mistérios! Abramos nosso entendimento a todos os sopros do espírito; bebamos em todas as fontes do passado e do presente. Digamos que, em toda doutrina, há parcelas de verdade; mas nenhuma contém a verdade inteiramente, visto que, em sua plenitude, ela é mais ampla que o espírito humano.

É somente no acordo das boas vontades, dos corações sinceros, dos espíritos desinteressados que se realizarão a harmonia do pensamento e a conquista da grande soma de verdade assimilável para o homem da Terra, no atual período da História.

Chegará o dia em que todos compreenderão que não há oposição entre a ciência e a verdadeira religião. Há apenas mal-entendidos. A oposição se dá entre a ciência e a ortodoxia, o que nos é provado pelas recentes descobertas da ciência, que nos aproximam sensivelmente das doutrinas sagradas do Oriente e da Gália, no que diz respeito à unidade do mundo e à evolução da vida. Eis por que podemos afirmar que, perseguindo sua marcha paralela na grande estrada dos séculos, a ciência e a crença irão forçosamente se encontrar um dia, porque seus objetivos são os mesmos, e elas acabarão por se irmanar reciprocamente. A ciência será a análise; a religião irá se tornar a síntese. Nelas, o mundo dos fatos e o mundo das causas se unirão; os dois termos da inteligência humana irão se vincular; o véu do invisível será rasgado; a obra divina aparecerá a todos os olhares em seu esplendor majestoso!

As alusões que acabamos de fazer às doutrinas antigas poderiam levantar uma outra objeção: os ensinamentos do Espiritismo, poderiam nos dizer, não são inteiramente novos? Não, sem dúvida. Em todos os tempos da humanidade, relâmpagos têm brilhado, lampejos iluminaram o pensamento em marcha e as verdades necessárias têm aparecido aos sábios e aos pesquisadores. Os homens de gênio, assim como os sensitivos e os videntes, sempre têm recebido do além revelações apropriadas às necessidades da evolução humana[34].

É pouco provável que os primeiros homens pudessem ter chegado por si mesmos e apenas com seus recursos mentais à noção de leis e até mesmo às primeiras formas de civilização. Consciente ou não, a comunhão entre a Terra e os espíritos tem existido sempre.

Por isso mesmo encontraríamos facilmente nas doutrinas do passado a maior parte dos princípios dados nos ensinamentos dos espíritos. Além do que, esses princípios, reservados a um pequeno número de pessoas, não haviam penetrado até a alma das multidões. Essas revelações produziam-se, de preferência, sob a forma de comunicações isoladas, de manifestações que apresentavam um caráter pouco frequente e eram consideradas, o mais das vezes, miraculosas. Mas, após 20 ou 30 séculos de um lento trabalho e de uma gestação silenciosa, o espírito crítico se desenvolveu e a razão elevou-se até o conceito de leis superiores. Esses fenômenos, com o ensinamento a eles ligado, reaparecem, generalizam-se, vêm guiar as sociedades hesitantes na árdua via do progresso.

É sempre nas horas de perturbação da História que as grandes concepções sintéticas se formam no seio da humanidade, quando as religiões antigas e as filosofias bastante abstratas já não são suficientes para consolar os aflitos, para levantar os ânimos abatidos, para arrastar as almas para os altos cimos. Entretanto, ainda há nelas muita força latente e focos de calor que podem ser reavivados. É por isso que não compartilhamos da opinião de certos teóricos que, nesse domínio, pensam mais em demolir do que em restaurar. Isso seria um erro. Há distinções a serem feitas na herança do passado e até mesmo nas religiões esotéricas[35], criadas para

---

34 Ver *No invisível*, capítulo 24: "A mediunidade gloriosa".
35 Esoterismo: estudo e/ou prática de artes divinatórias e de fenômenos que parecem não poder ser explicados pelas leis naturais, por exemplo, a astrologia, a quiromancia etc. (N.E.).

espíritos infantis, e que correspondem às necessidades de uma categoria de almas. A sabedoria consistiria em recolher as parcelas da vida eterna, os elementos de direção moral que contêm, eliminando ao mesmo tempo os exageros e afetações inúteis que a ação das idades e das paixões lhes foi acrescentando.

Quem poderia executar essa obra de análise, de triagem, de renovação? Os homens estavam mal preparados para isso. Apesar dos avisos imperiosos dos últimos anos, apesar da decadência moral de nosso tempo, nenhuma voz autorizada se tem elevado, nem no santuário, nem nas cátedras[36] acadêmicas, para dizer as palavras fortes e graves que o mundo esperava.

O impulso só podia vir do alto. Ele veio. Todos aqueles que têm estudado o passado com atenção sabem que há um plano no drama dos séculos. O pensamento divino manifesta-se de maneiras diferentes, e a revelação é graduada de mil maneiras, de acordo com as exigências das sociedades. Foi por isso que, havendo chegado a hora de uma nova revelação, o mundo invisível saiu de seu silêncio. Por toda a Terra as comunicações dos mortos afluíram, trazendo os elementos de uma doutrina em que se resumem e se fundem as filosofias e as religiões de duas humanidades. O propósito do Espiritismo não é destruir, mas unificar e completar, renovando. Ele vem separar, no domínio das crenças, o que está vivo do que está morto. Recolhe e reúne, dos numerosos sistemas em que até agora a consciência da humanidade se tem encerrado, as verdades relativas que eles contêm, para uni-las às verdades de ordem geral proclamadas por ele. Em resumo, o Espiritismo vincula à alma humana, ainda incerta e débil, as poderosas asas dos espaços infinitos e, por esse meio, eleva-a às alturas de onde pode abranger a vasta harmonia das leis e dos mundos e, ao mesmo tempo, obter uma visão clara do seu destino.

---

36 Cátedra: cargo ou função de professor de disciplina de nível universitário (N.E.).

E esse destino encontra-se incomparavelmente superior a tudo que as doutrinas da Idade Média e as teorias de outro tempo secretamente lhe haviam falado. É um futuro de imensa evolução que se abre para ela e que continua de esferas em esferas, de claridades em claridades, para um objetivo sempre mais belo, sempre mais iluminado pelos raios da justiça e do amor.

3 – O PROBLEMA DO SER

O primeiro problema que ocorre ao pensamento é o do próprio pensamento, ou, antes, o do ser pensante. Isto é, para todos nós, um assunto capital, que domina todos os outros, e cuja solução nos reconduz às próprias origens da vida e do universo.

Qual é a natureza de nossa personalidade? Ela comporta um elemento capaz de sobreviver à morte? A essa questão estão ligadas todas as crenças, todas as esperanças da humanidade.

O problema do ser e o problema da alma fundem-se num só; é a alma[1] que fornece ao homem seu princípio de vida e de movimento. A alma humana é uma vontade livre e soberana; é a unidade consciente que domina todos os atributos, todas as funções, todos os elementos materiais do ser, assim como a alma divina domina, coordena e liga todas as partes do universo para harmonizá-las.

A alma é imortal, porque o nada não existe, e nenhuma coisa pode ser destruída, nenhuma individualidade pode deixar de existir. A dissolução das formas materiais prova simplesmente que a alma é separada do organismo por meio do qual se comunicava com o meio terrestre. Ela não deixa, por esse fato, de prosseguir na sua evolução em novas condições, sob formas mais perfeitas e sem perder nada de sua identidade. Cada vez que abandona o corpo terrestre, encontra-se novamente na vida do espaço, unida ao seu corpo espiritual, o perispírito, do qual é inseparável, à forma imponderável que preparou para si com os seus pensamentos e obras.

Esse corpo sutil, essa duplicação fluídica, existe em nós em estado permanente. Embora invisível, serve, entretanto,

1 Nós o demonstraremos mais adiante com a ajuda de todo um conjunto de fatos observados, de experiências e de provas objetivas.

de molde para nosso corpo material. Esse não representa, no destino do ser, o papel mais importante. O corpo visível, o corpo físico varia. Formado de acordo com as necessidades da etapa terrestre, é temporário e perecível; desagrega-se e se dissolve com a morte. O corpo sutil permanece; existe antes do nascimento, sobrevive às decomposições do túmulo e acompanha a alma em suas transmigrações. É o modelo, a matriz original, a verdadeira forma humana que vem incorporar-se, por um tempo, nas moléculas da carne, e que se mantém no meio de todas as variações e de todas as correntes materiais. Mesmo durante a vida, essa forma sutil pode se separar do corpo carnal em certas condições e também agir, aparecer, manifestar-se a distância, como veremos adiante, provando, de maneira irrecusável, sua existência independente[2].

2 A ciência fisiológica, a que escapa ainda a maior parte das leis da vida, entreviu, no entanto, a existência do perispírito ou corpos fluídicos, que é ao mesmo tempo o molde do corpo material, o vestuário da alma e o intermediário obrigatório entre eles. Claude Bernard escreveu Recherches sur les problèmes de la physiologie (Pesquisas sobre os problemas da fisiologia): "Há como um desenho preestabelecido de cada ser e de cada órgão, de modo que, se considerado isoladamente, cada fenômeno do organismo é tributário das forças gerais da natureza, parecem eles revelar um laço especial, parecem dirigidos por alguma condição invisível no caminho que seguem, na ordem que os relaciona". Fora dessa noção do corpo fluídico, a união da alma com o corpo material permanece incompreensível. Daí veio o enfraquecimento de certas teorias espiritualistas que consideravam a alma um "espírito puro". Nem a razão nem a ciência podem admitir um ser desprovido de forma. Leibniz, no prefácio de suas Nouvelles recherches sur la raison humaine (Novas pesquisas sobre a razão humana), dizia: "Acredito, como a maioria dos antigos, que todos os espíritos, todas as almas, todas as substâncias simples, ativas, estão sempre unidas a um corpo e que nunca existem almas que sejam completamente desprovidas dele".
De resto, existem numerosas provas objetivas e subjetivas da existência do perispírito. São, em primeiro lugar, as sensações chamadas "de integridade", que acompanham sempre a amputação de um membro qualquer. Alguns magnetizadores afirmam que podem influenciar seus doentes, magnetizando a prolongação fluídica dos membros amputados (Carl du Prel, La doctrine monistique de l'âme – A doutrina monística da alma, capítulo 6). Vêm depois as aparições dos fantasmas dos vivos. Em muitos casos, o corpo fluídico, concretizado, impressionou placas fotográficas, deixou impressões e moldagens nas substâncias moles, traços no pó e na fuligem, provocou o deslocamento de objetos etc. (Ver No invisível - Editora Edicel, capítulos 12 e 20.)

As provas da existência da alma são de duas espécies: morais e experimentais.

Vejamos primeiramente as provas morais e as de ordem lógica, que, apesar de terem servido muitas vezes, conservam toda a sua força e seu valor.

De acordo com as escolas materialista e monista[3], a alma não passa da resultante de funções cerebrais. "As células do cérebro", disse Haeckel, "são os verdadeiros órgãos da alma. Está ligada à integridade delas. Cresce, decai e desaparece com elas. O germe material contém o ser completo, físico e mental".

Responderemos à questão fundamental: a matéria não pode gerar qualidades que não tem. Átomos, sejam triangulares, circulares ou curvos, não podem representar a razão, o gênio, o amor puro, a sublime caridade. O cérebro, dizem, cria a função; mas é possível compreender que uma função possa se conhecer, possuir consciência e sensibilidade? Como explicar a consciência, a não ser pelo espírito? Ela vem da matéria?

Mas consciência e matéria não se combatem frequentemente?

Ela vem do interesse e do instinto de conservação?

Então por que se revolta contra eles e nos leva muitas vezes ao sacrifício?

O organismo material não é o princípio da vida e das faculdades; é, ao contrário, seu limite. O cérebro não passa de um instrumento com a ajuda do qual o espírito registra as sensações; poderia ser comparado a um teclado, em que cada tecla representaria um gênero especial de sensações. Quando o instrumento está perfeitamente afinado, essas teclas, sob a ação da vontade, dão o som que lhes é próprio, e a harmonia reina em nossas ideias e em nossos atos. Mas, se essas teclas estiverem faltando ou destruídas, o som produzido será falso, a harmonia incompleta: resultará daí uma desafinação, apesar dos esforços da inteligência do artista, que não pode

---

3 Monismo: doutrina filosófica segundo a qual o conjunto das coisas pode ser resumido à unidade (N.E.).

mais obter desse instrumento defeituoso um conjunto de manifestações regulares. Assim se explicam as doenças mentais, as neuroses, a perda temporária da fala ou da memória, a loucura etc., sem que, por isso, a existência da alma fique comprometida. Em todos esses casos o espírito subsiste, mas suas manifestações são desfiguradas e, às vezes, até aniquiladas por falta de correlação com seu organismo.

Sem dúvida, de uma maneira geral, o desenvolvimento do cérebro denota altas faculdades. Uma alma delicada e poderosa precisa de um instrumento mais perfeito, que se preste a todas as manifestações de um pensamento elevado e fecundo. As dimensões e as circunvoluções[4] do cérebro estão, frequentemente, em relação direta com o grau de evolução do espírito[5]. Não se deve daqui deduzir que a memória é apenas um simples jogo das células cerebrais. Estas se modificam e se renovam incessantemente, diz a ciência, a tal ponto que o cérebro e o corpo humano são renovados em poucos anos[6]. Nessas condições, como explicar que possamos nos recordar dos fatos que remontam a 10, 20, 30 anos? Como os velhos rememoram com uma facilidade surpreendente os menores detalhes de sua infância? Como a memória, a personalidade, o "eu", podem persistir e manter-se no meio de contínuas destruições e reconstruções orgânicas?

Quantos problemas insolúveis para o materialismo!

---

4 Circunvolução: saliência sinuosa na superfície cerebral (N.E.).

5 A regra não é absoluta. O cérebro de Gambetta, por exemplo, pesava apenas 1.246 gramas, ao passo que a média humana é de 1.500 a 1.800 gramas. Acrescentamos, aliás, que a teoria das localizações cerebrais que predominava na fisiologia foi posta em sério revés por "casos famosos e frequentes das lesões estendidas nas regiões essenciais, não acompanhadas de nenhum problema psíquico grave, nem de nenhuma restrição da personalidade". Ver o caso célebre publicado pelo doutor Guépin em março de 1917 e os numerosos fatos das feridas de guerra especialmente estudadas pelo doutor Troude (*Revue Métapsychique – Revista Metapsíquica*), no 1, 1921-1922.

Nota do editor: o autor cita, na nota acima, Leon Gambetta (1838-1882), célebre e importante homem público francês, reconhecido pela sua inteligência e cultura.

6 Claude Bernard, *La science expérimentale; phénomènes de la vie (A ciência experimental; fenômenos da vida)*.

O único meio de atingir a alma são os sentidos, dizem os psicólogos, e a suspensão deles leva ao desaparecimento da outra. Notemos, entretanto, que o estado de anestesia, ou seja, a supressão momentânea da sensibilidade, não suprime de modo algum a ação da inteligência; esta se ativa, ao contrário, em casos em que, segundo as doutrinas materialistas, deveria estar aniquilada.

Buisson[7] escreveu: "Se existe alguma coisa que possa demonstrar a independência do 'eu', é certamente a prova que nos fornecem os pacientes submetidos à ação do éter, e nos quais as faculdades intelectuais resistem aos agentes anestésicos".

Velpeau[8], tratando do mesmo assunto, dizia: "Que mina fecunda não são para a fisiologia e para a psicologia fatos como esses, que separam o espírito da matéria, a inteligência do corpo!"

Veremos também de que forma, no sono comum ou no provocado, no sonambulismo e na exteriorização, a alma pode viver, perceber e agir sem o auxílio dos sentidos.

Se a alma, como quer Haeckel, representasse unicamente a soma dos elementos corporais, sempre haveria no homem correlação entre o físico e o mental. A relação seria direta e constante, e o equilíbrio, perfeito entre as faculdades, as qualidades morais, de uma parte, e a constituição material, de outra. Os mais bem-dotados, sob o ponto de vista físico, também possuiriam as almas mais inteligentes e mais dignas. Sabemos que isso não acontece, pois, muitas vezes, almas muito elevadas habitaram corpos débeis. A saúde e a força não implicam necessariamente, naqueles que as possuem, um espírito sutil e de brilhantes qualidades.

---

7 François A. Buisson: escritor e acadêmico francês (N.E.).
8 Alfred A. Marie Velpeau: cirurgião e fisiologista francês (N.E.).

Diz-se, é bem verdade: *mens sana in corpore sano.* Mas há tantas exceções para essa máxima que não é possível considerá-la regra absoluta. A carne sempre cede à dor. O mesmo não acontece com a alma, que, muitas vezes, resiste, exalta-se no sofrimento e triunfa sobre os agentes externos.

Os exemplos de Antígona[9], de Jesus, de Sócrates, de Joana d´Arc, os dos mártires cristãos, dos hussitas e tantos outros que embelezam a história e enobrecem a raça humana estão aí para nos lembrar de que as vozes do sacrifício e do dever podem se elevar muito acima dos instintos da matéria. A vontade, nos heróis, sabe dominar as resistências do corpo nas horas decisivas.

Se o homem estivesse contido por inteiro no gérmen físico, nele seriam encontradas unicamente as qualidades e os defeitos de seus progenitores, e na mesma proporção. Mas, ao contrário, veem-se por toda parte crianças diferentes de seus pais, superiores ou inferiores a eles. Irmãos gêmeos, de uma forte semelhança física, apresentam, sob o ponto de vista mental e moral, caracteres diferentes entre si e entre os seus antepassados.

As teorias do atavismo[10] e da hereditariedade são impotentes para explicar os casos célebres de crianças artistas ou sábias: os músicos como Mozart ou Paganini, os calculistas como Mondeux e Inaudi, os pintores de dez anos, como Van de Kerkhove, e tantos outros meninos-prodígios, cujas aptidões não se encontram nos pais ou só estão presentes em antepassados distantes, como foi o caso de Mozart.

As propriedades da substância material transmitida pelos pais se manifesta na criança pela semelhança física e pelas doenças congênitas. Mas a semelhança só dura no primeiro período da vida. Desde que o caráter se define, logo que a

---

9 Antígona: heroína grega considerada o modelo da piedade filial e fraternal. Foi imortalizada por Sófocles, clássico autor grego, na peça teatral que leva o seu nome. Deu em sacrifício sua vida por amor a seu pai, Édipo, e seu irmão Polínices (N.E.).

10 Atavismo: reaparecimento de um fator do caráter, tendência ou talento herdado ou que esteve presente em antepassado familiar muito antigo (N.E.).

criança se torna adulta, veem-se as feições se modificarem pouco a pouco; ao mesmo tempo, as tendências hereditárias vão diminuindo e dando lugar a outros elementos, que constituem uma personalidade diferente, um "eu" às vezes bastante distinto pelos gostos, pelas qualidades, pelas paixões, de tudo quanto se encontra nos antepassados. Não é, pois, o organismo material que faz a personalidade, e sim o homem interior, o ser psíquico. À medida que este se desenvolve e se afirma por sua própria ação na existência, vê-se a herança física e mental dos pais se enfraquecer pouco a pouco, e, muitas vezes, desaparecer.

A noção do bem, gravada no fundo da consciência, é ainda uma prova evidente de nossa origem espiritual. Se o homem viesse do pó ou se fosse o resultado das forças mecânicas do mundo, nós não poderíamos conhecer nem o bem, nem o mal, nem sentir remorso ou dor moral. Dizem-nos: "estas noções vêm dos vossos antepassados, da educação, das influências sociais!" Mas, se são heranças exclusivas do passado, de onde as recebemos? E por que elas se multiplicam em nós, se não encontram terreno favorável nem alimento?

Se tendes sofrido com a constatação do mal, se tendes chorado por vós e pelos outros, nessas horas de tristeza, de dor reveladora, pudestes entrever as secretas profundezas da alma, as suas ligações misteriosas com o além, e compreendestes o encanto amargo e o objetivo elevado da existência, de todas as existências. Esse é o processo da educação dos seres pela dor; é a ascensão das coisas finitas para a vida infinita.

Não, o pensamento e a consciência não derivam de um universo químico e mecânico. Ao contrário, eles o dominam, o dirigem e o advertem. De fato, não é o pensamento que pesa os mundos, mede a extensão, que diferencia as harmonias do cosmo? Pertencemos ao mundo material apenas por um lado. É por isso que experimentamos tão vivamente os males. Se pertencêssemos a ele por completo, nós nos sentiríamos muito mais ambientados e muitos sofrimentos nos seriam poupados.

A verdade sobre a natureza humana, sobre a vida e o destino, o bem e o mal, a liberdade e a responsabilidade não se descobrem no fundo das retortas[11] nem na ponta dos bisturis. A ciência material não pode julgar coisas do espírito. Apenas o espírito pode julgar e compreender o espírito, e isso em razão do grau de sua evolução. É a consciência das almas superiores, dos seus pensamentos, dos seus trabalhos, dos seus exemplos, dos seus sacrifícios que faz jorrar a luz mais intensa e o mais nobre ideal que podem guiar a humanidade em seu caminho. O homem é, ao mesmo tempo, espírito e matéria, alma e corpo. Mas talvez espírito e matéria sejam apenas palavras que exprimem, de forma imperfeita, as duas formas da vida eterna, que dormita na matéria bruta e acorda na matéria orgânica, adquire atividade, se expande e se eleva no espírito.

É possível haver, como alguns filósofos admitem, apenas uma essência única das coisas, ao mesmo tempo forma e pensamento, sendo a forma um pensamento materializado, e o pensamento a forma do espírito[12]? É possível. O saber humano é limitado e mesmo os olhares do gênio não passam de um rápido clarão no domínio infinito das ideias e das leis.

Todavia, o que caracteriza a alma e a diferencia absolutamente da matéria é sua unidade consciente. A matéria se dispersa e se dissipa sob a ação da análise. O átomo físico se subdivide em subátomos que, por sua vez, fragmentam-se indefinidamente. A matéria – como estabeleceram as recentes descobertas de Becquerel, Curie e Le Bon – é inteiramente desprovida de unidade. No universo, apenas o espírito representa o elemento uno, simples, indivisível, e, por isso, logicamente indestrutível, imperecível, imortal!

---

11 Retorta: vaso de vidro ou de louça com o gargalo recurvado, voltado para baixo, apropriado para operações químicas (N.E.).
12 Entendemos aqui por espírito o princípio da inteligência.

4 – A PERSONALIDADE INTEGRAL

A consciência, o "eu", é o centro do ser, a própria essência da personalidade.

Ser uma pessoa é ter uma consciência, um "eu" que reflete, examina-se, recorda-se. Porém, podem-se conhecer, analisar e descrever o "eu", seus mistérios ocultos, suas forças latentes, seus germens fecundos, suas atividades silenciosas? As psicologias, as filosofias do passado o tentaram em vão e apenas tocaram de leve a superfície do ser consciente. Suas camadas internas e profundas permaneceram obscuras, inacessíveis, até o dia em que as experiências do hipnotismo, do Espiritismo, da regressão da memória finalmente projetaram aí alguma luz.

Então se pôde ver que em nós se reflete, se repercute todo o universo, em sua dupla imensidade de espaço e de tempo. Dizemos "de espaço", pois a alma, em suas livres e plenas manifestações, não conhece as distâncias. Dizemos "de tempo", pois um passado inteiro dorme nela, onde o futuro, ao seu lado, permanece no estado de embrião.

As escolas antigas admitiam a unidade e a continuidade do "eu", a permanência, a identidade perfeita da personalidade humana e sua sobrevivência. Seus estudos eram baseados no sentir íntimo, no que, hoje em dia, chamamos de introspecção.

A nova psicologia experimental considera a personalidade um agregado, um composto, uma "colônia". Para ela, a unidade do ser é apenas aparente e pode se decompor. O "eu" é uma coordenação passageira, disse Th. Ribot[1]. Essas afirmações baseiam-se em fatos de experiência, que não podem ser deixados à parte, tais como: vida intelectual inconsciente, alterações da personalidade etc.

---

1 Th. Ribot, *Les maladies de la personnalité (As doenças da personalidade)*

Como aproximar e conciliar teorias tão diferentes e contudo baseadas, ambas, na ciência da observação? De uma maneira bem simples. Pela própria observação, mais atenta, mais rigorosa. F. Myers disse-o por estes termos[2]:

> "Uma pesquisa mais profunda, mais ousada, na própria direção que os psicólogos (materialistas) recomendam, mostra que eles se enganaram ao afirmar que a análise não provava a existência de nenhuma faculdade acima das que a vida terrestre, tal como eles a concebem, é capaz de produzir, e o meio terrestre de utilizar. Mas, em realidade, a análise revela os traços de uma faculdade que a vida material ou planetária nunca poderia ter gerado e cujas manifestações implicam e fazem necessariamente supor a existência de um mundo espiritual.
>
> "Por outro lado, e em favor dos partidários da unidade do 'eu', pode-se dizer que os novos dados são de natureza a fornecer às suas pretensões uma base mais sólida e uma prova presumível que se avantaja em força a todas as que eles poderiam ter imaginado, a prova, especialmente, de que o 'eu' pode sobreviver, e de fato sobrevive, não apenas às desintegrações secundárias que o afetam no decorrer de sua vida terrestre, mas também à desintegração final que resulta da morte corporal. O 'eu consciente' de cada um de nós está longe de compreender a totalidade de nossas faculdades. Existem uma consciência mais vasta e faculdades mais profundas, em que a maior parte permanece virtual[3] no que se relaciona à vida terrestre, de onde a consciência e as faculdades se desprenderam apenas em consequência de uma seleção, e que se afirmam de novo em toda a sua plenitude após a morte.
>
> "Tenho sido, há cerca de 14 anos, lentamente levado a essa conclusão, que revestiu para mim sua forma atual em consequência de uma longa série de reflexões baseadas em provas cujo número ia aumentando progressivamente."

---

2 F. Myers, *La personnalité humaine, sa survivance, ses manifestations supranormales*. Essa obra representa um dos mais magníficos esforços que têm sido experimentados pelo pensamento para resolver os problemas do ser.

3 Virtual (nesse caso): potencial, predeterminada, aguardando a condição ou o momento ideal para se manifestar (N.E.).

Em certos casos, vê-se aparecer em nós um ser totalmente diferente do normal, possuindo não apenas conhecimentos e aptidões mais extensos que os da personalidade comum, mas, além disso, dotado de modos de percepção mais poderosos e mais variados. Às vezes, até mesmo nos fenômenos de "segunda personalidade", o caráter se modifica e difere a tal ponto do caráter habitual que observadores se julgaram na presença de um outro indivíduo.

É preciso fazer bem a distinção entre esses casos e o fenômeno de incorporação dos espíritos. Os médiuns, no estado de desdobramento sonambúlico, às vezes podem servir de canal livre para entidades do além, para espíritos desencarnados que deles se servem para se comunicar com os homens. Mas, então, os nomes, os detalhes, as provas de identidade fornecidas pelos manifestantes não permitem nenhuma confusão. A individualidade que se manifesta difere radicalmente da do indivíduo. Os casos de G. Pelham[4], de Robert Hyslop, de Fourcade, etc. nos demonstram que as comunicações ou a incorporação dos espíritos não podem ser confundidas com os casos de dupla personalidade.

Entretanto, o erro é possível; de fato, da mesma forma que as incorporações dos espíritos, a intervenção das personalidades secundárias é precedida de um sono curto. Estas surgem, na maioria das vezes, em um acesso de sonambulismo ou, até mesmo, após uma emoção. O período de manifestação, inicialmente de fraca duração, prolonga-se pouco a pouco, repete-se e vai se destacando até adquirir e constituir uma cadeia de recordações particulares que se distinguem do conjunto de recordações registradas na consciência normal. Esse fenômeno pode ser facilitado ou provocado pela sugestão hipnótica. É até provável que nos casos espontâneos, em que nenhuma vontade humana intervém, o fenômeno seja uma ação de agentes invisíveis, guias e protetores do indivíduo; eles então agem, como veremos, com um objetivo curativo, terapêutico.

4 Ver *No invisível*, capítulo 19.

No caso de Félida, estudado pelo doutor Azam[5], os dois estados de consciência, ou variações da personalidade, são claramente estabelecidos:

"Quase todos os dias, sem causa conhecida, ou sob o domínio de uma comoção, ela é tomada pelo que chama 'a sua crise'. De fato, entra em seu segundo estado; fica sentada, com um trabalho de costura à mão; de repente, sem que nada o possa fazer prever, e após uma dor nas fontes, mais violenta que de costume, a cabeça cai sobre o peito, suas mãos ficam inativas e descem inertes ao longo de seu corpo; ela dorme, ou parece dormir, mas é um sono especial, pois nenhum barulho, nenhuma excitação, nenhum belisção ou picada poderia acordá-la; além disso, essa espécie de sono surge subitamente. Dura dois ou três minutos; antes durava muito mais.

"Depois Félida acorda; mas não está mais no estado intelectual em que estava antes de adormecer. Tudo parece diferente. Ergue a cabeça e, ao abrir os olhos, cumprimenta sorrindo as pessoas que a cercam, como se tivesse acabado de chegar; a fisionomia, antes triste e silenciosa, ilumina-se, e respira alegria; sua palavra é breve e ela continua, cantarolando, a obra de agulha que havia começado. Levanta-se, seu andar é ágil, e quase não se queixa das mil dores que, momentos antes, faziam-na sofrer; cuida dos afazeres domésticos, anda pela rua, etc. Seu caráter está completamente mudado: de triste, tornou-se feliz; sua imaginação está mais exaltada; o menor motivo a entristece ou alegra; de indiferente, tornou-se sensível em excesso.

"Nesse estado, lembra-se perfeitamente de tudo o que se passou nos outros estados semelhantes anteriores e também durante sua vida normal. Nessa vida, assim como na outra, suas faculdades intelectuais e morais, ainda que diferentes, estão incontestavelmente na sua integridade: nenhuma ideia delirante, nenhuma falsa apreciação, nenhuma alucinação. Félida é outra, nada mais. Pode-se até mesmo dizer que, nesse segundo estado, nessa segunda condição, como chama M. Azam, todas as suas faculdades parecem mais desenvolvidas e completas.

---

5 Binet, *Les altérations de la personnalité (As alterações da personalidade)*. Paris, Ed. F. Alcan.

"Essa segunda vida, em que a dor física não se faz sentir, é muito superior à outra; principalmente pelo fato notável de que, enquanto dura, Félida se lembra não somente do que se passou nos acessos anteriores, mas também de toda a sua vida normal, enquanto, durante sua vida normal, não tem nenhuma lembrança do que se passou durante seus acessos."

Vê-se que aí não estão em jogo várias personalidades, mas simplesmente vários estados da mesma consciência. A relação persiste entre esses diversos aspectos do ser psíquico. Pelo menos, o segundo estado, o mais completo, não ignora nada do que fez o primeiro, ao passo que este conhece o outro apenas por ouvir dizer. O modo de existência número 2 trata o número 1 com algum desdém. Félida, no segundo estado, fala da "moça estúpida" da mesma maneira que falaríamos de nós mesmos, do menino desajeitado, do bebê trapalhão que fomos em outro tempo.

No caso de Louis Vivé[6], encontramo-nos em presença de um fenômeno de "regressão da memória". O indivíduo, sob a influência da sugestão hipnótica, revive todas as cenas de sua vida, diz F. Myers, "com a rapidez e a facilidade de imagens cinematográficas. Não apenas os estados mentais passados e esquecidos vêm à memória ao mesmo tempo que as impressões físicas dessas variações, mas também um estado mental passado e esquecido é sugerido ao paciente como sendo seu estado atual, ele recebe imediatamente as impressões físicas correspondentes".

Veremos adiante que, graças a experiências da mesma ordem, se têm podido reconstituir as existências anteriores de certos indivíduos com a mesma nitidez, o mesmo poder de impressões e de sensações. E por isso seremos levados a reconhecer que a ciência profunda do ser nos reserva muitas surpresas.

---

6 F. Myers, *La personnalité humaine*. Ver também Camuset, *Annales Médico-Psychologiques (Anais Médico-Psicológicos)*, 1882.

Em Mary Reynolds[7], assistimos a uma transformação completa do caráter, que apresenta três fases distintas: uma, marcada pelo desleixo; a outra, com disposições para a tristeza e com tendência para fundir-se com um terceiro estado, superior aos dois anteriores.

Não podemos deixar de notar as observações do mesmo gênero feitas pelo doutor Morton-Prince em relação à senhorita Beauchamp[8]. Esta apresenta diversos aspectos de uma mesma personalidade, que se revelaram sucessivamente e que foram denominados, à medida que apareciam, de B1, B2, B4 e B5.

B1 é a senhorita Beauchamp no estado normal, pessoa séria, reservada, extremamente escrupulosa. B2 é ela em estado de hipnose, com mais desembaraço, simplicidade e memória mais extensa. B4, que se revela mais tarde, distingue-se das anteriores por um estado completo de unidade harmoniosa e de equilíbrio normal, mas a quem faz falta a memória dos seis últimos anos, por consequência de uma emoção violenta. E, por fim, B5, que reúne como uma síntese a memória dos estados já descritos.

A originalidade desse caso consiste na intervenção, em meio aos diversos aspectos da personalidade da senhorita Beauchamp, de uma individualidade que lhe é, como nos parece, completamente estranha. Trata-se de B3, que se diz chamar Sally, ser esperta, travessa, na verdade faceira, dominando a senhorita Beauchamp, pregando-lhe peças repetidas, uma vida bem difícil. Sally se adapta, fisiologicamente, muito mal aos órgãos da médium; parece estranha à sua própria vida.

Essa misteriosa Sally seria, segundo nós, uma entidade espiritual, conseguindo substituir-se no sono à pessoa normal, e dispor, por um lapso de tempo, de um organismo cujo estado de equilíbrio está momentaneamente perturbado. Esse fenômeno

7 W. James, *Principles of psychology (Princípios da psicologia)*.
8 Morton-Prince. Ver The association of a personality (A associação de uma personalidade), bem como a obra do coronel A. de Rochas, Les vies successives (As vidas sucessivas). Paris, Ed. Chacornac, 1911.

pertence à categoria das incorporações de espíritos, de que tratamos especialmente em outra obra[9].

Finalmente, F. Myers relata em sua obra magistral[10], segundo o doutor Mason, um caso de "múltipla personalidade", que acreditamos dever reproduzir:

"Alma Z... era uma moça muito sã e inteligente, de um caráter sólido e insinuante, de um espírito de iniciativa em tudo o que empreendia, estudos, esporte, relações sociais. Em seguida a um cansaço intelectual e a uma indisposição a que não deu importância, sua saúde encontrou-se seriamente comprometida, e, após dois anos de grande sofrimento, uma segunda personalidade fez uma súbita aparição. Numa linguagem meio infantil e alegre, essa personalidade anunciava-se como sendo a número 2, que vinha para aliviar os sofrimentos da número 1. Acontece que o estado da número 1 era, naquele momento, dos mais deploráveis: dores, debilidade, desmaios frequentes, insônias, estomatite mercurial[11] de origem medicamentosa que tornava a alimentação impossível. A número 2 era alegre e terna, de uma conversa sutil e espirituosa, revelando todo o seu conhecimento, alimentando-se bem e abundantemente, com maior proveito do que a número 1. A conversa, por mais aprimorada e interessante que fosse, não deixava suspeitar nada dos conhecimentos adquiridos pela primeira personalidade. Ela manifestava uma inteligência muito além do normal relativamente ao que se passava na vizinhança. Foi nessa época que o autor começou a observar esse caso, e não o perdi de vista durante seis anos consecutivos. Quatro anos após a aparição da segunda personalidade, apareceu uma terceira, que se anunciou sob o nome de 'moleque'. Era completamente distinta e diferente das duas outras e havia tomado o lugar da número 2, que esta ocupara por quatro anos.

"Todas essas personalidades, embora absolutamente distintas, eram, cada qual em seu gênero, interessantes, e a número 2, em particular, foi, e ainda é, a alegria de seus amigos todas as vezes

9 Ver *No invisível*, capítulo 19.
10 F. Myers, *La personnalité humaine*.
11 Estomatite mercurial: inflamação da membrana mucosa da boca, decorrente da ingestão de remédios que contêm mercúrio (N.E.).

que aparece e que podem se aproximar dela; sempre surge nos momentos de fadiga excessiva, de excitação mental, de abatimento; sobrevém, então, e persiste às vezes durante alguns dias. O 'eu' original sempre afirma sua superioridade, as outras revelam-se apenas em atenção a ela e para seu proveito. A número 1 não tem nenhum conhecimento pessoal das duas outras personalidades; contudo, conhece-as bem, sobretudo a número 2, pelas narrativas das outras e pelas cartas que muitas vezes dela recebe; e a número 1 admira as mensagens sutis, espirituosas e muitas vezes instrutivas que lhe trazem essas cartas ou as narrativas das amigas."

Iremos nos limitar a citar apenas esses fatos, para não nos alongarmos demais. Existem muitos outros da mesma natureza, cuja descrição o leitor poderá encontrar nas obras especiais[12].

No seu conjunto, esses fenômenos demonstram uma coisa: que acima do nível da consciência normal, fora da personalidade comum, existem em nós planos de consciência, camadas ou zonas dispostas de tal forma que, em certas condições, podem-se constatar alternâncias entre esses planos. Veem-se então emergirem à superfície e manifestarem-se, durante certo tempo, atributos, faculdades que pertencem à consciência profunda; depois, logo desaparecem, para voltarem ao lugar e tornarem a mergulhar na sombra e na inércia.

Nosso "eu" comum, superficial, limitado pelo organismo, parece ser apenas um fragmento de nosso "eu" total. Neste, está registrado um mundo inteiro de fatos, conhecimentos, lembranças referentes ao longo passado da alma. Durante sua vida normal, todas essas reservas permanecem latentes,

---

12 Ver, entre outras: Bourru e Burot, *Les changements de la personnalité e de la suggestion mentale (As mudanças da personalidade e da sugestão mental)*. Paris: Bibl. Científ. Contemporânea, 1887. Binet, *Les altérations de la personnalité*. Berjon, *La grande histeria chez l'homme (A grande histeria do homem)*. Osgood Mason, *Double personnalité; ses rapports avec l'hypnotisme et la lucidité (Dupla personalidade; suas relações com o hipnotismo e a lucidez)*.
Ver ainda, em *Proceedings S.P.R. (Procedimentos da Sociedade de Pesquisas Psíquicas de Londres)*, o caso da senhorita Beauchamp, estudado por Morton, o caso de Annel Boume, descrito pelo doutor Hodgson, e o de Mollie Faucher, observado pelo juiz americano Cain Dailey.

como que sepultadas embaixo do envoltório material. Elas reaparecem no estado sonambúlico. O apelo da vontade e a sugestão as mobilizam, entram em ação e produzem esses fenômenos estranhos, que a psicologia constata sem poder explicar.

Todos os casos de desdobramento da personalidade, todos os fenômenos de clarividência, telepatia, premonição, aparecimento de novos sentidos e de faculdades desconhecidas, todo esse conjunto de fatos cujo número aumenta e já constitui um extraordinário amálgama[13] deve ser atribuído à intervenção das forças e dos recursos da personalidade oculta.

O estado sonambúlico, que permite a sua manifestação, não é um estado "regressivo" ou mórbido, como acreditaram alguns observadores; é, antes, um estado superior e, segundo a expressão de F. Myers, "evolutivo". É verdade que o estado de definhamento e de enfraquecimento orgânico facilita em alguns indivíduos a revelação, o afloramento das camadas profundas do "eu", o que foi designado pelo nome de histeria. De maneira geral, é preciso notar que tudo o que deprime o corpo físico favorece o desprendimento, o desembaraço do espírito. A lucidez dos moribundos nos forneceria sobre esse ponto inúmeros testemunhos. Mas, para avaliar bem esses fatos, convém considerá-los sobretudo sob o ponto de vista psicológico; toda a sua importância está aí.

A ciência materialista viu nesses fenômenos o que ela chama de "desintegrações", ou seja, alterações e desagregação da personalidade. Os diversos estados da consciência algumas vezes aparecem tão distintos e os tipos que surgem são de tal modo tão diferentes do normal, que normalmente levam a crer que se está em presença de diversas consciências autônomas, as quais se alternam no mesmo indivíduo. Acreditamos, como F. Myers, que nada disso acontece. Há aí simplesmente uma variedade de estados sucessivos que coincidem com a permanência do "eu". A consciência é uma, mas se manifesta

---

13 Amálgama: nesse caso, mistura de elementos que, embora diversos, contribuem para formar um todo (N.E.).

de diversos modos: de uma maneira restrita, na vida normal, enquanto está limitada ao campo do organismo; mais completa, mais extensa nos estados de desprendimento; e, enfim, de uma maneira total, perfeita, na ocasião da morte, após a separação definitiva, como demonstram as manifestações e os ensinamentos dos espíritos. A desagregação é, portanto, apenas aparente. A única diferença a ser feita entre os estados variados da consciência é uma diferença de graus, que podem ser numerosos. O espaço que, por exemplo, existe entre o estado de incorporação e a exteriorização completa parece considerável. A personalidade se mantém idêntica mesmo no encadeamento dos fatos da consciência, no qual um laço contínuo liga entre si desde as mais simples modificações do estado normal até os casos que comportam uma transformação de inteligência e de caráter; desde a simples ideia fixa e os sonhos até a projeção da personalidade no mundo espiritual, nesse além onde a alma recupera a plenitude de suas percepções e de seus poderes.

Vemos, no decorrer da existência terrestre, desde a infância até a velhice, o "eu" se modificar sem cessar; a alma atravessa uma sucessão de estados; ela anda em mudança contínua; entretanto, no meio dessas diversas fases, seu controle sobre o organismo não varia. A fisiologia destacou essa sábia e harmoniosa coordenação de todas as partes do ser, essas leis da vida orgânica e do mecanismo nervoso que não podem ser explicadas sem a presença de uma unidade central. Essa unidade soberana é a fonte e a causa conservadora da vida; ela reúne todos os elementos, todos os aspectos.

Foi por uma consequência não menos nociva das teorias materialistas que os "psicólogos" da escola oficial chegaram a considerar o gênio uma neurose, quando ele pode ser a utilização, em maior escala, dos poderes psíquicos ocultos no homem.

F. Myers, falando da categoria dos histéricos que conduzem o mundo, emite a opinião de que "a inspiração do gênio não seria nada mais que a emergência, no domínio das ideias conscientes, de outras ideias para a elaboração das quais a consciência não tomou parte, mas que se formaram isoladamente, por assim dizer, independentemente da vontade, nas regiões profundas de nosso ser"[14].

Em geral, aqueles que levianamente são classificados de "degenerados" são muitas vezes "progenerados"[15]. Nestes, sensitivos, histéricos ou neuróticos, as perturbações do organismo físico, as alterações nervosas podem realmente ser um processo de evolução pelo qual toda a humanidade deverá passar para atingir um grau mais intenso da vida planetária.

As perturbações sempre acompanham o desenvolvimento do organismo até sua expansão completa, do mesmo modo que antecedem o aparecimento de cada novo ser na Terra. Em nossos esforços dolorosos para maior grandiosidade da vida, os valores mórbidos transmutam-se em forças morais. Nossas necessidades são instintos em união que se concretizam em novos sentidos para adquirir mais poder e conhecimento.

Até mesmo no estado comum, acordados e lúcidos, revelações e impulsos do "eu" profundo podem remontar até as camadas exteriores da personalidade, trazendo intuições, percepções, lampejos bruscos sobre o passado e o futuro do ser, que demonstram faculdades bastante extensas que não pertencem ao "eu" normal.

A essa categoria de fenômenos é preciso juntar a maior parte dos casos de animismo. Dizemos a maior parte, pois

---

14 F. Myers, *La personnalité humaine*. Acreditamos, todavia, que, no exame desse problema do gênio, F. Myers não atendeu bastante às aquisições anteriores, fruto das existências acumuladas, tampouco às inspirações mediúnicas, muito caracterizadas para algumas inteligências geniais, como vimos anteriormente. (*No invisível*, último capítulo.)

15 Progenerados: o autor ressalta que nos sensitivos, histéricos e neuróticos afloram dons do espírito que todos possuímos, mas que neles se revelam sem barreiras num tempo e num momento que faz com que os consideremos anormais, fora dos padrões ou "degenerados". Assim vemos essas criaturas falarem sozinhas e descreverem situações e ambientes que só elas veem por estarem num estágio evolutivo pelo qual todos deveremos passar, porém, de forma organizada. O autor as chama de "progenerados", ou seja, o que ainda se gerará (N.E.).

há outros, sabemos, que têm como causa agentes externos e invisíveis – esses são casos mediúnicos.

Há em nós uma espécie de reservatório de águas subterrâneas de onde, em certas horas, jorra e sobe à superfície uma corrente rápida e em ebulição. Os profetas, os mártires de todas as religiões, os missionários, os inspirados, os entusiastas de todos os gêneros e de todas as escolas conheceram esses impulsos surdos e poderosos. Eles nos têm brindado com as maiores descobertas, revelando aos homens a existência de um mundo superior.

5 – A ALMA E OS DIFERENTES ESTADOS DO SONO

O estudo do sono nos fornece indicações de grande importância sobre a natureza da personalidade. Em geral, não se aprofunda muito o mistério do sono. O exame atento desse fenômeno, o estudo da alma e de sua forma fluídica durante a parte da existência que consagramos ao descanso, irão nos conduzir a uma compreensão mais clara das condições do ser na vida do além.

O sono possui não apenas propriedades restauradoras a que a ciência não deu ainda o real destaque, mas também um poder de coordenação e de centralização sobre o organismo material. Pode, além disso, como acabamos de ver, provocar uma extensão considerável das percepções psíquicas, uma maior intensidade do raciocínio e da memória.

O que é então o sono?

É simplesmente o desprendimento da alma, sua saída do corpo. Diz-se: o sono é o prenúncio[1] da morte. Essas palavras exprimem uma verdade profunda. Sequestrada da carne no estado de vigília, a alma recupera no sono sua liberdade relativa, temporária e ao mesmo tempo o uso de seus poderes ocultos. A morte será sua libertação completa, definitiva.

Já nos sonhos e nas ilusões vemos entrar em ação os sentidos da alma, esses sentidos psíquicos, que no corpo são a manifestação externa e amortecida. À medida que as percepções externas se enfraquecem e se apagam, quando os olhos estão fechados e os ouvidos suspensos, outros meios mais poderosos despertam nas profundezas do ser. Vemos e ouvimos com a ajuda dos sentidos internos. Imagens, formas, cenas afastadas se sucedem e se desenrolam; são estabelecidas conversas com personagens vivos ou falecidos. Essa

1 Prenúncio: anúncio de coisa futura (N.E.).

ação, muitas vezes incoerente e confusa no sono natural, adquire precisão e aumenta com o desprendimento da alma, no sono provocado, no transe sonambúlico e no êxtase.

Às vezes a alma se afasta durante o repouso do corpo e são as impressões de suas viagens, os resultados de suas pesquisas e de suas observações que se traduzem pelo sonho. Nesse estado, um laço fluídico ainda a liga ao organismo material e, por meio desse laço sutil, uma espécie de fio condutor, as impressões e as vontades da alma podem ser transmitidas ao cérebro. É pelo mesmo processo que, em outras formas de sono, a alma comanda o seu envoltório terrestre, fiscaliza-o, dirige-o. Essa direção, no estado de vigília, durante a incorporação, exerce-se de dentro para fora; ela irá se efetuar em sentido inverso aos diferentes estados de desprendimento. A alma, emancipada, continuará a influenciar o corpo com a ajuda desse laço fluídico que liga continuamente um à outra. Desde então, no seu poder psíquico reconstituído, a alma exercerá sobre seu organismo carnal uma direção mais eficaz e mais segura. A caminhada dos sonâmbulos, à noite, em lugares perigosos com inteira segurança, é uma demonstração evidente desse fato.

O mesmo acontece com a ação terapêutica provocada pela sugestão. Esta é eficaz, sobretudo no sentido de facilitar o desprendimento da alma e lhe dar seu poder absoluto de controle, a liberdade necessária para dirigir a força vital acumulada no perispírito e, por esse meio, reparar as perdas sofridas pelo corpo físico[2]. Constatamos esse fato no caso de dupla personalidade. A segunda personalidade, mais completa, mais integral do que a personalidade normal, substitui-a

---

2 O espírito exteriorizado pode tirar do organismo mais força vital do que o homem normal, o homem encarnado, pode obter. Experiências demonstraram que um dinamômetro pode ser pressionado mais fortemente pelo espírito por meio do organismo do que pelo espírito encarnado.
Nota do editor: o autor, na nota acima, fala em dinamômetro, que é um instrumento destinado a medir forças por meio da deformação causada por essas sobre um sistema elástico. Remetemos o leitor a pesquisar em *O Livro dos Médiuns*, na segunda parte, capítulo 8: "Laboratório do Mundo Invisível", em que poderá avaliar a capacidade que os espíritos têm de manipular a matéria.

com um objetivo curativo, por meio de uma sugestão exterior, que é aceita e transformada em autossugestão pelo espírito do indivíduo. De fato, este nunca abandona seus direitos e seus poderes de controle. Assim, como disse F. Myers: "Não é a ordem do hipnotizador, mas a faculdade do indivíduo que forma o nó da questão"[3]. O sábio professor de Cambridge disse ainda[4]: "O objetivo único de todos os processos hipnogênicos[5] é o de dar energia à vida; é o de atingir o mais rápida e completamente os resultados que a vida abandonada a si mesma só realiza lentamente e de uma maneira incompleta".

Em outros termos, o hipnotismo é a aplicação, num grau mais intenso, das energias reparadoras que entram em jogo no sono natural. A sugestão terapêutica é a arte de libertar o espírito do corpo, de abrir-lhe uma saída pelo sono e de lhe permitir exercer, em sua plenitude, seus poderes sobre o corpo doente. As pessoas sugestionáveis são aquelas cuja alma apática ou pouco evoluída não está apta para se desprender por si mesma e agir utilmente em seu sono comum, a fim de reparar as perdas do organismo.

A sugestão, em princípio, é apenas um pensamento, um ato de vontade, diferenciando-se somente da vontade comum por sua concentração e sua intensidade. Em geral, nossos pensamentos são múltiplos e vacilantes; nascem e passam ou, então, quando coexistem em nós, se chocam e se confundem. Na sugestão, o pensamento, a vontade fixam-se sobre um ponto único. Ganham em poder o que perdem em extensão. Por sua ação, que se torna mais penetrante, mais decisiva, provocam no indivíduo o despertar das faculdades ligadas ao indivíduo no estado normal. A sugestão torna-se uma espécie de impulso, de alavanca, que mobiliza a força vital e a dirige para o ponto onde ela deve operar.

A sugestão pode ser exercida tanto na ordem física, por uma influência direta sobre o sistema nervoso, quanto na ordem moral, sobre o "eu" central e a consciência do indivíduo. Bem

3 F. Myers, *La personnalité humaine*.
4 Idem.
5 Hipnogênicos: relativos à hipnose. Que produz o sono (N.E.).

empregada, constitui um meio bastante apreciável de educação, destruindo as tendências ruins e os hábitos nocivos. Sua ação sobre o caráter produz então os mais felizes resultados[6].

Voltemos ao sono comum e ao sonho. Enquanto o desprendimento da alma estiver incompleto, as sensações, as preocupações da vigília, as lembranças do passado misturam-se com as impressões da noite. As percepções registradas pelo cérebro se desenrolam automaticamente, numa desordem aparente, quando a atenção da alma está desviada do corpo e não mais regula as vibrações cerebrais; daí a incoerência da maior parte dos sonhos. Mas, à medida que a alma se liberta e se eleva, a ação dos sentidos psíquicos torna-se predominante e os sonhos adquirem uma lucidez, uma nitidez notáveis. Clareiras cada vez mais largas, vastas perspectivas abrem-se sobre o mundo espiritual, verdadeiro domínio da alma e lugar do seu destino. Nesse estado, ela pode penetrar as coisas ocultas e até mesmo os pensamentos e os sentimentos de outros espíritos[7].

---

6 Em resumo, eis os frutos que pode e deve proporcionar a sugestão hipnótica e em vista dos quais deve ser aplicada: concentração do pensamento e da vontade; aumento da energia e da vitalidade; fixação da atenção nas coisas essencialmente úteis; alargamento do campo da memória; manifestação dos sentidos novos por meio de impulsões internas ou externas.

7 Segundo os antigos, existem duas categorias de sonhos: o sonho propriamente dito, em grego onar, é de origem física; o sonho *repar*, de origem psíquica. Encontramos essa distinção em Homero, que representa a tradição popular; assim como em Hipócrates, que é o representante da tradição científica. Muitos ocultistas modernos adotaram definições semelhantes. Depois deles, em tese geral, o sonho propriamente dito seria um sonho produzido mecanicamente pelo organismo; o sonho psíquico, um produto da clarividência adivinhadora; um ilusório, o outro verídico. Mas, às vezes, é difícil estabelecer uma delimitação nítida e distinta entre essas duas classes de fenômenos.

O sonho vulgar parece se dar em razão da vibração cerebral automática que continua a se produzir no sono quando a alma está ausente; esses sonhos são muitas vezes absurdos; mas esse próprio absurdo é uma prova de que a alma está fora do corpo físico e deixou de regular-lhe as funções. Com menos facilidade nos lembramos do sonho, pois não impressiona o cérebro físico, mas somente o corpo psíquico, veículo da alma, que é exteriorizado no sono.

Há em nós uma dupla vida, pela qual pertencemos às vezes a dois mundos, a dois planos de existência.

Uma está em relação com o tempo e o espaço, como nós os concebemos em nosso meio planetário, com os sentidos do corpo: é a vida material; a outra, por meio dos sentidos profundos e das faculdades da alma, liga-nos ao universo espiritual e aos mundos infinitos. No decorrer de nossa existência terrestre, é sobretudo no estado de sono que essas faculdades podem se exercer e que os poderes da alma podem entrar em vibração. A alma mais uma vez se põe em contato com esse universo invisível que é sua pátria e do qual estava separada pela carne; ela se retempera no seio das energias eternas para continuar, quando desperta, sua tarefa dolorosa e obscura.

Durante o sono, a alma pode, de acordo com as necessidades do momento, aplicar-se a reparar as perdas vitais causadas pelo trabalho cotidiano e a regenerar o organismo adormecido, dando-lhe forças tiradas do mundo cósmico, ou, quando essa ação reparadora está acabada, retomar o curso de sua vida superior, pairar sobre a natureza, exercer suas faculdades de visão a distância e penetração das coisas. Nesse estado de atividade independente, já vive antecipadamente a vida livre do espírito. Pois essa vida, que é uma continuação natural da existência planetária, espera-a após a morte, devendo a alma prepará-la não apenas com suas obras terrestres, mas também com suas ocupações, no estado de desprendimento, durante o sono. É graças aos reflexos da luz do alto que cintilam em nossos sonhos e iluminam todo o lado oculto do destino que podemos entrever as condições do ser no além.

Se nos fosse possível abranger com um olhar toda a extensão de nossa existência, reconheceríamos que o estado de vigília está longe de constituir-lhe a fase essencial, o elemento mais importante. As almas que cuidam de nós aproveitam nosso sono para exercitarem-nos na vida fluídica e no desenvolvimento de nossos sentidos de intuição. Efetua-se, então, todo um trabalho de iniciação para os homens ansiosos por se elevarem, cujos vestígios são encontrados no sonho. Assim, quando voamos, quando deslizamos com rapidez pela superfície do solo, é a sensação do corpo fluídico ensaiando-se para a vida superior.

Sonhar que volitamos sem esforço, com uma facilidade surpreendente, através do espaço, sem passar por nenhum embaraço ou medo, ou então que estamos pairando por cima das águas; atravessar muralhas e outros obstáculos materiais sem ficarmos admirados de praticar esses atos impossíveis durante a vigília não é a prova de que nos tornamos fluídicos pelo desprendimento? Tais sensações, tais imagens, que comportam uma completa inversão das leis físicas que regem a vida comum, não poderiam vir ao nosso espírito se elas não fossem o resultado de uma transformação de nosso modo de existência.

Na realidade, já não se trata aqui de sonhos, e sim de ações reais, praticadas num outro domínio da sensação e cuja lembrança se insinuou na memória cerebral. Essas lembranças e essas impressões demonstram isso muito bem: nós possuímos dois corpos, e a alma, sede da consciência, permanece ligada ao seu envoltório sutil, enquanto o corpo material está deitado, mergulhado na ociosidade.

Apontemos, entretanto, uma dificuldade. Quanto mais a alma se afasta do corpo e penetra nas regiões etéreas, mais fraco se torna o laço que os une, tanto mais vaga a lembrança ao acordar. A alma paira muito longe na imensidade, e o cérebro não mais registra suas sensações. Daí resulta não podermos analisar os nossos mais belos sonhos. Algumas vezes, a última das impressões sentidas no decurso dessas peregrinações noturnas permanece ao despertarmos. E, se nesse momento tivermos a precaução de fixá-la fortemente na memória, pode lá ficar gravada. Uma noite, tive a sensação de vibrações percebidas no espaço, as últimas de uma melodia doce e penetrante, e a lembrança das últimas palavras de um canto que terminava assim: "Há céus inumeráveis!"

Às vezes sentimos, ao acordar, a vaga impressão de ter entrevisto coisas fantásticas, sem nenhuma lembrança precisa. Essa espécie de intuição, resultante de percepções registradas na consciência profunda, mas não na consciência cerebral, persiste em nós durante certo tempo e influencia nossos atos. Outras vezes, essas impressões se traduzem com clareza no sonho. Eis o que diz F. Myers sobre esse assunto[8]:

> "O resultado permanente de um sonho é muitas vezes de tal modo que ele nos mostra claramente que o sonho não é o efeito de uma simples confusão com experiências avivadas da vida passada, mas que possui um poder inexplicável que lhe é próprio e que ele tira, semelhante nisso à sugestão hipnótica, das profundezas de nossa existência, a que a vida de vigília é incapaz de atingir. Dois grupos desse gênero se manifestam para serem reconhecidos facilmente; um deles, principalmente, em que o sonho acabou por uma transformação religiosa decidida, e o outro em que o sonho foi o ponto de partida de uma ideia obsessiva ou de um acesso de verdadeira loucura."

Esses fenômenos poderiam ser explicados pela comunicação, no sonho, da consciência superior à consciência normal, ou por intervenção de alguma inteligência superior que julga, desaprova, condena a conduta do sonhador e lhe causa uma impressão de perturbação, de um receio salutar. A obsessão pode, assim, exercer-se por meio do sonho, até a ponto de causar uma perturbação mental ao despertar. Terá como autores espíritos malfazejos, a quem nosso procedimento no passado e os danos que lhes causamos deram a eles domínio sobre nós.

Insistimos também sobre essa propriedade misteriosa que tem o sono, a que nos faz donos, em certos casos, de camadas mais extensas da memória.

A memória normal é precária e restrita; não vai além do círculo estreito da vida presente, do conjunto dos fatos cujo conhecimento é indispensável por causa do papel que se há

8 F. Myers, *La personnalité humaine*.

de desempenhar na Terra e do fim que se deve alcançar. A memória profunda abrange toda a história do ser desde sua origem, suas etapas sucessivas, seus modos de existência, planetários ou celestes. Todo um passado, lembranças e sensações, esquecido, ignorado no estado de vigília, está gravado em nós; esse passado só desperta na exteriorização, durante o sono comum ou provocado. Uma regra conhecida de todos os experimentadores é que, nos diferentes estados do sono, à medida que se afasta do estado de vigília e da memória normal, mais a hipnose é profunda e mais se acentua a expansão, a dilatação da memória. F. Myers confirma isso nos seguintes termos[9]:

> "O grau de inteligência que se manifesta no sono varia de acordo com os indivíduos e de acordo com as épocas. Mas todas as vezes que esse grau é suficiente para autorizar um julgamento, achamos que existe durante o sono hipnótico uma memória considerável, que não é necessariamente uma memória completa ou razoável do estado de vigília; ao passo que, na maior parte dos indivíduos acordados, salvo o caso de uma exigência especial dirigida ao 'eu' hipnótico, não existe nenhuma lembrança relacionada ao estado de sono.
>
> "O sono comum pode ser considerado como ocupando uma posição intermediária entre a vida acordada e o sono hipnótico profundo; e parece provável que a memória que pertence ao sono comum esteja ligada, por um lado, àquela que pertence à vida acordada e, por outro, àquela que existe no sono hipnótico. Isso de fato acontece, estando os fragmentos da memória do sono comum intercalados nas duas cadeias."

F. Myers, em apoio de suas palavras, cita[10] diversos casos em que fatos retrospectivos esquecidos e outros de que a pessoa em estado de sono jamais teve conhecimento revelam-se no sonho.

---

9 Myers, *La personnalité humaine*.
10 Idem.

Veremos isso quando tratarmos da questão das reencarnações: as experiências de que F. Myers fala foram levadas muito mais longe do que ele previa, e as consequências disso são imensas. Não só se têm podido, pela sugestão hipnótica, reconstituir as menores recordações da vida atual, desaparecidas da memória normal dos indivíduos, mas também reatar o encadeamento já interrompido de suas vidas passadas.

Ao mesmo tempo que uma memória mais vasta e mais rica, vemos aparecer no sono faculdades muito superiores a todas aquelas que desfrutamos no estado de vigília. Problemas estudados e sem conclusão, abandonados como insolúveis, são resolvidos no sonho ou no sonambulismo; obras geniais, operações estéticas de ordem mais elevada: poemas, sinfonias, hinos fúnebres são concebidos e executados. Há nisso uma ação exclusiva do "eu" superior ou a colaboração de entidades espirituais que vêm inspirar nossos trabalhos? É provável que esses dois fatores intervenham nos fenômenos dessa ordem.

F. Myers cita o caso de Agassiz, que descobre, durante o sono, o arranjo esquelético de ossadas dispersas cuja tentativa de recomposição ele fizera por diversas vezes e sem resultado durante a vigília. Lembraremos os casos de Voltaire, La Fontaine, Coleridge, Bach, Tartini[11] etc., que compuseram obras importantes em condições análogas[12].

Enfim, é importante mencionar uma forma de sonhos cuja explicação escapou, até agora, à ciência. São os sonhos premonitórios, conjunto de imagens e visões que se referem a acontecimentos futuros e cuja exatidão é verificada posteriormente. Parecem indicar que a alma tem o poder de penetrar no futuro ou que este lhe é revelado por inteligências superiores.

Assinalemos o sonho da duquesa de Hamilton, que previu, com detalhes de ordem íntima, a morte do conde de L...

11 Voltaire, La Fontaine, Coleridge, Bach, Tartini: os três primeiros escritores, e Bach e Tartini compositores. Todos com experiências mediúnicas na criação de algumas de suas obras (N.E.).
12 Ver *No invisível*.

15 dias antes de acontecer[13]. Um fato da mesma natureza foi publicado pelo Progressive Thinker de Chicago, no dia 1º de novembro de 1913. Um magistrado de Hauser, M. Reed, teve morte instantânea, em consequência do acidente que sofreu no automóvel em que viajava. Seu filho, de dez anos de idade, tivera duas vezes seguidas, em sonho, a visão detalhada dessa catástrofe com todos os detalhes. Apesar dos avisos e das súplicas de sua mulher, M. Reed achou que não devia renunciar ao passeio planejado, em que veio a encontrar a morte nas circunstâncias idênticas às percebidas no sonho da criança.

M. Henri de Parville, em seu folhetim científico do *Journal des Débats* (maio de 1904), relata um caso confirmado por sérios testemunhos:

> "Uma senhora, cujo marido desaparecera sem deixar traços e cujo paradeiro ela não conseguira descobrir, apesar de todas as suas pesquisas, teve um sonho. Um pequeno cachorro, que vivia há muito tempo na casa, mas que o marido havia levado, apa-rece-lhe, dá latidos de alegria e faz festa para ela. Deita-se aos seus pés e não tira os olhos dela; depois de alguns momentos, se levanta e começa a arranhar a porta. Fez sua visita e precisa ir embora. Ela lhe abre a porta e, em seu sonho, segue o animal, que se afasta correndo. Corre atrás dele e após algum tempo o vê entrar numa casa cujo andar térreo é ocupado por um café. A rua, a casa e o bairro ficaram gravados em sua memória, que conser-vou a recordação de tudo depois de acordada. Preocupada com esse sonho, ela o conta a três pessoas da vizinhança, que depois testemunharam a autenticidade dos fatos. Decide, enfim, seguir a pista do cachorro e encontra seu marido na rua e na casa que vira em sonho."

Encontramos ainda na *Revue de Psychologie de la Suisse Romande (Revista de Psicologia da Suíça)*, 1905, o caso de um rapaz que via muitas vezes a si mesmo, em uma alucinação

---

13 *Proceedings*, da Sociedade de Pesquisas Psíquicas de Londres.

autoscópica[14], precipitado do alto de um rochedo e estendido, ensanguentado e ferido, no fundo de um barranco. Essa premonição fatal se realizou, ponto a ponto, no dia 10 de julho de 1904, no monte "du Salève", perto de Genebra.

À medida que vamos nos elevando na ordem dos fenômenos psíquicos, eles vão se apresentando com maior clareza, vão se determinando e nos trazem provas mais decisivas da independência e sobrevivência do espírito.

As percepções da alma no sono são de duas espécies. Verificamos inicialmente a visão a distância, a clarividência, a lucidez. Em seguida, vem um conjunto de fenômenos designados telepatia e telestesia (sensações e simpatias a distância). Compreende a recepção e a transmissão dos pensamentos, das sensações, dos impulsos motrizes. A esses fatos estão relacionados os casos de desdobramentos e de aparições, conhecidos como fantasmas dos vivos. Desses casos, a psicologia teve de constatar um grande número, sem poder explicá-los[15]. Todos esses fatos ligam-se entre si e formam uma cadeia contínua. Em princípio são, no fundo, apenas um único e mesmo fenômeno, variando de forma e de intensidade, ou seja, o desprendimento gradual da alma. Vamos seguir esse desprendimento em suas diversas fases, desde o despertar dos sentidos psíquicos e de suas manifestações em todos os graus até a projeção a distância do espírito por completo, alma e corpo fluídico.

Examinemos inicialmente o caso em que a visão psíquica se exerce com uma clareza e intensidade notáveis. Citamos alguns em nossas obras anteriores. Aqui, mostramos um mais recente, publicado em toda a imprensa londrina:

"O desaparecimento da senhorita Holland, processo criminal que apaixonou a Inglaterra, foi explicado por meio de

---

14 Autoscópica: em que vê a si mesmo (N.E.).
15 Ver *Proceedings*, da Sociedade de Pesquisas Psíquicas de Londres.

um sonho. A polícia procurava inutilmente a vítima. Samuel Douglas, suspeito do crime e que estava para ser solto, afirmava que ela havia partido para um destino desconhecido. Os jornais de Londres haviam publicado desenhos que representavam o jardim e a casa em que morava a senhorita Holland. Uma jovem viu a gravura e gritou: 'Aí está o meu sonho!' e indicou um lugar, ao pé de uma árvore, dizendo: 'Ali há um cadáver!' O ocorrido foi informado à polícia e, na presença dos agentes, a moça confirmou suas declarações. Ela explicou que havia visto o jardim em sonho, e no chão, no local indicado, um corpo enterrado. A polícia mandou escavar o terreno nesse lugar e descobriu o cadáver da senhorita Holland. Ficou provado que a jovem vidente nunca conhecera essa pessoa nem havia colocado os pés nesse jardim."

Camille Flammarion[16], em sua obra *O desconhecido e os problemas psíquicos*, menciona uma série de visões diretas a distância, no sono, resultante de uma pesquisa feita na França sobre os fenômenos dessa natureza.

Eis um dos casos mais complicados. Os *Annales des Sciences Psychiques*, de Paris, setembro de 1905, contém a relação detalhada e autenticada pelas autoridades legais de Castel di Sangro (Itália) de um sonho macabro, coletivo e verídico:

"O guarda da residência rural do barão Raphaël Corrado, na noite de 3 de março último, viu em sonho seu pai morto há dez anos. Este o censurou, assim como censurou seus irmãos e irmãs, de terem-no esquecido e, o mais grave de tudo, por deixarem os seus pobres ossos, desenterrados pelos coveiros, abandonados sobre a neve, atrás da torre do cemitério, à mercê dos lobos. Uma irmã do guarda teve exatamente o mesmo sonho.

O guarda, bastante impressionado, pegou sua espingarda e, apesar da tempestade de neve que cobria a região, dirigiu-se para o cemitério, situado num monte que dominava a cidade. Ali, atrás da torre, entre as silvas e por cima da neve que guardava sinais das patas dos lobos, viu ossos humanos."

16 Camille Flammarion: astrônomo e escritor francês. Amigo de Allan Kardec (N.E.).

Os *Anais* dão em seguida a narrativa detalhada do inquérito e das pesquisas feitas pelo juiz de paz. Ficou apurado que os ossos eram, de fato, do pai do guarda, exumados pelos coveiros no término do prazo legal, e que iam transportá-los para o ossuário, assim que anoitecesse, porém o frio e a neve os obrigaram a deixar a tarefa para o dia seguinte. Os documentos relativos a esse caso, que foi objeto de um processo, estão assinados pelo tabelião, pelo juiz de paz e pelo síndico da localidade; eles foram publicados pelo *Echo del Sangro*, de 15 de março de 1905.

O professor Newbold, da Universidade da Pensilvânia, relatou nos *Proceedings*, da Sociedade de Pesquisas Psíquicas de Londres, capítulo 12, vários exemplos de sonhos indicando uma grande atividade da alma durante o sono e que trazem ensinamentos do mundo invisível. Entre outros, assinalamos o do doutor Hilprecht, professor de língua assíria da mesma universidade, que num sonho teve a revelação de uma inscrição antiga, que até então não havia decifrado. Num sonho mais complexo, em que intervém um sacerdote dos antigos templos de Nippur, recebeu dele a explicação de um enigma difícil de ser decifrado. Todos os detalhes desse sonho foram reconhecidos como exatos. As indicações do sacerdote esclareciam pontos de arqueologia desconhecidos dos seres que vivem na Terra.

Notemos que em todos esses fatos o corpo de quem sonha está em repouso, seus órgãos físicos estão adormecidos; mas nele o ser psíquico continua em vigília, em atividade; vê, ouve e se comunica, sem a ajuda das palavras, com outros seres semelhantes a ele, ou seja, com outras almas.

Esse fenômeno tem um caráter geral e se dá com cada um de nós. Na passagem da vigília ao sono, até mesmo nos momentos em que nossos meios comuns de comunicação com o mundo exterior estão suspensos, abrem-se em nós novas saídas para a natureza e por meio delas escapa uma irradiação mais intensa de nossa visão. Já vimos se revelar nisso uma outra forma de vida, a vida psíquica, que vai amplificar-se nos outros fenômenos dos quais vamos nos ocupar, provando que existe para o ser humano um modo de percepção e de manifestação bem diferente daquele dos sentidos materiais.

Depois dos fenômenos de visão no sono natural, eis um caso de clarividência no sono provocado:

O doutor Maxwell, já citado anteriormente, provocou na senhorita Agullana, pessoa bastante sensível, o sono magnético. Ela se desprendeu, se exteriorizou, se afastou em espírito de sua morada. O doutor Maxwell mandou-lhe observar, a certa distância, o que estava fazendo um de seus amigos, M.B... Eram 22 horas e 20 minutos. Damos a palavra ao experimentador[17]:

> "A médium, para nossa grande surpresa, nos disse que estava vendo M.B... seminu, a passear descalço sobre pedras. Isso pareceu-me não ter nenhum sentido. Entretanto, tive a ocasião de ver meu amigo no dia seguinte. Ele se mostrou bastante espantado com o que lhe contei e me disse textualmente: 'Ontem à noite, eu não estava bem; um de meus amigos, M.S..., que mora comigo, aconselhou-me que experimentasse o método Kneip[18] e insistiu tanto que, para satisfazê-lo, fiz pela primeira vez, ontem mesmo, a experiência de andar com os pés descalços na pedra fria. Eu estava, de fato, meio despido quando fiz esta experiência. Eram 22 horas e 20 minutos e andei durante algum tempo nos degraus da escada, que é de pedra'."

Os casos de clarividência no estado sonambúlico são numerosos; são relatados em todas as obras e revistas que se ocupam especialmente desses assuntos. A *Médecine Française (Medicina Francesa)*, de 16 de abril de 1906, relata um fato de clarividência relativo às minas de Courrières. A senhora Berthe, a vidente consultada, descreveu exatamente um desabamento na mina e passou pelas torturas dos sobreviventes, dos quais anunciou a morte ou a libertação.

Acrescentemos dois exemplos recentes:

---

17 J. Maxwell, *Les phénomènes psychiques*. Paris, Ed. F. Alcan, 1903.
18 Método Kneip: refere-se a Sebastian Kneip (1821-1897), médico naturalista alemão criador do método de cura por banhos e duchas de água (hidroterapia) (N.E.).

"Apesar de buscas minuciosas, o senhor Louis Cadiou, diretor da usina de la Grand-Palud, perto de Landerneau (Finistère), tendo desaparecido no final de dezembro de 1913, não conseguiu ser encontrado. Buscas efetuadas na beira do rio Elorn não haviam dado nenhum resultado. Uma vidente, moradora de Nancy, a senhora Camille Hoffmann, tendo sido consultada, declarou, no estado de sono magnético, que o cadáver seria encontrado na orla de um bosque vizinho à usina, encoberto por uma ligeira camada de terra. O irmão da vítima, após essas indicações, descobriu o corpo em uma situação idêntica à que a vidente havia descrito.

"Todos os jornais, entre eles o *Le Matin* de 5 de fevereiro de 1914, relataram com detalhes o caso Cadiou, que toda a França acompanhou com apaixonado interesse."

Após alguns dias, um fenômeno semelhante se produziu. Um jovem empregado do correio, chamado Charles Chapeland, afogou-se na Saône, perto de Mâcon. Diante do ocorrido, seu irmão recorreu à senhora Camille Hoffmann para encontrar o cadáver. Ela assegurou que ele seria lançado pelas águas 60 dias após o acidente, perto da portagem de Cormoranche, o que de fato aconteceu[19].

---

19 Ver *Le Matin* de 23 de fevereiro de 1914.

6 – DESPRENDIMENTO E EXTERIORIZAÇÃO. PROJEÇÕES TELEPÁTICAS

Chegamos agora a uma ordem de manifestações que se produzem a distância, sem o auxílio dos órgãos, tanto em vigília quanto durante o sono. Esses fenômenos, conhecidos sob o termo um tanto genérico e vago de "telepatia", não são, como dissemos, atos doentios da personalidade, como certos observadores têm anunciado, mas, ao contrário, são casos parciais, são o desabrochar da vida superior no seio da humanidade. Devemos ver neles a primeira aparição dos poderes futuros com os quais o homem será dotado.

O exame desses fatos nos levará à prova de que o "eu" exteriorizado durante a vida e o "eu" que sobrevive após a morte são idênticos e representam dois aspectos sucessivos da existência de um único e mesmo ser.

A telepatia ou projeção a distância do pensamento e até mesmo da imagem do manifestante nos faz subir mais um degrau na escala da vida psíquica. Aqui, achamo-nos em presença de um ato poderoso da vontade. A alma comunica a si própria, ao emanar sua vibração: demonstração evidente de que a alma não é um composto, uma resultante nem uma associação de forças, mas é, ao contrário, o centro da vida e da vontade em nós, um centro dinâmico que comanda o organismo e dirige-lhe as funções. As manifestações telepáticas não têm limites. O poder e a independência da alma revelam-se nelas de maneira soberana, porque o corpo não representa nenhum papel no fenômeno, ou melhor, é mais um obstáculo do que uma ajuda. Elas também se produzem, por esse motivo, com uma intensidade ainda maior depois da morte, como veremos a seguir.

"A autoprojeção é o único ato definido que o homem parece capaz de executar tanto antes como depois da morte corporal", diz F. Myers[1].

A comunicação telepática a distância foi estabelecida por experiências que se tornaram clássicas. Devemos nos lembrar das do senhor Pierre Janet, professor da Sorbonne, e do doutor Gilbert, do Havre, com o paciente Léonie, trazendo-o até eles, à noite, de um quilômetro de distância, mediante chamamentos sugestivos[2].

Desde então as experiências foram se multiplicando com sucesso constante. Citemos apenas casos de transmissão de pensamento a grande distância.

O *Daily Express*, de 17 de julho de 1903, relatava notáveis ensaios de permuta de pensamentos que haviam acontecido nos escritórios da *Review of Reviews*, em Norfolk Street, Strand, Londres. Essas experiências foram fiscalizadas por um comitê de seis membros, do qual faziam parte o doutor Wallace, da Harley Street, 39, e o conhecido publicista W. Stead. As mensagens telepáticas foram enviadas pelo senhor Richardson, de Londres, e recebidas pelo senhor Franck, de Nottingham, a uma distância de 110 milhas inglesas[3].

Finalmente, o *Banner of Light*, de Boston, de 12 de agosto de 1905, relatava que uma americana, a senhora Burton Johnson, de Des Moines, acabava de obter o recorde nesse gênero de transmissão. Sentada no seu quarto do Hotel Vitória, recebeu quatro vezes mensagens telepáticas de Palo Alto (Califórnia), que fica a 3.000 milhas de distância. Tratava-se, dizia o jornal, de fatos devidamente comprovados, rigorosamente fiscalizados e que não deixavam nenhuma dúvida.

A transmissão de pensamentos e de imagens opera-se, como dissemos, tanto no sono quanto na vigília. Já relatamos diversos casos; outros serão encontrados, em grande

---

1 Myers, *La personnalité humaine*.
2 Ver *Bulletin de la Societé de Psychologie Psysiologique (Boletim da Sociedade de Psicologia Fisiológica)*, capítulo 1.
3 Milha inglesa: medida de distância, equivalente a 1.609 metros (N.E.).

número, em obras especiais; citemos os exemplos de um médico chamado telepaticamente durante a noite e o de Agnés Paquet, mencionados por F. Myers[4]. Acrescentemos o caso da senhora Elgee: ela teve, no Cairo, a visão de um de seus amigos que, naquele mesmo momento, na Inglaterra, pensava muito nela[5].

"Nos seus últimos dias de vida, minha mãe me via muitas vezes junto dela, em Tours, embora eu estivesse bem longe dali, em viagem, pelo oriente da França."

Todos esses fenômenos podem ser explicados pela projeção da vontade do manifestante, que evoca a própria imagem do agente. Nos casos a seguir, veremos a personalidade psíquica, a alma, se afastar totalmente de seu envoltório corporal e aparecer em sua forma de fantasma[6]. A esse respeito, há muitos testemunhos.

Relatamos em outra obra[7] os resultados dos inquéritos da Sociedade de Pesquisas Psíquicas de Londres. Eles permitiram recolher cerca de mil casos de aparições a distância de pessoas vivas, apoiados por atestados de alto valor. Os testemunhos foram registrados em muitos volumes, sob a forma de autos ou processos. Eles trazem as assinaturas de homens de ciência pertencentes a academias ou a diversos corpos científicos. Entre esses nomes, figuram os de Gladstone, Balfour[8] etc.

Atribui-se, a esses fenômenos, geralmente um caráter subjetivo. Mas essa opinião não resiste a um exame atento. Certas aparições foram vistas sucessivamente por diversas pessoas, nos diferentes andares de uma casa; outras impressionaram animais: cães, cavalos etc. Em certos casos, os fantasmas atuam sobre a matéria, abrem portas, deslocam objetos e deixam

---

4 *Phantasms of the living (Fantasmas da vida)*, capítulo 1. *Proceedings*, capítulo 7.
5 *Phantasms of the living*, capítulo 2.
6 Na verdade, a pessoa se manifestou pelo seu perispírito, que é a substância semimaterial que serve de envoltório ao espírito e liga a alma ao corpo (N.E.).
7 Ver *Depois da morte*, 3ª parte, e *No invisível*, capítulo 11 (N.E.).
8 Gladstone: político inglês de grande destaque. Foi primeiro-ministro. Balfour: físico inglês (N.E.).

indícios no pó que cobre os móveis. Ouvem-se vozes que dão informações sobre fatos ignorados e cuja exatidão foi mais tarde reconhecida.

Lembremos, dentre esses casos, o da senhora Hawkins, cujo fantasma foi visto simultaneamente por quatro pessoas e de maneira idêntica[9].

Na França, diversos fatos da mesma natureza foram reco-lhidos e publicados pelos *Annales des Sciences Psychiques*, do doutor Dariex e do professor Charles Richet, e por Camille Flammarion, em sua obra *A morte e o seu mistério*, volumes 1 e 2, 1921.

Citemos um caso relatado pelos grandes jornais de Lon-dres, o *Daily Express, o Evening News, o Daily News,* de 17 de maio de 1905, o Umpire, de 14 de maio, dentre outros. Esses órgãos narram a aparição, em plena sessão do Parlamento, na Câmara dos Comuns, do fantasma de um deputado, o major Carne Raschse, que naquele momento estava em casa viti-mado por uma indisposição. Três outros deputados atesta-ram a realidade dessa manifestação. Eis como se exprimiu o senhor Gilbert Parker[10]:

"Eu queria participar do debate, mas se esqueceram de me chamar. Quando voltava para o meu lugar, meus olhos se voltaram para o senhor Carne Raschse, sentado perto de seu lugar de costume. Como sabia que ele estivera doente, fiz um gesto amigável, dizen-do-lhe: 'Espero que fique melhor'. Mas ele não fez nenhum gesto em resposta. Isso me espantou. Meu amigo tinha a fisionomia muito pálida. Ele estava sentado, tranquilo, com a cabeça apoiada na mão; a expressão do rosto era impassível e dura. Pensei por um instante no que deveria fazer, quando me voltei para o se-nhor Carne, havia desaparecido. Imediatamente fui à sua procura, esperando encontrá-lo no vestíbulo. Mas Raschse não estava lá; ninguém o tinha visto..."

---

9 Ver *Phantasms of the living*, 2a parte.
10 *The Umpire* de 14 de maio de 1905. Reprodução feita pelos *Anais das Ciên-cias Psíquicas*, julho de 1905.

"O próprio senhor Carne não duvidou de ter realmente aparecido na câmara, sob a forma de seu duplo, por estar preocupado em participar da sessão para apoiar o governo com seu voto."

No *Daily News*, de 17 de maio de 1905, o senhor Arthur Hayter acrescentou seu testemunho ao do senhor Gilbert Parker. Diz que ele não só viu o senhor Carne Raschse, como chamou a atenção do senhor Henry Campbell Bannerman sobre sua presença na câmara.

A exteriorização ou desdobramento do ser humano pode ser provocada pela ação magnética. Foram feitas experiências e, diante delas, não restou nenhuma dúvida: o indivíduo, adormecido, desdobra-se e vai produzir, a distância, atos materiais.

Citamos o caso do magnetizador Lewis[11]. Em outras circunstâncias semelhantes, a aparição foi fotografada. Aksakof cita três desses casos em sua obra *Animismo e Espiritismo*[12]. Outros fatos semelhantes foram observados por W. Stead, diretor do Boderland.

Assim, a objetividade da alma, em sua forma fluídica, manifestando-se em pontos afastados de onde o corpo se acha em descanso, está demonstrada de uma maneira positiva e não pode ser sensatamente contestada.

Não obstante, basta consultar a História para reconhecer que o passado está repleto de fatos desse gênero. Os fenômenos de *bilocação dos vivos* são frequentes nas publicações religiosas. O passado não é menos rico em narrações e testemunhos em relação aos espíritos dos mortos, e essa abundância de afirmações, essa persistência através dos séculos, são bem próprias para indicar que no meio das superstições e dos erros deve existir alguma coisa de realidade.

De fato, a manifestação e a comunicação a distância entre espíritos encarnados conduzem, lógica e necessariamente, à comunicação possível entre espíritos encarnados e desencarnados.

---

11 *Revue Scientifique du Spiritisme (Revista Científica do Espiritismo)*, fevereiro de 1905.
12 *Animismo e Espiritismo*: publicado no Brasil pela Ed. FEB (N.E.).

Os habitantes do espaço forneceram inúmeras provas experimentais dessa lei da comunicação universal, na medida fraca e estreita em que ela pode ser verificada rigorosamente na Terra.

Assinalemos, entre outros fatos, a experiência da Sociedade de Pesquisas Psíquicas de Londres, à qual o mundo sábio é devedor de tantas descobertas no domínio psíquico. Ela estabeleceu um sistema de troca de pensamentos entre os Estados Unidos e a Inglaterra simplesmente com a ajuda de dois médiuns em transe. Com a ajuda desses intermediários, uma mensagem foi transmitida de um espírito para outro. Essa mensagem era composta de quatro palavras em latim, língua que nenhum dos médiuns conhecia.

Essa experiência foi observada e controlada pelo professor Hyslop, da Universidade de Colúmbia, em Nova York. Todas as precauções necessárias foram tomadas para evitar as fraudes[13].

Experiências do mesmo gênero foram realizadas durante o ano de 1913 pela senhora De Watteville, com a ajuda de dois médiuns. Os espíritos Roudolphe, Charles e Emilie ditaram a esses médiuns, uma senhora T.., em Paris, e a outra a senhorita R..., em Vimereux (Pas-de-Calais), diversas mensagens simultâneas e absolutamente idênticas, a 200 quilômetros de distância.

"Essas correspondências cruzadas", diz o doutor Geley[14], "possuem um caráter imprevisto, de espontaneidade e variedade, que exclui a ideia de uma fraude preparada anteriormente. Não estava nem no espírito da senhora de W... nem no espírito dos médiuns obter esses fenômenos."

Quando se estuda, nos seus diversos aspectos, o fenômeno da telepatia, as vistas do conjunto que daí resultam aumentam pouco a pouco e somos levados a reconhecer nele um processo de comunicação de alcance incalculável. Inicialmente, viu-se nesse fenômeno uma simples transmissão quase

13 Pode-se ler a narração deste fato nos *Proceedings,* da Sociedade de Pesquisas Psíquicas de Londres.
14 Geley, *Contribution à l'étude des correspondances croisées (Contribuição ao estudo das correspondências cruzadas)*, 12. Paris, Impr. E. Roussel, 1914.

mecânica de pensamentos e de imagens entre dois cérebros. Mas o fenômeno vai tornar- se evidente nas formas mais variadas e mais impressionantes. Depois dos pensamentos, são as projeções a distância dos fantasmas dos vivos, as dos moribundos e, enfim, sem que nenhuma solução de continuidade interrompa o encadeamento dos fatos, as aparições dos mortos, quando o vidente não tem, na maioria dos casos, nenhum conhecimento do falecimento das pessoas que aparecem. Há aí uma série contínua de manifestações que se vão graduando nos seus efeitos e concorrem para demonstrar a indestrutibilidade da alma.

A ação telepática não conhece limites. Ela ultrapassa todos os obstáculos e liga os vivos da Terra aos vivos do espaço, o mundo visível aos mundos invisíveis, o homem a Deus; ela os une da maneira mais estreita, mais íntima.

Os meios de transmissão que ela nos revela constituem a base das relações sociais entre os espíritos, seu modo de permutarem as ideias e as sensações. O fenômeno chamado de telepatia na Terra não é outra coisa senão o método de comunicação entre todos os seres pensantes da vida superior, e a prece é uma de suas formas mais poderosas, uma de suas aplicações mais altas e mais puras. A telepatia é a manifestação de uma lei universal e eterna.

Todos os seres, todos os corpos, trocam vibrações. Os astros influenciam através das imensidades siderais; da mesma forma, as almas, que são sistemas de forças e focos de pensamentos, impressionam-se reciprocamente e podem se comunicar a todas as distâncias. A atração estende-se às almas, assim como aos astros; ela os atrai para um centro comum, centro eterno e divino. Uma dupla relação se estabelece: suas aspirações sobem para ele sob a forma de apelos e de preces; o socorro desce sob a forma de graças e de inspirações.

Os grandes poetas, escritores, artistas, os sábios e os puros conhecem esses impulsos, essas inspirações repentinas, esses clarões de gênio que iluminam o cérebro como relâmpago e parecem vir de um mundo superior, refletem-lhe a grandeza e deslumbrante beleza, ou então são visões da alma; num impulso extático, ela vê esse mundo inacessível se entreabrir, percebe nele as radiações, as essências, as luzes.

Tudo isso nos demonstra que a alma pode ser impressionada por outros meios diferentes dos órgãos, pode recolher conhecimentos que ultrapassam o alcance das coisas terrestres e nascem de uma causa espiritual. É graças a esses clarões, a esses relâmpagos, que ela entrevê na vibração universal o passado e o futuro, que percebe a gênese das formas, formas de arte e de pensamento, de beleza e de santidade, das quais derivam perpetuamente novas formas, em uma variedade inesgotável como a fonte de onde se originam.

Consideremos essas coisas sob um ponto de vista mais imediato; vejamos suas consequências no meio terrestre. Desde então, por meio dos fatos telepáticos, acentua-se a evolução humana. O homem conquista novos poderes psíquicos que lhe permitirão, um dia, manifestar seu pensamento a todas as distâncias, sem intermediário material. Esse progresso constitui uma das etapas mais magníficas da humanidade para uma vida mais intensa e mais livre. Ele poderá ser o início da maior revolução moral que se há realizado em nosso globo; por esse modo, de fato, o mal seria vencido ou consideravelmente atenuado. Quando o homem não tiver mais segredos, quando os pensamentos em seu cérebro puderem ser lidos, ele não se atreverá mais a pensar no mal e, por conseguinte, a fazer o mal.

Assim, a alma humana sempre se elevará, subindo a escala dos desenvolvimentos infinitos. Chegará o tempo em que a inteligência predominará cada vez mais, desprendendo-se da crisálida[15] carnal, estendendo, afirmando seu império sobre a matéria, criando com seus esforços novos e mais amplos meios de percepção e manifestação. Os sentidos, por sua vez, apurados, verão se ampliar seu círculo de ação. O

---

15 Crisálida: estado intermediário entre lagarta e borboleta. Nesse contexto, significa a transformação, a libertação do espírito (N.E.).

cérebro humano se tornará um templo misterioso, de naves vastas e profundas, cheias de harmonias, vozes, perfumes, instrumento admirável ao serviço de um espírito que se tornou mais sutil e mais poderoso.

Ao mesmo tempo que a personalidade humana – alma e organismo –, a pátria terrestre se transformará. Para que o meio evolua, é preciso que primeiramente o indivíduo evolua. É o homem quem faz a humanidade, e a humanidade, por sua ação constante, transforma sua morada. Há equilíbrio absoluto e relação íntima entre o moral e o físico. O pensamento e a vontade são as ferramentas por excelência com as quais podemos transformar tudo em nós e ao redor de nós. Tenhamos apenas pensamentos elevados e puros; aspiremos a tudo o que é grande, nobre e belo. Pouco a pouco sentiremos nosso próprio ser se regenerar e, com ele, do mesmo modo, todas as camadas sociais, o globo e a humanidade!

Em nossa ascensão, chegaremos a compreender melhor e a praticar essa comunhão universal que une todos os seres. Inconsciente nos estados inferiores da existência, essa comunhão torna-se cada vez mais consciente à medida que o ser se eleva e percorre os degraus inumeráveis da evolução, para chegar, um dia, ao estado de espiritualidade em que cada alma, irradiando o brilho das potências adquiridas, nos impulsos de seu amor, vive da vida de todos e se sente unida a todos na obra eterna e infinita.

7 – MANIFESTAÇÕES DEPOIS DA MORTE

No capítulo anterior, acabamos de seguir o espírito do homem nas suas diferentes fases de desprendimento: sono comum, sono magnético, sonambulismo, transmissão do pensamento, telepatia sob todas as suas formas. Vimos que sua sensibilidade e seus meios de percepção aumentam à medida que os laços que o prendem ao corpo se afrouxam. Vamos vê-lo agora no estado de liberdade absoluta, ou seja, após a morte, manifestando-se física e intelectualmente aos seus amigos da Terra. Nenhuma fronteira separa esses diferentes estados psíquicos. Mesmo que aconteçam durante ou após a vida material, são idênticos em suas causas, em suas leis, em seus efeitos; produzem-se segundo modos constantes.

Há continuidade absoluta e gradação entre todos esses fatos; dessa forma, desaparece a noção do sobrenatural que, por muito tempo, os tornou suspeitos aos olhos da ciência. O antigo adágio: a *natureza não dá saltos* verifica-se mais uma vez. A morte não é um salto; é a separação e não a extinção dos elementos que constituem o homem terrestre; é a passagem do mundo visível para o invisível, cuja delimitação é puramente arbitrária, em razão simplesmente da imperfeição de nossos sentidos. A vida de cada um de nós no além é o prolongamento natural e lógico da vida atual, o desenvolvimento da parte invisível de nosso ser. Há um encadeamento coerente tanto no domínio psíquico quanto no físico.

Vimos que nas duas ordens de aparições, seja dos vivos exteriorizados, seja dos desencarnados, é sempre a forma fluídica, o veículo da alma, reprodução ou, antes, esboço do corpo físico[1] que se concretiza e se torna perceptível para

1 Veículo da alma, reprodução ou esboço do corpo físico nada mais são do que palavras para designar o perispírito (N.E.).

os sensitivos. A ciência, depois dos trabalhos de Becquerel, Curie, Le Bon etc. familiariza-se dia após dia com esses estados sutis e invisíveis da matéria, com esses fluidos utilizados pelos espíritos em suas manifestações, os quais os espíritas conhecem bem. Graças às recentes descobertas, a ciência entrou em contato com um mundo de elementos, de forças, de potências insuspeitáveis e com a possibilidade de formas de existência durante muito tempo ignoradas.

Os sábios que estudaram o fenômeno espírita: William Crookes, Wallace, Dale Owen, Aksakof, O. Lodge, Paul Gibier, F. Myers etc. constataram inúmeros casos de aparições de espíritos. O espírito de Katie King, que se materializou durante três anos na casa do senhor Crookes, membro da Real Academia Britânica, foi fotografado em 26 de março de 1874 na presença de um grupo de experimentadores[2].

O mesmo aconteceu com os espíritos de Abdullah e de John King, fotografados por Aksakof. O acadêmico Wallace e o doutor Thompson obtiveram a fotografia do espírito de sua mãe, falecida havia muitos anos[3].

Myers fala de 231 casos de aparições de espíritos de pessoas mortas. Cita alguns tirados dos *Phantasms*[4]. Assinalemos, entre eles, uma aparição anunciando uma morte que aconteceria em breve[5]:

> "Um caixeiro-viajante, homem bastante positivo, teve numa manhã a visão de uma de suas irmãs, que havia falecido havia nove anos. Quando contou o fato à família, foi ouvido com incredulidade e ceticismo. Porém, ao descrever sua visão, mencionou a existência de um arranhão na face da irmã. Esse detalhe espantou de tal modo sua mãe, que ela caiu desmaiada. Depois que voltou a si, contou que havia sido ela que, sem querer, havia feito esse arranhão no rosto da filha no momento em que a colocara no

2 Ver W. Crookes. *Recherches sur les phénomènes du spiritualisme (Pesquisas sobre os fenômenos do espiritualismo)*.
3 Aksakof, *Animismo e Espiritismo*.
4 F. Myers, *La personnalité humaine*.
5 Idem.

caixão e que, em seguida, para o disfarçar, tinha coberto com pó, de tal modo que ninguém no mundo sabia desse detalhe. O sinal que seu filho havia percebido era uma prova da veracidade de sua visão, e ela viu nisso ao mesmo tempo o anúncio de sua morte que, de fato, aconteceu algumas semanas depois[6]."

Devem ser citados igualmente os seguintes casos:

O de um jovem que se havia comprometido, se morresse primeiro, a aparecer para uma donzela sem assustá-la. Ele de fato apareceu, um ano depois, para a irmã dessa pessoa, no momento em que ia subir numa carruagem[7]; o caso da senhora de Fréville, que gostava muito, enquanto era viva, de frequentar o cemitério e de orar no túmulo de seu marido. Ela foi vista, sete ou oito horas após seu falecimento, por um jardineiro que por ali passava[8]. Depois, o caso de um pai de família, que morreu durante uma viagem e apareceu para sua filha com roupas desconhecidas com as quais, depois de morto, havia sido vestido por estranhos, e lhe falou de uma quantia de dinheiro que ela ignorava que ele havia guardado. Esses dois casos foram de fato constatados mais tarde[9]; enfim, o caso de Robert Mackenzie. Quando seu patrão ainda ignorava sua morte, ele lhe apareceu para se desculpar de uma acusação de suicídio que lhe pesava na consciência. Essa acusação foi constatada depois como falsa, porque sua morte tinha sido acidental[10].

No congresso espiritualista realizado em 1900 em Paris, na sessão de 23 de setembro, o doutor Bayol, senador das Bocas do Ródano, ex-governador de Dahomey, expunha verbalmente os fenômenos de aparições dos quais foi testemunha em Arles e em Eyguières. O fantasma de Acella, donzela romana

---

6 É necessário lembrar que o espírito quis aparecer com esse "arranhão" somente para dar uma prova de sua identidade. Acontece o mesmo em muitos casos em que os espíritos se mostram com roupas ou atributos que constituíam outros tantos elementos de convicção para os assistentes.
7 *Proceedings*, capítulo 10.
8 *Phantasms*, capítulo 1.
9 *Proceedings*, capítulo 10.
10 *Proceedings*, capítulo 2.

cujo túmulo está em Arles, no antigo cemitério de Aliscamps, materializou-se a ponto de deixar gravado o rosto na parafina fervente, não em entalhe, como geralmente são produzidas as moldagens, mas em relevo, o que seria impossível para qualquer ser vivo. Essas experiências, cercadas de todas as precauções necessárias, haviam acontecido na presença de pessoas tais como o prefeito das Bocas do Ródano, o poeta Mistral, um general de divisão, além de médicos, advogados etc.[11]

Numa ata datada de 11 de fevereiro de 1904 e publicada pela *Revue des Études Psychiques (Revista de Estudos Psíquicos)*, de Paris[12], o professor Milèsi, da Universidade de Roma, "um dos médicos mais estimados da nova escola de psicologia italiana", conhecido na França por suas conferências na Sorbonne sobre a obra de Auguste Comte, deu um testemunho público da realidade das materializações dos espíritos, entre outros o de sua própria irmã, falecida em Cremona havia três anos. Eis um resumo dessa ata:

> "O que houve de mais maravilhoso nessa sessão foram as aparições, de natureza luminosa, uma vez que se produziram na penumbra; foram em número de nove; todos os assistentes puderam vê-las... As três primeiras foram as que reproduziram as feições da irmã do professor Milèsi, falecida havia três anos, em Cremona, no convento das Filhas do Sacré-Coeur, com 32 anos de idade. Ela apareceu, sorrindo, com o esquisito sorriso que lhe era habitual."

Em seu livro *A morte e o seu mistério*, Camille Flammarion relata a aparição simultânea em Toulon do almirante Peyron para dois oficiais que o haviam conhecido e que ainda ignoravam sua morte; um deles capitão de fragata e o outro mecânico comandante da marinha; faziam parte do Estado-Maior do almirante quando ele comandava a esquadra de evolução

---

11 Ver *Compte rendu du Congrès Spiritualiste International (Relatório do Congresso Espiritualista Internacional)* de 1900, Leymarie Ed.
12 Edição de março de 1904.

no Mediterrâneo. Os dois, em pontos afastados, viram a aparição, e os detalhes de suas visões coincidiam totalmente.

No grupo de estudos que por muito tempo dirigi em Tours, os médiuns descreviam aparições de desencarnados visíveis apenas para eles, é bem verdade, mas que jamais haviam conhecido, de quem nunca tinham visto nenhum retrato, ouvido nenhuma descrição, e que os assistentes reconheciam pelas suas indicações.

Às vezes os espíritos se materializam a ponto de poderem escrever, na presença de todos e sob seus olhos, numerosas mensagens que ficam como outras tantas provas de sua passagem. Foi o que aconteceu com a esposa do banqueiro Livermore, que reconheceu a letra como idêntica àquela que ele possuía durante sua existência terrestre[13].

Na maioria das vezes, os espíritos incorporam em médiuns adormecidos, falam, escrevem, gesticulam, conversam com os assistentes e fornecem provas concretas de sua identidade.

Nesses fenômenos, o médium fica momentaneamente alheio ao seu corpo; a substituição da personalidade é completa. A linguagem, a atitude, a letra e o jogo de fisionomia são os de um espírito estranho ao organismo de que dispõe por alguns instantes.

Os fatos de incorporação da senhora Piper, minuciosamente observados e controlados pelo doutor Hodgson, pelos professores Hyslop, W. James, Newbold, O. Lodge e F. Myers, constituem o complexo de provas mais poderoso em favor da sobrevivência[14]. A personalidade (o espírito) de G. Pelham revelou-se, após sua morte, para seus próprios parentes, para seu pai, sua mãe, assim como para seus amigos de infância, mais de 30 vezes, a tal ponto de não deixá-los com nenhuma dúvida em relação à causa dessas manifestações.

O mesmo aconteceu no caso do professor Hyslop, que, tendo feito ao espírito de seu pai 205 perguntas sobre assuntos que lhe eram ignorados, obteve 152 respostas absolutamente

13 Ver Aksakof, *Animismo e Espiritismo*.
14 Ver o caso da senhora Piper, *Proceedings*, capítulos 13, 284 e 592; e capítulos 14, 6 e 49, resumidos na minha obra No invisível, capítulo 19.

exatas, 16 inexatas e 37 duvidosas, por não poderem ser verificadas. Essas verificações foram feitas no decurso de diversas viagens efetuadas pelos Estados Unidos, para chegar a reconhecer detalhadamente a história da família Hyslop, antes do nascimento do professor, história a que essas perguntas se referiam.

Os *Anais das Ciências Psíquicas*, de Paris, junho de 1907, lembram o seguinte fato, que igualmente se produziu nos Estados Unidos no ano de 1860:

"O importante juiz Edmonds, presidente da Suprema Corte de Justiça do Estado de Nova York, vice-presidente do Senado dos Estados Unidos, tinha uma filha, Laura, na qual se manifestou uma mediunidade de fenômenos espontâneos que se produziam em volta dela e que não tardaram a despertar sua curiosidade, de tal maneira que começou a frequentar as sessões espíritas. Foi então que ela se tornou 'médium falante'. Quando uma outra personalidade se manifestava nela, Laura falava às vezes diferentes línguas que ignorava.

"Numa noite, quando umas 12 pessoas estavam reunidas na casa do senhor Edmonds, em Nova York, o senhor Green, artista nova-iorquino, veio acompanhado por um amigo que ele apresentou sob o nome de senhor Evangelides, da Grécia. Logo se manifestou um espírito pela senhorita Laura, que dirigiu a palavra ao visitante em inglês e lhe comunicou um grande número de fatos que tendiam a provar que ele era um amigo falecido havia muitos anos, em sua casa, mas de cuja existência nenhum dos assistentes sabia. Em algumas partes da comunicação a moça pronunciava palavras e frases inteiras em grego, o que permitiu ao senhor Evangelides perguntar se podia falar em grego. De fato ele falava inglês com dificuldade. A conversação continuou em grego, da parte de Evangelides, e alternadamente em grego e em inglês, da parte da senhorita Laura. Por alguns momentos, Evangelides parecia bastante emocionado. No dia seguinte, retomou sua conversação com a senhorita Laura; depois, explicou aos assistentes que o espírito que se manifestava pela médium era o de um de seus amigos íntimos, falecido na Grécia, irmão do patriota grego Marc Bótzaris; esse amigo informava-o da morte de um de seus filhos, que também se chamava Evangelides, que ficara na Grécia e estava em perfeita saúde no momento em que seu pai partira para os Estados Unidos.

"Evangelides encontrou-se com o senhor Edmonds ainda diversas vezes, e, dez dias após sua primeira visita, informou que acabava de receber uma carta noticiando a morte de seu filho. Essa carta devia estar a caminho no momento em que se realizou a primeira conversa do senhor Evangelides com a senhorita Laura.

"'Gostaria muito – disse o juiz Edmonds a respeito do fenômeno – que me dissessem como devo encarar este fato. Negá-lo é impossível, pois é evidente demais. Eu também poderia negar que o sol nos ilumina.' Isso se passou na presença de dez pessoas, todas instruídas, inteligentes, discretas e também todas capazes de fazerem a distinção entre uma ilusão e um fato real[15]."

O senhor Edmonds nos diz que Laura, sua filha, até então nunca tinha ouvido uma palavra em grego, e acrescenta que em outras ocasiões chegou a falar até 13 línguas diferentes, entre as quais o polonês e o indiano, quando, em seu estado normal, só conhecia o inglês e o francês, este último aprendido na escola. É preciso notar que o senhor J. W. Edmonds não era uma personalidade qualquer. Nunca ninguém pôs em dúvida a perfeita integridade de seu caráter, e suas obras provam sua luminosa inteligência.

Relataremos ainda um fenômeno de comunicação durante o sono, obtido pelo senhor Chedo Mijatovitch, ministro plenipotenciário[16] da Sérvia, em Londres, e reproduzido pelos Annales des Sciences Psychiques de 1º a 16 de janeiro de 1910.

---

15 Ver a esse respeito a carta do importante juiz Edmonds ao doutor Gully, publicada em Londres na *Spiritual Magazine (Revista Espírita)* de 1871. Reproduzido pela *Revue Scientifique et Morale du Spiritisme (Revista Científica e Moral do Espiritismo)* de 1920.

16 Plenipotenciário: enviado de um governo ou de um soberano, que tem plenos poderes para celebrar negociações com outro governo ou soberano (N.E.).

A pedido de espíritas húngaros para que se colocasse em comunicação com um médium, a fim de elucidar um ponto da História relativo a um antigo soberano sérvio, morto em 1350, dirigiu-se à casa do senhor Vango, de quem muito se falava naquela época e a quem nunca tinha visto antes. Adormecido, o médium anunciou a presença do espírito de um jovem rapaz, bastante desejoso por se fazer ouvir, mas cuja linguagem não se compreendia. Entretanto, acabou reproduzindo algumas palavras.

Elas eram do idioma sérvio. Eis a tradução: "Peço-te escrever à minha mãe Nathalie, dizendo-lhe que imploro seu perdão". O espírito era o do rei Alexandre. O senhor Chedo Mijatovitch não duvidou, sendo que novas provas de identidade se acrescentaram à primeira: o médium fez a descrição do morto, e este se lamentou por não ter seguido um conselho confidencial que o diplomata, seu conselheiro, lhe havia dado, dois anos antes de ser assassinado.

Na França, entre um grande número de casos, assinalaremos o do abade[17] Grimaud, diretor do asilo dos surdos-mudos de Vaucluse. Por meio da mediunidade da senhora Gallas, adormecida, ele recebeu do espírito Forcade, falecido havia dez anos, uma mensagem que pôde ser decifrada pelo movimento silencioso dos lábios, de acordo com um método especial para surdos-mudos que esse espírito havia inventado e comunicado ao abade Grimaud. Entre os assistentes, esse venerável religioso era o único que podia conhecê-lo. Não faz muito tempo que publicamos a ata dessa notável sessão, a qual contém a assinatura de doze testemunhas e o atestado do abade Grimaud[18].

O senhor Maxwell, procurador-geral do Tribunal de Apelação de Bordéus e doutor em medicina, em sua obra *Les phénomènes psychiques*[19], na qual estuda o fenômeno das incorporações que observou na casa da senhora Agullana, esposa de um estucador, assim se exprimiu:

---

17 Abade: superior de ordem religiosa (N.E.).
18 Ver *No invisível*, capítulo 19.
19 *Phénomènes psychiques*.

"A personalidade mais curiosa é a de um médico falecido há cem anos. Sua linguagem médica é arcaica. Ele dá às plantas seus nomes medicinais antigos. Seu diagnóstico é geralmente exato, mas a descrição dos fenômenos internos que ele percebe causaria bastante admiração a um médico do século 20... Há dez anos que observo meu colega do além-túmulo. Ele não tem variado e apresenta uma continuidade lógica surpreendente."

Eu mesmo observei frequentemente esse fenômeno; pude conversar, como em outra parte expus[20], por intermédio de diversos médiuns, com inúmeros parentes e amigos falecidos, obter por meio deles indicações que esses médiuns não conheciam e que, para mim, constituíam outras tantas provas de identidade.

Se levarmos em conta as dificuldades que comporta a comunicação de um espírito a ouvintes humanos, por meio de um organismo e, particularmente, de um cérebro que ele não harmonizou, amoldado por uma longa experiência de vida, e se considerarmos que, em razão da diferença dos planos de existência, não se podem exigir de um desencarnado todas as provas que pediríamos a uma pessoa na sua existência física, é preciso reconhecer que o fenômeno das incorporações é um dos que mais concorre para demonstrar a espiritualidade do ser e o princípio da sobrevivência.

Não se trata mais, nesses fatos, de uma simples influência a distância. É um impulso a que o indivíduo não pode resistir e que, na maioria da vezes, se transforma em tomada de posse de todo o organismo. Esse fenômeno é semelhante ao que constatamos no caso de segunda personalidade, quando o "eu" profundo substitui o "eu" normal e assume a direção do corpo físico com finalidade de verificação e regeneração. Porém, aqui é um espírito estranho que desempenha esse papel e se comunica por meio do médium adormecido.

A palavra possessão ou posse, de que acabamos de nos servir, foi muitas vezes tomada em sentido lamentável. Antigamente,

20 *No invisível*. Ver também *Cristianismo e Espiritismo*.

atribuía-se aos fatos que ela designa um caráter diabólico e terrível. Porém, como muito bem disse F. Myers[21]: "O diabo não é uma criatura reconhecida pela ciência. Nesses fenômenos, achamo-nos somente em presença de espíritos que foram antigamente pessoas semelhantes a nós e que hoje são animados pelos mesmos motivos que nos inspiram".

A esse propósito, F. Myers levanta uma questão: a possessão é, algumas vezes, absoluta? E ele responde nestes termos: "A teoria diz que nenhuma das correntes conhecidas da personalidade humana esgota toda a sua consciência e que nenhuma de suas manifestações conhecidas exprime toda a potencialidade de seu ser, e isso pode igualmente se aplicar aos desencarnados[22]".

Chegaríamos então ao ponto central da vida humana, à mola secreta, à ação íntima e misteriosa do espírito sobre um cérebro, quer sobre o dele próprio, quer, nos casos de que nos ocupamos, sobre um cérebro estranho. Considerada sob este aspecto, a questão toma uma importância capital em psicologia. F. Myers acrescenta[23]:

> "Por meio desses estudos, as comunicações irão se tornar cada vez mais fáceis, completas, coerentes e atingirão um patamar mais elevado de consciência unitária. As dificuldades devem ter sido grandes e numerosas; mas não poderia ser de outro modo quando se trata de reconciliar o espírito com a matéria e de abrir ao homem, do planeta onde está aprisionado, uma fresta para o mundo espiritual."

Vê-se que, graças a experiências, a observações, a testemunhos mil vezes repetidos, a existência e a sobrevivência da alma saem, de hoje em diante, do domínio da hipótese ou do simples conceito metafísico para tornar-se uma realidade viva, um fato rigorosamente estabelecido. O sobrenatural

---

21 F. Myers, *La personnalité humaine*.
22 Myers, *La personnalité humaine*.
23 La personnalité humaine.

venceu; o milagre é apenas uma palavra. Todos os terrores, todas as superstições que sugeriam aos homens a ideia da morte desapareceram. Nossa concepção de vida universal e da obra divina se fortifica, assim como nossa confiança no futuro. Vemos, sob as formas alternadas de existência carnal e fluídica, o progresso do ser, o desenvolvimento da personalidade prosseguindo, e uma lei suprema presidindo à evolução das almas através do tempo e do espaço.

8 – ESTADOS VIBRATÓRIOS DA ALMA. A MEMÓRIA

A vida é uma vibração imensa que enche o universo e cujo foco está em Deus. Cada alma, centelha destacada do foco divino, torna-se, por sua vez, um foco de vibrações que irão variar, aumentar de amplitude e de intensidade de acordo com o grau de elevação do ser. Esse fato pode ser verificado experimentalmente[1].

Toda alma tem, portanto, sua vibração particular e diferente, seu movimento próprio, seu ritmo e a representação exata de seu poder dinâmico, de seu valor intelectual, de sua elevação moral.

Toda a beleza, toda a grandeza do universo vivo se resumem na lei das vibrações harmônicas. As almas que vibram uníssonas reconhecem-se e chamam-se através do espaço; daí as atrações, as simpatias, a amizade, o amor! Os artistas, os sensitivos, os seres delicadamente harmonizados conhecem essa lei e sentem seus efeitos. A alma superior é uma vibração na posse de todas as suas harmonias.

A entidade psíquica penetra com suas vibrações todo o seu organismo fluídico, o perispírito, que é sua forma e sua imagem, a reprodução exata de sua harmonia pessoal e de sua luz. Mas chega a encarnação e essas vibrações irão reduzir-se, amortecer-se sob o invólucro carnal. O foco interior poderá projetar apenas uma radiação enfraquecida e não contínua. Entretanto, no sono, no sonambulismo, no êxtase, desde que seja aberta para a alma uma saída do envoltório

---

1 Os doutores Baraduc e Joire construíram aparelhos registradores permitindo medir a força radiante que escapa de cada pessoa e varia segundo o estado psíquico do sujeito. Eu mesmo, muitas vezes, fiz a experiência com a ajuda de placas fotográficas. Essas, na revelação, reproduzem as radiações que se desprendem da extremidade dos dedos sob a forma de espirais ou de correntes de intensidade variável, seguindo a elevação do pensamento e a ação da vontade.

de matéria, o corpo físico, que a oprime e priva, restabelece a corrente vibratória e o foco retoma toda a sua atividade. O espírito novamente se encontra em seus estados anteriores de poder e liberdade. Tudo o que nele estava adormecido acorda; suas inúmeras vidas se reconstituem, não apenas com os tesouros de seu pensamento, recordações e aquisições, mas também com todas as sensações, alegrias e dores registradas em seu corpo fluídico. Essa é a razão pela qual a alma, no transe, vibrando as recordações do passado, afirma suas existências anteriores e reata a cadeia misteriosa de suas transmigrações.

Os menores detalhes de nossa vida registram-se em nós e deixam traços perpétuos. Pensamentos, desejos, paixões, atos bons ou maus, tudo fica fixado, tudo fica gravado em nós. Durante o curso normal da vida, essas lembranças se acumulam em camadas sucessivas, e as mais recentes acabam por apagar, pelo menos aparentemente, as mais antigas. Parece que esquecemos aqueles mil detalhes de nossa existência dissipada. Entretanto, basta, nas experiências hipnóticas, evocar os tempos passados e levar de novo o indivíduo, pela vontade, a uma época anterior de sua vida, na mocidade ou no estado de infância, para que essas recordações reapareçam em massa. O indivíduo revive seu passado, não apenas com o estado de alma e a associação de ideias que ele tinha nessa época – ideias às vezes bem diferentes daquelas que professa atualmente com seus gostos, hábitos e linguagem, mas também reconstituindo automaticamente toda a série de fenômenos físicos contemporâneos daquela época. Isso nos leva a reconhecer que há uma correspondência intima entre a individualidade psíquica e o estado orgânico.

Cada estado mental é associado a um estado fisiológico; a evocação de um, na memória dos indivíduos, traz imediatamente a reaparição do outro[2].

2 Esta lei é conhecida na psicologia sob o nome de paralelismo psicofísico. Wundt, em *Leçons sur l'âme (Lições sobre a alma)*, 2ª edição, Leipzig, 1892, já dizia: "A cada fato psíquico corresponde um fato físico qualquer".
As experiências dos próprios materialistas fazem sobressair a evidência dessa

Dadas as flutuações constantes e a renovação integral do corpo físico em alguns anos, esse fenômeno seria incompreensível sem o papel do perispírito, que guarda, gravadas em sua substância, todas as impressões das vidas remotas. É ele que fornece à alma a soma total de seus estados conscientes, até mesmo após a destruição da memória cerebral. Os espíritos demonstram isso nas suas comunicações, pois eles conservaram no além as menores recordações de sua existência terrestre.

Esse registro automático parece efetuar-se sob a forma de agrupamentos ou de zonas, dentro de nós, que correspondem a outros tantos períodos de nossa vida, de maneira que, se a vontade – por meio da autossugestão ou da sugestão induzida, o que é a mesma coisa, uma vez que, como vimos, a sugestão, para ser eficaz, deve ser aceita pelo indivíduo e se transformar em autossugestão –, se a vontade, dizemos, faz reviver uma recordação pertencente a um período qualquer de nosso passado, todos os fatos de consciência que estão ligados a esse mesmo período imediatamente se desenrolam em um encadeamento metódico. O senhor Delanne comparou esses estados vibratórios com as camadas concêntricas observadas no tronco cortado de uma árvore, as quais lhe permitem calcular o número de anos.

Isso tornaria compreensíveis as variações da personalidade de que falamos. Para observadores superficiais, esses fenômenos se explicam pela dissociação da consciência; estudados de perto e analisados, representam, pelo contrário, aspectos de uma consciência única, correspondendo a outras tantas fases

lei. É assim, por exemplo, que M. Pierre Janet, quando fez sua paciente Rosa regredir dois anos no curso de sua vida, viu se reproduzirem nela todos os sintomas do estado de gravidez no qual se encontrava naquela época. (P. Janet, professor de psicologia em Sorbonne, *L'automatisme psychologique – O automatismo psicológico*.)

Ver também os casos assinalados pelos doutores Bourru e Burot, *Les Changements de la personnalité*, pelo doutor Sollier, *Des hallucinations autoscopiques – Bulletin de l'Institut Psychique*, 1902 (*Alucinações autoscópicas – Boletim do Instituto Psíquico*) e os relatados pelo doutor Pitre, decano da Faculdade de Medicina de Bourdeaux, em seu livro *Le somnambulisme et l'hystérie (O sonambulismo e a histeria)*.

de uma mesma existência. Esses aspectos revelam-se desde que o sono seja bastante profundo e que o desprendimento perispiritual seja suficiente, e quando constatamos as mudanças de personalidade é porque os estados transitórios, intermediários, não são suficientes ou se apagam.

O desprendimento, como dissemos anteriormente, é facilitado pela ação magnética. Os passes feitos em um sensitivo o relaxam pouco a pouco e desatam os laços que unem o espírito ao corpo. A alma e sua forma ativada saem do domínio da matéria, e essa saída constitui o fenômeno do sono. Quanto mais profunda é a hipnose, mais a alma se desprende, afasta-se e recupera a plenitude de suas vibrações. A vida ativa se concentra no perispírito, enquanto a vida física está suspensa.

A sugestão também aumenta o ritmo vibratório da alma. Cada ideia contém o que os psicólogos chamam de tendência para a ação, e essa tendência se transforma em ato por meio da sugestão. Esta, de fato, é apenas um modo da vontade. Levada à sua mais alta intensidade, ela se torna uma força motriz[3], uma alavanca que levanta e põe em movimento os poderes vitais adormecidos, os sentidos psíquicos e as faculdades transcendentais.

Vemos então se produzirem os fenômenos da clarividência, da lucidez, do despertar da memória. Para que essas manifestações se tornem possíveis, o perispírito deve ser previamente impressionado por um abalo vibratório determinado pela sugestão. Esse abalo, ao acelerar o movimento rítmico, tem por efeito restabelecer a relação entre a consciência cerebral e a consciência profunda, relação que está interrompida no estado normal, durante a vida física. Então as imagens, as recordações armazenadas no perispírito podem reanimar-se e tornar-se novamente conscientes. Porém, ao despertar, a relação cessa, o véu cai, as recordações distantes se apagam pouco a pouco e entram na penumbra.

A sugestão é o processo que se deve empregar, de preferência, nessas experiências. Para reconduzir os indivíduos a

---

3 Motriz: força que dá movimento (N.E.).

uma determinada época de seu passado, eles são adormecidos com a ajuda de passes longitudinais[4], praticados de cima para baixo, e depois lhes é sugerido que têm tal ou qual idade. Assim, são levados a remontar a todos os períodos de sua existência; podem ser obtidas reproduções de sua letra, que variam de acordo com as épocas, e sempre estão de acordo quando se trata das mesmas épocas, evocadas no decorrer de diferentes sessões. Por meio de passes transversais[5], faz-se com que voltem ao ponto atual, passando de novo pelas mesmas fases.

Pode-se ainda – e nós temos feito dessa maneira – designar ao indivíduo uma data precisa de seu passado, ainda o mais afastado, e fazer com que renasça lá. Se o indivíduo for muito sensível, vê-se então se desenrolarem cenas de um interesse cativante, com detalhes sobre o meio evocado e as personagens que nele vivem, detalhes que são às vezes sujeitos à verificação. "Tem-se comprovado", diz o Coronel de Rochas, "que as recordações assim avivadas eram exatas e que os indivíduos tomavam sucessivamente as personalidades correspondentes à sua idade[6]".

Devemos insistir ainda sobre esses fenômenos, cuja análise projeta uma luz viva sobre o mistério do ser. Todos os aspectos variados da memória, a extinção das recordações na vida normal, o seu despertar no transe e na exteriorização, tudo se explica pela diferença dos movimentos vibratórios que ligam a alma e seu corpo psíquico ao cérebro material. A cada mudança de estado as vibrações variam de intensidade, tornando-se mais rápidas à medida que a alma se afasta do corpo. As sensações percebidas no estado normal são registradas com um mínimo de força e de duração; mas a memória total subsiste no fundo do ser. Por pouco que os laços materiais se afrouxem e a alma seja restituída a si mesma, ela encontra, com seu estado vibratório superior, a consciência de

4 Longitudinal: no sentido do comprimento (N.E.).
5 Transversal: de viés, que passa de atravessado (N.E.).
6 *Anais das Ciências Psíquicas*, julho de 1905. E também a obra do coronel De Rochas, *Les vies successives (As vidas sucessivas)*, Ed. Chacornac, 1911.

todos os aspectos de sua vida, de todas as formas físicas ou psíquicas de sua existência integral. É, como vimos, o que se pode constatar e reproduzir artificialmente no estado hipnótico. A fim de nos orientarmos bem no labirinto desses fenômenos, não podemos esquecer de que esse estado comporta inúmeros degraus. A cada um desses degraus está ligada uma das formas da consciência e da memória; o sono mais profundo faz surgir a memória mais extensa. Esta se restringe cada vez mais à medida que a alma reintegra seu envoltório. A memória mais restrita, a mais pobre, corresponde ao estado de vigília ou de acordado.

O fenômeno da reconstituição artificial do passado nos faz compreender o que se passa depois da morte, quando a alma, livre de seu corpo físico, encontra-se em presença de sua memória ampliada, memória-consciência, memória implacável que conserva a impressão de todas as suas faltas e torna-se seu juiz e, às vezes, seu algoz.

Mas, ao mesmo tempo, o "eu", fragmentado em camadas distintas durante a vida aqui da Terra, reconstitui-se em sua síntese superior e sua magnífica unidade. Toda a experiência adquirida no decorrer dos séculos, todas as riquezas espirituais, frutos da evolução, muitas vezes isoladas ou, pelo menos, amortecidas, diminuídas nessa existência, reaparecem em seu brilho e frescura, para servir de base a novas aquisições. Nada está perdido. As camadas profundas do ser, se contam os desfalecimentos e as quedas, igualmente proclamam os lentos, os penosos esforços acumulados no decorrer das idades para edificar essa personalidade, que sempre irá crescer, sempre mais rica e mais bela, na feliz expansão de suas faculdades adquiridas, de suas qualidades, de suas virtudes.

9 – EVOLUÇÃO E FINALIDADE DA ALMA

A alma, como dissemos, vem de Deus; é em nós o princípio da inteligência e da vida. Essência misteriosa, escapa à análise, como tudo que se origina do Absoluto. Criada pelo amor, criada para amar, tão diminuta que pode ser aprisionada em uma forma limitada e frágil, tão grande que, com um impulso de seu pensamento, abrange o infinito, a alma é uma parcela da essência divina projetada no mundo material.

Desde a hora em que caiu na matéria, qual caminho seguiu para voltar até o ponto atual de sua carreira?

Precisou passar por vias escuras, revestir formas, animar organismos que deixava ao sair de cada existência, como se faz com uma roupa que não serve mais. Todos esses corpos de carne morreram. O sopro do destino dispersou-lhe as cinzas, mas a alma persiste e permanece em sua eternidade; ela persegue sua marcha evolutiva, percorre as inúmeras estações de sua viagem e vai rumo a um objetivo grande e desejável, um objetivo divino, que é a perfeição.

A alma contém, no estado virtual[1], o princípio de todos os seus desenvolvimentos futuros. Está destinada a tudo conhecer, a tudo conquistar e a tudo possuir. E como ela poderia conseguir tudo isso numa única existência? A vida é curta, e a perfeição está longe! Poderia a alma, em uma vida única, desenvolver seu entendimento, esclarecer sua razão, fortificar sua consciência, assimilar todos os elementos da sabedoria, da santidade, do gênio? Não! Para realizar esses objetivos, é preciso percorrer, no tempo e no espaço, um campo sem limites. É passando por inúmeras transformações, após milhares de séculos, que o mineral grosseiro se transforma em um

---

1 Virtual: nesse caso, que existe como faculdade; porém, não é exercido na existência atual (N.E.).

diamante puro, brilhando mil cintilações. O mesmo acontece com a alma humana.

O objetivo da evolução, a razão de ser da vida, não é a felicidade terrestre – como muitos acreditam erroneamente –, mas o aperfeiçoamento de cada um de nós, e esse aperfeiçoamento devemos realizá-lo por meio do trabalho, do esforço, de todas as alternativas da alegria e da dor, até que estejamos inteiramente desenvolvidos e elevados ao estado celeste. Se há na Terra menos alegria do que sofrimento, é que este é o instrumento, por excelência, da educação e do progresso, um estimulante para o ser, que sem ele permaneceria retardado nos caminhos da sensualidade. A dor física e moral forma nossa experiência. A sabedoria é o prêmio.

Pouco a pouco a alma se eleva e, à medida que vai evoluindo, nela fica acumulada uma soma sempre crescente de sabedoria e de virtude; ela se sente mais estreitamente ligada aos seus semelhantes; comunica-se mais intimamente com seu meio social e planetário. Elevando-se cada vez mais, logo se liga, por traços poderosos, às sociedades do espaço, e depois ao Ser Universal.

Assim, a vida do ser consciente é uma vida de solidariedade e de liberdade. Livre dentro dos limites que as leis eternas determinam, ele se torna o arquiteto de seu destino. Seu adiantamento é sua obra. Nenhuma fatalidade o oprime, a não ser a de seus próprios atos, cujas consequências nele recaem. Mas só pode desenvolver-se e crescer na vida coletiva com a cooperação de cada um e em proveito de todos. Quanto mais sobe, mais se sente viver e sofrer em todos e por todos. Em sua necessidade de elevação própria, atrai para si, para fazê-los chegar ao estado espiritual, todos os seres humanos que povoam os mundos onde viveram. Quer fazer por eles o que por ele fizeram os seus irmãos mais velhos, os grandes espíritos que o guiaram na sua marcha.

A lei de justiça requer, por sua vez, que todas as almas sejam emancipadas, libertadas da vida inferior. Cada ser que chega à plena consciência deve trabalhar para preparar aos seus irmãos uma vida suportável, um estado social que apenas comporte a soma de males inevitáveis. Esses males, necessários para o funcionamento da lei de educação geral, nunca deixarão de existir em nosso mundo. Eles representam uma das condições da vida terrestre. A matéria é o obstáculo útil; ela provoca o esforço e desenvolve a vontade, contribui para a elevação dos seres, impondo-lhes necessidades que os obrigam a trabalhar. E como poderíamos conhecer a alegria sem a dor? Como poderíamos apreciar a luz sem a sombra? Como poderíamos saborear o bem adquirido, a satisfação alcançada, sem a privação? Eis por que as dificuldades são encontradas de todas as formas em nós e ao nosso redor.

A luta do espírito contra a matéria é um grande espetáculo, luta para a conquista do globo, luta contra os elementos, os flagelos, contra a miséria, a dor e a morte. Por toda parte a matéria se opõe à manifestação do pensamento. No domínio da arte, é a pedra que resiste ao cinzel do escultor. Na ciência, é o inapreciável, o infinitamente pequeno que se esconde da observação. Na ordem social, assim como na ordem particular, são os obstáculos inumeráveis, as necessidades, as epidemias, as catástrofes!

E, entretanto, em face das potências cegas que o oprimem e o ameaçam de todos os lados, o homem, ser frágil, ergueu-se. Como recurso, tem apenas a vontade. E com a ajuda desse recurso único, através do tempo, a áspera luta tem continuado, sem trégua, sem piedade. Depois, um dia, pela vontade humana, a formidável potência foi vencida, subjugada. O homem quis e a matéria submeteu-se. Ao seu gesto, os elementos inimigos, a água e o fogo, uniram-se rugindo e têm trabalhado para ele.

É a lei do esforço, lei suprema, pela qual o ser se afirma, triunfa e cresce. É a magnífica epopeia[2] da História, a luta

2 Epopeia: ação ou série de ações heroicas (N.E.).

exterior que enche o mundo. A luta interior não é menos emocionante. Cada vez que renascer, o espírito deverá ajeitar, apropriar o novo envoltório material que lhe vai servir de morada e fazer dele um instrumento capaz de passar e exprimir as concepções do seu gênio. Na maioria das vezes, o instrumento resiste e o pensamento, desanimado, retrai-se, impotente para melhorar, para levantar o pesado fardo que o sufoca e abate. Entretanto, pelo esforço acumulado, pela persistência dos pensamentos e dos desejos, apesar das decepções, dos defeitos no decurso das existências renovadas, a alma consegue desenvolver suas altas faculdades.

Há em nós uma surda aspiração, uma energia íntima, misteriosa, que nos leva para as alturas, que nos faz tender para destinos cada vez mais elevados, que nos impele para o belo e para o bem. É a lei do progresso, a evolução eterna que guia a humanidade através das idades e que instiga cada um de nós, porque a humanidade são as próprias almas; elas voltam, de século em século, para prosseguir, com a ajuda de novos corpos, até que estejam preparadas para os mundos melhores, em sua obra de aperfeiçoamento. A história de uma alma não difere da história da humanidade; só a escala difere: é a escala das proporções.

O espírito molda a matéria. Ele lhe comunica a vida e a beleza. É por isso que a evolução é, por excelência, uma lei de estética. As formas adquiridas são o ponto de partida para formas mais belas. Tudo se liga. A véspera prepara o dia seguinte; o passado gera o futuro. A obra humana, reflexo da obra divina, abre-se em formas cada vez mais perfeitas.

A lei do progresso não se aplica unicamente ao homem. Ela é universal. Há, em todos os reinos da natureza, uma evolução que foi reconhecida pelos pensadores de todos os tempos. Desde a célula verde, desde o embrião flutuando nas águas, a cadeia das espécies, no decurso de séries variadas, tem-se desenrolado até nós.

Nessa cadeia, cada elo representa uma forma de existência que conduz a uma forma superior, a um organismo mais rico, mais bem adaptado às necessidades, às manifestações crescentes da vida. Mas, na escala da evolução, o pensamento, a consciência, a liberdade aparecem apenas depois de muitos degraus. Na planta, a inteligência fica adormecida; no animal, ela sonha; apenas no homem ela acorda, conhece-se, possui-se e torna-se consciente. A partir daí o progresso, de alguma sorte fatal nas formas inferiores da natureza, só pode realizar-se pelo acordo da vontade humana com as leis eternas.

É por esse acordo, pela união da razão humana com a razão divina, que se edificam as obras preparadoras do reino de Deus, ou seja, do reino da sabedoria, da justiça, da bondade, de que todo ser racional e consciente tem em si a intuição.

Assim, o estudo das leis de evolução, em vez de anular a espiritualidade do homem, vem, pelo contrário, dar-lhe uma nova confirmação. Ele nos ensina como nosso corpo pode derivar de uma forma inferior pela seleção natural, mas também nos mostra que possuímos faculdades intelectuais e morais de uma origem diferente, e encontramos essa origem no universo invisível, no mundo sublime do espírito.

A teoria de evolução deve ser completada pela teoria da percussão, ou seja, pela ação das potências invisíveis, que dirigem e estimulam essa lenta e prodigiosa marcha ascensional[3] da vida do globo. O mundo oculto intervém, em certas épocas, no desenvolvimento físico da humanidade, assim como intervém no domínio intelectual e moral pela revelação mediúnica. Quando uma raça que chegou ao apogeu é seguida de uma nova raça, é racional acreditar que uma família superior de alma encarne entre os representantes da raça exausta para fazê-la subir um degrau, renovando-a e moldando-a à sua imagem. É o eterno himeneu[4] entre o céu e a Terra, a íntima

---

3 Ascensional: que obriga a subir (N.E
4 Himeneu: casamento, festa de núpcias (N.E.).

penetração da matéria pelo espírito, a efusão crescente da vida psíquica na forma em evolução.

A aparição dos homens na escala dos seres pode ser explicada dessa maneira. A embriogenia[5] mostra que o homem é a síntese de todas as formas vivas que o precederam, o último elo da longa cadeia de vidas inferiores que se desenrola no decorrer dos tempos. Porém, isso é apenas o aspecto exterior do problema das origens; o aspecto interior é, por sua vez, amplo e imponente. Da mesma forma que cada nascimento se explica pela descida de uma alma vinda da espiritualidade à carne, também se explica a primeira aparição do homem no planeta, que deve ser atribuída a uma intervenção das potências invisíveis que geram a vida. A essência psíquica vem comunicar às formas animais em evolução o sopro de uma nova vida. Ela vai criar, para a manifestação da inteligência, um órgão até então desconhecido: a palavra. Elemento poderoso de toda a vida social, o verbo apareceu e, ao mesmo tempo, por meio do seu envoltório fluídico, a alma encarnada conservará a possibilidade de entrar em relações com o meio de onde saiu[6].

A evolução dos mundos e das almas é regida pela vontade divina, que penetra e dirige toda a natureza, mas a evolução física é apenas a preparação da evolução psíquica, e a ascensão das almas prossegue muito além da cadeia dos mundos materiais.

---

5 Embriogenia: a produção ou origem do embrião (N.E.).

6 Qualquer que seja a teoria a que se dê preferência nessas matérias, adote-se a visão de Darwin, de Spencer ou de Haeckel, não é possível crer que a natureza, que Deus apenas tenha um só modo de produzir e de desenvolver a vida. O cérebro humano é limitado. As possibilidades da vida são infinitas. Os pobres teoristas que querem encerrar toda a ciência biológica nos estreitos limites de um sistema fazem-nos sempre lembrar do menino da lenda que queria colocar toda a água do oceano num buraco feito na areia da praia.

O próprio professor Charles Richet declarou em sua resposta a Sully-Prudhomme: "As teorias da seleção são insuficientes". E acrescentamos: "Se há unidade de plano, deve existir diversidade nos meios de execução. Deus é o grande artista que, dos contrastes, sabe fazer sobressair a harmonia. Parece que há no universo duas imensas correntes de vida: uma mostra o abismo pela animalidade; a outra desce das alturas divinas; elas se unem, se confundem e se encadeiam. Não é essa a significação da escada do sonho de Jacob?"

O que impera nas baixas regiões da vida é a luta ardente, o combate sem trégua de todos contra todos, a guerra perpétua na qual cada ser se esforça para conquistar um lugar ao sol, quase sempre em prejuízo dos outros. Essa luta furiosa arrasta e destrói todos os seres inferiores em seus turbilhões. Nosso globo é como uma arena onde se travam incessantes lutas.

A natureza renova incessantemente esses exércitos de combatentes. Em sua fecundidade prodigiosa, gera novos seres; mas logo a morte ceifa em suas estreitas fileiras. Essa luta, espantosa à primeira vista, é necessária para o desenvolvimento do princípio de vida. Ela dura até o dia em que um raio de inteligência vem iluminar as consciências adormecidas. É na luta que a vontade se apura e se afirma; é da dor que nasce a sensibilidade.

A evolução material, a destruição dos organismos, é apenas temporária: representa a fase primária da epopeia da vida. As realidades imortais estão no espírito. Só ele sobrevive a esses conflitos. Todos esses envoltórios passageiros são apenas vestimentas que se vêm adaptar à sua forma fluídica permanente. Ele os cobre de vestuários para representar os numerosos atos do drama da evolução no vasto palco do universo.

Emergir grau a grau do abismo da vida para se tornar espírito, gênio superior, e isso por seus próprios méritos e esforços; conquistar seu futuro hora a hora; libertar-se um pouco mais todos os dias do domínio das paixões, libertar-se das sugestões do egoísmo, da preguiça, do desânimo; resgatar-se pouco a pouco de suas fraquezas, de sua ignorância, ajudando seus semelhantes a se resgatarem por sua vez, arrastando todo o meio humano para um estado mais elevado: eis o papel destinado a cada alma. E ela tem, para desempenhar esse papel, toda a série de existências inumeráveis na escala magnífica dos mundos.

Tudo o que vem da matéria é instável: tudo passa, tudo foge. As montanhas vão pouco a pouco se abatendo sob a ação dos elementos; as maiores cidades transformam-se em ruínas; os astros iluminam-se, resplandecem, depois apagam-se e morrem; só a alma imortal paira na duração eterna.

O círculo das coisas terrestres nos aperta e limita nossas percepções; mas, quando o pensamento se liberta das formas mutáveis e abrange a extensão dos tempos, vê o passado e o futuro se juntarem, vibrarem e viverem o presente. O canto de glória, o hino da vida infinita, enche os espaços; sobe do interior das ruínas e dos túmulos; sobre os destroços das civilizações mortas surgem novas florescências. A união se faz entre as duas humanidades, visível e invisível, entre aqueles que povoam a Terra e aqueles que percorrem o espaço. A voz deles chama, responde, e esses ruídos, esses murmúrios, embora vagos e confusos para muitos, tornam-se para nós a mensagem, a palavra vibrante, que afirma a comunhão do amor universal.

Tal é o caráter complexo do ser humano – espírito, energia e matéria – em que se resumem todos os elementos constitutivos, todas as potências do universo. Tudo o que está em nós está no universo, e tudo o que está no universo se encontra em nós. Pelo seu corpo fluídico e pelo seu corpo material o homem encontra-se ligado à imensa teia da vida universal e, pela sua alma, a todos os mundos invisíveis e divinos. Somos feitos de sombra e de luz.

Somos a carne com todas as suas fraquezas e o espírito com suas riquezas latentes, suas esperanças radiosas, seus voos magníficos.

E o que está em nós encontra-se em todos os seres. Cada alma humana é uma projeção do grande foco eterno. É isso o que consagra e assegura a fraternidade dos homens. Temos em nós os instintos animais, mais ou menos comprimidos pelo longo trabalho e pelas provas das existências passadas, e temos também a crisálida do anjo, do ser radioso e puro, em que podemos nos tornar pela impulsão moral, pelas aspirações do coração e pelo sacrifício constante do "eu". Tocamos com os pés as profundezas obscuras do abismo e, com a fronte, as altitudes ofuscantes do céu, o império glorioso dos espíritos.

Quando aplicamos o ouvido ao que se passa no fundo de nosso ser, ouvimos como o ruído de águas ocultas e tumultuadas, ouvimos o fluxo e o refluxo do mar agitado da personalidade que os vendavais da cólera, do egoísmo e do orgulho agitam. São as vozes da matéria, os apelos das baixas regiões que nos atraem e ainda influenciam nossas ações, mas podemos dominar essas influências com a vontade; podemos impor silêncio a essas vozes, e, quando a calma se fizer em nós, quando o murmúrio das paixões se aplacar, então se elevará a poderosa voz do espírito infinito, o cântico da vida eterna, cuja harmonia enche a imensidade.

E quanto mais o espírito se eleva, purifica e ilumina, mais seu organismo fluídico se torna acessível às vibrações, às vozes, aos sopros do alto. O espírito divino, que anima o universo, age sobre todas as almas, procura penetrá-las, esclarecê-las, fecundá-las; entretanto, a maior parte permanece obscura e fechada; ainda muito grosseiras, não podem sentir sua influência nem ouvir seus chamados. Muitas vezes Ele as cerca, as envolve, procura atingir as camadas profundas de sua consciência, acordá-las para a vida espiritual. Muitas resistem a essa ação, pois a alma é livre; outras a sentem somente nos momentos solenes da vida, nas grandes provas, nas horas desoladas em que experimentam a necessidade de um socorro do alto e o pedem. Para viver a vida superior a que essas influências se adaptam, é preciso ter conhecido o sofrimento, praticado a abnegação, ter renunciado às alegrias materiais, acendido e alimentado em si essa chama, essa iluminação interior que nunca se apaga e cujos reflexos iluminam, desde esse mundo, as perspectivas do além. Só as múltiplas e dolorosas existências planetárias nos preparam para essa vida.

Assim se desvenda o mistério da psique, a alma humana, filha do céu, presa por um tempo na carne e que volta para sua pátria de origem ao longo das milhares de mortes e renascimentos.

A tarefa é árdua e as subidas a escalar são difíceis; a espiral assustadora a ser percorrida se desenrola sem um término aparente; mas nossas forças não possuem limites, pois podemos renová-las incessantemente pela vontade e pela comunhão universal.

E, depois, não estamos sozinhos para efetuar essa grande viagem. Não apenas nos reuniremos, cedo ou tarde, com os seres amados, os companheiros de nossas vidas passadas, aqueles que compartilharam nossas alegrias e nossos tormentos, mas também com outros grandes seres, que também foram homens e que agora são espíritos celestes e permanecem ao nosso lado nas passagens difíceis. Aqueles que nos ultrapassaram no caminho sagrado não se desinteressam de nossa sorte, e, quando a tormenta maltrata nossa estrada, suas mãos caridosas sustentam nossa caminhada.

Lenta e dolorosamente, amadurecemos para as tarefas cada vez mais elevadas; participamos mais da execução de um plano cuja majestade enche de uma admiração comovente aquele que nele entrevê as linhas imponentes. À medida que nossa ascensão se acentua, maiores revelações nos são feitas, novas formas de atividade, novos sentidos psíquicos nascem em nós, coisas mais sublimes nos aparecem. O universo fluídico sempre se mostra mais vasto para nosso desenvolvimento; ele se torna uma fonte inesgotável de alegrias espirituais.

Posteriormente, chega a hora em que, após suas peregrinações pelos mundos, a alma, das regiões da vida superior, contempla o conjunto de suas existências, o longo cortejo de sofrimentos por que passou. Ela enfim compreende que esses sofrimentos são o preço de sua felicidade e que essas provas são apenas para o seu bem. E então seu papel muda. De protegida passa a protetora. Envolve com sua influência aqueles que ainda lutam nas terras do espaço, sopra-lhes os conselhos de sua própria experiência, sustenta-os nos caminhos estreitos e ásperos que ela própria percorreu.

A alma conseguirá chegar ao fim de sua viagem? Ao avançar no caminho traçado, ela sempre vê se abrirem novos campos de estudos e de descobertas. Semelhantes à corrente de um rio, as ondas da ciência suprema descem para ela em uma torrente cada vez mais poderosa. Ela chega a penetrar a santa harmonia das coisas, a compreender que nenhuma discordância, nenhuma contradição existe no universo, que por todos os lugares reinam a ordem, a sabedoria, a providência. E sua confiança e seu entusiasmo aumentam cada vez mais; com amor ainda maior pelo poder supremo, ela saboreia, de uma maneira mais intensa, as felicidades da vida bem-aventurada.

Daí em diante está estritamente associada à obra divina, está preparada para cumprir as missões que cabem às almas superiores, à hierarquia de espíritos que, por diversos títulos, governam e animam o cosmo, pois essas almas são os agentes de Deus na obra eterna da criação; são os livros maravilhosos em que Ele escreveu os mais belos mistérios; são como as correntes que vão levar às terras do espaço as forças e as radiações da alma infinita.

Deus conhece todas as almas que formou com seu pensamento e seu amor. Ele sabe qual a finalidade que irá tirar mais tarde para a realização de seu objetivo. A princípio, deixa-as percorrer lentamente o caminho sinuoso, subir os sombrios desfiladeiros das vidas terrestres, acumular pouco a pouco em si os tesouros da paciência, da virtude, do saber, que são adquiridos na escola do sofrimento. Mais tarde, um dia, engrandecidas pelas chuvas e pelas rajadas da adversidade, amadurecidas pelos raios do sol divino, saem da sombra dos tempos, da obscuridade das vidas inumeráveis, e eis que suas faculdades se desenvolvem em feixes deslumbrantes; sua inteligência se revela em obras que são como um reflexo do gênio divino.

10 – A MORTE

A morte é apenas uma mudança de estado, a destruição de uma forma frágil que não mais fornece à vida as condições necessárias para seu funcionamento e sua evolução. Para além do túmulo, uma outra fase da existência se abre. O espírito, sob sua forma fluídica, imponderável, prepara-se para novas reencarnações e encontra em seu estado mental os frutos da última existência que findou.

A vida está por todos os lugares. A natureza inteira nos mostra, em seu quadro maravilhoso, a renovação perpétua de todas as coisas. Em parte alguma existe a morte, tal qual, em geral, é considerada entre nós; em nenhuma parte existe o aniquilamento. Nenhum ser pode morrer no seu princípio de vida, na sua unidade consciente. O universo transborda de vida física e psíquica. Por toda parte está o imenso formigar dos seres, a elaboração de almas que só escapam das lentas e obscuras preparações da matéria a fim de prosseguirem, nas etapas da luz, na sua magnífica ascensão.

A vida do homem é como o sol das regiões polares durante o verão: desce devagar, baixa, vai enfraquecendo, parece desaparecer num instante no horizonte. Aparentemente é o fim; mas logo se eleva para descrever de novo sua imensa órbita no céu.

A morte é apenas um eclipse momentâneo nessa grande revolução de nossas existências. Mas esse instante é o suficiente para nos revelar o sentido grave e profundo da vida. A própria morte pode ter sua nobreza, sua grandeza. Não devemos temê-la, e sim nos esforçar para embelezá-la, preparando-nos para ela continuamente pela pesquisa e pela conquista da beleza moral, a beleza do espírito, que molda o corpo e o orna com um reflexo sublime na hora das separações supremas. A maneira pela qual cada um sabe morrer já é, por si só, uma indicação do que será, para cada um de nós, a vida espiritual.

Há como uma luz fria e pura à cabeceira de certos leitos de morte. Rostos, até aí insignificantes, parecem emoldurar-se por claridades do além. Um silêncio imponente se faz em volta daqueles que deixaram a Terra. Os vivos, testemunhas da morte, sentem grandes e sérios pensamentos desprenderem-se do fundo banal de suas impressões habituais, dando um pouco de beleza à sua vida interior. O ódio e as más paixões não resistem a esse espetáculo. Diante do corpo de um inimigo, toda animosidade é abrandada, todo desejo de vingança desaparece. À frente de um caixão, o perdão parece mais fácil, o dever, mais imperioso.

Toda morte é um parto, um renascimento. É a manifestação de uma vida até então oculta em nós, vida invisível da Terra que vai reunir-se com a vida invisível do espaço. Após um tempo de perturbação, voltamos a nos encontrar, do outro lado do túmulo, na plenitude de nossas faculdades e de nossa consciência, junto dos seres amados que compartilharam as horas tristes ou alegres de nossa existência terrestre. O túmulo guarda apenas o pó. Elevemos mais alto nossos pensamentos e nossas recordações, se quisermos encontrar de novo o rastro das almas que nos foram queridas.

Não pergunteis às pedras do sepulcro o segredo da vida. Ficai sabendo que os ossos e as cinzas que lá permanecem não são nada. As almas que os animaram deixaram esses lugares e revivem sob formas mais sutis, mais apuradas. Do seio do invisível, onde vossas preces as atingem e as comovem, elas vos seguem com o olhar, vos respondem e vos sorriem. A revelação espírita ensinará a vos comunicar com elas, a unir vossos sentimentos num mesmo amor, numa esperança inexprimível.

Muitas vezes, os seres por quem chorais e que ides procurar no cemitério estão ao vosso lado. Eles voltam e vêm cuidar de vós, aqueles que foram o amparo de vossa juventude, que vos embalaram nos braços, os amigos, companheiros de vossas alegrias e de vossas dores, assim como todas as formas, todos os meigos fantasmas dos seres que encontrastes no vosso caminho, que participaram de vossa existência e levaram com eles alguma coisa de vós mesmos, de vossa alma e de vosso coração. Ao redor de vós flutua a multidão de homens desaparecidos na morte, multidão agitada que revive, que vos chama e vos mostra o caminho a ser percorrido.

Ó, morte! Ó, serena majestade! Tu, de quem fazem um espantalho, és para o pensador apenas um momento de descanso, a transição entre dois atos do destino dos quais um se acaba e o outro se prepara! Quando minha pobre alma, errante há tantos séculos pelos mundos, depois de tantas lutas, contratempos e decepções, depois de muitas ilusões desfeitas e de esperanças adiadas, for repousar de novo em teu seio, será com alegria que irá saudar a aurora da vida fluídica. Cheia de admiração e encantada, se elevará do pó terrestre, através dos espaços insondáveis, em direção àqueles a quem amou neste mundo e que a esperam.

Para a maioria dos homens, a morte continua a ser um grande mistério, o sombrio problema que ninguém ousa encarar. Para nós, os espíritas, ela é a hora bendita em que o corpo cansado retorna à grande natureza para deixar à psique, sua prisioneira, livre passagem para a pátria eterna.

Essa pátria é a imensidade radiosa, cheia de sóis e de esferas. Comparada a ela, como nossa pobre Terra irá parecer pouco desenvolvida! O infinito a envolve por todos os lados. Não há mais fim na extensão, assim como não há mais fim na duração, quer se trate da alma, quer do universo.

Da mesma forma que cada uma de nossas existências tem o seu fim e deve desaparecer para dar lugar a uma outra vida, cada um dos mundos semeados no universo deve morrer para dar lugar a outros mundos mais perfeitos.

Chegará o dia em que a vida humana irá se extinguir no globo que se tornou frio. A Terra, vasta necrópole, rolará, abatida, na amplidão silenciosa. Ruínas imponentes irão se elevar nos lugares onde existiram Roma, Paris, Constantinopla, cadáveres de capitais, últimos vestígios das raças extintas, gigantescos livros de pedra que nenhum olhar carnal irá ler de novo. Mas a humanidade terá desaparecido da Terra somente para prosseguir em esferas mais bem-dotadas, outras etapas de sua ascensão. A força do progresso terá levado todas as almas terrestres para planetas mais bem preparados para a vida. É provável que civilizações prodigiosas floresçam em Saturno e Júpiter; ali humanidades renascidas irão se expandir numa glória incomparável. Lá está o lugar futuro dos humanos, seu novo campo de ação, os lugares abençoados onde lhes será dado continuarem a amar e trabalhar para seu aperfeiçoamento.

No meio de seus trabalhos, a triste lembrança da Terra ainda virá talvez afligir esses espíritos; porém, das alturas atingidas, a memória das dores sofridas, das provas suportadas, será apenas um estimulante para se elevarem a maiores alturas.

Em vão a evocação do passado lhes fará surgir diante dos olhos os espectros da carne, os tristes despojos que jazem nas sepulturas terrestres. A voz da sabedoria lhes dirá:

"Que importam as sombras que se foram! Nada morre. Todo ser se transforma e esclarece, sobe os degraus que conduzem de esfera em esfera, de sol em sol, até Deus. Espírito imortal, lembra-te disto: *a morte não existe!*"

Os ensinamentos e cerimoniais das Igrejas muito têm contribuído para desenvolver um sentimento de terror nos espíritos ao representar a morte de forma sombria. Por sua vez, as doutrinas materialistas não são próprias para reagir contra essa impressão.

À hora do crepúsculo, quando a noite desce sobre a Terra, uma espécie de tristeza apodera-se de nós. Nós a superamos facilmente dizendo: depois das trevas, virá a luz; a noite é apenas a véspera da aurora! No fim do verão, quando ao deslumbramento da natureza vai suceder o inverno abatido, nós nos consolamos com o pensamento das florescências futuras. Por que, então, esse medo da morte, essa ansiedade dolorosa, com relação a um ato que não é o fim de coisa alguma?

É quase sempre porque a morte nos parece ser a perda, a privação repentina de tudo o que fazia a nossa alegria.

O espiritualista, especialmente o espírita, sabe que não é assim. A morte é para ele a entrada num mundo de vida mais rico de impressões e de sensações. Não só não ficamos privados das riquezas espirituais como também essas aumentam com novos recursos, tanto mais extensos e variados quanto melhor a alma se tiver preparado para desfrutá-los.

A morte nem sequer nos priva das coisas deste mundo. Continuaremos a ver aqueles que amamos e deixamos atrás de nós. Do seio dos espaços, seguiremos o progresso deste planeta; veremos as mudanças que ocorrem na superfície; assistiremos às novas descobertas, ao desenvolvimento social, político e religioso das nações. E, até a hora de nosso regresso à carne, participaremos de tudo isso fluidicamente, auxiliando, influenciando, na medida de nosso poder e de nosso adiantamento, aqueles que trabalham em proveito de todos.

Bem longe de afugentar a ideia da morte, como geralmente fazemos, saibamos encará-la face a face, pelo que ela é na realidade.

Esforcemo-nos para desembaraçá-la das sombras e fantasmagorias em que a envolveram, e perguntemo-nos de que maneira convém se preparar para esse incidente natural e necessário ao curso da vida.

Necessário, dizemos. De fato, o que aconteceria se a morte fosse suprimida? O globo se tornaria pequeno demais para conter a multidão de humanos. Com a idade e a velhice, a vida nos pareceria, num dado momento, de tal modo insuportável que preferiríamos tudo à sua prolongação indefinida. Chegaria um dia em que, tendo esgotado todos os meios de estudo, de trabalho, de cooperação útil à ação comum, a existência representaria para nós uma monotonia pesada, insuportável.

Nosso progresso, nossa elevação exigem-no: temos de ficar livres, mais dia menos dia, do envoltório carnal que, após ter prestado a função determinada, torna-se impróprio para seguir-nos em outros planos de nosso destino. Como é que aqueles que acreditam na existência de uma sabedoria previdente, de um poder ordenador – qualquer que seja, aliás, a forma que idealizem para esse poder –, podem considerar a morte como mal?

Se ela representa um papel importante na evolução dos seres, não há de ser uma das fases desejadas por essa evolução, o *pendant*[1] natural do nascimento, um dos elementos essenciais do plano da vida?

O universo não pode falhar. Seu objetivo é a beleza; seus meios são a justiça e o amor. Fortifiquemo-nos no pensamento do futuro sem limites. A confiança em outra vida estimulará nossos esforços e os tornará mais fecundos. Nenhuma obra elevada e que exija paciência pode ter êxito sem a certeza do dia seguinte. A cada vez que, ao nosso redor, a morte, em seu austero esplendor, distribui seus golpes, torna-se um ensinamento, um incentivo para trabalharmos e para agirmos melhor, para aumentarmos constantemente o valor da nossa alma.

O aparato com que os sepultamentos são feitos deixa outra impressão não menos dolorosa na memória dos assistentes. O pensamento de que o nosso corpo será depositado na terra provoca uma sensação de angústia e asfixia. Entretanto, todos os corpos que animamos no passado repousam igualmente no solo e vão sendo lentamente transformados em plantas e flores; esses corpos foram apenas roupas que usamos; nossa personalidade não foi enterrada com eles; pouco nos importa

---

1 Pendant: expressão da língua francesa que significa figurar ao lado de; ser correspondente, harmonioso; ser a natural consequência (N.E.).

hoje no que eles se transformaram. Por que temos, então, de nos preocupar mais com o destino daquele de que dispomos hoje do que com os outros? Sócrates respondia com justeza a essa questão aos seus amigos que lhe perguntavam como ele queria ser enterrado: "Enterrai-me como quiserdes, se puderdes vos apoderar de mim"[2].

Muitas vezes a imaginação do homem povoa as regiões do além de criações assustadoras, que se tornam aterrorizantes para ele. Certas religiões também ensinam que as condições boas ou más da vida futura são determinadas na hora da morte, de uma maneira definitiva, irrevogável, e essa afirmação perturba a existência de muitos crentes. Outros temem a solidão, o abandono no seio dos espaços.

A revelação dos espíritos vem pôr fim a todas essas apreensões; ela nos traz sobre a vida do além-túmulo indicações exatas, claras[3]; dissipa a incerteza cruel e o medo do desconhecido que nos atormentam. A morte, ela nos diz, não muda em nada a nossa natureza espiritual, os nossos caracteres, o que constitui o nosso verdadeiro "eu". Ela apenas nos torna mais livres, dá-nos uma liberdade cuja extensão se mede de acordo com o grau de nosso adiantamento. Tanto de um lado quanto de outro, temos a possibilidade de fazer tanto o bem quanto o mal, a facilidade de nos adiantar, de progredir e de nos reformar. Por todas as partes reinam as mesmas leis, as mesmas harmonias, as mesmas potências divinas. Nada é

---

2 Pergunta-se muitas vezes se a cremação é preferível ao sepultamento, do ponto de vista da separação do espírito. Os espíritos consultados respondem que em tese geral a cremação provoca um desprendimento mais rápido, mais brusco e violento, até mesmo doloroso para a alma ligada à Terra por seus costumes, seus gostos, suas paixões. É preciso um certo arrebatamento psíquico, um desligamento antecipado dos laços materiais para sofrer sem dilaceração a operação crematória. É o caso da maioria dos orientais, para os quais a cremação está em uso. Nos países do Ocidente, onde o homem psíquico é pouco desenvolvido, pouco preparado para a morte, o sepultamento deve ser preferível, pois proporciona aos indivíduos ligados à matéria um desprendimento lento e gradual do espírito fora do corpo. Deveria, entretanto, ser rodeado de grandes precauções. Os sepultamentos são, para nós, feitos com muita precipitação; ocasionam muitas vezes erros deploráveis, por exemplo, enterrar pessoas em estado de letargia.

3 Ver Allan Kardec, *O Céu e o Inferno*.

irrevogável[4]. O amor que nos chama a esse mundo nos atrai mais tarde para o outro; mas, em todos os lugares, amigos, protetores, arrimos esperam por nós. Enquanto nesse mundo choramos a partida de um dos nossos, como se ele fosse se perder no nada, acima de nós seres etéreos glorificam sua chegada à luz, da mesma maneira que nós comemoramos a chegada de uma criancinha cuja alma vem novamente surgir para a vida terrestre. Os mortos são os vivos do céu.

Muitas pessoas temem a morte por causa dos sofrimentos físicos que a acompanham. Sofremos, é verdade, na doença que acaba na morte, mas também sofremos nas doenças de que nos curamos. No instante da morte, dizem-nos os espíritos, quase sempre não há dor. Morre-se como se adormece. Essa opinião é confirmada por todos aqueles a quem a profissão e o dever chamam frequentemente à cabeceira dos moribundos.

Entretanto, se considerarmos a calma, a serenidade de certos doentes na hora derradeira, e a agitação convulsiva, a agonia de outros, deve-se reconhecer que as sensações que antecedem a morte são bastante diversas em relação aos indivíduos. Os sofrimentos são tanto mais vivos quanto mais numerosos e fortes são os laços que unem a alma ao corpo. Tudo o que os pode diminuir, enfraquecer, tornará a separação mais rápida e a mudança menos dolorosa.

Se a morte é quase sempre isenta de sofrimento para aquele cuja vida foi nobre e bela, o mesmo não acontece com os sensuais, os violentos, os criminosos, os suicidas.

Assim que a passagem é feita, uma espécie de perturbação, de entorpecimento, invade a maior parte de almas que não souberam se preparar para a partida. Nesse estado, suas faculdades ficam veladas; só passam a perceber as coisas em meio a um nevoeiro mais ou menos denso. A duração dessa

---

4 Irrevogável: que não se pode anular (N.E.).

perturbação varia de acordo com a natureza e o valor moral delas. Pode ser muito prolongada para as mais atrasadas e até mesmo durar vários anos. Depois, pouco a pouco, o nevoeiro vai ficando mais claro; as percepções se tornam mais nítidas. O espírito recupera sua lucidez; desperta para a nova vida, a vida do espaço. Instante solene para ele, mais decisivo, mais formidável que a hora da morte, porque, de acordo com seu valor e seu grau de pureza, esse despertar será calmo e delicioso ou cheio de ansiedade e sofrimento.

No estado de perturbação, a alma está consciente dos pensamentos dirigidos a ela. Os pensamentos de amor, de caridade, as vibrações dos corações afetuosos brilham para ela como raios na neblina que a envolve e a ajudam a se separar dos últimos laços que a prendem à Terra, a sair da sombra em que está imersa. É por isso que as preces inspiradas pelo coração, ditas com calor e convicção, especialmente as improvisadas, são fortalecedoras, benfazejas para o espírito que deixou a vida corporal. Pelo contrário, as orações vagas, infantis, das Igrejas, muitas vezes não têm efeito algum. Pronunciadas maquinalmente, não têm poder vibratório, que faz do pensamento às vezes uma força penetrante e, ao mesmo tempo, uma luz.

O cerimonial religioso em uso geralmente traz pouca ajuda e conforto aos mortos. A ignorância das condições da sobrevivência torna os participantes dessas manifestações indiferentes e distraídos. É quase um escândalo ver a displicência com que se assiste, em nossa época, a uma cerimônia fúnebre. A atitude dos assistentes, a falta de recolhimento, as conversas banais durante o funeral, tudo causa dolorosa impressão. Bem poucos dos que acompanham o enterro pensam no defunto e sentem como um dever projetar para ele um pensamento afetuoso.

As preces fervorosas de seus amigos, de seus parentes, são bem mais eficazes para o espírito do morto do que as manifestações do culto mais pomposo. Entretanto, não é bom nos entregarmos desmedidamente à dor da separação. Certamente que as lamentações da partida são legítimas e as lágrimas sinceras são sagradas; porém, se essas lamentações são muito exageradas, entristecem e desanimam aquele a quem são dirigidas e, muitas vezes, testemunha delas. Em vez de lhe facilitarem o voo para o espaço, elas o prendem nos lugares onde sofreram e onde ainda estão sofrendo aqueles que lhe são caros.

Pergunta-se às vezes o que se deve pensar das mortes prematuras, das mortes acidentais, das catástrofes que destroem, de uma só vez, numerosas existências humanas. Como conciliar esses fatos com a ideia de plano, de previdência, de harmonia universal? E para os que deixam voluntariamente a vida por um ato de desespero, o que acontece? Qual é o destino dos suicidas?

As existências interrompidas prematuramente em acidentes chegaram ao seu fim previsto. São, em geral, complementos de existências anteriores que foram truncadas por causa de abusos ou de excessos. Quando, em consequência de hábitos desregrados, gastaram-se os recursos vitais antes da hora marcada pela natureza, deve-se voltar e completar, em uma existência mais curta, o lapso de tempo que a existência anterior devia ter normalmente preenchido. Acontece que os seres humanos passíveis dessa reparação reúnem-se num ponto pela força do destino, para resgatar numa morte trágica as consequências dos atos que estão relacionados com o passado anterior ao nascimento. Daí as mortes coletivas, as catástrofes que lançam no mundo um aviso. Aqueles que partem assim acabaram o tempo que tinham de viver e vão se preparar para existências melhores.

Quanto aos suicidas, a perturbação em que se encontram mergulhados após a morte é profunda, terrível, dolorosa. A angústia os oprime e os segue até sua reencarnação seguinte. Seu gesto criminoso causa ao corpo fluídico, o perispírito, um abalo violento e prolongado, que será transmitido ao organismo carnal no renascimento. A maior parte deles volta enferma à Terra. Estando a vida no suicida em toda a sua força, o ato brutal que a despedaça produzirá longas repercussões em seu estado vibratório e determinará doenças ou desequilíbrios nervosos em suas futuras vidas terrestres.

O suicida procura o nada e o esquecimento de todas as coisas, mas se defronta, ao contrário, em face de sua consciência, na qual permanece gravada, para todo o sempre, a lembrança lastimável de ter fugido do combate da vida. A prova mais dura, o sofrimento mais cruel que haja na Terra, é preferível a essa perpétua mancha da alma, à vergonha de não poder mais se prezar. A destruição violenta de recursos físicos que ainda lhe poderiam ser úteis e até mesmo fecundos não livra o suicida das provas de que quis fugir, porque ele terá que reatar a cadeia quebrada de suas existências e tornar a passar pela série inevitável das provas, agravadas por atos e consequências que ele mesmo causou.

Os motivos do suicídio são de ordem passageira e humana; as razões de viver são de ordem eterna e sobre-humana. A vida, resultado de todo um passado, instrumento do futuro, é, para cada um de nós, o que ela deve ser na balança infalível do destino. Aceitemos com coragem a sucessão dos fatos, que são outros tantos remédios para nossas imperfeições, e saibamos esperar com paciência a hora fixada pela lei justa para o encerramento de nossa permanência na Terra.

O conhecimento que pudemos adquirir das condições da vida futura exerce uma grande influência sobre nossos últimos momentos. Ele nos dá mais segurança; abrevia a separação da alma.

Para se preparar utilmente para a vida do além, é preciso não apenas estar convencido de sua realidade, mas também compreender suas leis, ver com o pensamento as vantagens e as consequências de nossos esforços para o ideal moral. Nossos estudos psíquicos, as relações estabelecidas durante a vida com o mundo invisível, nossas aspirações a modos de existência mais elevados desenvolvem nossas faculdades adormecidas e, quando chega a hora definitiva, estando a separação corporal já em parte efetuada, a perturbação tem pouca duração. O espírito se reconhece rapidamente; tudo o que vê lhe é familiar; adapta-se sem esforço e sem emoção às condições de seu novo meio.

Quando se aproxima a hora derradeira, os moribundos muitas vezes entram em posse de seus sentidos psíquicos e percebem os seres e as coisas do invisível. Os exemplos são numerosos. Apresentamos alguns, extraídos das investigações feitas pelo senhor Ernesto Bozzano, cujos resultados foram publicados pelos *Anais das Ciências Psíquicas* de março de 1906:

1º CASO – Num livro que conta a vida do reverendo Dwight L. Moody (fervoroso propagandista evangélico nos Estados Unidos), escrito por seu filho, encontra-se o seguinte relato de seus últimos momentos:

> "Ouviram-no, de repente, murmurar: 'A Terra se afasta, o céu se abre diante de mim; passei os seus últimos limites. Não me chameis outra vez; tudo isso é belo; dir-se-ia uma visão de êxtase. Se isto é a morte, como é suave!' Seu rosto reanimou-se com uma expressão de alegre reconsideração: 'Dwight! Irene! *Vejo as crianças!*' (ele fazia alusão a dois de seus netos que tinham morrido.) Em seguida, voltando-se para sua mulher, lhe disse: 'Sempre foste uma boa companheira para mim'. Após essas palavras, perdeu os sentidos."

2º CASO – O senhor Alfred Smedley, em sua obra *Some reminiscences* (*Algumas reminiscências*), conta do seguinte modo os últimos momentos de sua mulher:

> "Alguns instantes antes de sua morte, seus olhos fixaram-se em algo que parecia enchê-los de uma surpresa viva e agradável; então disse: 'Como! Estão aqui minha irmã Charlotte, minha mãe,

meu pai, meu irmão Jean, minha irmã Maria! Agora também me trazem Bessy Heap! Estão todos aqui. Oh! Como isto é belo! Não os está vendo?' 'Não, minha querida – respondi – e sinto muito'. 'Então não os podes ver? – repetia a doente com surpresa. – Entretanto, estão todos aqui; eles vieram para me levar com eles. Uma parte de nossa família já atravessou o grande mar, e logo estaremos todos reunidos na nova morada celeste'. Acrescentarei aqui que Bessy Heap tinha sido uma criada bastante fiel, muito ligada à nossa família e que sempre tivera uma afeição especial por minha mulher.

"Após essa visão extática, a doente permaneceu por algum tempo como esgotada; enfim, voltando fixamente o olhar para o céu e erguendo os braços, expirou."

3º CASO – O doutor Paul Edwards escreveu, em abril de 1903, ao diretor do *Light* de Londres:

"Por volta de 1887, quando morava em uma cidade da Califórnia, fui chamado até a cabeceira de uma amiga a quem eu era bastante ligado e que se achava na hora extrema, em consequência de uma doença dos pulmões. Todo mundo sabia que essa mulher era pura e nobre, essa mãe exemplar estava se encaminhando para uma morte próxima. Ela acabou também por se dar conta do fato e quis então se preparar para o grande momento. Tendo mandado vir seus filhos para perto da cama, os abraçava um a um, e depois os mandava embora. Seu marido aproximou-se por último, a fim de dar-lhe e receber o último adeus. Ele a encontrou em plena posse de suas faculdades intelectuais. Começou por dizer: 'Newton (o nome do marido)... não chores, pois não sofro e tenho a alma pronta e serena. Amei-te na Terra; irei te amar ainda mais após minha partida. Pretendo vir até ti, se me for possível, ou então do céu cuidarei de ti, dos meus filhos, esperando a tua vinda. Agora, meu desejo mais vivo é ir-me embora... Percebo diversas sombras que se movem ao nosso redor... todas vestidas de branco... Ouço uma melodia deliciosa... Oh, aí está minha Sadie! Ela está perto de mim' (Sadie fora sua filhinha que havia morrido havia dez anos). 'Sissy – disse-lhe o marido –, minha Sissy, não vês que estás sonhando?' 'Ah! Meu querido – respondeu a doente –, por que me chamaste? Agora será mais difícil ir embora. Eu estava me sentindo tão feliz no além, era tão belo!' Após cerca de três minutos, a agonizante acrescentou: 'Vou-me embora mais uma vez, e dessa vez não voltarei, nem mesmo quando me chamares'.

"Essa cena durou oito minutos. Via-se bem que a agonizante desfrutava da visão completa de dois mundos ao mesmo tempo, pois ela falava de figuras que se moviam ao redor dela, no além, e, ao mesmo tempo, dirigia a palavra aos mortais deste mundo... Nunca me aconteceu assistir a uma morte tão impressionante, tão solene."

Os *Anais das Ciências Psíquicas* relatam ainda um grande número de casos em que o doente percebe aparições de desencarnados cujo falecimento ignorava. Cinco casos sensacionais encontram-se nos *Proceedings*, da Sociedade de Pesquisas Psíquicas de Londres; esses casos apoiam-se em testemunhos de alto valor.

O senhor Ernesto Bozzano, ao terminar sua exposição, perguntou se esses fenômenos poderiam ser explicados pela subconsciência ou pela leitura dos pensamentos. Ele conclui pela negativa e assim se exprime[5]:

"Estas hipóteses pouco se recomendam pela simplicidade e não têm o dom de convencer facilmente um investigador imparcial. É claro que, com semelhantes teorias, tão confusas e bem mais ingênuas do que sérias, as fronteiras da indução científica são ultrapassadas, para mergulhar no domínio ilimitado do fantástico."

Eis ainda dois outros fatos, publicados pelos *Anais das Ciências Psíquicas* em maio de 1911. Eles apresentam certos traços de semelhanças com os anteriores e, além disso, se enriquecem de detalhes que nos ensinam como se opera, na morte, a separação entre o corpo fluídico e o corpo material.

A senhora Florence Marryat escreveu o que se segue no *The spirit's world (O mundo dos espíritos)*:

---

5 *Anais das Ciências Psíquicas*, março de 1906.

"Conto entre meus mais caros amigos uma jovem, pertencente às altas classes da aristocracia, dotada de faculdades mediúnicas maravilhosas. Há alguns anos, ela teve a infelicidade de perder sua irmã mais velha, então com a idade de 20 anos, em consequência de uma forte pleurisia[6]. Edith (chamarei por esse nome a jovem médium) não quis afastar-se nenhum instante da cabeceira de sua irmã, e, junto dela, em estado de clarividência, pôde assistir ao processo de separação entre o espírito e o corpo. Ela começou inicialmente a perceber uma espécie de nebulosidade, semelhante à fumaça, que, condensando-se gradualmente acima da cabeça, acabou por assumir as proporções, as formas e os traços de sua irmã moribunda, em que cada detalhe era semelhante. Essa forma flutuava no ar, a pouca distância da doente.

"À medida que o dia terminava, a agitação da doente se acalmava, situação essa anterior à da agonia. Edith contemplava ansiosamente sua irmã: o rosto havia se tornado lívido, o olhar havia se obscurecido, mas, ao alto, a forma fluídica se ruborizava e parecia se animar gradualmente com a vida que abandonava o corpo. Um momento depois a moribunda permanecia imóvel e sem conhecimento sobre os travesseiros, mas a forma havia se transformado em espírito vivo. Entretanto, cordões de luz, semelhantes a fluorescências elétricas, ainda se ligavam ao coração, ao cérebro e aos outros órgãos vitais. Quando chegou o momento supremo, o espírito moveu-se algum tempo de um lado a outro, para ir em seguida se colocar ao lado do corpo sem sentidos. Aparentemente ele estava muito fraco e mal se podia sustentar.

"E enquanto Edith contemplava essa cena, eis que se apresentaram duas formas luminosas nas quais reconheceu seu pai e sua avó, ambos falecidos nessa mesma casa. Aproximaram-se do espírito recém-nascido, sustentaram-no afetuosamente e o abraçaram. Depois, arrancaram os cordões de luz que ainda o ligavam ao corpo e, apertando-o sempre nos braços, dirigiram-se à janela, subiram e desapareceram."

W. Stainton Moses, professor da Universidade de Oxford e pastor da Igreja Anglicana, publicou no *Light*:

---

6 Pleurisia: inflamação muito grave da pleura, membrana que envolve externamente os pulmões (N.E.).

"Tive recentemente, e pela primeira vez em minha vida, ocasião de estudar os processos de transição do espírito. Aprendi tantas coisas com essa experiência que me orgulho de ser útil para os outros contando o que vi... Tratava-se de um parente meu com quase 80 anos... Eu havia percebido, por alguns sintomas, que seu fim estava próximo, e corri para preencher meu último e triste dever...

"Graças a meus sentidos mediúnicos, podia perceber que ao redor e acima de seu corpo se formava a aura nebulosa com a qual o espírito devia preparar seu corpo espiritual; e eu percebia que ela ia aumentando em volume e densidade, ainda que submetida a variações maiores ou menores, de acordo com as oscilações da vitalidade do moribundo. Pude assim notar que, às vezes, um leve alimento ingerido pelo doente ou uma influência magnética desprendida por uma pessoa que se aproximava dele tinha como resultado avivar momentaneamente o corpo. A aura parecia continuamente em fluxo e refluxo.

"Assisti a esse espetáculo durante 12 dias e 12 noites e, apesar de no sétimo dia o corpo já ter dado sinais de sua breve partida, essa flutuação da vitalidade espiritual, em via de exteriorização, persistia. Contudo, a coloração da aura havia mudado; essa última tomava, além disso, formas cada vez mais definidas à medida que a hora da liberação se aproximava para o espírito. Vinte e quatro horas, somente, antes da morte, quando o corpo permanecia imóvel, foi que o processo de libertação progrediu. No momento supremo, vi aparecerem formas de 'espíritos guardiães' que se aproximaram do moribundo e, sem nenhum esforço, separaram o espírito do corpo consumido.

"Quando os cordões magnéticos enfim se quebraram, os traços do morto, nos quais se liam os sofrimentos pelos quais havia passado, se tranquilizaram completamente e ficaram com uma tranquila expressão de paz e de repouso."

Citemos, enfim, dois testemunhos franceses: o doutor Haas, presidente da Sociedade de Estudos Psíquicos de Nancy, escreveu no *Boletim* dessa sociedade, em 1906: "Um fato a ser assinalado e do qual fui testemunha é que frequentemente, poucos instantes antes de morrer, alienados encontram sua completa lucidez". O doutor Teste, em *Manuel pratique du magnétisme animal* (*Manual prático do magnetismo animal*), declara igualmente ter encontrado loucos que pararam de agonizar, ou seja, quando a consciência para, o corpo fluídico também para.

Em resumo, o melhor meio de garantirmos uma morte suave e tranquila é viver dignamente, com simplicidade e sobriedade, com uma vida sem vícios nem fraquezas, desligando-nos antecipadamente de tudo o que nos prende à matéria, idealizando nossa existência, povoando-a com pensamentos elevados e com ações nobres.

O mesmo acontece com as condições boas ou ruins da vida de além-túmulo. Elas também dependem unicamente da maneira pela qual desenvolvemos nossas tendências, nossos apetites, nossos desejos. É no presente que é preciso se preparar, agir, se reformar, e não no momento em que se aproxima o fim terrestre. Seria tolice acreditar que nossa situação futura depende de certas formalidades mais ou menos bem cumpridas na hora da partida. É a nossa vida inteira que responde pela vida futura. Tanto uma quanto a outra estão ligadas estreitamente; elas formam uma série de causas e efeitos que a morte não interrompe.

Não é menos importante pôr fim às fantasias que preocupam certos cérebros, a respeito de lugares reservados às almas após a morte, aonde seres hediondos devem conduzi-las para as atormentar. Aquele que cuidou do nosso nascimento colocando-nos, ao virmos ao mundo, em braços amantes, estendidos para nos receberem, também nos reserva afeições em nossa chegada no além. Expulsemos para longe de nós os terrores vãos, as visões infernais, as beatitudes ilusórias. O futuro, assim como o presente, é a atividade, o trabalho. É a conquista de novos postos. Tenhamos confiança na bondade de Deus, em seu amor por suas criaturas, e avancemos com o coração firme para o alvo que para todos Ele marcou.

Não temos outro juiz ou algoz no além-túmulo a não ser a nossa própria consciência. Livres dos obstáculos terrestres, ela adquire um grau de importância difícil de ser compreendido por nós. Muitas vezes adormecida durante a vida, ela acorda com a morte e sua voz se eleva; evoca as lembranças do passado; livres de qualquer ilusão, aparecem-lhe sob sua verdadeira luz, e nossas menores faltas tornam-se causa de lamentações.

Como disse F. Myers: "Não há necessidade de purificação pelo fogo; o conhecimento de si mesmo é a única punição e a única recompensa do homem". A harmonia está em toda parte, tanto na marcha solene dos mundos quanto na dos destinos. Cada um é classificado de acordo com suas aptidões na ordem universal. Aos grandes espíritos cabem as altas tarefas, as criações do gênio; às almas fracas, as obras medíocres, as missões inferiores. Em todas as atividades de nossas vidas, tendemos para o lugar que nos convém e nos pertence legitimamente.

Façamo-nos almas poderosas, ricas de ciência e de virtude, aptas para as obras grandiosas, e elas criarão por si mesmas um lugar nobre na ordem eterna. Pela alta cultura moral, pela conquista da energia, da dignidade, da bondade, esforcemo-nos para atingir o nível dos grandes espíritos que trabalham pela causa da humanidade, e mais tarde iremos saborear com eles as alegrias reservadas ao verdadeiro mérito. Então, a morte, em vez de ser um espantalho, irá se tornar, para nós, um benefício, e poderemos repetir as palavras célebres de Sócrates: "Ah! Se é assim, deixai que eu morra muitas vezes!"

11 – A VIDA NO ALÉM

O ser humano, como dissemos, pertence desde esta vida a dois mundos. Pelo seu corpo físico, está ligado ao mundo visível; pelo seu corpo fluídico, ao invisível. O sono é a separação temporária desses dois envoltórios; a morte é a separação definitiva. Nos dois casos, a alma se separa do corpo físico e, com ela, a vida se concentra no corpo fluídico. A vida de além--túmulo é simplesmente a permanência e a liberação da parte invisível de nosso ser.

A Antiguidade conheceu esse mistério[1], mas por muito tempo os homens possuíam sobre as condições da vida futura apenas noções de um caráter vago, incerto. As religiões e as filosofias nos transmitem dados muito incertos sobre esses problemas, absolutamente desprovidos de controle, de confirmação e, sobre quase todos os pontos, em desacordo completo com as ideias modernas de continuidade e de evolução.

A ciência, por seu lado, estudou e conheceu até aqui no homem terrestre apenas a superfície, a parte física. Acontece que essa é, para o ser integral, quase o que a casca é para a árvore. Quanto ao homem fluídico, etéreo, de que nosso cérebro físico não pode ter consciência, ela o tem ignorado até os nossos dias. Daí sua impotência para resolver o problema da sobrevivência, uma vez que é apenas o ser fluídico que sobrevive. A ciência nada tem compreendido das manifestações psíquicas que se produzem no sono, o desprendimento, a exteriorização, o êxtase em todas as fugas da alma para a vida superior. Acontece que é unicamente pela observação desses fatos que conseguiremos adquirir, desde esta vida, um conhecimento positivo da natureza do "eu" e de suas condições de existência no além.

---

1 Ver Léon Denis, *Depois da morte*, primeira parte.

Apenas a experiência podia resolver a questão. Tratava-se de estudar no homem atual o que pode nos esclarecer sobre o homem futuro. Não há outra saída para o pensamento humano que a religião, a ciência e a filosofia, em sua insuficiência, encurralaram no materialismo. É esse o preço da salvação social, pois o materialismo fatalmente nos conduziria à anarquia.

Foi somente após a Doutrina Espírita que o problema da sobrevivência entrou no domínio da observação científica e rigorosa. O mundo invisível pôde ser estudado com a ajuda de processos e métodos idênticos aos adotados pela ciência contemporânea nos outros campos de investigação. Esses métodos foram descritos por nós em outra obra[2]. E já podemos constatar que, em vez de cavar um fosso, de estabelecer uma solução de continuidade entre os dois modos de vida, terrestre e celeste, visível e invisível, como faziam as diferentes doutrinas religiosas, esses estudos nos mostraram na vida do além o prolongamento natural, a continuidade do que observamos em nós.

A persistência da vida consciente, com todos os atributos que comporta, ou seja: memória, inteligência, faculdades afetivas, foi estabelecida pelas inúmeras provas de identidade pessoal recolhidas no decurso de experiências e pesquisas dirigidas por sociedades de estudos psíquicos em todos os países. Os espíritos dos mortos têm se manifestado aos milhares, não apenas com todos os traços de caráter e o conjunto das recordações que constituem sua personalidade moral, mas também com os traços físicos e os detalhes de sua forma terrestre, conservados pelo perispírito ou corpo etéreo. Este, sabemos, não é nada além do molde do corpo material. É por isso que os traços e as formas humanas reaparecem nos fenômenos de materialização.

Além disso, o conhecimento das condições variadas da vida do além foi exposto pelos próprios espíritos com a ajuda dos meios de comunicação de que dispõem. Suas indicações, recolhidas e registradas em volumes inteiros, servem como

---

2 Ver *No invisível*, primeira parte.

base à concepção que podemos fazer atualmente das leis da vida futura.

Entretanto, na falta das manifestações dos mortos, as experiências sobre o desdobramento dos vivos já nos forneceriam preciosos indícios sobre o modo de existência da alma no domínio do invisível.

O coronel De Rochas demonstrou isso experimentalmente: na anestesia e no sonambulismo, a sensibilidade e as percepções não são suprimidas, mas simplesmente exteriorizadas, transferidas para fora[3]. Já podemos deduzir logicamente disso que a morte é o estado de exteriorização total e de libertação do "eu" sensível e consciente.

O nascimento é como uma morte para a alma. Ela é encerrada com seu corpo etéreo, o perispírito, no túmulo da carne. O que chamamos de morte é simplesmente o retorno da alma à liberdade, enriquecida com as aquisições que pôde fazer no decorrer de sua vida terrestre. Vimos também que os diferentes estados do sono são outros tantos retornos momentâneos à vida do espaço. Quanto mais profunda for a hipnose, mais a alma se emancipa e se afasta. O sono mais intenso é o limite com a primeira fase da vida invisível.

Na realidade, as palavras sono e morte são impróprias. Quando adormecemos na vida terrestre, acordamos na vida do espírito. O mesmo fenômeno se produz na morte: a diferença está apenas na duração.

Carl du Prel cita dois exemplos significativos:

> "Uma sonâmbula fez um dia a descrição de seu estado: ela lamentava não poder conservar as lembranças depois de seu sono; mas acrescentava: 'Verei tudo isso novamente depois da morte'. Ela considerava, portanto, seu estado sonambúlico como idêntico ao estado depois da morte. (Kerner, *Magikon*).
>
> "Dois espíritos visitaram um dia a vidente de Prévorst. Ela não apreciava muito essas visitas:

---

3 Ver A. de Rochas. *Etats profonds de l'hypnose, l'extériorisation de la sensibilité, les frontières de la science (Os estados profundos da hipnose; a exteriorização da sensibilidade, as fronteiras da ciência)*.

"'Por que vindes a minha casa?' – perguntou ela.

'"O quê?! – os espíritos responderam com muito acerto. – Tu é que estás em nossa casa!'" (Perty, I).

Esses fatos, aos quais poderíamos acrescentar outros do mesmo gênero, demonstram que nosso mundo e o além não estão separados um do outro. Estão um no outro; de alguma forma se enlaçam e se confundem estreitamente. Os homens e os espíritos se misturam. Testemunhas invisíveis associam-se à nossa vida e compartilham nossas alegrias e provações.

A situação do espírito após a morte é a consequência direta de suas inclinações, seja para a matéria, seja para os bens da inteligência e do sentimento. Se as inclinações sensuais dominam, o ser forçosamente se imobiliza sobre os planos inferiores, que são os mais densos, os mais grosseiros. Se alimenta pensamentos belos e puros, eleva-se a esferas em relação com a própria natureza de seus pensamentos.

Swedenborg disse, com razão: "O céu está onde o homem colocou seu coração".

Entretanto, esse selecionamento não é imediato nem a transição é repentina. Se o olhar humano não pode passar bruscamente da obscuridade para a luz, o mesmo acontece com a alma. A morte nos faz entrar num estado transitório, uma espécie de prolongamento da vida física e anterior à vida espiritual. É o estado de perturbação de que falamos, estado mais ou menos prolongado, conforme a natureza espessa ou etérea do perispírito.

Livre do fardo material que a oprimia, a alma acha-se ainda envolvida na rede dos pensamentos e das imagens – sensações, paixões, emoções – gerada por ela no decurso das suas vidas terrestres; terá de familiarizar-se com a sua nova situação, tomar consciência do seu estado, antes de ser levada para o meio cósmico adequado ao seu grau de luz ou densidade.

A princípio, para a grande maioria, tudo é motivo de espanto nesse outro mundo, onde as coisas diferem essencialmente do meio terrestre. As leis da gravidade são menos rígidas. As paredes não são mais obstáculos. A alma pode atravessá-las e elevar-se nos ares. E, entretanto, certos entraves que ela não pode definir ainda a retêm. Tudo a deixa com medo e hesitação. Mas os seus amigos de lá vigiam-na e guiam-lhe os primeiros voos.

Os espíritos adiantados libertam-se rapidamente de todas as influências terrestres e tomam consciência de si mesmos. O véu material se rasga ao impulso de seus pensamentos e perspectivas imensas se abrem. Compreendem quase de imediato sua situação e adaptam-se a ela com facilidade. Seu perispírito, esse instrumento volitivo, organismo da alma da qual nunca se separa, que é a obra de todo o seu passado, pois ela o construiu e teceu pessoalmente com sua atividade, flutua algum tempo na atmosfera. Depois, de acordo com seu estado de sutileza, de poder, correspondente às atrações distantes, ele se sente naturalmente atraído para associações similares, para agrupamentos de espíritos da mesma ordem, espíritos luminosos que rodeiam o recém-chegado com solicitude, para iniciá-lo nas condições de seu novo modo de existência.

Os espíritos inferiores conservam por muito tempo as impressões da vida material. Acreditam ainda viver fisicamente e continuam a sentir, às vezes durante anos, o engano de suas ocupações habituais. Para os materialistas, o fenômeno da morte permanece incompreensível. Por falta de conhecimentos prévios, confundem o corpo fluídico com o corpo físico. As ilusões da vida terrestre ainda persistem neles. Pelos seus gostos e até mesmo pelas suas necessidades imaginárias, estão como que amarrados à Terra. Depois, lentamente, com a ajuda de espíritos benfazejos, sua consciência desperta, sua inteligência se abre à compreensão desse novo estado de vida. Mas, desde que procuram se elevar, sua densidade os faz recair na Terra. As atrações planetárias e as correntes fluídicas do espaço os reconduzem violentamente para nossas regiões, como folhas secas varridas pela tempestade.

Os crentes ortodoxos[4] vagueiam na incerteza e procuram a realização das promessas do sacerdote e do pastor, o gozo das beatitudes prometidas. Às vezes, sua surpresa é grande, e um longo aprendizado é necessário para se iniciarem nas verdadeiras leis do espaço. Em vez de anjos ou demônios, encontram os espíritos dos homens que, como eles, viveram na Terra e os precederam. Sua decepção é grande ao verem suas esperanças malogradas[5], suas convicções transformadas por fatos para os quais, de nenhum modo, a educação recebida os havia preparado. Mas, se durante a vida foram bons e submissos ao dever – tendo os atos sobre o destino ainda mais influência do que as crenças –, essas almas não poderão ser infelizes.

Para os descrentes e todos aqueles que com eles se recusaram a admitir a possibilidade de uma vida independente do corpo, julgam-se mergulhados em um sonho, cuja duração irá se prolongar até que seu erro seja desfeito.

Suas impressões são bastante variadas, assim como os valores das almas. Aquelas que, durante a vida terrestre, conheceram a verdade e a serviram, recolhem, logo que desencarnam, o benefício de suas investigações e de seus trabalhos. A comunicação a seguir, entre muitas outras, dá testemunho disso. Provém de um espírita militante, homem de coração e convicção esclarecida: Charles Fritz, fundador do jornal *La vie d´outre-tombe (A vida do além-túmulo)*, em Charleroi. Todos aqueles que conheceram esse homem reto e generoso irão reconhecê-lo pela sua linguagem. Ele descreve as impressões sentidas depois de sua morte e acrescenta:

"Senti que os laços se desfaziam pouco a pouco e que minha personalidade espiritual, meu 'eu', ia se desligando. Vi ao meu redor

4 Ortodoxo: nesse caso, aquele que segue uma doutrina, não aceitando novas ideias (N.E.).
5 Malogrado: malsucedido, que não atingiu o seu ideal (N.E.).

bons espíritos que esperavam por mim; foi com eles, enfim, que me elevei da superfície terrestre.

"Não sofri com essa desencarnação a morte do corpo físico; meus primeiros passos foram os da criança que começa a andar.

"A luz espiritual, cheia de força e de vida, nascia em mim; a luz não vem dos outros, e sim de nós. É um raio que sai do envoltório fluídico e que nos penetra por inteiro.

"Quanto mais tiverdes trabalhado na verdade, no amor e na caridade, mais essa luz será maior, até se tornar deslumbrante para aqueles que vos são inferiores.

"Pois bem! Meus primeiros passos foram inseguros; entretanto, pouco a pouco a força foi-me vindo e pedi a Deus sua assistência e sua misericórdia. Após ter constatado o completo desprendimento de minha individualidade, enfrentei, afinal, o trabalho que tinha de fazer. Vi o passado de minha última vida e me esforcei para que ela viesse com clareza das profundezas da memória.

"O passado se encontra no fluido do homem e, consequentemente, do espírito. Seu perispírito é como uma miragem de todas as suas ações e sua alma: se foi má a sua vida, contempla com tristeza suas faltas, inscritas, ao que parece, nas dobras do corpo perispiritual.

"Não tive dificuldade alguma em reconhecer minha vida tal qual ela fora. Evidentemente, constatei que não havia sido infalível, pois quem se pode vangloriar de o ter sido na Terra? Mas devo dizer-vos que, após essa constatação, senti-me bastante satisfeito e feliz com meu trabalho na Terra.

"Lutei, trabalhei e sofri pela causa do Espiritismo. Essa luz, dei-a, juntamente com a esperança, a muitos irmãos da Terra, por meio da palavra, dos meus estudos e meus trabalhos; por isso, volto a encontrar essa luz.

"Sou feliz por ter trabalhado em reerguer a fé, o coração e a coragem das pessoas. Recomendo a todos esta fé inabalável fundada no Espiritismo.

"Ainda tenho de me desenvolver, a fim de rever o passado de minhas encarnações anteriores. É um estudo, um trabalho completo que tenho de fazer. Vejo bem uma parte desse passado, mas não posso defini-lo bem, conquanto esteja completamente consciente. Em pouco tempo, espero, essas vidas passadas aparecerão para mim claramente. Possuo luz o bastante para caminhar com segurança vendo o que está diante de mim, o meu futuro, e já ajudo espíritos infelizes."

A lei de atração no espaço é a das afinidades. Todos os espíritos estão sujeitos a ela. A orientação de seus pensamentos os leva naturalmente para o lugar que lhes é próprio, porque o pensamento é a própria essência do mundo espiritual, sendo a forma fluídica apenas o vestuário. Por todos os lugares, reúnem-se os que se amam e se compreendem.

Herbert Spencer, num momento de intuição, formulou um axioma igualmente aplicável ao mundo visível e invisível. "A vida – disse ele – é apenas uma adaptação das condições interiores às condições exteriores".

Se é apegado às coisas materiais, o espírito permanece ligado à Terra e se mistura aos homens que têm os mesmos gostos, os mesmos apetites. Quando é voltado para o ideal, para os bens superiores, se eleva sem esforço para o objeto de seus desejos. Une-se às sociedades do mundo espiritual, participa de seus trabalhos e desfruta dos espetáculos, das harmonias e do infinito.

Se o pensamento cria, a vontade edifica. A fonte de todas as alegrias, de todas as dores está na razão e na consciência. É por isso que encontramos, cedo ou tarde, no além, as criações de nossos sonhos e a realização de nossas esperanças. Mas o sentimento da tarefa inacabada traz, ao mesmo tempo que os afetos e as lembranças, a maior parte dos espíritos para a Terra. Toda alma encontra o meio que os seus desejos reclamam e irá viver nos mundos sonhados, unida aos seres que estima; aí também encontrará as lamentações, os sofrimentos morais que seu passado gerou.

Nossas concepções e nossos sonhos nos seguem por toda parte. No surto de seus pensamentos e no ardor de sua fé, os adeptos de cada religião criam imagens nas quais acreditam reconhecer os paraísos entrevistos. Depois, pouco a pouco, percebem que essas criações são imaginárias, de pura aparência e comparáveis a vastos panoramas pintados na tela ou a imensos afrescos. Aprendem, então, a se desprender e desejam realidades mais altas e mais sensíveis. Sob nossa forma atual e no estreito limite de nossas faculdades, não poderíamos compreender as alegrias e os êxtases reservados aos espíritos superiores, nem as angústias profundas experimentadas pelas almas delicadas que chegaram aos limites da perfeição. A beleza está por toda parte; só os seus aspectos variam ao infinito, de acordo com o grau de evolução e de depuração dos seres.

O espírito adiantado possui fontes de sensações e de percepções infinitamente mais extensas, mais intensas do que as do homem terrestre. Nele, a clarividência[6], a clariaudiência[7], a ação a distância, o conhecimento do passado e do futuro coexistem numa síntese indefinível, que constitui, de acordo com a expressão de F. Myers: "o mistério central da vida". Ao falar das faculdades dos espíritos de situação média, esse autor assim se exprime:

> "O espírito, sem ser limitado pelo espaço e pelo tempo, tem um conhecimento parcial do espaço e do tempo. Ele pode se orientar, encontrar uma pessoa viva e segui-la à vontade. É capaz de ver no presente coisas que aparecem para nós como situadas no passado, e outras que estão situadas no futuro. O espírito tem conhecimento dos pensamentos e emoções dos amigos que se referem a ele."

Quanto à diferença de percepção nas impressões, já podemos fazer uma ideia pelos sonhos chamados "emotivos". A alma, quando está desprendida, embora parcialmente, não somente percebe, mas também sente com uma intensidade mais viva que no estado de vigília. Cenas, imagens, quadros que, quando estamos acordados, nos impressionam fracamente, tornam-se no sonho causas de alta satisfação ou de vivo sofrimento. Isso nos dá uma ideia do que pode ser a vida do espírito e seus

---

6 Clarividência: dom que possibilita às pessoas ver os espíritos e o ambiente espiritual em que eles se encontram (N.E.).
7 Clariaudiência: dom que possibilita às pessoas ouvir os espíritos (N.E.).

modos de sensação quando, livre do envoltório carnal, sua memória e sua consciência recuperam a plenitude de suas vibrações. Compreendemos desde então como a reconstituição das lembranças do passado pode se tornar uma fonte de tormentos. A alma traz em si mesma seu próprio juiz, a marca gravada e infalível de suas obras, boas ou más.

Isso foi constatado em acidentes que podiam ter causado a morte. Em certas quedas, durante a trajetória do corpo humano a partir de um ponto elevado acima do solo, ou então na asfixia por submersão, a consciência superior da vítima passa em revista toda a vida passada com uma rapidez espantosa. Ela a revê completamente em poucos segundos, nos seus mínimos detalhes.

Carl du Prel[8] dá diversos exemplos disso. Haddock cita, entre outros fatos, o caso do almirante Beaufort[9]:

"O almirante Beaufort, quando jovem, caiu de um navio nas águas do porto de Portsmouth. Antes que fosse possível socorrê-lo, desapareceu: ia se afogar. À angústia do primeiro momento sucedera-se um sentimento de calma e, ainda que se tivesse como perdido, nem sequer se debateu. Aliás, não havia nenhum sofrimento. Pelo contrário, as sensações eram de uma natureza agradável, participando do vago bem-estar que precede o sono pelo cansaço.

"Com esse enfraquecimento dos sentidos, coincidia uma extraordinária superexcitação da atividade intelectual; as ideias se sucediam com uma rapidez prodigiosa. Inicialmente, o acidente que acabava de ocorrer, o descuido que o motivara, o tumulto que deveria ter acontecido logo a seguir, a dor que iria atingir o pai da vítima, outras circunstâncias estreitamente associadas ao lar doméstico foram o objeto de suas primeiras reflexões. Em seguida, lembrou-se de seu primeiro cruzeiro, viagem interrompida por um naufrágio, depois a escola, os progressos que havia feito nela, enfim, de suas ocupações e suas aventuras quando

---

8 Carl du Prel, *Philos. der mystik.*
9 Haddock, *Somnolism et psychism (Sonambulismo e psiquismo)*, extraído do *Journal de Médicine de Paris (Jornal de Medicina de Paris)*.

criança. Em resumo, a subida de todo o rio da vida, e como era detalhada e precisa! É ele próprio quem diz: 'Cada incidente de minha vida atravessava sucessivamente minhas lembranças, não como um simples esboço, mas com os detalhes e os acessórios de um quadro completo! Em outras palavras, toda a minha existência desfilava perante mim em uma espécie de vista panorâmica; cada fato com sua apreciação moral ou reflexões sobre sua causa e seus efeitos. Pequenos acontecimentos sem consequência, há muito tempo esquecidos, apresentavam-se em minha imaginação como se tivessem ocorrido na véspera'. E tudo isso aconteceu em dois minutos."

Podemos citar ainda o atestado de Perty[10], a respeito de Catherine Emmerich, que reviu, do mesmo modo, ao morrer, toda a sua vida passada. Constatamos assim, de tudo isso, que esse fenômeno não se limita aos casos de acidentes, parecendo acompanhar regularmente o falecimento.

Tudo o que o espírito fez, quis, pensou reflete-se nele. Semelhante a um espelho, a alma reflete todo o bem e todo o mal realizados. Essas imagens nem sempre são subjetivas[11]; pela intensidade da vontade, podem revestir um caráter substancial. Elas vivem e se manifestam, para nossa felicidade ou nosso castigo.

Tendo se tornado transparente no além, a alma julga a si mesma, assim como é julgada por todos aqueles que a contemplam. Apenas em presença de seu passado, vê reaparecer todos os seus atos e suas consequências, todos os seus erros, até mesmo os mais ocultos. Para o criminoso não há descanso nem esquecimento; sua consciência, como um justiceiro impiedoso, o persegue incessantemente. Em vão procura escapar às suas obsessões; seu suplício só poderá acabar se o remorso se converter em arrependimento e se ele aceitar novas provas terrestres, o único meio de reparação e de regeneração.

---

10 Perty, *Myst. erscheinungen (Aparições místicas)*. Esses três autores são citados pelo doutor Pascal em sua memória, apresentada no Congresso de Psicologia de Paris, em 1900.
11 Subjetivo: que pertence unicamente ao pensamento humano, em oposição ao mundo físico (N.E.).

12 - AS MISSÕES, A VIDA SUPERIOR

Todo espírito que deseja progredir trabalhando na obra de solidariedade universal recebe dos espíritos mais elevados uma missão particular, apropriada às suas aptidões e ao seu grau de adiantamento.

Alguns têm por tarefa acolher os espíritos em seu retorno à vida espiritual, guiá-los, ajudá-los a se desprenderem dos fluidos espessos que os envolvem; outros são encarregados de consolar, instruir as almas sofredoras e atrasadas. Espíritos de químicos, físicos, naturalistas, astrônomos, prosseguem em suas pesquisas, estudam os mundos, suas superfícies, suas profundezas ocultas, atuam em todos os lugares sobre a matéria sutil, que fazem passar por preparações, modificações destinadas a obras que a imaginação humana teria dificuldades em imaginar. Outros se aplicam às artes, ao estudo do belo sob todas as suas formas. Espíritos menos evoluídos auxiliam os primeiros em suas tarefas variadas e lhes servem de auxiliares.

Um grande número de espíritos se consagra aos habitantes da Terra e dos outros planetas, estimulando-os em suas pesquisas, fortalecendo os ânimos abatidos, guiando os hesitantes pelo caminho do dever. Aqueles que praticaram a medicina e possuem o segredo dos fluidos curativos, reparadores, ocupam-se mais especialmente dos doentes[1].

A mais bela de todas as missões é a dos espíritos de luz. Vêm dos espaços celestes para trazer à humanidade os tesouros de

---

1 Os casos de curas feitas pelos espíritos são muito numerosos e serão encontradas relações em toda a literatura espírita. (Ver, por exemplo, o caso citado por F. Myers, *Human personality – Personalidade humana.*) A mulher de um grande médico, de reputação europeia, sofrendo de um mal que seu marido não podia curar, foi radicalmente curada pelo espírito de um outro médico.

Ver também o caso da senhora Claire Galichon, que foi curada por magnetizações do espírito de cura de Ars. O fato é contado por ela mesma em *Souvenirs et problèmes spirites (Lembranças dos problemas espíritas)*.

sua ciência, de sua sabedoria, de seu amor. Sua tarefa é um sacrifício constante, porque o contato dos mundos materiais é penoso para eles; porém, encaram todos os sofrimentos por dedicação aos seus protegidos, a fim de assisti-los em suas provas e infiltrarem no coração deles grandes e generosas intuições. É justo atribuir-lhes esses clarões de inspiração que iluminam o pensamento, esses desafogos da alma, essa força moral que nos sustenta nas dificuldades da vida. Se soubéssemos a quantos constrangimentos esses nobres espíritos se impõem para chegarem até nós, responderíamos melhor às suas solicitações, faríamos esforços enérgicos para nos desligarmos de tudo o que é insignificante e impuro, unindo-nos a eles na comunhão divina.

Nas horas de dificuldade, é para esses espíritos, para meus guias bem-amados, que voam meus pensamentos e meus apelos. É deles que me vêm o apoio moral e as consolações supremas.

Subi com muita dificuldade os atalhos da vida; minha infância foi dura. Logo conheci o trabalho manual e os pesados encargos de família. Mais tarde, em minha carreira de propagandista, muitas vezes me machuquei nas pedras do caminho; fui mordido pelas serpentes do ódio e da inveja. E agora, a hora crepuscular chegou para mim; as sombras sobem e me rodeiam; sinto minhas forças diminuírem e meus órgãos se enfraquecerem. Mas nunca me faltou a ajuda de meus amigos espirituais, nunca minha voz os evocou em vão. Desde meus primeiros passos neste mundo sua influência me envolveu. Muitas vezes senti suas doces emanações de energia passarem sobre minha cabeça como asas batendo brandamente. É às suas inspirações que devo minhas melhores páginas e minhas expressões mais vibrantes. Compartilharam minhas alegrias e tristezas e, quando rugia a tempestade, sabia que estavam firmes ao meu lado, no meu caminho. Sem eles, sem seu socorro, há muito tempo teria sido obrigado a interromper a minha marcha, a suspender o meu trabalho. Mas suas mãos estendidas me têm amparado e dirigido na áspera via. Algumas vezes, no recolhimento da tarde ou no silêncio da noite, suas vozes me falam, me embalam, me confortam; ressoam em minha solidão como uma vaga melodia. Ou, então, são sopros que passam, semelhantes a carícias, sábios conselhos murmurados, indicações preciosas sobre as imperfeições de meu caráter e os meios de remediá-las.

Então esqueço as misérias humanas para me alegrar na esperança de um dia rever esses amigos, de reunir-me a eles na luz, se Deus me julgar digno disso, com todos aqueles que amei e que, do seio do além, me ajudaram a percorrer a etapa terrestre.

Que para todos vós, espíritos protetores, entidades protetoras, se eleve meu pensamento de reconhecimento, o melhor de mim mesmo, o tributo de minha admiração e de meu amor!

A alma vem de Deus e retorna a Deus percorrendo o imenso ciclo de seus destinos. Por mais baixo que tenha descido, cedo ou tarde, pela atração divina, sobe de novo para o infinito. O que ela procura ali? O conhecimento sempre mais perfeito do universo, a assimilação sempre mais completa de seus atributos: beleza, verdade, amor! E, ao mesmo tempo, uma libertação gradual das escravizações à matéria, uma colaboração crescente na obra eterna.

Cada espírito, no espaço, tem sua vocação e a persegue com facilidades desconhecidas na Terra; cada um encontra seu lugar nesse soberbo campo de ação, nesse vasto laboratório universal. Por todos os lados, tanto na amplidão como nos mundos, objetos de estudo e de trabalho, meios de elevação, de participação na obra divina, oferecem-se à alma laboriosa.

Já não é o céu frio e vazio dos materialistas, nem mesmo o céu contemplativo[2] e beato de certos crentes. É um universo

---

2 Céu contemplativo: onde não se faz nada. Onde se vive ou se está em eterna meditação (N.E.).

vivo, animado, luminoso, repleto de seres inteligentes em via constante de evolução.

E, quanto mais esses seres espirituais se elevam, mais sua tarefa se acentua, mais suas missões aumentam de importância. Um dia, tomam lugar entre as almas mensageiras que vão levar aos confins do tempo e do espaço as forças e as vontades da alma infinita.

Para o espírito mais inferior, assim como para o mais importante, o domínio da vida não possui limites. Seja qual for a altura a que tenhamos chegado, sempre há um plano superior a ser alcançado, uma nova perfeição a ser realizada.

Em toda alma, até mesmo na mais inferior, um futuro grandioso se prepara. Cada pensamento generoso que começa a despontar, cada demonstração de amor, cada esforço que tende para uma vida melhor, é como a vibração, o pressentimento, o apelo de um mundo mais elevado que a atrai e que, cedo ou tarde, a receberá. Todo impulso de entusiasmo, toda palavra de justiça, todo ato de abnegação repercute em progressão crescente na escala dos seus destinos.

À medida que ela vai se distanciando das esferas inferiores, onde reinam as influências pesadas, onde se agitam as vidas grosseiras, banais ou culpadas, as existências de lenta e penosa educação, a alma vai percebendo as altas manifestações da inteligência, da justiça, da bondade, e sua vida se torna cada vez mais bela e divina. Os murmúrios confusos, os ruídos discordes dos centros humanos vão pouco a pouco se enfraquecendo para ela, até se extinguirem por completo; ao mesmo tempo, começa a perceber os ecos harmoniosos das sociedades celestes. É o limiar das regiões felizes, onde reina uma eterna claridade, onde paira uma atmosfera de benevolência, de serenidade e de paz, onde todas as coisas saem perfeitas e puras das mãos de Deus.

A diferença profunda que existe entre a vida terrestre e a vida do espaço reside no sentimento de libertação, de alívio, na liberdade absoluta que desfrutam os espíritos bons e puros.

Desde que os laços materiais estejam rompidos, a alma pura faz seu voo para as regiões mais altas; lá, vive uma vida livre, pacífica, intensa, ao lado da qual o passado terrestre lhe parece apenas um sonho doloroso. Na demonstração das ternuras recíprocas, numa vida isenta de males, de necessidades físicas, a alma sente suas faculdades se multiplicarem; elas adquirem uma aptidão e uma extensão cujos esplendores velados os fenômenos de êxtase nos fazem entrever.

A linguagem do mundo espiritual é a das imagens e dos símbolos, rápida como o pensamento. É por isso que nossos guias espirituais se servem de preferência de representações simbólicas para nos prevenir, no sonho, de um perigo ou de uma desgraça. O éter, fluido brando e luminoso, toma com extrema facilidade as formas que a vontade lhe imprime. Os espíritos comunicam-se entre si e compreendem-se por processos diante dos quais a arte oratória mais perfeita, toda a magia da eloquência[3] humana pareceriam apenas um balbuciar grosseiro. As inteligências elevadas percebem e realizam sem esforço as mais maravilhosas concepções da arte e do gênio. Porém, essas concepções não poderiam ser transmitidas integralmente aos homens. Até mesmo em suas manifestações mediúnicas mais perfeitas, o espírito superior tem de se submeter às leis físicas de nosso mundo, e apenas vagos reflexos ou ecos enfraquecidos das esferas celestes, algumas notas perdidas da grande sinfonia eterna, é que ele pode fazer chegar até nós.

Tudo é graduado na vida espiritual. A cada grau de evolução do ser para a sabedoria, para a luz, para a santidade, corresponde um estado mais perfeito de seus sentidos receptivos, de seus meios de percepção. O corpo fluídico, cada vez mais transparente, cada vez mais diáfano[4], deixa passagem livre às radiações da alma. Daí uma aptidão maior para apreciar, para compreender os esplendores infinitos; daí uma lembrança mais viva do passado, uma familiarização cada vez maior com os seres e as coisas dos planos superiores, até que a alma, em sua progressão, tenha atingido as altitudes supremas.

3 Eloquência: a arte e o talento de convencer, deleitar ou comover por meio da palavra (N.E.).
4 Diáfano: que dá passagem à luz (N.E.).

Quando atinge essas alturas, o espírito vence toda paixão, toda tendência para o mal; ele libertou-se para sempre do domínio material e da lei dos renascimentos. É a entrada definitiva nos reinos divinos, de onde só descerá voluntariamente ao círculo das gerações para desempenhar missões sublimes.

Nessas alturas, a existência é uma festa eterna da inteligência e do coração. É a comunhão íntima no amor com todos aqueles que nos foram caros e que percorreram conosco o ciclo das transmigrações e das provas. Acrescentai a isso a visão constante da eterna beleza, uma profunda compreensão dos mistérios e das leis do universo, e tereis uma vaga ideia das alegrias reservadas a todos aqueles que, por seus méritos e seus esforços, alcançaram os céus superiores.

O PROBLEMA
DO DESTINO

Nova edição conforme edição de 1922 da
União Espírita Francesa e Francófila

Estudos experimentais sobre os aspectos ignorados do
ser humano – As personalidades duplas – A consciência
profunda – A renovação da memória – As vidas anteriores
e sucessivas etc.

1 – AS VIDAS SUCESSIVAS.
A REENCARNAÇÃO E SUAS LEIS

Após residir temporariamente no mundo espiritual, a alma renasce na condição humana, trazendo a herança, boa ou má, de seu passado[1]. Renasce criancinha, reaparece na cena terrestre para representar um novo ato do drama de sua vida, resgatar suas dívidas anteriores, conquistar novas capacidades que facilitarão sua evolução e acelerarão sua marcha para a frente.

A lei do renascimento explica e completa o princípio da imortalidade. A evolução do ser indica um plano e um objetivo: esse objetivo, que é a perfeição, não poderia se realizar em apenas uma única existência, por mais longa e frutífera que fosse. Devemos ver na pluralidade da vida da alma a condição necessária de sua educação e de seus progressos. É por meio de seus próprios esforços, lutas e sofrimentos que ela se liberta de seu estado de ignorância e de inferioridade e se eleva, de degrau em degrau, inicialmente na Terra, e depois nas inúmeras moradas do céu estrelado.

A reencarnação, afirmada pelas vozes de além-túmulo, é a única forma racional pela qual se podem admitir a reparação das faltas cometidas e a evolução gradual dos seres. Sem ela, não se vê nenhuma justificativa ou razão moral satisfatória e completa ou possibilidade da existência de um ser que governe o universo com justiça.

Se admitirmos que o homem vive atualmente pela primeira e única vez neste mundo, que apenas uma só existência é a parcela de cada um de nós, seria preciso reconhecer que a incoerência e a parcialidade é que decidem a repartição dos

---

[1] O tempo de permanência na espiritualidade é muito variável, segundo o estado de adiantamento do espírito. Pode levar muitos anos. Em geral, os espíritos de uma mesma família se entendem para reencarnarem juntos e constituírem grupos semelhantes na Terra.

bens e dos males, das aptidões e das faculdades ou dons, das qualidades inatas[2] e dos vícios originais.

Por que para uns a fortuna, a felicidade constante, e para outros a miséria, a infelicidade inevitável? Para aqueles a saúde, a beleza e para estes a doença, a feiura? Por que de um lado a inteligência e o gênio e do outro a imbecilidade? Por que tantas qualidades morais admiráveis se encontram ao lado de tantos vícios e defeitos? Por que raças tão diversas, algumas tão atrasadas, a ponto de parecerem confinadas à animalidade, e outras favorecidas com os dons que lhes asseguram superioridade? E as enfermidades de nascença, a cegueira, a deficiência mental, as deformidades, todos os infortúnios que enchem os hospitais, os albergues noturnos, as casas de correção? A hereditariedade não explica tudo. Na maior parte dos casos, essas aflições não podem ser consideradas o resultado de causas atuais. O mesmo acontece com os favores da sorte. Muitas vezes, os justos parecem esmagados pelo peso da prova, enquanto os egoístas e os maus prosperam.

Por que algumas crianças morrem antes de nascer e outras são condenadas a sofrer desde o berço? Certas existências acabam em poucos anos, em poucos dias; outras duram quase um século. E de onde vêm os jovens prodígios: músicos, pintores, poetas, todos aqueles que, desde a infância, mostram aptidões extraordinárias para as artes ou as ciências, enquanto tantos outros permanecem medíocres por toda a vida, apesar do esforço insano? E igualmente os instintos precoces, os sentimentos inatos de dignidade ou de baixeza, contrastando às vezes tão estranhamente com o meio em que se manifestam?

Se a vida começa somente com o nascimento terrestre; se, antes dele, nada existe para cada um de nós, em vão poderão ser explicadas diversidades tão dolorosas, essas enormes anomalias, e ainda menos conciliá-las com a existência de um poder sábio, previdente, justo. Todas as religiões, todos

---

2 Inata: que nasce com o indivíduo (N.E.).

os sistemas filosóficos contemporâneos vieram esbarrar nesse problema. Nenhum deles pôde resolvê-lo. Considerado do ponto de vista deles, que consiste em uma única existência para cada ser humano, o destino permanece incompreensível, o plano do universo se obscurece, a evolução para, o sofrimento se torna inexplicável. O homem, levado a crer na ação das forças cegas e fatais, na ausência de toda justiça distributiva, cai insensivelmente no ateísmo e no pessimismo.

Pelo contrário, tudo se explica, tudo se esclarece pela doutrina das vidas sucessivas. A lei de justiça se revela nos menores detalhes da existência. As desigualdades que nos chocam resultam das diferentes situações vividas pelas almas nos seus graus infinitos de evolução. O destino do ser é apenas o desenvolvimento, no decorrer das idades, da longa série de causas e efeitos originados por seus atos. Nada se perde; os efeitos do bem e do mal se acumulam e germinam em nós até o momento favorável ao seu desabrochar. Às vezes, expandem-se com rapidez; outras, depois de longo período, transmitem-se, repercutem de uma existência para a outra, dependendo do momento em que são ativados ou retardados pelas influências do ambiente; mas nenhum desses efeitos pode desaparecer por si mesmo. Apenas a reparação pode extingui-los.

Cada um leva para a outra vida e traz, ao nascer, a semente do passado. Essa semente, de acordo com a sua natureza, para nossa felicidade ou infelicidade, irá espalhar seus frutos sobre a nova vida que começa e até mesmo sobre as sucessivas, se uma única existência não for suficiente para desfazer as consequências más de nossas vidas anteriores. Ao mesmo tempo, nossos atos de cada dia, fonte de novos efeitos, vêm juntar-se às causas antigas, atenuando-as ou agravando-as e formando com elas um encadeamento de bens ou de males que, em seu conjunto, irão compor a trama de nosso destino.

Assim, nenhuma penalização ou recompensa moral, tão insuficientes e às vezes tão inúteis, quando examinadas do ponto de vista de uma única vida, reconhecem-se absolutas e perfeitas na sucessão de nossas existências. Há uma relação íntima entre nossos atos e nosso destino. Sofremos em nós mesmos, em nosso ser interior e nos acontecimentos de nossa vida, a repercussão dos nossos atos. Nossa atividade, sob todas as formas, é criadora de elementos bons ou maus, de efeitos próximos ou distantes que recairão sobre nós como chuva, tempestade ou alegre claridade. O homem constrói seu próprio futuro. Até aqui, na sua incerteza, na sua ignorância, ele o construiu às cegas e aceitou a sua sina sem poder explicá-la. Muito em breve, quando estiver mais esclarecido, compenetrado da majestade das leis superiores, o homem compreenderá a beleza da vida que resulta do esforço corajoso e dará à sua obra um impulso mais nobre e mais elevado.

A variedade infinita das aptidões, das faculdades ou dons, dos caracteres, explica-se facilmente, dizíamos. Nem todas as almas têm a mesma idade; nem todas subiram com o mesmo passo seus estágios evolutivos. Umas percorreram uma carreira imensa e já se aproximaram do apogeu do progresso terrestre; outras começam com dificuldade seu ciclo de evolução no seio da humanidade. Estas são as almas jovens, originadas há menos tempo do foco eterno, inesgotável, de onde saem incessantemente feixes de inteligências que descerão ao mundo da matéria para animar as formas rudimentares da vida. Quando chegarem à humanidade, tomarão lugar entre os povos selvagens ou entre as raças bárbaras que ocupam os continentes atrasados, as regiões deserdadas do globo. E quando, enfim, penetrarem em nossas civilizações, ainda serão reconhecidas, facilmente, pela falta de desembaraço, de jeito, pela sua incapacidade para todas as coisas, e, principalmente, por suas paixões violentas, por seus gostos sanguinários e às vezes até mesmo por sua ferocidade. Mas essas almas não evoluídas subirão, por sua vez, a escala das graduações infinitas por meio de inúmeras reencarnações.

Um outro elemento do problema é a liberdade de ação do espírito. Para alguns, é permitido que demorem na via de evolução, que percam, sem cuidado com o verdadeiro objetivo da existência, tantas horas preciosas à procura de riquezas e de prazer. A outros, é permitido se apressarem a trilhar os caminhos árduos e alcançar rapidamente o auge do pensamento, se preferem, em vez das seduções da matéria, a posse dos bens do espírito e do coração. Pertencem a esse grupo os sábios, os gênios e os santos de todos os tempos e de todos os países, os nobres mártires das causas generosas e os que consagraram vidas inteiras para acumular, no silêncio dos claustros, das bibliotecas e dos laboratórios, os tesouros da ciência e da sabedoria humana.

Todas as correntes do passado encontram-se, juntam-se e confundem-se em cada vida. Contribuem para fazer a alma generosa ou mesquinha, brilhante ou obscura, poderosa ou miserável. Entre a maior parte de nossos contemporâneos, essas correntes só conseguem fazer almas indiferentes, incessantemente sacudidas entre os sopros do bem e do mal, da verdade e do erro, da paixão e do dever.

Assim, no encadeamento de nossas etapas terrestres, continua e completa-se a obra grandiosa de nossa educação, a lenta edificação de nossa individualidade, de nossa personalidade moral. É por essa razão que a alma deve encarnar sucessivamente nos meios mais diversos, em todas as condições sociais, passar alternadamente pelas provas da pobreza e da riqueza, aprender a obedecer e depois comandar. Precisa das vidas obscuras, de trabalho e de privações para aprender a renunciar às vaidades materiais, a desapegar-se das coisas frívolas, a ter paciência, a conquistar a disciplina do espírito. Precisa das existências de estudo, das missões de dedicação, de caridade, pelas quais a inteligência se esclarece e o coração se enriquece de novas qualidades. Depois, virão as vidas de sacrifício, sacrifício pela família, pela pátria, pela humanidade. Também serão necessárias a prova cruel, fornalha onde se fundem o orgulho e o egoísmo, e as etapas dolorosas que são o resgate do passado, a reparação de nossas faltas, a forma pela qual a lei de justiça se cumpre. O espírito retempera-se, aperfeiçoa-se, purifica-se na luta e no sofrimento. Ele volta a expiar no próprio meio onde se tornou culpado. Acontece que, às vezes, as provas fazem de nossa existência um calvário, mas esse calvário é uma subida que nos aproxima dos mundos felizes.

Portanto, não existe fatalidade. É o homem, por sua própria vontade, quem forja suas próprias cadeias; é quem tece, fio por fio, dia a dia, desde seu nascimento até a morte, a rede de seu destino. A lei de justiça, no fundo, não é nada mais do que a lei de harmonia. Ela determina as consequências dos atos que praticamos livremente. Não castiga nem recompensa, mas preside simplesmente à ordem, tanto do equilíbrio do mundo moral quanto do mundo físico. Todo dano causado à ordem universal acarreta causas de sofrimento e uma reparação necessária, até que, por meio dos cuidados do culpado, a harmonia violada seja restabelecida.

O destino não tem outra regra a não ser a do bem e a do mal praticados. Sobre todas as coisas, uma grande e poderosa lei exerce influência, em virtude da qual cada ser vivo no universo só pode desfrutar de uma situação que seja proporcional aos seus méritos. Nossa felicidade, apesar das aparências enganadoras, está sempre em relação direta com nossa capacidade para o bem. E essa lei encontra sua total aplicação nas reencarnações da alma; é ela que determina as condições de cada renascimento e traça as grandes linhas de nossos destinos. É por isso que os maus parecem felizes, enquanto os justos sofrem excessivamente. A hora da reparação soou para esses e, em breve, soará para os outros.

Associar nossos atos ao plano divino, agir de acordo com a natureza, no sentido da harmonia e para o bem de todos, é preparar nossa elevação, nossa felicidade. Agir no sentido contrário, fomentar a discórdia, incitar os apetites indecentes, trabalhar para si mesmo em detrimento dos outros, é semear para o futuro fermentos da dor, é nos colocar sob o domínio de influências que retardam nosso adiantamento e nos acorrentam por muito tempo aos mundos inferiores.

É isso o que é preciso dizer, repetir e fazer penetrar no pensamento, na consciência de todos, a fim de que o homem tenha um único objetivo: conquistar as forças morais, sem as quais sempre ficará incapaz de melhorar sua condição e a da humanidade! Fazendo conhecer os efeitos da lei de responsabilidade, demonstrando que as consequências de nossos atos recaem sobre nós no decorrer do tempo, assim como a pedra lançada ao ar volta a cair no solo, pouco a pouco os homens serão levados a conformar seus procedimentos com essa lei, a edificar a ordem, a justiça e a solidariedade no meio social.

Certas escolas espiritualistas combatem o princípio das vidas sucessivas e ensinam que a evolução da alma após a morte continua a efetuar-se unicamente no plano espiritual. Outras, mesmo admitindo a reencarnação, acreditam que ela se realiza em esferas mais elevadas; o regresso à Terra não lhes parece ser uma necessidade.

Aos partidários dessas teorias, lembraremos que a encarnação na Terra tem um objetivo: é o aperfeiçoamento do ser humano. Acontece que, dada a infinita variedade das condições da existência terrestre, seja em sua duração, seja em seus resultados, é impossível admitir que todos os homens possam atingir um mesmo grau de perfeição numa única vida. Daí a necessidade de reencarnações sucessivas, para adquirir as qualidades necessárias para ingressar em mundos mais avançados.

O presente só pode ser explicado pelo passado. Foi necessária uma série de renascimentos terrestres para que o homem atingisse a posição que atualmente ocupa, e não parece admissível que esse ponto de evolução seja definitivo para nossa esfera. Nem todos os seus habitantes estão em condições de se mudar depois da morte para sociedades mais perfeitas. Tudo, pelo contrário, indica a imperfeição de sua natureza e a necessidade de novos trabalhos, de novas provas, para lhes completar a educação e lhes permitir atingir um grau superior da escala dos seres.

Por todos os lugares a natureza procede com sabedoria, método e morosidade. Foram-lhe necessários muitos séculos para elaborar a forma humana. A civilização só conseguiu firmar-se após longos períodos de barbárie. A evolução física e mental, o progresso moral, são regidos por leis idênticas. Não é numa única existência que se completam. E por que ir procurar bem longe, em outros mundos, os elementos de novos progressos, quando os encontramos por toda parte ao nosso redor? Desde a selvageria até a civilização mais requintada, nosso planeta não oferece um vasto campo para o desenvolvimento do espírito? Os contrastes, as oposições que aí se apresentam, sob todas as formas, o bem e o mal, o saber e a ignorância, são outros tantos exemplos e ensinamentos, outras tantas causas de estímulo.

Renascer não é mais extraordinário do que nascer. A alma volta à carne para nela se submeter às leis da necessidade. As carências e as lutas da vida material são outros tantos incentivos que a obrigam ao trabalho, aumentam sua energia, temperam seu caráter. Tais resultados não poderiam ser obtidos numa vida livre no além por espíritos jovens, de vontade vacilante. Para avançar, precisam da privação do necessário e de numerosas encarnações, no curso das quais a alma vai se concentrar, se recolher, adquirir o vigor e o impulso indispensáveis para descrever mais tarde sua imensa trajetória no céu.

O objetivo das encarnações é, portanto, definitivamente a revelação da alma para si mesma ou, antes, a sua própria valorização por meio do desenvolvimento constante de suas forças, de seu conhecimento, de sua consciência, de sua vontade. A alma inapta, inexperiente e nova não pode adquirir consciência de si mesma a não ser pela condição de estar separada das outras almas, presa num corpo material. Ela constituirá, assim, um ser distinto que vai firmar a sua personalidade, ampliar sua experiência, acentuar a sua marcha progressiva na razão direta de seus esforços para triunfar das dificuldades e dos obstáculos que a vida terrestre lhe semeia debaixo dos pés.

As existências planetárias nos colocam em relação com toda uma ordem de coisas que constituem o plano inicial, a base de nossa evolução infinita; e estão em perfeita harmonia com nosso grau de evolução. Mas essa ordem de coisas e a série de vidas que com elas se relacionam, por mais numerosas que sejam, representam apenas uma fração ínfima da existência sideral, um instante na duração ilimitada de nossos destinos.

A passagem das almas terrestres para outros mundos efetua-se sob o regime de certas leis. Os globos que povoam o infinito diferem entre si por sua natureza e densidade. O envoltório fluídico das almas só pode adaptar-se a esses novos meios por condições especiais de purificação. É impossível para os espíritos atrasados, em sua vida de erraticidade[3], penetrar nos mundos elevados e descrever suas belezas aos nossos médiuns. A mesma dificuldade se encontra, em grau maior, quando se trata da reencarnação nesses mundos. As sociedades que os habitam, por seu estado de superioridade, são inacessíveis à imensa maioria de espíritos terrestres, ainda muito grosseiros, insuficientemente evoluídos. Os sentimentos psíquicos desses últimos, muito pouco apurados, não lhes permitiriam viver da vida sutil que reina nessas esferas distantes. Lá, seriam como cegos na luz ou surdos em um concerto. A atração que encadeia seus corpos fluídicos ao planeta liga seu pensamento e sua consciência às coisas inferiores. Seu desejo, seu apetite, seu ódio, até mesmo seu amor, fazem com que voltem para este mundo e que se liguem ao objeto de sua paixão.

É preciso aprendermos inicialmente a desatar os laços que nos amarram à Terra, para em seguida levantarmos voo para mundos mais avançados. Arrancar as almas terrestres

---

3 Erraticidade: período em que o Espírito desencarnado, no plano espiritual, aguarda uma nova oportunidade para reencarnar. Leia sobre o assunto em *O Livro dos Espíritos*, parte segunda, capítulo 6 (N.E.).

do seu meio antes de terem alcançado a evolução especial para esse meio, fazê-las transmigrar para esferas superiores, antes da realização do progresso necessário, seria perder a lógica e o compasso. A natureza não procede dessa maneira. Sua obra se desenrola, majestosa e com harmonia, em todas as suas fases. Os seres cujas leis dirigem sua ascensão só abandonam o campo de ação em que vivem após terem adquirido as virtudes e as potências capazes de dar acesso a um domínio mais elevado da vida universal.

A quais regras o retorno da alma à carne está sujeito? Às regras da atração e da afinidade. Quando um espírito encarna, é atraído para um meio de acordo com suas tendências, seu caráter, seu grau de evolução. As almas seguem umas às outras e encarnam em grupos. Elas constituem famílias espirituais, cujos membros são unidos por laços ternos e fortes, contraídos durante existências percorridas em comum. Às vezes esses espíritos ficam afastados uns dos outros temporariamente e mudam de meio para adquirir novas aptidões. Assim se explicam, de acordo com os casos, as semelhanças e diferenças que caracterizam os membros de uma mesma família, filhos e pais. Mas sempre aqueles que se amam se reencontram, cedo ou tarde, tanto na Terra quanto no espaço.

A doutrina das reencarnações é acusada de arruinar a ideia de família, de inverter e confundir as situações que ocupam, uns em relação aos outros, os espíritos unidos por laços de parentesco; por exemplo, as relações de mãe para filho, do marido para mulher etc. O contrário é que é a verdade. Na hipótese de uma única vida, os espíritos se dispersam depois de uma breve coabitação e, muitas vezes, tornam-se estranhos uns aos outros. De acordo com a doutrina católica, as almas permanecem, depois da morte, em lugares diferentes, conforme seus méritos, e os eleitos sempre são separados dos condenados. Assim, os laços de família e de amizade formados por uma vida passageira se afrouxam na maioria dos casos e até se rompem de vez, enquanto, pelo renascimento, os espíritos se reúnem de novo e prosseguem juntos em suas peregrinações pelos mundos. Sua união torna-se, assim, cada vez mais íntima e profunda.

Nossa ternura espontânea por certos seres deste mundo explica-se facilmente. Já os conhecíamos; já nos encontramos anteriormente. Quantos maridos, quantos amantes não estão ligados por inúmeras existências percorridas a dois! Seu amor é indestrutível, pois o amor é a força das forças, o laço supremo que nada pode destruir.

As condições da reencarnação são de tal modo que nossas situações são raramente invertidas. Quase sempre nossos graus respectivos de parentesco são mantidos. Algumas vezes, em caso de impossibilidade, um filho poderá se tornar o irmão mais jovem do seu pai de outrora, uma mãe poderá renascer como a irmã mais velha de seu filho. Em casos excepcionais e somente a pedido dos interessados, as situações podem ser invertidas. Os sentimentos de delicadeza, de dignidade, de respeito mútuo que sentimos na Terra não podem ser desconhecidos no mundo espiritual. Para admitir isso, seria preciso ignorar a natureza das leis que regem a evolução das almas.

O espírito adiantado, cuja liberdade aumenta em proporção à sua evolução, escolhe o meio em que quer renascer, enquanto o espírito atrasado é impelido por uma força misteriosa a que obedece instintivamente; mas todos são protegidos, aconselhados, amparados na passagem da vida da erraticidade para a existência terrestre, mais dolorosa, mais temível que a morte.

A união da alma ao corpo se efetua por meio do envoltório fluídico, o perispírito[4], de que muitas vezes temos falado. Sutil por natureza, ele servirá de laço entre o espírito e a matéria. A alma está presa ao gérmen[5] por "este mediador plástico[6], que

---

4 Perispírito: substância semimaterial que serve de envoltório ao espírito e liga a alma ao corpo (N.E.).
5 Gérmen: rudimento de um novo ser (N.E.).
6 Plástico: que tem propriedade de adquirir determinadas formas por efeito de uma ação exterior (N.E.)

vai se retrair, se condensar cada vez mais, por meio das fases progressivas da gestação, e formar o corpo físico. Desde a concepção até o nascimento, a fusão se opera lentamente, fibra por fibra, molécula por molécula. Pelo afluxo crescente dos elementos materiais e da força vital fornecidos pelos pais, os movimentos vibratórios do perispírito da criança em gestação vão diminuir e se reduzir, ao mesmo tempo que as faculdades da alma, a memória e a consciência desaparecem e aniquilam-se. É a essa redução das vibrações fluídicas do perispírito, até o seu envolvimento na carne, que se deve atribuir a perda da memória das vidas anteriores. Um véu cada vez mais espesso envolve a alma e apaga suas radiações interiores. Todas as impressões de sua vida espiritual e do seu longo passado voltam às profundezas do inconsciente. Elas só surgirão nas horas de exteriorização ou por ocasião da morte, quando o espírito, ao recuperar a plenitude de seus movimentos vibratórios, evocar o mundo adormecido de suas lembranças.

O papel do duplo fluídico, o perispírito, é considerável; explica, desde o nascimento até a morte, todos os fenômenos vitais. Possuindo em si os traços eternos de todos os estados do ser desde sua origem, transmite-lhe a impressão, dá os traços essenciais ao gérmen material. Está aí a chave dos fenômenos embriogênicos[7].

Durante o período de gestação, o perispírito impregna-se de fluido vital e se materializa o suficiente para se tornar o regulador de energia e o suporte dos elementos fornecidos pelos pais. Constitui, assim, um tipo de esboço, de rede fluídica permanente, por meio da qual passará a corrente de matéria que destrói e reconstitui incessantemente, durante a vida, o organismo terrestre. Será a armação invisível que sustenta interiormente a estátua humana. Graças a ele, a individualidade e a memória irão se conservar e se perpetuar no plano físico, apesar das sucessivas transformações da parte mutável e móvel do ser. E vai assegurar, do mesmo modo, a lembrança dos fatos da existência presente, recordações cujo encadeamento,

7 Embriogênico: relativo a embriogenia, ou seja, produção ou origem do embrião (N.E.).

do berço ao túmulo, nos fornece a certeza íntima de nossa identidade.

A incorporação da alma não se dá de súbito, no momento do nascimento, como certas doutrinas afirmam; ela é gradual e só se completa e se torna definitiva na saída da vida uterina. Nesse momento, a matéria encerra completamente o espírito, que deverá vivificá-la pela ação das faculdades adquiridas. Longo será o período de desenvolvimento, durante o qual a alma se ocupará em moldar seu novo envoltório, em acomodá-lo às suas necessidades, em fazer dele um instrumento capaz de manifestar suas potências íntimas. Mas nessa obra será assistida por um espírito preposto à sua guarda, que cuida dela, que a inspira e a guia durante toda a sua peregrinação terrestre. E todas as noites, durante o sono, e muitas vezes até durante o dia, no período infantil, o espírito se desprenderá de sua forma carnal, retornará ao espaço, a fim de obter forças e encorajamento para, em seguida, descer de novo ao corpo e retomar o difícil curso da existência.

Antes de entrar novamente em contato com a matéria e começar uma nova carreira, o espírito, como dissemos, deve escolher o meio em que vai renascer na vida terrestre. Mas essa escolha é limitada, circunscrita, determinada por causas múltiplas. Os antecedentes do ser, suas dívidas morais, suas afeições, seus méritos e suas faltas, o papel que está apto a desempenhar, todos esses elementos intervêm na orientação da vida em preparação. Daí a preferência por tal raça, tal nação, tal família. As almas terrestres que amamos nos atraem. Os laços do passado reatam-se em filiações, alianças, novas amizades. Até mesmo os lugares exercem sobre nós sua misteriosa atração, e é raro que o destino não nos leve de novo muitas vezes às regiões onde já vivemos, amamos, sofremos. Os ódios também são forças que nos aproximam de nossos inimigos de outrora, a fim de apagarmos, por meio de melhores relações, velhas inimizades. Assim, encontramos outra vez em nosso caminho a maioria daqueles que fizeram nossa alegria ou nosso tormento.

O mesmo acontece com a adoção de uma classe social, com as condições de ambiente, com os privilégios da fortuna ou da saúde, com as misérias da pobreza. Todas essas causas tão variadas e tão complexas vão se combinar para garantir ao novo encarnado as satisfações, as vantagens ou as provações que convêm ao seu grau de evolução, seus méritos ou suas faltas e as dívidas contraídas por ele.

A partir disso, poderá se compreender quanto a escolha do meio é difícil. Na maioria das vezes nos é inspirada por inteligências superiores, ou então elas mesmas poderão fazê-lo, em proveito nosso, se não possuirmos o discernimento necessário para adotar, com toda a sabedoria e previdência, os meios mais eficazes para impulsionar nossa evolução e resgatar nosso passado.

Entretanto, o interessado permanece livre para aceitar ou adiar a hora das reparações obrigatórias que lhe cabem. No momento de se ligar a um gérmen humano, quando a alma ainda possui toda sua lucidez, seu mentor mostra-lhe o panorama da existência que a espera; indica-lhe os obstáculos e os males que ele terá de enfrentar; faz-lhe compreender a utilidade desses obstáculos para desenvolver suas virtudes ou libertar-se dos seus vícios. Se a prova lhe parecer muito rude, se não se sentir suficientemente forte para afrontá-la, é permitido ao espírito recusar a reencarnação e procurar uma vida transitória que aumente suas forças morais e sua vontade.

Na hora das resoluções supremas, antes de descer de novo à carne, o espírito percebe, atinge o sentido geral da vida que vai começar. Ele a vê aparecer em suas grandes linhas, em seus fatos culminantes, sempre modificáveis, entretanto, por sua ação pessoal e o uso de seu livre-arbítrio, porque a alma é senhora dos seus atos. Mas, desde que ela decidiu, desde que o laço se consolidou e a incorporação se iniciou, tudo se apaga, tudo desaparece. A existência vai se desenrolar com todas as suas consequências previstas, aceitas, desejadas, sem que nenhuma intuição do futuro permaneça na consciência normal do ser encarnado. O esquecimento é necessário durante a vida material. O conhecimento antecipado dos acontecimentos infelizes que hão de surgir, a previsão dos males ou das catástrofes que nos esperam, paralisariam nossos esforços, suspenderiam a nossa marcha para a frente.

Quanto à escolha do sexo, também é a alma que resolve previamente e pode até mesmo variar de uma encarnação para outra por um ato de sua vontade criadora, modificando as condições orgânicas do perispírito. Certos pensadores admitem que a alternância dos sexos é necessária para que se possam adquirir virtudes mais especiais, dizem eles, de cada uma das metades do gênero humano; por exemplo, no homem, a vontade, a firmeza, a coragem; na mulher, a ternura, a paciência, a pureza.

Acreditamos, de acordo com as instruções de nossos mentores espirituais, que a mudança de sexo, sempre possível para o espírito, é, em princípio, inútil e perigosa. Os espíritos elevados a desaconselham. É fácil reconhecer, à primeira vista, ao nosso redor, as pessoas que, em uma existência anterior, tinham adotado um sexo diferente; são sempre, de algum ponto de vista, excêntricas, anormais. As viragos[8], de caráter e gostos masculinos, algumas das quais apresentam o traço dos atributos do outro sexo, por exemplo, barba no mento[9], são, evidentemente, homens reencarnados. Elas não têm nada de estético nem de sedutor. O mesmo acontece com homens efeminados, que têm todas as características das filhas de Eva e são aparentemente deslocados na vida. Quando um espírito se habituou com um sexo, não é bom para ele sair do que se tornou a sua natureza.

Muitas almas juntam-se em pares e se propõem a evoluir, unidas para sempre, tanto na alegria como na dor. São chamadas

---

8 Virago: mulher masculinizada (N.E.).
9 Mento: região abaixo do lábio inferior do rosto (N.E.).

de almas irmãs; o seu número é mais considerável do que geralmente se crê. Realizam a forma mais completa e mais perfeita da vida e do sentimento, e dão às outras almas o exemplo de um amor fiel, inalterável, profundo; podem ser reconhecidas por essa característica. O que seria de sua afeição, sua relação, seu destino, se a mudança de sexo fosse uma necessidade, uma lei? Entendemos antes que, pelo próprio fato da ascensão geral, os nobres caracteres e as altas virtudes irão se multiplicar nos dois sexos ao mesmo tempo. Finalmente, nenhuma qualidade será a característica de um sexo isolado, mas o atributo dos dois.

Há apenas um único ponto de vista em que se poderia considerar a mudança de sexo um ato imposto pela lei de justiça e de reparação: quando maus-tratos ou graves danos infligidos a pessoas de um sexo atraem para esse mesmo sexo os espíritos responsáveis, para assim resgatarem, por sua vez, os efeitos das causas a que deram origem. Mas a pena de talião[10] não rege de maneira absoluta o mundo das almas, como veremos mais adiante: existem mil formas de fazer a reparação e de eliminar as causas do mal. A cadeia onipotente[11] das causas e dos efeitos se desenrola em mil anéis diversos.

Talvez alguém possa alegar que seria absurdo obrigar metade dos espíritos a evoluir num sexo mais fraco e na maioria das vezes oprimido, humilhado, sacrificado por uma organização social ainda bárbara. Podemos responder que esse estado de coisas tende a desaparecer dia após dia, para dar lugar a uma maior igualdade. É pelo aperfeiçoamento moral e social da sólida educação da mulher que a humanidade irá se levantar. Quanto às dores do passado, sabemos que não ficam perdidas. O espírito que sofreu as injustiças sociais colhe, por força da lei de equilíbrio e compensação, o resultado das provas pelas quais passou. O espírito feminino, dizem-nos os mentores, sobe com um voo mais alto para a perfeição.

---

10 Pena de talião: forma antiga de castigar os criminosos, fazendo-os sofrer a mesma ação que haviam praticado (N.E.).
11 Onipotente: que tem o poder absoluto. Que tudo pode. Deus é onipotente (N.E.).

O papel da mulher é imenso na vida dos povos. Irmã, esposa ou mãe é a grande consoladora e a doce conselheira. Pelo filho, ela tem o porvir e prepara o homem do futuro. Por isso, as sociedades que a rebaixam rebaixam a si mesmas. É a mulher respeitada, honrada e esclarecida que faz a família forte e a sociedade grande, moral, unida!

Certas atrações são temíveis para as almas que aguardam o renascimento. Por exemplo, as famílias de alcoólatras, de devassos, de dementes. Como conciliar a noção de justiça com a encarnação dos seres nesses meios? Não há aí, em jogo, razões psíquicas profundas e ocultas, e as causas físicas não são uma simples aparência? Vimos que a lei de afinidade aproxima os seres parecidos. Todo um passado de culpas arrasta a alma atrasada para grupos que apresentam semelhanças com seu próprio estado fluídico e mental, estado que ela criou por seus pensamentos e ações.

Não há, nesses casos, lugar para a arbitrariedade ou o acaso. É o mau uso prolongado de seu livre-arbítrio, a procura constante de resultados egoístas ou maléficos que atraem a alma para pais semelhantes a si. Eles lhe fornecem materiais em harmonia com seu organismo fluídico, impregnados das mesmas tendências grosseiras, próprios para a manifestação dos mesmos apetites, dos mesmos desejos. Uma nova existência se abrirá, novo degrau de queda para o vício e para a criminalidade. É a descida para o abismo.

Senhora de seu destino, a alma deve passar pelo estado de coisas que preparou, que escolheu. Entretanto, depois de ter feito de sua consciência um antro tenebroso, um covil do mal, deverá transformá-la em templo de luz. As faltas acumuladas farão nascer sofrimentos mais vivos; as encarnações irão se suceder mais difíceis, mais dolorosas; o círculo de ferro irá se apertar até que a alma, triturada pela engrenagem das causas e dos efeitos por ela criados, compreenda a necessidade de reagir contra suas tendências, de vencer suas más paixões e de mudar de caminho. Desde então, por pouco que o arrependimento a toque, ela sentirá nascer forças, impulsos novos que a levarão para lugares mais puros. Nesses lugares irá sentir forças, elementos mais apropriados para sua obra de reparação e renovação. Passo a passo, serão feitos progressos. Na alma arrependida e enternecida, raios e energias irão penetrar, e desejos desconhecidos, necessidade de ação útil, de devotamento, irão despertar. Essa lei de atração que a impelia para as últimas camadas sociais reverterá em seu benefício e se tornará o instrumento de sua regeneração.

Entretanto, a elevação não será fácil; a ascensão não se realizará sem dificuldades. As faltas, os erros cometidos repercutem como causas de obstáculos nas vidas futuras. O esforço deverá ser tanto mais enérgico e prolongado quanto mais pesadas forem as responsabilidades, quanto mais extenso tiver sido o período de resistência e persistência no mal. Na difícil subida, o passado dominará por muito tempo o presente e seu peso fará curvar mais de uma vez os ombros do caminhante. Mas, do alto, mãos piedosas se estenderão para ele e o ajudarão a transpor as passagens mais difíceis. *"Há mais alegria no céu por um pecador que se arrepende do que por cem justos que perseveram[12]."*

Nosso futuro está em nossas mãos e as nossas facilidades para o bem aumentam na razão direta de nossos esforços para praticá-lo. Toda vida nobre e pura, toda missão superior são o resultado de um imenso passado de lutas, de derrotas sofridas, de vitórias ganhas contra nós mesmos, o término de trabalhos longos e pacientes, o acúmulo de frutos de ciência e caridade colhidos, um a um, no decorrer da idade. Cada faculdade brilhante, cada virtude sólida têm necessidade de existências múltiplas de trabalho obscuro, de combates violentos entre o espírito e a carne, a paixão e o dever. Para chegar ao talento, ao gênio, o pensamento teve de amadurecer lentamente no decorrer dos séculos. O campo da inteligência, penosamente desbravado, deu a princípio apenas fracas

12 Evangelho de Lucas, 15:7 (N.E.).

colheitas, e só depois, pouco a pouco, vieram as searas cada vez mais ricas e abundantes.

Em cada regresso ao espaço estabelece-se o balanço dos lucros e das perdas; os progressos são avaliados e firmados. O ser se examina e se julga. Ele analisa minuciosamente sua história recente, escrita em si mesmo; passa em revista os frutos de experiência e sabedoria que sua última vida lhe proporcionou, para assinalar-lhes mais profundamente a substância. A vida no além é para o espírito em evolução o período de exame, de recolhimento, no qual as faculdades, depois de terem sido gastas no exterior, refletem-se, aplicam-se ao estudo íntimo, ao interrogatório da consciência, ao inventário rigoroso do que há na alma de belo ou de feio. A vida do espaço é a forma necessária e perfeita da terrestre, vida de equilíbrio, em que as forças se reconstituem, em que as energias se retemperam, em que os entusiasmos se reanimam e o ser se prepara para as tarefas futuras. É o descanso depois do trabalho, a calma depois da tormenta, a concentração tranquila e serena depois da expansão ativa ou do conflito ardente.

Segundo os teósofos[13], o retorno da alma à carne efetua-se a cada 1.500 anos[14]. Essa teoria não é confirmada nem pelos fatos nem pelo testemunho dos espíritos. Estes, interrogados em grande número e em vários lugares, responderam que a reencarnação é muito mais rápida. As almas ávidas de progresso permanecem pouco tempo na erraticidade. Elas pedem o regresso à vida deste mundo para conquistar novos títulos, novos méritos. Possuímos sobre as existências anteriores de certa pessoa indicações recolhidas em pontos muito afastados uns dos outros, de médiuns que nunca se

---

13 Teósofo: seguidor dos preceitos da teosofia, doutrina espiritualista ligada ao lamaísmo e ao budismo, dos quais tirou seus principais conceitos (N.E.).

14 Os livros teosóficos, diz Annie Besant, concordam em reconhecer que "um período médio de 15 séculos separa as reencarnações" (*La reincarnation – A reencarnação*).

conheceram, indicações perfeitamente de acordo entre si. Elas demonstram que apenas 10, 20, 30 anos, quando muito, separaram sua vida terrestre. Em relação a isso, não há uma regra exata. As encarnações se aproximam ou se distanciam de acordo com o estado das almas, seu desejo de trabalho e de adiantamento, e as ocasiões favoráveis que lhe são oferecidas. No caso de morte precoce, por exemplo, de crianças muito novas, elas são algumas vezes imediatas.

Sabemos que o corpo fluídico se materializa ou se espiritualiza de acordo com a natureza dos pensamentos e das ações do espírito. As almas viciosas, por suas tendências, atraem para si fluidos impuros, que tornam mais espesso seu envoltório e lhes diminuem as radiações. Quando morrem, não podem elevar-se além das nossas regiões e permanecem confinadas na atmosfera ou misturadas com os humanos. Se persistem no mal, a atração planetária torna-se tão poderosa que lhes apressa a reencarnação.

Quanto mais material e grosseiro for o espírito, mais a lei de gravidade tem influência sobre ele. O fenômeno inverso se produz nos espíritos puros, cujo perispírito radioso vibra com todas as sensações do infinito, os quais encontram nas regiões etéreas meios apropriados à sua natureza e ao seu estado de progressão. Quando atingem um grau superior, esses espíritos prolongam cada vez mais sua estada no espaço; as vidas planetárias serão para eles a exceção; a vida livre se tornará a regra, até que a soma das perfeições os liberte para sempre da servidão do renascimento.

2 - AS VIDAS SUCESSIVAS. PROVAS EXPERIMENTAIS. RENOVAÇÃO DA MEMÓRIA

Nas páginas anteriores, expusemos as razões lógicas que prevalecem em favor da doutrina das vidas sucessivas. Consagraremos este capítulo e os seguintes a contestar as objeções de seus opositores e abordaremos o conjunto das provas científicas que, todos os dias, vêm consolidá-la.

A objeção mais comum é esta: se o homem já viveu, pergunta-se, por que não se lembra de suas existências passadas? Já indicamos resumidamente a causa fisiológica desse esquecimento. Essa causa é o próprio renascimento, ou seja, a ação de revestir um novo organismo, um envoltório material que, ao se sobrepor ao invólucro fluídico, faz, a seu respeito, o papel de um apagador. Em consequência da diminuição de seu estado vibratório, o espírito, a cada vez que toma posse de um novo corpo, de um cérebro virgem de toda imagem, encontra-se na impossibilidade de exprimir as lembranças acumuladas de suas vidas anteriores. Seus antecedentes, é verdade, ainda se revelarão em suas aptidões, na facilidade de aprendizagem, nas qualidades e nos defeitos. Mas todas as particularidades dos fatos, dos acontecimentos que constituem seu passado, reintegrado nas profundezas da consciência, ficarão veladas na vida terrestre. O espírito, no estado de vigília, só poderá exprimir pela forma de linguagem as impressões registradas por seu cérebro material.

A memória é o encadeamento, a associação das ideias, dos fatos, do conhecimento. Quando essa associação desaparece, quando o fio das lembranças se rompe, o passado parece se apagar para nós. Mas só na aparência. Num discurso pronunciado no dia 6 de fevereiro de 1905, O professor Charles Richet[1], da academia de medicina, dizia:

> "A memória é uma faculdade implacável de nossa inteligência, pois nenhuma de nossas percepções jamais é esquecida. Quando um fato nos impressiona os sentidos, então ele se fixa irrevogavelmente na memória. Pouco importa que tenhamos guardado a consciência dessa lembrança; ela existe, é indestrutível".

Acrescentamos que ela pode ressurgir. O despertar da memória é apenas um efeito de vibração produzido pela ação da vontade nas células do cérebro. Para fazermos reviver as lembranças anteriores ao nascimento, é preciso que nos coloquemos de novo em harmonia de vibrações com o estado dinâmico em que nos achávamos na época em que houve a percepção. Não existindo os cérebros que registraram essas percepções, então é preciso procurá-las na consciência profunda. Mas essa consciência permanece calada enquanto o espírito está preso na carne. Ele deve sair dela e se separar do corpo a fim de recuperar a plenitude de suas vibrações e reaver o fio das lembranças nele ocultas. Então percebe seu passado e pode reconstituí-lo nos mínimos fatos. É o que ocorre nos fenômenos do sonambulismo e do transe.

Sabemos que há em nós profundezas misteriosas onde se foram depositando lentamente, no decorrer das idades, os sedimentos de nossas vidas de luta, de estudo e de trabalho; ali se gravam todos os incidentes, todas as alternativas e lances do passado obscuro. É como um oceano de coisas adormecidas mansamente nas ondas do destino. Um apelo poderoso da vontade pode fazê-las reviver. A vista do espírito, nas horas de clarividência[2], desce para elas, assim como as radiações das estrelas passam das profundezas galácticas até debaixo das abóbadas e das arcadas dos recantos ocultos do mar.

---

1 Charles Richet (1850-1935): notável médico fisiologista francês (Prêmio Nobel de 1913), que por sua inteligência prestou grande serviço à ciência (N.E.).
2 Clarividência: dom que possibilita às ver os espíritos e o ambiente espiritual em que eles se encontram (N.E.).

Recordemos aqui os pontos essenciais da teoria do "eu", à qual estão ligados todos os problemas da memória e da consciência.

A identidade do "eu" e a personalidade só persistem e se mantêm pela lembrança e pela consciência. As recordações, as intuições, as aptidões determinam a sensação de haver vivido. Na inteligência, existe uma continuidade, uma sucessão de causas e de efeitos que é preciso reconstituir na sua totalidade para possuir o conhecimento integral do "eu". Isso, como vimos, é impossível na vida material, uma vez que a incorporação produz uma extinção temporária dos estados de consciência que formam esse conjunto contínuo. Assim como a vida física está sujeita às alternâncias da noite e do dia, também se produz um fenômeno semelhante na vida do espírito. Nossa memória e nossa consciência atravessam alternadamente períodos de eclipse ou de esplendor, de sombra ou de luz, no estado espiritual ou terrestre, e até mesmo nesse último plano, durante a vigília ou nos diferentes estados do sono. E, assim como há gradações no eclipse, também há graus de luz.

Muitos sonhos não deixam nenhum vestígio ao despertar, como também acontece no sono sonambúlico. Todos os magnetizadores[3] sabem que o esquecimento, ao despertar, é um fenômeno constante nos sonâmbulos. Mas, desde que o espírito do indivíduo entre novamente no sono e se encontre de novo nas condições dinâmicas que permitam a renovação das lembranças, essas se reavivam. O indivíduo se lembra do que fez, do que disse, do que viu e exprimiu em todas as épocas de sua existência.

Dessa forma podemos compreender o porquê do esquecimento das vidas anteriores. É que a situação do perispírito, unido então ao corpo em que está encarnado, é muito fraca, de pouca intensidade e sem a necessária independência para

---

3 Magnetizadores: nesse caso, hipnotizadores (N.E.).

que essas lembranças possam se expressar livremente enquanto está acordado.

Na realidade, a memória não passa de uma modalidade da consciência. A lembrança está, muitas vezes, em estado subconsciente. Já no círculo restrito da vida atual, não conservamos a recordação de nossos primeiros anos, que está, contudo, gravada em nós, assim como todos os estados percorridos no decurso de nossa história. O mesmo acontece com um grande número de atos e de fatos que pertencem aos outros períodos da vida. Gassendi[4], dizem, lembrava-se da idade de 18 meses; mas isso é uma exceção. O esforço mental é necessário para reavivar essas recordações da vida normal, a que nos é mais familiar; necessária, repetimos, para novamente colher mil coisas estudadas, aprendidas e esquecidas, pois baixaram às camadas profundas da memória.

A cada instante a inteligência deve procurar na subconsciência os conhecimentos, as recordações que quer reavivar; ela se esforça para fazê-los passar para a consciência física, para o cérebro concreto, depois de tê-los provido dos elementos vitais fornecidos pelos neurônios ou células nervosas. De acordo com a riqueza ou a pobreza desses elementos, a lembrança surgirá clara ou nebulosa; às vezes se esquiva; a comunicação não pode estabelecer-se, ou então a projeção produz-se somente mais tarde, no momento em que menos se espera.

Portanto, para recordar, a primeira das condições é querer. Isso explica por que muitos espíritos, mesmo na vida espiritual, sob o domínio de certos preconceitos doutrinários, desprezam toda pesquisa e permanecem ignorantes do passado que neles dorme. Nesse meio, assim como entre nós, no decorrer da experimentação, uma sugestão é necessária. Vemos essa lei da sugestão se manifestar por todas as partes, sob mil formas; estamos sujeitos à sua ação a cada instante do

4 Pierre Gassendi (1592-1655): filósofo materialista francês. Defensor da vida libertina e do sensualismo, pelos quais se atingem o prazer, a cultura do espírito e a virtude, conforme teoria do filósofo grego Epicuro (341-270 a.C.), de quem era seguidor (N.E.).

dia. Por exemplo, perto de nós um canto se eleva, ressoa uma palavra, um nome, uma imagem nos choca e eis que, de repente, graças à associação de ideias, todo um encadeamento de recordações confusas, quase esquecidas, dissimuladas nas camadas profundas de nossa consciência, desenrola-se em nosso espírito.

Períodos inteiros de nossa vida presente podem se apagar da memória. Em seu livro *Les phénomènes psychiques* (*Os fenômenos psíquicos*), o doutor J. Maxwell[5] fala nos seguintes termos do que chama casos de amnésia:

> "Algumas vezes até desaparece a noção de personalidade. Há doentes que, subitamente, esquecem o próprio nome. Toda a sua vida se apaga e eles parecem voltar ao estado em que estavam quando nasceram. Eles devem reaprender a falar, a se vestir e a comer. Algumas vezes a amnésia não é tão completa. Pude observar um doente que havia esquecido tudo o que tinha ligação com sua personalidade. Ele ignorava absolutamente tudo o que havia feito, não sabia mais onde tinha nascido, quem eram seus pais. Tinha cerca de 30 anos. A memória orgânica e as memórias organizadas fora da personalidade subsistiam. Ele podia ler, escrever, desenhar alguma coisa, tocar grosseiramente um instrumento. A amnésia nele era limitada a todos os fatos ligados à sua personalidade anterior."

A guerra multiplicou esses casos e pudemos constatar isso nos jornais.

O doutor Pitre, reitor da Faculdade de Medicina de Bordéus, em seu livro *L'hystérie et l'hypnotisme* (*Histeria e hipnotismo*) cita um caso que demonstra que todos os fatos e conhecimentos registrados em nós desde a infância podem renascer; é o que ele chama de fenômeno da ecmnésia[6]. O indivíduo, uma jovem de 17 anos, falava só francês e havia esquecido

---

5 J. Maxwell: doutor em medicina, procurador-geral na Corte de Apelaçao de Paris (N.E.).
6 Ecmnésia: perturbação da memória que causa o esquecimento dos fatos recentes, mas conserva perfeita lembrança dos antigos (N.E.).

o dialeto gascão[7], idioma de sua juventude. Adormecida e transportada pela sugestão à idade de 5 anos, ela não mais entendia o francês e só falava o dialeto. Contava as menores particularidades de sua infância, que se apresentavam perfeitamente nítidas, mas não respondia às questões feitas, pois não compreendia mais a língua em que lhe falavam. Havia esquecido todos os fatos de sua vida que se haviam desenrolado entre 5 e 17 anos.

O doutor Burot fez experiências idênticas. Sua paciente Joana foi transportada por ele, mentalmente, a diferentes épocas de sua juventude e, em cada período, os incidentes de sua existência se desenhavam com precisão em sua memória, mas todo fato que havia ocorrido após a época relembrada se apagava. Era possível seguir, em escala descendente, os progressos de sua inteligência. Quando atingiu a idade de 5 anos, verificou-se que mal sabia ler; escrevia como fazia naquela idade, de uma maneira atrapalhada, com os erros de grafia que costumava cometer naquela época[8].

Todas essas narrativas foram comprovadas. Os sábios que citamos dedicaram-se a minuciosas pesquisas; puderam constatar a exatidão dos fatos relatados pelos indivíduos, fatos que estavam apagados da memória no estado normal.

Vamos ver que, por um encadeamento lógico e rigoroso, esses fenômenos nos conduzem à possibilidade de despertarmos experimentalmente, na parte permanente do ser, as lembranças anteriores ao nascimento. Verificaremos isso nas experiências de F. Colavida[9], E. Marata[10], coronel De Rochas[11] etc.

7 Dialeto gascão: dialeto da Gasconha-França (N.E.).

8 Doutores Bourru e Burot, *Les changements de la personnalité* (As mudanças da personalidade). Biblioteca Científica Contemporânea, 1887.

9 Fernandez Colavida, pesquisador espírita espanhol, presidente do Grupo de Estudos Psíquicos de Barcelona (N.E.).

10 Esteve Marata: pesquisador espírita espanhol, presidente da União Espírita da Catalunha, Espanha (N.E.).

11 Coronel A. de Rochas: engenheiro e matemático francês, coronel do exército de seu país. Notável pesquisador dos fenômenos espíritas e do magnetismo. Deixou publicadas várias obras de grande valor nas quais aborda as suas pesquisas, sempre tendo como base a sobrevivência da alma e os fenômenos anímicos. A propósito, a palavra anímico deriva de animismo, que é um fenômeno psíquico pelo qual a pessoa leva ao passado os próprios sentimentos, de onde recolhe as impressões de que se vê possuída (N.E.).

O estado de febre, o delírio, o sono anestésico, provocando a separação parcial da alma e do corpo, também podem abalar, dilatar as camadas profundas da memória e despertar conhecimentos e lembranças antigas. Todos se lembram, sem dúvida, do caso célebre de Ninfa Filiberto, de Palermo. Em sua febre, ela falava diversas línguas estrangeiras que havia esquecido há muito tempo. Eis outros fatos relatados por médicos:

O doutor Henri Frieborn[12] cita o caso de uma mulher com 70 anos de idade que, gravemente doente, com bronquite, foi vítima de um delírio, de 13 a 16 de março de 1902:

"Na noite de 13 para 14, percebeu-se que ela falava uma língua desconhecida das pessoas que a rodeavam. Parecia, às vezes, que recitava versos; outras, que conversava. Repetiu diversas vezes a mesma composição em versos. Acabou-se por descobrir que a língua era a indostânica[13].

Na manhã do dia 14, o indostânico começou a se misturar com um pouco de inglês; ela conversava dessa maneira com parentes e amigos de infância, ou então falava deles. No dia 15, o indostânico havia desaparecido, e a doente dirigia-se aos amigos que tinha conhecido mais tarde se servindo do inglês, do francês e do alemão. A senhora em questão havia nascido na Índia, de onde saiu com a idade de três anos, para morar na Inglaterra, onde chegou após quatro meses de viagem. Até o dia em que desembarcou na Inglaterra, ela havia sido confiada a serviçais hindus e não falava nada de inglês.

É curioso constatar que após um período de 66 anos, durante o qual nunca mais havia falado o indostânico, o delírio lhe tinha relembrado essa linguagem de sua primeira infância. Atualmente, a doente fala com tanta facilidade o francês e o alemão quanto o inglês; mas, ainda que conheça algumas palavras do indostânico, ela é absolutamente incapaz de falar essa língua ou até mesmo de formar uma única frase."

---

12 Ver *Lancet*, de Londres, número de junho de 1902
13 Indostânico: um dos idiomas falados na Índia (N.E.).

Os *Annales des Sciences Psychiques* (*Anais das Ciências Psíquicas*), de março de 1906, registram um caso interessante de amnésia na vigília, relatado pelo doutor Gilbert-Ballet, do Hospital de Paris:

"Trata-se de um doente que, por causa de um choque violento, havia esquecido completamente um 'trecho' de sua vida passada. Ele se lembrava muito bem de sua infância e de fatos bem distantes, mas havia se produzido uma lacuna numa parte de sua existência mais recente, e não conseguia se lembrar dos acontecimentos que se haviam passado nesse período de sua vida. É o que se chama de amnésia retrógrada. O doente chama-se Dada e tem 50 anos. Desde o dia 4 até o dia 7 de outubro último, existia em sua memória um vazio absoluto. Tendo deixado no dia 4 seus patrões, que o empregavam como jardineiro numa propriedade perto de Nevers[14], achou-se, no dia 7, sem saber como, em Liège[15], junto às portas da exposição. De que maneira fez essa longa viagem? Ele não sabe e, apesar de todos os seus esforços, não consegue obter a mínima recordação."

Mas eis que esse doente foi mergulhado na hipnose e logo se reconstituíram todos os incidentes dessa viagem nos menores detalhes, incluindo a recordação das pessoas encontradas. O senhor Dada vivia sua quarta crise de amnésia nervosa. Ele se lembrou, adormecido, do que se esquecera quando estava desperto simplesmente porque se encontrava de novo na condição anterior, ou seja, no estado pelo qual passava no momento de seu ataque de amnésia. Esse caso ainda nos coloca no rastro das leis e condições que regem os fenômenos de renovação da memória de vidas anteriores.

Em resumo, todo estudo do homem terrestre nos fornece a prova de que existem estados distintos de consciência e de personalidade. Vimos na primeira parte desta obra que a existência em nós de um "mental duplo", no qual as duas partes se juntam e se fundem na morte, é atestada não somente pelo

14 Nevers: cidade francesa. (N.E.).
15 Liège: cidade belga. (N.E.)

hipnotismo experimental, mas também por toda a evolução psíquica.

O simples fato dessa dualidade intelectual, considerada nas relações com o problema das encarnações, nos explica como toda uma parte do "eu", com seu imenso cortejo de impressões e recordações antigas, pode permanecer imersa na sombra no decorrer da vida atual.

Sabemos que a telepatia, a clarividência, a previsão dos acontecimentos são poderes próprios do "eu" profundo e oculto. A sugestão facilita o seu exercício; é um apelo da vontade, um convite às almas fracas e incapazes de sair da prisão e entrar temporariamente mais uma vez na posse das riquezas, das potências que nela dormitam. Os passes magnéticos desfazem os laços que prendem a alma ao corpo físico e provocam o desprendimento. A partir daí a sugestão, pessoal ou estranha, começa a agir, ser exercida com mais intensidade. Sua ação não é somente aplicável ao despertar dos sentidos psíquicos; acabamos de ver que ela também pode reconstituir o encadeamento das recordações gravadas nas profundezas do ser.

Parece que, em certos casos excepcionais, essa ação pode ser exercida até mesmo no estado de vigília. F. Myers[16] fala da faculdade do "subliminal"[17] de evocar estados emocionais desaparecidos na consciência normal e de reviver o passado. Esse fato, diz ele, encontra-se frequentemente nos artistas, cujas emoções rememoradas podem ultrapassar em intensidade as emoções originais.

O mesmo autor emite a opinião de que a teoria mais provável para explicar o gênio é a das reminiscências de Platão[18], com

---

16 F. Myers, *Personnalité humaine*.

17 Subliminar ou subliminal: nesse caso, abaixo do limiar, abaixo de um patamar. Inferior. Em psicologia diz-se que um estímulo é subliminar quando não é suficientemente intenso para que dele o indivíduo tome conhecimento e que só à custa de muitas repetições é que se alcança o efeito desejado. É um dos recursos usados em propaganda (N.E.).

18 Reminiscências de Platão: filosofia de Platão (350 a.C.), filósofo grego. Segundo seu conceito, é a lembrança que a alma guarda de uma vida anterior, junto aos deuses, na qual teve conhecimento da verdade e a visão direta das idéias, do ideal e do belo. Platao compreendia a idéia da reencarnação. Veja em *O Evangelho Segundo o Espiritismo*, Introdução (N.E.).

a condição de baseá-las nos dados científicos estabelecidos em nossos dias.

Esses mesmos fenômenos reaparecem com outra forma em uma ordem de fatos já assinalados. São as impressões de pessoas que sofreram acidentes, mas escaparam da morte. Por exemplo, afogados salvos antes da asfixia completa e outros que sofreram quedas graves. Muitos contam que entre o momento em que caíram e aquele em que perderam os sentidos, todo o espetáculo de sua vida se desenrolou em seu cérebro de uma maneira automática, em quadros sucessivos e retrógrados, com uma rapidez vertiginosa, de segundos, acompanhada de um sentimento moral do bem e do mal, assim como da consciência das responsabilidades expostas.

T. Ribot, o líder do positivismo francês, em sua obra *Les maladies de la mémoire* (*As doenças da memória*), citou diversos fatos que estabelecem a possibilidade de despertar espontâneo, automático, de todas as cenas ou imagens que povoam a memória, particularmente em caso de acidente.

Lembremos, a esse respeito, o caso do almirante Beaufort, extraído do *Jornal de Medicina* de Paris[19]. Ele caiu ao mar e perdeu durante dois minutos os sentidos. Esse tempo foi suficiente para que sua consciência transcendental resumisse toda a sua vida terrestre em quadros reduzidos, de uma nitidez prodigiosa. Todos os seus atos, inclusive as causas, as circunstâncias eventuais e os efeitos desfilaram em seu pensamento. Eis um caso da mesma natureza relatado pelo senhor Cottin, aeronauta:

> "Em sua última ascensão, o balão *Le Montgolfier* levava o senhor Perron, presidente da academia de aerostação[20], como chefe, e F. Cottin, agente administrativo da Associação Científica Francesa.
> "Tendo subido de um salto, o balão, às 16 horas e 24 minutos, elevara-se a 700 metros; foi então que ele furou e começou a descer mais rápido do que tinha subido, e caiu às 16 horas e 27 minutos na casa número 20 do beco do Cavaleiro, em Saint-Ouen. Após

19 Ver *Personnalité humaine,* capítulo 11.
20 Aerostação: ciência que estuda os balões e dirigíveis; balonismo (N.E.)

ter lançado fora tudo o que podia complicar o acidente, diz-nos o senhor Cottin[21], 'uma espécie de quietação, de inércia, talvez, se apossou de mim; mil recordações distantes surgiam, chocavam-se diante de minha imaginação; depois as coisas se acentuavam e o panorama de minha vida se desenrolava diante de meu espírito atento. Tudo era exato: os castelos na Espanha[22], as decepções, a luta pela existência, e tudo isso dentro do momento fatal imposto pelo destino... Quem acreditaria, por exemplo, que eu me vi de novo, com 20 anos, sargento no 22º de Linha, com mochila nas costas e cantando na estrada? Em menos de três minutos vi toda a minha vida desfilar diante de minha memória'."

Esses fenômenos podem ser explicados por um princípio de exteriorização. Nesse estado, assim como na vida espiritual, a subconsciência se une à consciência normal e reconstitui a consciência total, a plenitude do "eu". Por um instante, a associação das ideias e dos fatos se restabelece; a cadeia das recordações se reata. O mesmo resultado pode ser obtido pela experimentação; mas o indivíduo, em sua pesquisa, deve ser ajudado por uma vontade superior à dele em poder, que se associe a ele e estimule seus esforços. Nos fenômenos de transe, esse papel é desempenhado, seja pelo espírito mentor, seja pelo magnetizador, cujo pensamento age sobre o indivíduo como uma alavanca.

As duas vontades combinadas, sobrepostas, adquirem então uma intensidade de vibrações que abalam e ativam as camadas profundas e mais ocultas do subconsciente.

Um outro ponto essencial deve prender a nossa atenção: é o fato, estabelecido por toda a ciência fisiológica, de que existe uma correlação íntima entre o físico e o mental do homem. A

---

21 Extraído de *Le Spiritisme et l'anarchie (O Espiritismo e a anarquia)*, de J. Bouvery.
22 Castelos na Espanha: expressão da língua francesa que corresponde ao nosso "castelos no ar". Ilusões. Coisas irrealizáveis (N.E.).

cada ação física corresponde um ato psíquico e vice-versa. Os dois se registram ao mesmo tempo na memória subconsciente de tal forma que um não pode ser evocado sem que o outro surja imediatamente. Essa concordância se aplica aos menores fatos de nossa existência integral, tanto em relação ao presente quanto em relação aos episódios de nosso passado mais antigo.

A compreensão desse fenômeno, pouco inteligível para os materialistas, nos é facilitada pela consciência do perispírito ou envoltório fluídico da alma. É nele que se gravam todas as nossas impressões, e não no organismo físico, composto de matéria fluente, incessantemente variável em suas células constitutivas.

O perispírito é o instrumento de precisão que registra com fidelidade absoluta as menores variações da personalidade. Todas as ideias do pensamento, todos os atos da inteligência têm nele a sua repercussão. Seus movimentos, seus estados vibratórios distintos deixam nele traços sucessivos e sobrepostos. Certos experimentadores compararam esse modo de registro a um cinematógrafo[23] vivo, sobre o qual se fixam sucessivamente nossas aquisições e recordações. Ele se desenrolaria por uma espécie de desencadeamento ou abalo, causado quer pela ação de uma sugestão estranha, quer por uma autossugestão, ou então em consequência de um acidente, como dissemos anteriormente.

Já a influência do pensamento sobre o corpo nos é demonstrada por fenômenos que podem ser observados em nós mesmos e em outras pessoas. O modo paralica os movimentos; a admiração, a vergonha e o susto provocam a palidez ou o rubor; a angústia nos aperta o coração; a dor profunda faz escorrer nossas lágrimas e pode causar com o tempo uma depressão vital. Aí estão outras tantas provas da ação poderosa da força mental sobre o corpo físico.

---

23 Cinematógrafo: máquina que podia registrar e projetar uma sequência de fotos. Essa máquina só existe atualmente em museus (N.E.).

O hipnotismo, desenvolvendo a sensibilidade do ser, nos demonstra de uma maneira ainda mais clara essa ação reflexa do pensamento. Vimos que a sugestão de uma queimadura pode produzir no indivíduo tantas desordens como a própria queimadura. Provoca-se, pela vontade, a aparição de chagas, cicatrizes etc.[24].

Se o pensamento e a vontade podem exercer tal influência sobre o corpo físico, poderemos compreender que essa influência seja ainda maior e produza efeitos mais intensos quando aplicada à matéria fluídica, imponderável, da qual o perispírito é formado. Menos densa, menos compacta que a matéria física, obedecerá com muito mais facilidade às menores vontades do pensamento. É em virtude dessa lei que os espíritos podem aparecer com uma das formas que tiveram no passado, com todas as características de sua personalidade extinta. Basta que pensem fortemente em uma fase qualquer de sua existência para se mostrarem aos videntes tais como eram na época registrada em sua memória. E, embora a força psíquica necessária lhes seja fornecida por um ou mais médiuns, tornam-se possíveis as materializações.

O coronel De Rochas, em suas experiências, conseguindo isolar o corpo fluídico, demonstrou que ele era a sede da sensibilidade e das recordações[25]. O hipnotismo e a fisiologia[26] combinados nos permitem, de agora em diante, estudar a ação da alma sem o seu envoltório grosseiro e unida ao seu corpo sutil. Logo irão nos fornecer os meios de solucionar os mais delicados problemas do ser. A experimentação psíquica contém a chave de todos os fenômenos da vida; está destinada a renovar inteiramente a ciência moderna, lançando luz viva sobre um grande número de questões obscuras até o presente.

Vamos ver agora, nos fenômenos hipnóticos e particularmente no transe, que as impressões, registradas profundamente

---

24 Ver *No invisível*, capítulo 20.
25 Ver A. de Rochas, *L'extériorisation de la sensibilité* (*A exteriorização da sensibilidade*).
26 Fisiologia: parte da biologia que investiga as funções orgânicas, processos ou atividades vitais, como o crescimento, a nutrição, a respiração etc. (N.E.)

pelo corpo fluídico, formam associações íntimas. As impressões físicas estão ligadas às impressões morais e intelectuais de tal maneira que não se podem chamar umas sem aparecerem as outras. Sua reaparição é sempre simultânea.

Essa correlação íntima do físico e do moral, em sua aplicação nas recordações gravadas em nós, é demonstrada por inúmeras experiências. Citemos primeiro a dos sábios positivistas, que, apesar de suas prevenções a respeito de toda teoria nova, confirmaram-na sem se darem conta disso:

O senhor Pierre Janet, professor de fisiologia na Sorbonne, expõe os fatos a seguir[27]. Ele fez a experimentação em sua paciente, Rosa, adormecida:

"Sugiro a Rosa que não estamos mais em 1888, mas em 1886, no mês de abril, para constatar simplesmente as modificações de sensibilidade que poderiam ser produzidas. Mas eis um acidente bastante estranho. Ela geme, queixa-se de estar cansada e de não poder andar. 'Pois bem, o que tem?' 'Oh! Não é nada... no estado em que me encontro!' 'Que estado?' Ela me responde com um gesto; seu ventre havia crescido de repente e inchou por um acesso súbito de timpanismo[28] histérico. Sem saber, eu a havia transportado a um período de sua vida em que estava grávida.

"Estudos mais interessantes foram feitos com outra paciente, Maria. Por esse meio, pude, fazendo-a voltar sucessivamente a diferentes períodos de sua existência, constatar todos os estados diversos da sensibilidade pelos quais ela passou e as causas de todas as modificações. Assim, ela está agora completamente cega do olho esquerdo e pensa ser assim desde o seu nascimento. Fazendo-a voltar à idade de sete anos, verifica-se que nela ainda existe anestesia no olho esquerdo; mas, se a ela for sugerido que tem seis anos, nota-se que vê bem com os dois olhos e podem-se determinar a época e as circunstâncias bem curiosas nas quais perdeu a sensibilidade do olho esquerdo.

A memória realizou automaticamente um estado de saúde do qual o indivíduo acreditava não ter conservado nenhuma recordação."

---

27 P. Janet, *L'automatisme psychologique (O automatismo psicológico)*
28 Timpanismo: nesse caso, distensão do ventre provocada por gases. Crescimento. Inchação (N.E.).

A possibilidade de despertar na consciência de um indivíduo em transe as recordações esquecidas de sua infância nos conduz logicamente à renovação das recordações anteriores ao nascimento. Essa ordem de fatos foi assinalada pela primeira vez no Congresso Espírita de Paris, em 1900, por experimentadores espanhóis. Eis aqui um resumo do relatório, na sessão do dia 25 de setembro[29]:

> "Estando o médium em sono profundo por meio de passes magnéticos, Fernandez Colavida, presidente do Grupo de Estudos Psíquicos de Barcelona, ordenou-lhe que dissesse o que tinha feito na véspera, na antevéspera, uma semana, um mês, um ano antes e sucessivamente ele o fez voltar até a sua infância e descrevê-la em todos os detalhes.
>
> "Sempre impulsionado pela mesma vontade, o médium contou sua vida no plano espiritual, a sua morte na última encarnação e, continuamente estimulado, chegou até quatro encarnações, das quais a mais antiga tinha sido uma existência totalmente selvagem. A cada existência, os traços do médium mudavam de expressão. Para trazê-lo ao estado habitual, fez-se com que voltasse gradualmente até a sua existência atual e depois foi despertado.
>
> "Algum tempo depois, de improviso, com a intenção de comprovar os fatos, o experimentador fez magnetizar o mesmo indivíduo por outra pessoa, sugerindo-lhe que suas descrições anteriores eram frutos da imaginação. Apesar dessa sugestão, o médium reproduziu a série de quatro existências, como havia feito anteriormente. O despertar das recordações e o seu encadeamento foram idênticos aos resultados obtidos na primeira experiência."

Na mesma sessão desse congresso, Esteve Marata, presidente da União Espírita de Catalunha, declarou ter obtido fatos semelhantes, pelos mesmos processos, ao fazer a experiência em sua própria esposa, em estado de sono magnético. A propósito de uma mensagem dada por um espírito, que tinha

---

29 Ver *Compte Rendu du Congrès Spirite et Spiritualiste de 1900* (*Relatório do Congresso Espírita e Espiritualista de 1900*). Leymarie ed.

relação com uma das suas vidas passadas, pôde despertar na consciência dela os traços de suas existências anteriores.

Desde então essas experiências têm sido tentadas em muitos centros de estudos. Têm-se obtido assim inúmeras indicações sobre o fato das vidas sucessivas da alma. Essas experiências irão provavelmente se multiplicar a cada dia. Notemos, entretanto, que há de se ter uma grande prudência. Os erros e as fraudes são fáceis; devemos recear os perigos. O experimentador deve escolher indivíduos muito sensíveis e bem desenvolvidos. Ele deve ser assistido por um Espírito bastante evoluído para afastar todas as influências estranhas, todas as causas de perturbação e preservar o médium de possíveis acidentes, dos quais o mais grave seria o desprendimento completo, irremediável, a impossibilidade de fazer voltar o espírito a retomar o corpo, o que ocasionaria a separação definitiva, a morte.

É necessário, principalmente, colocar-se em guarda contra os excessos da autossugestão e só aceitar as descrições dentro dos limites em que é possível examiná-las e verificá--las; exigir nomes, datas, pontos de referência, numa palavra, um conjunto de provas que apresentem um caráter verdadeiramente positivo e científico. Seria bom imitar nesse ponto o exemplo dado pela Sociedade de Investigações Psíquicas de Londres e adotar métodos precisos e rigorosos, por exemplo, os que procuraram uma grande autoridade para acompanhar os trabalhos sobre telepatia.

A falta de precaução e de observação das regras mais elementares da experimentação fizeram das incorporações de Hélène Smith um caso obscuro e cheio de dificuldades. Entretanto, no meio da confusão dos fatos assinalados por Th. Flournoy, professor na Universidade de Genebra, entendemos que se deve destacar o fenômeno da princesa hindu Simandini.

A médium em transe reproduziu as cenas de uma de suas existências, vivida na Índia, no século 12. Nesse estado, ela se serviu muitas vezes de palavras sânscritas, língua que ignorava no estado normal. Ela deu, sobre personagens históricos hindus, indicações que não se encontram em nenhuma obra comum, e por elas o professor, após muita pesquisa, obteve a confirmação numa obra de Marlès, historiador pouco conhecido e completamente fora do alcance da paciente. Hélène Smith, no sono sonambúlico, tomou uma atitude impressionante. Eis o que diz o senhor Flournoy num livro que teve grande repercussão[30]:

> "Há em todo o ser, na expressão da sua fisionomia, em seus movimentos, em seu timbre de voz, quando fala ou canta na língua indiana, uma graça lenta, um abandono, uma doçura melancólica, algo de sensual e sedutor que corresponde ao caráter do Oriente.
> "Toda a mímica de Hélène tão diferente e esse falar exótico têm tal caráter de originalidade, de facilidade, de natural, que se pergunta com espanto de onde vem para essa filha das margens do Lemano[31], sem educação artística nem conhecimentos especiais do Oriente, uma perfeição de jogo cênico à qual, sem dúvida, a melhor atriz só chegaria à custa de estudos prolongados ou de uma estada nas margens do Ganges[32]."

Quanto à escrita e à linguagem indostânica empregadas por Hélène, o senhor Flournoy acrescenta que, em suas pesquisas para explicar o conhecimento que ela possuía, "todas as tentativas falharam".

Nós mesmos pudemos observar, durante vários anos, casos semelhantes ao de Hélène Smith. Uma das médiuns do grupo cujos trabalhos dirigíamos reproduzia, no transe, sob a influência do Espírito mentor, cenas de suas diferentes existências. A princípio, foram as da vida atual, no período infantil, com expressões características e emoções juvenis. Depois, vieram episódios de vidas remotas, com mudanças de fisionomia, atitudes, movimentos, reminiscências da meia-idade,

---

30 Th. Flournoy, *Des Indes à la planète Mars*.
31 Lemano: nome que se dá na França ao Lago de Genebra, localizado entre a França e a Suíça (N.E.).
32 Ganges: o mais importante rio da Índia (N.E.).

todo um conjunto de detalhes psicológicos e automáticos bastante diferentes dos hábitos atuais da senhora, bastante honesta e incapaz de alguma simulação, pela qual obtínhamos esses estranhos fenômenos.

O coronel A. de Rochas, antigo administrador da Escola Politécnica, ocupou-se muito dessa espécie de experimentações. Apesar das objeções que podem causar, acreditamos dever relatar algumas de suas experiências, e eis o porquê:

A princípio, encontramos mais uma vez em todos os fatos da mesma ordem provocados por De Rochas essa correlação do físico e do mental que já assinalamos anteriormente e que parece ser a expressão de uma lei. As recordações de fatos anteriores ao nascimento produzem, no organismo dos indivíduos adormecidos, efeitos materiais constatados por todos os assistentes, muitos dos quais eram médicos. Acontece que, ainda que se leve em conta o papel que pode representar, nessas experiências, a imaginação dos indivíduos, ainda que sejam levados em conta os arabescos[33] que ela borda em torno do fato principal, é muito mais difícil atribuir esses efeitos à simples fantasia desses indivíduos dos quais, segundo as próprias expressões do Coronel, "se tem plena certeza de sua boa-fé e de que suas revelações são acompanhadas de características somáticas que parecem provar, de uma maneira absoluta, a sua realidade[34]".

Damos a palavra ao coronel De Rochas:

> "Há muito tempo se sabia que, em algumas ocasiões, especialmente quando se está para morrer, recordações há muito tempo esquecidas se sucedem com uma rapidez extrema no espírito de algumas pessoas, como se diante de sua vista se desenrolassem os quadros de toda a sua vida.

33 Arabesco: ornato de origem árabe no qual se entrelaçam linhas, ramagens, flores, frutos etc. (N.E.).
34 *Revista Espírita*, janeiro de 1907. Ver também a obra do coronel De Rochas *Les vies successives* (*Vidas sucessivas*), Ed. Chacornac, 1911.

"Determinei experimentalmente um fenômeno semelhante sobre indivíduos magnetizados; com a diferença que, em vez de fazer voltar simples recordações, faço os indivíduos tornarem aos estados de alma correspondentes às idades a que os reconduzo, com esquecimento de tudo o que é posterior a essas épocas. Tais transformações se operam com a ajuda de passes longitudinais comuns, que têm como efeito o aprofundamento do sono magnético. As mudanças de personalidade, se assim se podem chamar as diferentes etapas pelas quais passa um mesmo indivíduo, sucedem-se, invariavelmente, de acordo com a ordem dos tempos, fazendo-o voltar ao passado quando se empregam passes longitudinais, para voltar, na mesma ordem, ao presente, quando se recorre aos passes transversais ou despertadores. Enquanto o indivíduo não volta ao estado normal, apresenta a insensibilidade cutânea. Podem-se precipitar as transformações com o auxílio da sugestão, mas é preciso percorrer sempre as mesmas fases e não agir com muita pressa, porque senão provocam-se os gemidos do indivíduo, que diz estar sendo torturado e que não pode seguir-nos.

"Quando fiz meus primeiros ensaios, parava logo que o indivíduo, transportado à primeira infância, não sabia mais me responder; pensava não ser possível ir mais longe. Um dia, contudo, tentei tornar mais profundo o sono continuando os passes, e grande foi minha admiração quando, ao interrogar o dormente, encontrei-me na presença de uma outra personalidade, dizendo ser a alma de um morto que tinha usado tal nome e vivido em tal país. Um novo caminho parecia se abrir: continuando os passes no mesmo sentido, fiz reviver o morto e esse, ressuscitado, percorreu toda sua vida anterior, remontando o curso do tempo. Nesse caso não eram simples recordações que eu despertava, mas estados de alma sucessivos que eu fazia reaparecer.

"À medida que essas experiências se repetiam, essa viagem no passado se efetuava cada vez com mais rapidez, passando sempre exatamente pelas mesmas fases, de maneira que pude assim recuar a diversas existências anteriores sem haver muita fadiga para o paciente e para mim. Todos os indivíduos, quaisquer que fossem suas opiniões no estado de vigília, apresentavam o espetáculo de uma série de individualidades, cada vez menos adiantadas moralmente, à medida que se remontava o curso das idades; em cada existência expiavam-se[35], por uma espécie de pena de talião, as faltas da existência anterior, e o tempo que separava duas encarnações passava-se num meio mais ou menos luminoso, de acordo com o estado de adiantamento do indivíduo.

"Passes que despertavam faziam progressivamente o indivíduo voltar ao estado normal, percorrendo as mesmas etapas, exatamente na ordem inversa.

"Quando verifiquei por mim mesmo e por outros experimentadores que operavam em outras cidades, com outros indivíduos, que não se tratava de simples sonhos decorrentes de causas fortuitas, mas de uma série de fenômenos apresentados de uma maneira regular com todas as características aparentes de uma visão no passado ou no futuro, dediquei-me totalmente a investigar se essa visão correspondia à realidade."

O resultado das pesquisas feitas pelo coronel De Rochas o levou a concluir nestes termos[36]:

"É certo que por meio de operações magnéticas se pode trazer progressivamente a maior parte dos sensitivos a épocas anteriores a sua vida atual, com as particularidades intelectuais e fisiológicas características dessas épocas, e isso até o momento de seu nascimento. Não são lembranças que acordam; são os estados sucessivos da personalidade que são evocados; essas evocações sempre se produzem na mesma ordem e por meio de uma sucessão de letargias[37] e de estados sonambúlicos.

"É certo que, ao continuar essas operações magnéticas, além do nascimento e sem ter necessidade de recorrer a sugestões, faz-se passar o indivíduo por octados semelhantes correspondentes às encarnações anteriores e aos intervalos que separam essas encarnações. O processo é o mesmo das sucessões de letargias e de estados sonambúlicos."

---

35 Expiar: sofrer as consequências de um ato (N.E.).
36 A. de Rochas, *Les vies successives*.
37 Letargia: estado caracterizado por sono profundo e demorado, causado por distúrbios cerebrais ou por perda momentânea do controle cerebral (N.E.)

Convém repetir que as concordâncias que existem entre os fatos constatados por sábios materialistas, hostis ao princípio das vidas sucessivas, tais como Pierre Janet, doutor Pitre, doutor Burot e outros, e os relatados pelo coronel De Rochas nos demonstram que há nesses fatos mais do que sonhos ou romances "subliminais"; há uma lei de correlação que merece estudo atento e contínuo. Foi por isso que nos pareceu necessário insistir nesses fatos.

Em primeiro lugar, convém mencionar uma série de experiências feitas em Paris com Laurent V..., rapaz de 20 anos que cursava a Escola Politécnica e ia se formar em filosofia. Os resultados foram publicados em 1895 nos *Anais das Ciências Psíquicas*. O senhor De Rochas resumiu-os assim[38]:

"Tendo verificado que ele era sensitivo, quis compreender os efeitos fisiológicos e psicológicos que poderiam ser obtidos com a ajuda do magnetismo. Descobri por acaso que, adormecendo-o por meio de passes longitudinais, trazia-o para estados de consciência e de desenvolvimento intelectual correspondentes a idades cada vez menos adiantadas; assim, passava sucessivamente a aluno de retórica[39], de segunda, de terceira classe etc., não sabendo mais nada do que se ensinava nas classes superiores. Acabei por levá-lo ao momento em que aprendia a ler, e ele me deu, em relação à sua professora e aos seus pequenos companheiros de escola, detalhes que havia esquecido completamente quando acordado, mas cuja exatidão foi confirmada por sua mãe.

"Alternando os passes adormecedores e os passes despertadores, fazia-o subir ou descer, de acordo com minha vontade, pelo curso de sua vida."

Com os fatos a seguir, o círculo dos fenômenos se amplia. O coronel acrescenta:

---

38 Memória lida na Academia Delphinale, em 19 de novembro de 1904, por A. de Rochas.
39 Retórica: nesse caso, conjunto de regras relativas à capacidade de falar e exprimir-se com facilidade (N.E.).

"Há pouco tempo encontrei em Grenoble e Voiron[40] três indivíduos que possuíam faculdades semelhantes e cuja realidade pude igualmente verificar. Tive a ideia de continuar os passes adormecedores, após os ter levado à sua mais tenra infância, e os passes despertadores após os ter trazido à sua idade atual. Fiquei muito admirado de ouvi-los narrar sucessivamente os principais acontecimentos de suas existências passadas e seu estado entre duas vidas. As indicações, que não variavam nunca, eram de tal modo precisas que pude fazer indagações. Constatei assim que os nomes de lugares e de famílias que entravam em suas narrativas realmente existiram, embora não se lembrassem de nada quando estavam acordados; mas não pude achar nos atos do estado civil nenhum traço das personagens obscuras que eles teriam vivido."

Extraímos outros detalhes complementares de um estudo do senhor De Rochas, mais extenso que o anterior[41]:

"Esses indivíduos não se conheciam. Uma, chamada Joséphine, tem 18 anos, mora em Voiron e não é casada. A outra, Eugénie, tem 35 anos e mora em Grenoble; é viúva, tem dois filhos e possui uma natureza apática, muito franca e pouco curiosa. Ambas possuem boa saúde e conduta regular. Ao conhecer a família delas, pude verificar a exatidão de suas revelações retrospectivas em inúmeros detalhes que não teriam nenhum interesse para o leitor. Citarei apenas alguns relativos a Eugénie, a fim de dar-lhes apenas uma ideia; são resumos das atas de nossas sessões com o doutor Bordier, diretor da Escola de Medicina de Grenoble:
"Adormecida, transporto-a a alguns anos antes. Vejo uma lágrima escorrer de seus olhos. Ela me diz que tem 20 anos e que acaba de perder um filho.
"... Continuação dos passes. Sobressalto brusco com grito de pavor; viu aparecerem ao seu lado fantasmas de sua avó e de uma de suas tias, falecidas havia pouco tempo. (Essa aparição, que aconteceu na idade a que a levei, havia lhe causado uma impressão muito profunda.)

---

40 Grenoble e Voiron: cidades francesas (N.E.).
41 Ver A. de Rochas, *Les vies successives*. Ed. Chacornac, 1911.

"... Agora ela está com 11 anos. Vai fazer sua primeira comunhão; seus maiores pecados são ter desobedecido algumas vezes à sua avó e, sobretudo, ter tirado alguns trocados do bolso de seu papai. Teve muita vergonha e pediu perdão.

"... Aos 9 anos. Sua mãe falecera havia 8 dias; ela estava bastante triste. Seu pai, tintureiro em Vinay, acabou de mandá-la para a casa de seu avô em Grenoble, para aprender a costurar.

"Aos 6 anos. Está na escola de Vinay e já sabe escrever bem.

"Aos 4 anos. Cuida de sua irmãzinha quando não está na escola. Começa a fazer riscos e a escrever algumas letras.

"Passes transversais, despertando-a, fazem-na passar exatamente pelas mesmas fases e pelos mesmos estados de alma."

O coronel experimenta o que ele chama o "instinto do pudor", em diferentes fases do sono; levanta um pouco o vestido de Eugénie, que, a cada vez, abaixa-o com vivacidade ou lhe dá alguns tapas. "Quando pequena, não reage contra esse procedimento; seu pudor ainda não acordou."

"Joséphine, em Voiron, apresentou os mesmos fenômenos em relação à escrita em diferentes idades. (Seguem-se cinco modelos da escrita mostrando o progresso de sua instrução, dos 4 aos 18 anos.)

"Até agora temos caminhado em terreno firme; observamos um fenômeno fisiológico dificilmente explicável, mas que inúmeras experiências e observações permitem considerar como certo. Vamos agora entrever horizontes novos.

"Deixamos Eugénie no estado de criancinha amamentada por sua mãe. Ao tornar seu sono mais profundo, detectei uma mudança de personalidade. Já não estava viva; flutuava em uma semiobscuridade, não tendo pensamentos, nem necessidades, nem comunicação com ninguém. Depois, recordações ainda mais distantes.

"Ela havia sido antes uma menina que desencarnou muito nova de uma febre causada pela dentição; vê seus pais chorando em volta de seu corpo, do qual se separou muito depressa.

"Procedi depois ao despertar, dando passes transversais. Ao acordar, percorre em sentido inverso todas as fases assinaladas anteriormente e me dá novos detalhes provocados pelas minhas perguntas. Algum tempo antes de sua última encarnação, sentiu que deveria reviver em certa família; aproximou-se daquela que viria a ser sua mãe e que acabava de concebê-la... Entrou, pouco a pouco, 'por baforadas' no pequeno corpo. Até os sete anos viveu, em parte, fora desse corpo carnal que ela via, nos primeiros meses de sua vida, como se estivesse fora dele. Não distinguia bem os objetos materiais que a rodeavam, mas, em compensação, tinha a percepção de espíritos flutuando ao seu redor. Uns, muito brilhantes, protegiam-na contra outros, escuros e malfazejos, que procuravam influenciar seu corpo físico; quando conseguiam isso, provocavam aqueles acessos de raiva que as mamães chamam de manha."

São apresentados longos detalhes muito interessantes sobre outras existências da personalidade que culminam por último em Joséphine; e o senhor De Rochas termina assim:

"É muito difícil conceber como as ações mecânicas, tais como as dos passes, determinam o fenômeno da regressão da memória de uma maneira absolutamente certa até um momento determinado, e essas ações, continuadas exatamente da mesma maneira, mudam bruscamente, nesse momento, o seu efeito, para somente originarem alucinações."

Não acrescentaremos nada a esses comentários com receio de enfraquecê-los. Preferimos passar sem transição a uma outra série de experiências do senhor De Rochas, feitas em Aix-en-Provence, experiências relatadas, sessão por sessão, nos *Anais das Ciências Psíquicas* de julho de 1905[42]:

O indivíduo é uma jovem de 18 anos, desfruta de saúde perfeita e nunca ouviu falar de magnetismo nem de Espiritismo. A senhorita Marie Mayo é filha de um engenheiro francês, falecido no Oriente. Foi educada em Beirute, onde foi confiada aos cuidados de criados do lugar; aprendeu a ler e escrever em árabe. Depois, foi trazida para a França e mora em Aix, com uma tia.

---

42 Ver também seu livro *Les vies successives*.

As sessões tinham como testemunhas o doutor Bertrand, antigo presidente da Câmara Municipal de Aix, médico da família, e o senhor Lacoste, engenheiro, a quem se deve a redação da maior parte das atas. Ocorreram muitas sessões. A enumeração dos fatos ocupa 50 páginas dos *Anais*. As primeiras experiências, realizadas no mês de dezembro de 1904, estavam relacionadas à renovação das recordações da vida atual. A jovem, imersa na hipnose pelo coronel, volta gradualmente ao passado e revive as cenas de sua infância. Ela dá, em diferentes idades, exemplos de sua letra, que podem ser examinados. Aos 8 anos, escreve em árabe e traça caracteres que depois esqueceu.

Obtém-se, a seguir, a renovação das vidas anteriores. Alternadamente, subindo ou descendo o curso de suas existências para chegar à época atual, sob o império dos processos magnéticos que indicamos, o indivíduo passa e torna a passar pelas mesmas etapas, na mesma ordem, direta ou retrógrada, com uma lentidão, diz o coronel, "que torna as explorações difíceis para além de um certo número de vidas e de personalidades".

A simulação não é possível. A senhorita Mayo atravessa os diferentes estados hipnóticos e, em cada um deles, manifesta os sintomas que o caracterizam. Diversas vezes o doutor Bertrand verifica a catalepsia[43], a contratura[44], a insensibilidade completa. Mayo passa a mão sobre uma chama de vela e não sente nada. "Ela não tem nenhuma sensibilidade ao amoníaco. Seus olhos não reagem à luz; a pupila não é impressionada por um candeeiro ou por uma vela colocada rapidamente perto de seu olho ou afastada rapidamente[45]." Em compensação, a sensibilidade a distância fica mais acentuada, o que demonstra, com toda a evidência, o fenômeno da exteriorização. Citemos as atas:

43 Catalepsia: estado caracterizado pela rigidez dos músculos e imobilidade; pode ser provocado por afecções nervosas ou induzidas, por exemplo, pelo hipnotismo (N.E.)
44 Contratura: ato de contrair-se, apertar-se, ficar com os músculos tensos (N.E.)
45 *Anais das Ciências Psíquicas*, julho de 1905.

"Faço subir a Mayo o curso dos anos; ela vai, desse modo, até a época de seu nascimento. Fazendo-a chegar mais longe, ela se lembra do que já viveu, de que se chamava Line, de que morreu afogada, de que se elevou depois ao ar, de que viu seres luminosos com os quais não podia falar. Além da vida de Line, encontra-se de novo na erraticidade, mas em um estado lastimável, pois, antes, havia sido um homem 'que não fora bom'."

Nessa encarnação, chamava-se Charles Mauville. Entrou na vida pública como empregado num escritório em Paris. Havia muitas brigas nas ruas. Ele mesmo tinha matado pessoas e sentia prazer nisso, era mau. Cabeças eram decepadas nas praças.

Aos 50 anos, deixa o escritório, está doente (Mayo tosse) e não tarda a morrer. Pode seguir seu enterro e ouvir as pessoas dizerem "cometeu muitas extravagâncias". Ainda permanece durante algum tempo ligado ao seu corpo. Sofre, é infeliz. Afinal, passa para o corpo de Line.

Outras sessões reconstituem a existência de Line, a bretã: "Torna-se Line de novo... no momento em que se afoga". Imediatamente Mayo faz um movimento brusco na poltrona; vira-se para o lado direito com o rosto nas mãos e permanece assim por alguns segundos. Poderia ser dito que aquela era uma fase do ato que é executado voluntariamente, pois, se Line morre afogada, é um afogamento voluntário, um suicídio, o que dá à cena um aspecto totalmente particular, bem diferente de um afogamento involuntário. Depois, Mayo vira-se bruscamente para o lado esquerdo. Os movimentos respiratórios precipitam-se e tornam-se difíceis; o peito levanta-se com esforço e irregularidade; o rosto exprime ansiedade, angústia; os olhos estão espantados. Ela faz verdadeiros movimentos de deglutição, como se engolisse água, mas contra a sua vontade, pois se vê que resiste. Nesse momento, dá alguns gritos inarticulados; torce-se mais do que se debate e seu rosto exprime um sofrimento tão real que o senhor De Rochas lhe ordena que envelheça algumas horas. Depois lhe pergunta:

"Você se debateu por muito tempo?"

"Sim."

"É uma morte ruim?"

"Sim."

"Onde está?"

"No escuro."

30 de dezembro de 1904 – Existência de Charles Mauville. Mayo descreve uma das fases da doença que o mata. Parece passar por todos os sintomas característicos das doenças do peito: opressão, fortes acessos de tosse. Ela morre e assiste ao seu funeral:

"Havia muitas pessoas no cortejo?"

"Não."

"O que diziam de você? Não diziam bem, não é verdade? Lembravam que você tinha sido um homem mau?"

(Depois de hesitar e bem baixinho):

"Sim."

Em seguida, está no "escuro"; o coronel faz que o atravesse rapidamente e ela reencarna na Bretanha. Vê-se menina, depois jovem, tem 16 anos e ainda não conhece seu futuro marido; aos 18 anos ela o encontra, casa-se pouco depois e vem a ser mãe. Assistimos aqui a uma cena de parto de um realismo surpreendente[46]. A paciente se mexe na poltrona, seus membros se enrijecem, seu rosto se contrai e seu sofrimento parece tão intenso que o coronel lhe ordena que os passe com rapidez.

Ela está com 22 anos, perdeu seu marido em um naufrágio e seu filhinho morreu. Desesperada, afoga-se. Esse episódio, que ela já reproduziu em uma outra sessão, é tão doloroso que o coronel lhe pede para ir mais adiante, o que ela faz, mas não sem experimentar verdadeiro abalo. No "escuro" em que se vê depois, ela não sofre, como dissemos, tanto quanto sofrera no "escuro" depois da morte de Charles Mauville. Ela encarna em sua família atual e volta à idade que tem. A mudança ocorre por meio de passes magnéticos transversais.

31 de dezembro de 1904 – Proponho-me, nessa sessão, obter alguns novos detalhes sobre a personalidade de Charles Mauville e fazer que Mayo chegue até uma vida anterior. Faço rapidamente com que o sono se torne mais profundo por meio de passes longitudinais, até a infância de Mauville. No momento em que o interrogo, tem cinco anos; seu pai é contramestre em uma manufatura, sua mãe está vestida de preto e tem uma touca na cabeça. Continuo a aprofundar o sono.

---

46 Não lhe foi naturalmente revelado esse incidente ao despertar.

Antes de seu nascimento, está na "escuridão". Sofre. Antes, havia sido uma senhora casada com um gentil homem, ligado à corte de Luís XIV; chamava-se Madeleine de Saint-Marc.

Informações sobre a vida dessa senhora: conheceu a senhorita de La Vallière, que lhe era simpática; mal conhece a senhora de Montespan. A senhora de Maintenon lhe desagrada.

"Dizem que o Rei casou-se secretamente com ela."

"Imaginem! É apenas amante dele."

"E o que você pensa a respeito do rei?"

"É um orgulhoso."

"Conhece Scarron?"

"Deus! Como ele é feio!"

"Viu representar Molière?"

"Sim, mas não gosto muito dele."

"Conhece Corneille?"

"É um selvagem."

"E Racine?"

"Conheço principalmente suas obras e gosto muito delas."

Proponho que envelheça para que veja o que irá acontecer mais tarde com ela. Recusa-se. É em vão que ordeno com autoritarismo; só consigo vencer sua resistência com enérgicos passes transversais, dos quais procura fugir por todos os meios.

No momento em que paro, tem 40 anos; deixou a corte; tosse e sente dor no peito. Faço que fale de seu caráter; confessa que é egoísta e ciumenta, que tem ciúme principalmente de mulheres bonitas.

Aos 45 anos, morre de tuberculose pulmonar. Assisto a uma curta agonia e ela entra na escuridão.

Paremos um instante para considerar o conjunto desses fatos, procurar as garantias de autenticidade que apresentam e deles tirar ensinamentos.

Logo de início uma coisa nos impressiona: é, em cada vida renovada, a repetição constante, no decorrer das sessões múltiplas, dos mesmos acontecimentos, na mesma ordem, tanto ascendentes quanto descendentes, de uma maneira espontânea, sem hesitação, erro ou confusão[47].

---

47 Um outro experimentador, senhor A. Bouvier, diz (*Paix universelle de Lyon*, 15

Depois, vem a constatação unânime dos experimentadores na Espanha, em Genebra, Grenoble, Aix etc., constatação que eu mesmo pude fazer sempre que observei fenômenos desse gênero: em cada nova existência que se desenrola, a atitude, o gesto e a linguagem do indivíduo mudam; a expressão do rosto fica diferente, tornando-se mais dura à medida que se recua na ordem do tempo. Vem à tona um conjunto de opiniões, de preconceitos, de crenças em relação à época e ao meio em que essa existência se passou. Quando o indivíduo é uma mulher e passa por uma encarnação masculina, a fisionomia é inteiramente outra, a voz é mais forte, o tom mais elevado, os modos demonstram certa rudeza. As atitudes, os gestos e a linguagem são também muito diferentes quando se atravessa o período infantil.

Os estados físicos e mentais encadeiam-se, ligam-se sempre em uma conexão íntima, completando-se uns aos outros e permanecendo inseparáveis. Cada recordação evocada, cada cena revivida, mobiliza todo um cortejo de sensações e impressões, cômicas ou lastimáveis, de acordo com o caso, mas perfeitamente adequadas à situação. A lei de correlação constatada por Pierre Janet, T. Ribot etc. encontra-se e manifesta-se aqui em todo o seu rigor, com uma precisão mecânica, tanto no que se refere às cenas da vida presente quanto às das vidas anteriores. Essa correlação constante bastaria, por si só, para assegurar às duas ordens de recordações o mesmo caráter de probabilidade. As recordações da existência atual em suas fases primárias, apagadas da memória normal do indivíduo, tendo sido verificadas como exatas, são para umas prova de autenticidade e são igualmente uma forte presunção em prol das outras.

Por outro lado, os indivíduos reproduziram com uma fidelidade absoluta, com uma vivacidade de impressões e de sensações de forma alguma artificiais, cenas tão comoventes

---

de setembro de 1906): "Cada vez que o sujeito torna a passar por uma mesma vida, quaisquer que sejam as precauções tomadas para enganá-lo ou fazê-lo se enganar, permanece sempre a mesma individualidade, com seu caráter pessoal, corrigindo quando necessário os erros dos que o interrogam".

como complicadas: asfixia por imersão, agonias causadas pela tuberculose no último grau, caso de gravidez seguida de parto, com toda uma série de fenômenos físicos correspondentes: sufocações, dores etc.

Acontece que esses indivíduos, quase todos moças de 16 a 18 anos, são, por natureza, muito tímidos e pouco entendidos em matéria científica. Por declaração dos próprios experimentadores, dos quais um é médico da família de Mayo, a incapacidade de simularem essas cenas é notória. Elas não possuem nenhum conhecimento de fisiologia ou de patologia[48] e não foram testemunhas, em sua existência atual, de nenhum incidente capaz de lhes fornecer indicações e ensinamentos sobre fatos dessa natureza49.

Todas essas considerações nos levam a afastar as suspeitas de fraude, artifício ou a hipótese de um simples jogo da imaginação.

Que talento, que arte, qual perfeição de atitude, de gesto e de acentuação não seria necessário despender de maneira contínua, no decorrer de tantas sessões, para imaginar e simular cenas tão realistas, às vezes dramáticas, em presença de experimentadores hábeis em desmascarar a impostura, de práticos sempre em guarda contra o erro ou a mentira? Tal papel não pode ser atribuído a jovens sem nenhuma experiência de vida, tendo recebido uma instrução elementar básica.

Outra coisa: no encadeamento dessas sessões, no destino dos seres, que são o motivo principal, nas peripécias de suas existências, encontramos sempre a confirmação dessa alta lei de causalidade50 ou de consequência de atos, que rege o mundo moral. Certamente não podemos ver nisso um reflexo das opiniões desses indivíduos, visto que não possuem nenhuma noção a tal respeito, por não terem sido preparados

---

48 Patologia: ramo da medicina que se ocupa da natureza e das modificações estruturais e funcionais produzidas pela doença no organismo (N.E.).

49 Essa opinião foi emitida em minha presença, quando estive em Aix, pelo senhor Lacoste e pelo doutor Bertrand.

50 Lei de Causalidade: Lei de Causa e Efeito ou de Ação e Reação pela qual cada um recebe de volta aquilo que tem dado (N.E.).

pelo meio em que viveram nem pela educação que receberam para o conhecimento das vidas sucessivas, como atestam os observadores[51].

Evidentemente, muitos descrentes pensarão que esses fatos ainda são insuficientes para que possa surgir, a partir deles, uma teoria segura e de conclusões definitivas. Poderão dizer que convém esperar para isso uma quantidade mais considerável de provas e de testemunhos. Irão nos apresentar como objeção muitas experiências sem datas precisas com aspecto suspeito, em que sobram contradições e fatos sem autenticidade. Temos, em relação a essas narrativas falsas, a forte impressão de que observadores benévolos tenham sido enganados, mistificados. Mas como as experiências sérias seriam atingidas com isso? Os abusos, os erros praticados aqui e ali, não podem atingir os estudos feitos com um método preciso e um rigoroso espírito de verificação.

Em resumo, acreditamos que os fatos relatados unidos a muitos outros da mesma natureza, que seria supérfluo enumerar aqui, são suficientes para estabelecer a existência, na base do edifício do "eu", de uma espécie de cripta[52] onde se amontoa uma imensa reserva de conhecimentos e de recordações. O longo passado do ser deixou aí seus traços indestrutíveis, que poderão nos contar o segredo das origens e da evolução, o mistério profundo da natureza humana.

Há, diz Herbert Spencer[53], dois processos de construção da consciência: a aprendizagem e a lembrança. Mas é preciso reconhecer que a consciência normal a que ele se refere é apenas uma consciência incerta e limitada, que vacila à beira dos abismos da alma como uma chama intermitente[54], iluminando um mundo oculto onde estão adormecidas forças e imagens, em que se acumulam as impressões recolhidas desde o ponto inicial do ser.

51 Ver sobre esse assunto A. de Rochas, *Les vies successives*.
52 Cripta: galeria subterrânea, caverna, gruta (N.E.).
53 Herbert Spencer (1820-1903): importante filósofo inglês fundador das escolas evolucionista e individualista, materialista de grande repercussão ainda nos nossos dias (N.E.).
54 Intermitente: que apresenta interrupções ou suspensões; não contínuo (N.E.)

E tudo isso, oculto durante a vida pelos véus da carne, revela-se no transe, sai da sombra com tanto mais nitidez quanto mais livre da matéria está a alma e maior é o seu grau de evolução.

❖

Quanto às reservas feitas pelo coronel De Rochas a propósito das inexatidões observadas por ele nas narrações dos hipnotizados, no decorrer de suas investigações, devemos acrescentar uma coisa: não há nada de estranho em relação à possibilidade de terem ocorrido erros, atendendo ao estado mental dos indivíduos e à quantidade de elementos conhecidos e desconhecidos – na hora atual – que entram em jogo nesses fenômenos tão novos para a ciência. Eles poderiam ser atribuídos a três causas diferentes: a lembranças diretas dos indivíduos, a visões ou então a sugestões de origem externa. Em relação ao primeiro caso, notemos que, em todas as experiências que tenham por objetivo colocar em vibração as forças anímicas[55], o ser assemelha-se a um foco que se acende e aviva e que, em sua atividade, projeta vapores e fumos que, de tempos em tempos, encobrem a chama interior. Entretanto, nos indivíduos pouco evoluídos, pouco estimulados, as recordações normais, as impressões recentes irão se misturar com lembranças mais distantes. A habilidade dos experimentadores consistirá em saber separar esses elementos perturbadores, em dissipar as brumas e as sombras, para darem ao foco central sua importância e seu brilho.

Também poderíamos ver nisso os resultados de sugestões exercidas pelos magnetizadores ou por personalidades estranhas. Eis o que diz, sobre esse assunto, o coronel De Rochas[56]:

"Essas sugestões certamente não vêm de mim, que não somente evitei tudo o que poderia colocar o indivíduo num determinado caminho, mas que procurei muitas vezes em vão desviá-lo com

55 Forças anímicas: forças da alma ou da psique (N.E.).
56 *Anais das Ciências Psíquicas*, janeiro de 1906.

diferentes sugestões. O mesmo aconteceu com outros experimentadores que se entregaram a esse estudo.

"Será que essas ideias, segundo a expressão popular, 'andam no ar' e atuam com mais força no espírito do indivíduo separado dos laços do corpo? Até que poderia ser, pois temos notado que todas as revelações dos extáticos[57] se ressentem mais ou menos do meio em que viveram.

"Será que os espíritos, querendo espalhar entre os homens a crença nas encarnações sucessivas, procedem como a *Morale en action* (*Moral em ação*), com a ajuda de pequenas histórias assinadas por pseudônimos para evitar as reivindicações entre os vivos?"

Os espíritos, sendo consultados a tal respeito por via mediúnica, responderam[58]:

"Quando o indivíduo não está livre o suficiente para ler em si mesmo a história de seu passado, passamos então a proceder por quadros sucessivos, que lhe reproduzem, à sua vista, suas próprias existências. São, de fato, visões, e é por isso que nem sempre podem ser exatas.

"Podemos iniciar-vos em vosso passado, sem exatidão quanto a datas e lugares. Não vos esqueçais de que, livres das convenções terrestres, não há mais para nós nem tempo, nem espaço. Vivendo fora desses limites, facilmente cometemos enganos nas coisas ligadas a eles. Consideramos tudo isso coisas mínimas e preferimos falar de vossos atos, bons ou maus, e de suas consequências. Se algumas datas, se alguns nomes não se encontrarem em vossos arquivos, chegais a concluir que é tudo falso. Erro profundo de vosso julgamento! As dificuldades são grandes para vos dar conhecimentos tão precisos quanto o que exigis. Mas, acreditai-nos, não vos canseis em vossas investigações. Esse estudo é o mais nobre de todos. Não sentis que é belo difundir a luz? No entanto, em vosso planeta, passará muito tempo até que as massas compreendam para que aurora devem se dirigir!"

---

57 Extático: que entra em transe. Momento em que o espírito do médium alcança estados de extraordinária independência em relação ao corpo físico e penetra em mundos desconhecidos, enquanto nos sonhos e no sonambulismo o espírito percorre o mundo terrestre. Veja *O Livro dos Espíritos*, questão 455 (N.E.)
58 Comunicação obtida em um grupo de Havre, em junho de 1907.

Seria fácil acrescentar um grande número de fatos que têm ligação com a mesma ordem de investigações.

O príncipe Adam Wisznievski, rua do Débarcardère, 7, em Paris, comunica-nos a experiência que narramos a seguir, relatada pelas próprias testemunhas, algumas das quais só consentiram ser designadas pelas iniciais:

"O príncipe Galitzin, o marquês de B. e o conde de R. estavam reunidos, durante o verão de 1862, nas praias de Hamburgo.

"Uma noite, após terem jantado muito tarde, passeavam no parque do cassino quando perceberam uma pobre deitada num banco. Depois de terem abordado e interrogado a mulher, convidaram-na para comer no hotel. Após se ter alimentado com grande apetite, o príncipe Galitzin, que era magnetizador, teve a ideia de magnetizá-la. Ele conseguiu após vários passes. Qual não foi o espanto das pessoas presentes quando, profundamente adormecida, aquela que, em vigília, só conseguia se exprimir em um péssimo dialeto alemão, começou a falar corretamente em francês, contando que havia reencarnado na pobreza por castigo, por ter cometido um crime em sua vida anterior, no século 18. Ela morava então num castelo na Bretanha, à beira-mar. Por causa de um amante, quis se livrar do marido e empurrou-o para o mar, do alto de um rochedo. Ela indicou o local do crime com grande precisão.

"Graças às indicações que a mulher lhes havia dado, o príncipe Galitzin e o marquês de B. puderam separadamente, mais tarde, dirigir-se à Bretanha, às costas do Norte, fazer investigação sobre o caso, cujos resultados foram idênticos. Tendo questionado diversas pessoas, não conseguiram, de início, colher nenhuma informação. Encontraram enfim uns camponeses já velhos que se lembraram de ter ouvido os pais contarem a história de uma jovem e bela castelã que havia assassinado o marido, atirando-o ao mar. Tudo o que a pobre mulher de Hamburgo havia dito no estado de sonambulismo foi reconhecido como exato.

"O príncipe Galitzin, em seu retorno da França, passando de novo por Hamburgo, indagara do comissário de polícia a respeito dessa mulher. Esse funcionário lhe declarou que ela não tinha nenhuma instrução, só falava um dialeto vulgar alemão, e que vivia apenas de mesquinhos recursos, como meretriz, mulher de soldados."

Podemos ver que a doutrina das vidas sucessivas, ensinada pelas grandes escolas filosóficas do passado e, em nossos dias, pelo Espiritismo da codificação kardecista, recebe, pelos trabalhos de sábios e investigadores, de uma maneira ora direta, ora indireta, novas e numerosas contribuições. Graças à experimentação, as profundezas mais ocultas da alma humana entreabrem-se, e a nossa própria história parece reconstituir-se da mesma maneira que a geologia[59] pôde reconstituir a história do globo, escavando suas possantes bases.

É verdade que a questão ainda permanece pendente. É preciso observar uma extrema reserva em relação às conclusões. Entretanto, apesar das obscuridades que existem, consideramos um dever publicar esses fatos e experiências, a fim de atrair para eles a atenção dos pensadores e provocar novas investigações. Só assim a luz se fará, pouco a pouco, completa em relação a esse problema, assim como se fez em relação a tantos outros.

Em princípio dissemos que o esquecimento das existências anteriores é uma das consequências da reencarnação. Entretanto, esse esquecimento não é absoluto. Em muitas pessoas, o passado renova-se em forma de impressões, ou então de lembranças precisas. Essas impressões às vezes influenciam nossos atos; não vêm nem da educação, nem do meio ou da hereditariedade. Entre elas, podemos classificar as simpatias e as antipatias repentinas, as intuições rápidas, as ideias inatas. Basta examinarmos a nós mesmos, estudarmo-nos com atenção, para encontrar em nossos gostos e tendências, em traços de nosso caráter, muitos vestígios desse passado. Infelizmente, entre nós, são poucos os que se dedicam a esse exame com método e atenção.

Há mais. Podemos citar, em todas as épocas da História, um certo número de homens que, graças a disposições excepcionais de seu organismo psíquico, conservaram lembranças de

---

59 Geologia: ciência cujo objeto de estudo é o conjunto da origem da formação e das sucessivas transformações do globo terrestre (N.E.).

suas vidas passadas. Para eles, a pluralidade das existências não era uma teoria; era um fato de percepção direta.

O testemunho desses homens assume uma importância considerável por terem ocupado, na sociedade de seu tempo, altas posições; quase todos, inteligências superiores, exerceram, na sua época, uma grande influência. A faculdade bastante rara da qual gozavam era, sem dúvida, o resultado de uma imensa evolução. Estando o valor de um testemunho em relação direta com a inteligência e a integridade da testemunha, não podiam passar em branco as afirmações desses homens, alguns dos quais trouxeram na cabeça a coroa da genialidade.

É um fato bastante conhecido que Pitágoras se recordava de pelo menos três de suas existências e dos nomes que usava em cada uma delas[60]: ele declarava ter sido Hermótimo, Eufórbio e um dos Argonautas. Juliano[61], chamado de "o Apóstata", tão caluniado pelos cristãos, mas que foi na realidade uma das grandes figuras da história romana, lembrava-se de ter sido Alexandre da Macedônia.

Empédocles[62] afirmava que, em relação a ele, "lembrava-se até mesmo de ter sido sucessivamente moço e moça[63]".

Segundo Herder, *Dialogues sur la métempsycose (Diálogos sobre a metempsicose)*, devemos acrescentar a esses nomes os de Yarcas e de Apolônio de Tiana.

Na Idade Média, encontramos essa faculdade em Gerolamo Cardano[64].

Entre os modernos, Lamartine[65] declara, em seu livro *Voyage en Orient (Viagem ao Oriente)*, ter tido lembranças bastante claras de um passado distante. Eis seu testemunho:

---

60 *Heródoto* (Hist). Tomo 2, capítulo 123. *Vie de Pythagore (Vida de Pitágoras)*. Diogenes Laerce.
61 Juliano: imperador romano de 301 a 363 d.C., era chamado de "o Apóstata", que significa aquele que abandonou a fé cristã (N.E.).
62 Empédocles: médico, matemático, músico e filósofo grego, viveu em 500 a.C. (N.E.).
63 *Fragment (Fragmento)*. Diogenes Laerce, *Vie d'Empédocle (Vida de Empédocles)*.
64 Gerolamo Cardano (1501-1576): célebre matemático, médico e filósofo italiano (N.E.).
65 Lamartine (1790-1869): poeta, político e diplomata francês (N.E.).

"Na Judeia eu não tinha nem Bíblia, nem bagagem de mão; não tinha ninguém para me dizer o nome dos lugares e o nome antigo dos vales e dos montes. Contudo, logo reconheci o vale de Terebinto e o campo de batalha de Saul. Quando estivemos no convento, os padres me confirmaram a exatidão de minhas previsões. Meus companheiros não podiam acreditar. Do mesmo modo, em Séfora, eu havia apontado com o dedo e designado pelo nome uma colina que tinha no alto um castelo arruinado como o lugar provável do nascimento da Virgem. No dia seguinte, aos pés de um monte árido, reconheci o túmulo dos Macabeus[66] e falava a verdade sem o saber. Excetuando os vales do Líbano, quase não encontrei na Judeia um lugar ou algo que não fosse para mim como uma lembrança. Temos então vivido duas ou mil vezes? Nossa memória é, então, apenas uma imagem desbotada que o sopro de Deus aviva?"

Em Lamartine, a concepção das vidas múltiplas do ser era tão viva que ele tinha a intenção de fazer disso uma ideia dominante, a inspiradora por excelência de suas obras. *La chute d'un ange (A queda de um anjo)* era, em seu pensamento, o primeiro elo, e *Jocelyn*, o último de uma série de obras que deviam encadear-se umas às outras e traçar a história de duas almas prosseguindo, através dos tempos, pela evolução dolorosa. As agitações da vida política não lhe deixavam tempo para prender umas às outras as contas desse rosário de obras-primas[67].

Joseph Méry[68] estava compenetrado nas mesmas ideias. O *Jornal Literário*, do dia 25 de novembro de 1864, sobre sua vida, dizia o seguinte:

---

66 Macabeus: sete irmãos e sua mãe, no ano 168 a.C., quando os judeus se achavam sob o domínio de Antioco Epifânio, rei da Síria, foram sacrificados por se recusarem a comer carne de porco e assim renunciar à sua fé em Moisés, que lhes proibia tal alimento. Os macabeus eram uma família da Judeia antiga, da tribo dos asmoneus, que pelo seu nacionalismo e fé se distinguiram e tiveram participação gloriosa em muitos episódios do seu povo, pelo que até hoje ainda são celebrados (N.E.).

67 Ver Petit de Julleville, *Histoire de la littérature française (História da literatura francesa)*, tomo 7. This is the way

68 Joseph Méry (1798-1856): poeta e romancista francês, celebrizou-se pela criatividade das suas obras (N.E.).

"Há teorias singulares que, para ele, são convicções. Assim, acredita firmemente que viveu diversas vezes; ele se lembra das menores circunstâncias de suas existências anteriores e as descreve com um tom de certeza tão forte que se impõe como autoridade. Assim, foi um dos amigos de Virgílio e de Horácio; conheceu Augusto[69] e Germânico[70]; fez a guerra nas Gálias e na Germânia. Era general e comandava as tropas romanas quando atravessaram o Reno. Ele se reconhece nas montanhas e sítios onde acampou, nos vales e campos de batalha em que outrora combateu. Chamava-se Mínias. Aqui se passa um episódio que parece estabelecer bem o fato de tais recordações não serem simples miragens de sua imaginação.

"Um dia, em sua vida atual, ele estava em Roma e visitava a biblioteca do Vaticano. Foi recebido por jovens noviços, usando longos hábitos escuros, que começaram a falar com ele no mais puro latim. Méry era bom latinista em tudo quanto dizia respeito à teoria e às coisas escritas, mas nunca havia experimentado conversar familiarmente na língua de Juvenal[71]. Ao ouvir esses romanos de hoje e admirar esse magnífico idioma, tão bem harmonizado com os costumes da época em que era utilizado com os monumentos, pareceu-lhe que um véu caía-lhe dos olhos e que ele mesmo, em outros tempos, havia conversado com amigos que se serviam dessa linguagem divina. Frases inteiras e corretas saíam de seus lábios; imediatamente encontrou a elegância e a correção; falou finalmente latim, como falava francês. Tudo isso não poderia ser feito sem uma aprendizagem e, se ele não tivesse sido súdito de Augusto, se não tivesse atravessado esse século de todos os esplendores, não teria improvisado um conhecimento impossível de adquirir em algumas horas."

O *Jornal Literário*, ainda a respeito de Méry, continua:

---

69 Augusto (63 a.C. a 14 d.C.): imperador romano dos mais extraordinários. Apesar de sua saúde frágil, durante o seu reinado Roma alcançou o período mais esplendoroso de vida em todos os setores, especialmente nas artes, na arquitetura e também na sua expansão territorial. Foi durante o seu reinado que nasceu Jesus (N.E.).
70 Germânico: célebre general romano do reinado de Augusto (N.E.).
71 Juvenal (125 a 42 a.C.): poeta satírico latino (N.E.).

"Sua outra passagem pela Terra se deu nas Índias: eis a razão pela qual, quando publicou *La Guerre du Nizan* (*A Guerra do Nizan*), nenhum de seus leitores duvidou de que ele houvesse morado por tanto tempo na Ásia. Suas descrições são muito vivas e seus quadros, muito originais. Ele faz tocar com os dedos os menores detalhes. É impossível que não tenha visto o que conta; o caráter da verdade está presente em tudo isso.

"Pretende ter entrado nesse país com a expedição muçulmana, em 1035. Lá viveu 50 anos, passou belos dias e se fixou para nunca mais sair, continuou a ser poeta, mas menos dedicado às letras do que em Roma e em Paris. Guerreiro nos primeiros tempos, visionário mais tarde, guardou em sua alma as imagens surpreendentes das margens do rio sagrado e dos sítios hindus. Tinha muitas moradas na cidade e no campo, orou no templo dos elefantes[72], conheceu a civilização avançada de Java, viu esplêndidas ruínas que ele assinala e que ainda são tão pouco conhecidas.

"É preciso ouvi-lo cantar seus poemas, porque são verdadeiros poemas essas lembranças a Swedenborg. Ele é bastante sério, não duvideis disso. Não há mistificação feita à custa de seus ouvintes. É uma realidade da qual consegue vos convencer."

Paul Stapfer, em seu livro intitulado *Victor Hugo à Guernesey* (*Victor Hugo em Guernesey*), conta suas palestras com o grande poeta. Este lhe falava de sua crença nas vidas sucessivas. Ele acreditava ter sido Ésquilo,[73] Juvenal etc. É preciso reconhecer que essas palavras não brilham por excesso de modéstia e que possuem poucas provas demonstrativas.

O filósofo sutil e profundo que foi Amiel[74] escrevia:

"Quando penso nas intuições de todas as naturezas que tive desde minha adolescência, parece-me que vivi muitas dúzias e até centenas de vidas. Toda individualidade caracteriza esse mundo idealmente em mim ou, antes, forma-me momentaneamente à sua

---

72 Templo dos elefantes: templo sagrado da Índia (N.E.)
73 Ésquilo (525-426 a.C.): sábio grego. Dramaturgo, criador da tragédia grega. Gênio da literatura (N.E.).
74 Henri Frédéric Amiel (1821-1881): poeta, escritor e filósofo suíço de grande profundidade e pureza de pensamento (N.E.).

imagem. É assim que fui matemático, músico, frade, filho, mãe etc. Nesses estados de simpatia universal, fui até mesmo animal e planta."

Théophile Gautier, Alexandre Dumas, Ponson du Terrail e muitos outros escritores modernos compartilhavam dessas convicções. Gustave Flaubert[75], em sua *Correspondance* (*Correspondência*), escreve isto:

"Tenho certeza de ter sido no Império romano diretor de alguma trupe de comediantes ambulantes... e, ao reler as comédias de Plauto, surgem para mim como que recordações".

Às lembranças de homens ilustres, na maior parte, é preciso acrescentar as de um grande número de crianças.

Aqui, o fenômeno se explica facilmente. A adaptação dos sentidos psíquicos ao organismo material, a partir do nascimento, opera-se lenta e gradualmente. Só é completa por volta dos sete anos, e mais tarde ainda em certos indivíduos.

Até essa época, o espírito da criança, flutuando ao redor de seu envoltório, ainda vive, até certo ponto, a vida do espaço. Ele goza de percepções, de visões que, às vezes, impressionam com fugitivos vislumbres o cérebro físico. Foi assim que pudemos recolher de certas bocas juvenis alusões a vidas anteriores, descrições de cenas e de personagens que não têm nenhuma relação com a vida atual deles.

Essas visões, essas lembranças desfazem-se geralmente ao chegar à idade adulta, quando a alma entra em plena posse dos seus órgãos terrestres. Então, é interrogada, em vão, a respeito dessas lembranças, que desaparecem rapidamente. Toda transmissão das vibrações perispirituais terminou; a consciência profunda emudeceu.

---

75 Gustave Flaubert (1821-1880): renomado romancista francês, questionador e polêmico (N.E.)

Até agora, não demos a essas revelações toda a atenção que merecem. Os pais que ficam inquietos por causa de manifestações consideradas estranhas e anormais, em vez de provocá-las, procuram, pelo contrário, impedi-las. A ciência perde, assim, úteis indicações. Se a criança, quando tenta traduzir em sua linguagem singela e confusa as vibrações fugitivas de seu cérebro físico, fosse animada, interrogada, em vez de ser repelida, ridicularizada, seria possível obter esclarecimentos de certo interesse em relação ao passado, ao passo que atualmente são perdidos na maioria dos casos.

No Oriente, onde a doutrina das vidas sucessivas está presente em toda parte, dá-se mais importância a essas lembranças. Elas são recolhidas e constatadas na medida do possível e, muitas vezes, a exatidão é verificada. Eis aqui uma prova dentre mil:

Uma correspondência de Simla (Índias Orientais) ao *Daily Mail*[76] conta que um menino, nascido no distrito, era considerado a reencarnação do falecido senhor Tucker, superintendente da comarca, assassinado em 1894 por desordeiros. O menino recorda-se dos menores incidentes de sua vida anterior. Quis visitar vários lugares familiares ao senhor Tucker. No local do homicídio, começou a tremer e deu todas as indicações de terror. "Esses fatos são muito comuns em Burma" – acrescenta o jornal –, "onde os reencarnados que se lembram de seu passado têm o nome de *winsas.*"

O senhor C. de Lagrange, cônsul da França, escrevia de Vera Cruz (México) à *Revista Espírita*, em 14 de julho de 1880[77]:

> "Há dois anos tínhamos, em Vera Cruz, um menino de sete anos que possuía a faculdade de médium curador[78]. Diversas pessoas foram curadas, seja pela imposição de suas mãos, seja com a ajuda de remédios vegetais que ele receitava e que afirmava conhecer. Quando lhe perguntavam onde tinha aprendido essas

---

76 Reproduzida por *Matin* e *Paris-Nouvelles*, de 8 de julho de 1903, sob o título de Uma Reencarnação, correspondência de Londres, 7 de julho.
77 *Revista Espírita*, 1880.
78 Médium curador: aquele que tem o dom de curar ou de aliviar a dor, geralmente pela imposição das mãos ou pela prece (N.E.).

coisas, respondia que, quando era adulto, era médico. Portanto, essa criança tem a lembrança de uma existência anterior.

"Falava com dificuldade. Seu nome era Jules Alphonse, nascido em Vera Cruz. Essa surpreendente faculdade se desenvolveu nele com a idade de quatro anos. Muitas pessoas que primeiramente eram incrédulas se impressionaram e hoje estão convencidas. Quando estava sozinho com os pais, repetia-lhes muitas vezes: 'Pai, não acredites que ficarei muito tempo contigo; estou aqui apenas por alguns anos, uma vez que é preciso que eu vá para outro lugar.' E se lhe perguntavam: 'Mas onde queres ir?' 'Longe daqui' – respondia – 'e onde é melhor do que aqui'.

"Este menino era muito sóbrio, grande em todas as suas ações, perspicaz e muito obediente. Depois de algum tempo morreu."

O *Bannerof Light*, de Boston, de outubro de 1892, publicou a seguinte narrativa do honorável Isaac G. Forster, inserida igualmente pelo *Globe Democrat*, de Saint-Louis, em 20 de setembro de 1892, no *Brooklyn Eagle* e no *Milwaukee Sentinel*, de 25 de setembro de 1892:

"Há 12 anos morava no condado de Effingham (Illinois) e perdi uma filha, Maria, quando ela entrava na puberdade. No ano seguinte fixei residência em Dakota. Aí nasceu, há nove anos, uma nova filhinha, que chamamos de Nellie. Assim que ela atingiu a idade de falar, fingia que não se chamava Nellie e sim Maria; dizia que esse era o seu verdadeiro nome, que era o nome que lhe tínhamos dado antigamente.

"Recentemente voltei ao condado de Effingham para cuidar de alguns negócios e levei Nellie comigo. Ela reconheceu nossa antiga residência e muitas pessoas que nunca tinha visto, mas que minha primeira filha, Maria, havia conhecido muito bem. A dois quilômetros da casa havia a escola que Maria frequentava. Nellie, que nunca a tinha visto, fez uma descrição exata e manifestou o desejo de revê-la. Eu a conduzi e, uma vez lá, ela se dirigiu diretamente para a carteira que sua irmã ocupava, me dizendo: 'Esta é a minha carteira!'"

O *Journal des Débats* de 11 de abril de 1912, em seu folhetim científico assinado por Henri de Varigny, cita um caso semelhante colhido na obra do senhor Fielding Hall, que se dedicou a longas pesquisas sobre essa questão:

"Há cerca de meio século, duas crianças, um menino e uma menina, nasceram no mesmo dia, na mesma aldeia, na Birmânia. Mais tarde casaram-se e, depois de terem formado uma família e praticado todas as virtudes, morreram no mesmo dia.

"Tempos turbulentos sobrevieram e dois jovens de sexos diferentes tiveram de fugir da aldeia onde o primeiro episódio se desenrolou. Foram se estabelecer em outro lugar e tiveram dois filhos gêmeos que, em vez de se chamarem por seus nomes próprios, davam-se entre eles os nomes do casal virtuoso e morto do qual falamos.

"Os pais se espantaram, mas compreenderam logo. Para eles, o casal virtuoso encarnou em seus filhos. Quiseram tirar a prova. Conduziram-nos à aldeia onde o casal havia nascido. Eles reconheceram tudo: estradas, casas, pessoas, até as roupas do casal, conservadas sem que se dissesse a razão. Um se lembrou de ter emprestado duas rupias[79] para uma pessoa, que ainda vivia; ela confirmou o fato.

"O senhor Fielding Hall, que viu as duas crianças quando tinham seis anos, achava em uma a aparência mais feminina; esta abrigava a alma da mulher já morta. Antes da reencarnação, diziam eles, viveram algum tempo sem corpo, nos ramos das árvores. Mas essas lembranças longínquas se tornaram cada vez menos nítidas e se apagaram pouco a pouco."

Essa percepção das vidas anteriores se encontra também, excepcionalmente, em alguns adultos.

O doutor Gaston Durville, no *Psychic Magazine*, número de janeiro a abril de 1914, conta um caso notável de recordações no estado de vigília.

A senhora Laure Raynaud, conhecida em Paris por suas curas por meio do magnetismo, afirmava, havia muito tempo, que se lembrava de uma outra vida passada em um lugar que

---

79 Rupia: nome da moeda da Índia (N.E.).

ela descrevia e que dizia reencontraria um dia. Ela declarava ter vivido em condições claramente determinadas (sexo, categoria social, nacionalidade etc.) e desencarnado há certo número de anos, em consequência de uma moléstia. Testemunhos precisos foram recolhidos a esse respeito.

A senhora Raynaud, em viagem à Itália em março de 1913, reconheceu o país em que tinha vivido. Percorreu os arredores de Gênova e encontrou sua residência como a tinha descrito. "Graças à ajuda do senhor Calaure, um psiquista erudito de Gênova, encontramos" – disse o doutor –, "nos registros da paróquia de São Francisco de Albaro, um registro de óbito que foi o da senhora Raynaud nº 1."

Todas as declarações feitas por ela muitos anos antes (sexo, condição social, nacionalidade, idade e causa da morte) foram confirmadas.

Os testemunhos que nos chegam do mundo invisível são tão numerosos quanto variados. Não só espíritos em grande número afirmam em suas mensagens terem vivido muitas vezes na Terra; mas há os que anunciam com antecedência a sua reencarnação. Eles dizem seu futuro sexo e a época de seu nascimento; fornecem alguns detalhes sobre a própria aparência física ou disposições morais, que permitem reconhecê-los na sua volta a este mundo; preveem ou anunciam particularidades de sua próxima existência, o que se tem podido verificar.

A revista *Filosofia della Scienza* (*Filosofia da Ciência*), de Palermo, número de janeiro de 1911, publicou, sobre um caso de reencarnação, uma narrativa do mais alto interesse, que resumimos a seguir. É o chefe da família na qual os acontecimentos se passaram, o doutor Carmelo Samona, de Palermo, que fala:

"Perdemos, em 15 de março de 1910, uma filhinha que minha mulher e eu adorávamos. Para minha companheira, o desespero foi tal que por um momento receei que ela perdesse a razão. Três dias após a morte de Alexandrine, minha mulher teve um sonho em que acreditou ver a criança lhe dizer: 'Mãe, não chores mais, eu não te abandonei; não me afastei de ti: ao contrário, voltarei a ti como filha'.

"Três dias mais tarde, a repetição do mesmo sonho. A pobre mãe, a quem nada podia diminuir a dor, e que não tinha, naquela época, nenhuma noção do Espiritismo, encontrava nesses sonhos apenas uma nova razão para reavivar a sua dor. Uma manhã, em que se lamentava como de costume, se fizeram ouvir três batidas secas à porta do quarto onde nos encontrávamos. Acreditando ser a chegada de minha irmã, meus filhos, que estavam conosco, foram abrir a porta dizendo: 'Tia Catherine, entre'. Para nós foi uma grande surpresa constatar que não havia ninguém atrás dessa porta, nem na sala que a precedia. Foi então que resolvemos começar as sessões de tiptologia[80], na esperança de que talvez por esse meio tivéssemos alguns esclarecimentos sobre o fato misterioso dos sonhos e das batidas que nos preocupavam tanto. Continuamos nossas experiências durante três meses com uma grande regularidade.

"Desde nossa primeira sessão, duas entidades se manifestaram: uma dizia ser minha irmã, a outra nossa querida filha. Esta última confirmou sua aparição nos dois sonhos de minha mulher e revelou que as pancadas tinham sido feitas por ela e repetiu ainda à sua mãe: 'Não te aflijas mais, pois nascerei de novo por ti, e antes do Natal'. A predição foi acolhida por nós com total incredulidade, porque um acidente seguido de operação (21 de novembro de 1909) tornava impossível outra gravidez para minha mulher. E, entretanto, em 10 de abril, uma primeira suspeita de gravidez se revelou para ela. Em 4 de maio seguinte, nossa filha se manifestou ainda pela mesa e nos deu um novo aviso: 'Mãe, há uma outra em ti'. Como não compreendíamos essa frase, a outra entidade, que,

---

80 Tiptologia: comunicação dos espíritos por meio de batidas ou apontamento de letras e números previamente fixados numa cartolina. Foram assim as primeiras comunicações dos espíritos em Hydesville (Estados Unidos) às meninas Fox, em 1848. Margaret, de 14 anos, e Kate, de 11, acabaram por desencadear o que se conhece hoje por espiritualismo moderno. Daí se partiu para as mesas girantes, que acabaram por originar a Codificação Espírita por Allan Kardec. Porém, devemos considerar que as batidas (tiptologia) e os demais fatos espíritas são tão antigos quanto o homem (N.E.)

parece, acompanhava sempre nossa filha, confirmou-a, comentando assim: 'A pequena não se engana: um outro ser se desenvolve em ti, minha cara Adèle'.

"As comunicações que se seguiram confirmaram todas essas declarações e até mesmo as indicaram com exatidão, ao anunciar que as crianças que deveriam nascer seriam meninas; que uma delas pareceria com Alexandrine e seria até mesmo um pouco mais bela do que ela tinha sido anteriormente. Apesar da incredulidade persistente de minha mulher, as coisas pareceram tomar o caminho anunciado, pois, em meados de agosto, o doutor Cordaro, parteiro renomado, anunciou a gravidez de gêmeos.

"E a 22 de novembro de 1910, minha mulher deu à luz duas filhinhas, sem semelhança entre si. Uma, entretanto, reproduzia em seus traços as particularidades físicas bem especiais que caracterizavam a fisionomia de Alexandrine, ou seja, uma hiperemia[81] no olho esquerdo, uma leve seborreia no ouvido direito, enfim, uma dessimetria[82] pouco marcada da face."

E, com o apoio de suas declarações, o doutor Carmelo Samona traz os atestados de sua irmã, Samona Gardini, do professor Wigley, da senhora Mercantini, do marquês Natoli, da princesa Niscomi, do conde de Ranchileile, todos que iam ficando a par, à medida que as comunicações obtidas na família do doutor Carmelo Samona se produziam.

Desde o nascimento dessa criança, dois anos e meio se passaram e o doutor Carmelo escreveu à *Filosofia della Scienza* que a semelhança entre a primeira e a segunda Alexandrine fez apenas se confirmar não só no físico, mas principalmente na moral. As mesmas atitudes e brincadeiras calmas, as mesmas formas de carinho com a sua mãe; os mesmos terrores infantis expressos nos mesmos termos, mesma tendência irresistível a usar a mão esquerda, o mesmo modo de pronunciar os nomes daqueles que a rodeiam. Como a primeira Alexandrine, ela abre o armário dos sapatos todas as vezes que pode entrar no quarto onde esse móvel se encontra, calça um pé e passeia triunfalmente pelo quarto. Em uma palavra, ela refaz de modo absolutamente

81 Hiperemia: congestão sanguínea de um órgão (N.E.)
82 Dessimetria: nesse caso, falta de proporcionalidade em tamanho e forma entre os dois lados do rosto (N.E.).

idêntico a existência, na idade correspondente, da primeira Alexandrine.

Não se nota nada de semelhante em Maria Pace, sua irmã gêmea.

Compreende-se todo o interesse que apresenta uma observação dessa ordem, seguida durante anos por um investigador do valor do doutor Carmelo.

O senhor Jaffeux, advogado do Supremo Tribunal de Justiça de Paris, comunicava-nos o seguinte fato (5 de março de 1911):

"Desde o início de 1908, tinha como mentor uma mulher que tinha conhecido em minha infância e da qual todas as comunicações apresentavam um caráter de rara precisão: nomes, endereços, cuidados médicos, predições de ordem familiar etc. Em meados de junho de 1909, transmiti a essa entidade, da parte de Père Henri, diretor espiritual do grupo, o conselho de não prolongar indefinidamente uma permanência estacionária no espaço. Nessa época, a entidade respondeu-me: 'Tenho a intenção de reencarnar; terei sucessivamente três reencarnações muito breves'. Para o mês de outubro de 1909, ela anunciou espontaneamente que ia reencarnar em minha família e me indicou o local dessa reencarnação: uma aldeia da região de Eure-et-Loir. Tinha, de fato, uma prima grávida lá, naquele momento. Então, fiz a seguinte pergunta:

"'Por meio de que sinal a poderei reconhecer?' 'Terei uma cicatriz de dois centímetros do lado direito da cabeça.' Em 15 de novembro a mesma entidade me avisou que deixaria de se comunicar a partir do mês de janeiro e seria substituída por um outro espírito. Procurei, a partir desse momento, dar a essa prova toda a sua importância e nada me seria mais fácil, depois de constatar oficialmente a predição, de conseguir um certificado médico do nascimento da criança. Infelizmente, encontrava-me na presença de uma família que manifestava uma hostilidade agressiva contra o Espiritismo. Eu estava desarmado.

"No mês de janeiro de 1910, a criança nasceu, com uma cicatriz de dois centímetros do lado direito da cabeça, e tem agora 14 meses."

O senhor Warcollier, engenheiro químico em Paris, relata o seguinte fato na *Revue Scientifique et Morale* (*Revista Científica e Moral*) de fevereiro de 1920:

"A senhora B. pertencia a uma família aristocrática com ideais da nobreza, e me foi apresentada por uma pessoa de minha família, a senhora Viroux. Ela tinha perdido durante a guerra um filho que particularmente amava; ainda lhe restam outros filhos, sendo que um deles é uma filha casada, da qual falaremos a seguir. Os detalhes relativos a esse caso são conhecidos de todos os amigos da senhora B., que haviam sido informados sobre o assunto no decorrer dos acontecimentos. Alistado voluntário no início da guerra, seu filho ganhou rapidamente os galões de subtenente, mas foi morto em combate. A mãe teve um sonho no qual viu o local preciso, um planalto da estrada de ferro, onde o corpo de seu filho estava morto. Graças a esse sonho, ela encontrou os despojos do rapaz e os enterrou no cemitério da aldeia vizinha.

"Alguns meses depois teve um outro sonho e viu seu filho, que lhe dizia: 'Mamãe, não chores, vou voltar, não para ti, mas para minha irmã'. Ela não compreendeu o sentido dessas palavras; mas sua filha teve um sonho semelhante, no qual via seu irmão novamente criança brincando em seu próprio quarto. Nem uma nem outra pensava ou acreditava em reencarnação. A filha da senhora B., que nunca tivera filhos, desolava-se a esse respeito. Mas logo depois ela ficou grávida.

"Na noite que precedeu o nascimento, a senhora B. reviu seu filho em sonho. Ele lhe falou ainda de seu retorno e lhe mostrou um bebê recém-nascido que tinha os cabelos negros, que ela reconheceu perfeitamente quando o recebeu em seus braços algumas horas mais tarde. A senhora B. convenceu-se, mediante mil detalhes psicológicos e por traços curiosos de caráter, que essa criança era realmente seu filho reencarnado e, entretanto, afirma que antes não era reencarnacionista; era católica de nascimento e, por sua classe, totalmente simpatizante do clero; confessou que era absolutamente cética[83], talvez até um pouco ateia, e nunca tinha frequentado nem os espíritas nem os teósofos[84]."

---

83 Cético: que duvida de tudo, descrente (N.E.).
84 Teósofo: pessoa que segue a teoria teosófica, que é um conjunto de doutrinas religioso-filosóficas que têm por objeto a união do homem com a divindade (N.E.).

Indicamos neste capítulo as causas físicas do esquecimento das vidas anteriores. Ao terminá-lo, não será conveniente nos colocar num outro ponto de vista e de nos perguntar se esse esquecimento não se justifica por uma necessidade de ordem moral? A lembrança do passado não nos parece desejável para a maioria dos homens, frágeis *canas pensantes*[85] que se agitam ao sopro das paixões. Ao contrário, parece indispensável para o seu adiantamento que as vidas anteriores sejam momentaneamente apagadas de sua memória.

A persistência das lembranças acarretaria a persistência das ideias errôneas, dos preconceitos de casta, do tempo e do meio; em uma palavra, de toda uma herança mental, de todo um conjunto de visões e de coisas o qual nos custaria muito mais a modificar, a transformar quanto mais vivo estivesse em nós. Encontraríamos aí muitos obstáculos à nossa educação, ao nosso progresso; nossa capacidade de julgar seria muitas vezes falseada desde o nascimento. O esquecimento, ao contrário, ao nos permitir aproveitar mais amplamente os estados diferentes que uma nova vida nos proporciona, nos ajuda a reconstruir nossa personalidade sobre um plano melhor; nossas faculdades e nossas experiências ganham em extensão e em profundidade.

Outra consideração ainda mais séria: o conhecimento de um passado corrupto, sórdido, como deve ser o caso para muitos entre nós, seria um fardo pesado a carregar. É preciso uma vontade fortemente aguçada para ver sem vertigem um longo caminho de erros, de fraqueza, de atos vergonhosos, talvez de crimes, para pesar as consequências disso e se resignar a sofrê-las. A maioria dos homens da atualidade é incapaz de tal esforço. A lembrança das vidas anteriores pode ser proveitosa apenas ao espírito muito evoluído, bastante senhor de si mesmo para suportar o peso disso sem fraquejar, desligado das coisas humanas o bastante para contemplar com serenidade o espetáculo de sua história, reviver as dores

---

85 Canas pensantes ou caniços pensantes: expressão do físico, matemático, geômetra, escritor e filósofo francês Blaise Pascal (1623-1662) (N.E.)

e as injustiças sofridas, as traições dos que amou. É um privilégio doloroso conhecer as vidas desperdiçadas, um passado de sangue e de lágrimas; é também uma causa de torturas morais, de tumultos interiores.

As visões que se reúnem a isso seriam, na maior parte dos casos, uma fonte de cruéis inquietações para a alma frágil, presa nas teias de seu destino. Se nossas vidas anteriores foram felizes, a comparação entre as alegrias que nos deram e as amarguras do presente tornaria as outras insuportáveis. Foram culpadas? A contínua expectativa dos males que elas originam paralisaria a nossa ação, tornaria a nossa existência improdutiva. A persistência dos remorsos, a lentidão de nossa evolução nos fariam acreditar que a perfeição é inatingível!

Quantas coisas não gostaríamos de apagar de nossa existência atual, que são outros tantos obstáculos à nossa paz interior, entraves à nossa liberdade! O que seria se os séculos percorridos se desenrolassem sem parar, em todos os seus detalhes, diante de nossos olhos! O que importa trazer consigo são os frutos úteis do passado, ou seja, os valores, as capacidades adquiridas; aí está o instrumento do trabalho, o meio de ação do espírito. É também tudo o que constitui o caráter, o conjunto das qualidades e dos defeitos, dos gostos e das aspirações, tudo o que da consciência profunda se manifesta na consciência normal.

O conhecimento integral das vidas passadas apresentaria inconvenientes terríveis, não somente para o indivíduo, mas também para a coletividade. Introduziria na vida social elementos de discórdia, fermentos de ódio que agravariam a situação da humanidade e atrapalhariam todo o progresso moral. Todos os criminosos da História, reencarnados para expiar, seriam desmascarados; as vergonhas, as traições, as deslealdades, as crueldades de todos os séculos seriam novamente expostas aos nossos olhos. O passado acusador, conhecido de todos, tornaria a ser uma causa de profunda divisão e de terríveis sofrimentos.

O homem que vem para este mundo para agir, desenvolver suas faculdades, conquistar novos méritos, deve olhar para a frente e não para trás. O futuro se abre diante dele, cheio de esperanças e de promessas; a grande lei lhe ordena que avance resolutamente e, para lhe tornar a marcha mais fácil, para livrá-lo de todo laço, de todo fardo, lança um véu sobre seu passado. Agradeçamos à Providência infinita que, aliviando-nos da carga esmagadora das lembranças, tornou-nos a elevação mais cômoda, a reparação menos amarga.

Algumas vezes, alegam-nos os contestadores da Doutrina que não é justo ser punido pelas faltas esquecidas, como se o esquecimento apagasse a falta! Disseram-nos, por exemplo: "Uma justiça que se trama no segredo e que nós mesmos não podemos julgar deve ser considerada algo extremamente injusto".

Mas, antes de mais nada, não existe em tudo algo secreto para nós? O talo de erva que rebenta, o vento que sopra, a vida que se agita, o astro que se move na noite silenciosa, tudo é mistério. Se devemos acreditar apenas nas coisas que compreendemos bem, em que devemos então acreditar?

Se um criminoso, condenado pelas leis humanas, fica doente e perde a memória de suas ações – vimos que os casos de amnésia não são raros –, segue-se disso que sua responsabilidade fica eliminada ao mesmo tempo que suas lembranças? Nenhum poder é capaz de fazer com que o passado deixe de existir.

Em muitos casos, seria mais doloroso saber do que ignorar. Quando o espírito cujas vidas passadas foram criminosas deixa a Terra é que as más lembranças se revelam para ele; quando vê levantarem-se sombras vingadoras, lamenta o tempo do esquecimento? Acusa Deus de lhe ter tirado, com a memória de suas faltas, a perspectiva das provas que acarretam?

Basta-nos conhecer o objetivo da vida, saber que a divina justiça governa o mundo. Cada um está no local que fez para si e nada acontece a não ser que seja por mérito. Não temos nossa consciência por guia e os ensinamentos dos gênios celestes não brilham com um esplendor vivo em nossa noite intelectual?

Mas a inteligência humana flutua em todos os ventos da dúvida e da contradição. Às vezes acha que tudo está bem e pede novas energias vitais; logo em seguida amaldiçoa a existência e reclama o nada. Pode a Justiça Eterna conciliar seus planos com nossos anseios móveis e instáveis? Colocar a questão é resolvê-la. A justiça é eterna apenas porque é imutável. No caso da nossa reencarnação, ela é a harmonia perfeita que se estabelece entre a liberdade de nossas ações e a fatalidade de suas consequências. O esquecimento temporário de nossas faltas não evita o seu efeito. Ignorar o passado é necessário, para que toda atividade do homem vá em direção ao presente e ao futuro, para que se submeta à lei do esforço e se harmonize com as condições do meio em que renasce.

Durante o sono, a alma age, pensa, vagueia. Algumas vezes sobe ao mundo das causas[86] e tem a noção das vidas passadas. Do mesmo modo que as estrelas brilham somente durante a noite, o nosso presente também se deve acolher à sombra para que os clarões do passado se acendam no horizonte da consciência.

A vida na carne é o sono da alma; é um sonho triste ou alegre. Enquanto dura, esquecemos os sonhos anteriores, ou seja, as encarnações passadas. Entretanto, é sempre a mesma individualidade que persiste sob suas duas formas de existência. Em sua evolução, atravessa alternadamente períodos de contração e dilatação, de sombra e de luz. A personalidade se resume ou se abre nesses dois estados sucessivos, como se perde e se recobra por meio das alternativas do sono e da vigília, até que a alma, chegada ao apogeu intelectual e moral, tenha acabado para sempre de sonhar.

Há em cada um de nós um livro misterioso onde tudo se grava em caracteres indestrutíveis. Fechado aos nossos olhos durante a vida terrestre, abre-se no espaço; o espírito evoluído percorre-lhe à vontade as páginas. Encontra aí ensinamentos, impressões e sensações que o homem material tem dificuldade para compreender.

---

86 Mundo das causas: mundo do espírito (N.E.).

Esse livro, o subconsciente dos psiquistas, é o que chamamos de perispírito. Quanto mais se purifica, mais as lembranças se aclaram. Nossas vidas, uma a uma, emergem da sombra e desfilam diante de nós, para nos acusar ou nos glorificar. Os menores fatos, ações, pensamentos, tudo reaparece e se impõe à nossa atenção. Então o espírito contempla a temível realidade; mede o seu grau de elevação; sua consciência julga sem apelação. Como são doces para a alma, nessa hora, as boas ações realizadas, as obras de sacrifício! Entretanto, pesadas são as fraquezas, as obras de egoísmo e crueldade!

Durante a encarnação, devemos relembrar, a matéria cobre o perispírito com seu manto espesso; comprime, apaga suas radiações; daí o esquecimento. Livre desse laço, o espírito elevado encontra a plenitude de sua memória. O espírito inferior quase não se lembra de sua última existência. É o essencial para ele, uma vez que ela significa a soma do progresso adquirido, a síntese de todo o seu passado; por ela pode avaliar sua situação. Aqueles cujo pensamento não se compenetrou, no nosso mundo, das noções das preexistências ignoram por muito tempo suas vidas primitivas, as mais afastadas. Daí a afirmação de muitos espíritos, em alguns países, de que a reencarnação não é uma lei. Esses não interrogaram as profundezas de seu ser; não abriram o livro trágico no qual tudo está gravado. Conservam os preconceitos do meio terrestre em que viveram, e seus preconceitos, em vez de estimulá-los a essa procura, afastam-nos dela.

Os espíritos superiores, por um sentimento de caridade, conhecendo a fraqueza dessas almas, julgam que o conhecimento do passado ainda não lhes é necessário, evitam atrair para esse ponto a atenção delas, a fim de lhes poupar a visão de quadros dolorosos. Mas chega um dia em que, sob as sugestões "do alto", sua vontade desperta e rebusca nos recantos da memória. Então, as vidas anteriores lhes aparecem como uma miragem distante. Chegará o tempo em que o conhecimento dessas coisas estará mais divulgado. Todos os espíritos terrestres, iniciados por uma forte educação na lei dos renascimentos, verão o passado se desenrolar diante deles logo após a morte e até mesmo, em alguns casos, durante esta vida. Eles terão adquirido a força moral necessária para encarar os fatos sem enfraquecer.

Para as almas purificadas, a lembrança é constante. O espírito elevado tem o poder de reviver à vontade o passado, de ver o presente com suas consequências e de penetrar no misterioso futuro, no qual as profundezas se iluminam por instantes para ele com rápidos clarões, para mergulhar novamente nas sombras do desconhecido.

3 – AS VIDAS SUCESSIVAS.
AS CRIANÇAS-PRODÍGIOS E
A HEREDITARIEDADE

Podem-se considerar algumas manifestações precoces do gênio como tantas outras provas da preexistência, tendo em vista que elas são uma revelação dos trabalhos realizados pela alma em outros ciclos anteriores.

Os fenômenos desse gênero, de que fala a História, não podem ser fatos desconexos, sem ligação com o passado, que acontecem ao acaso, no vazio do tempo e do espaço. Demonstram, ao contrário, que o princípio organizador da vida em nós resulta num ser que chega a este mundo com todo um passado de trabalho e de evolução, dentro de um plano traçado e de um objetivo perseguido no decorrer de suas existências sucessivas.

Cada encarnação encontra, na alma que recomeça nova vida, uma cultura particular de aptidões, aquisições mentais que explicam sua facilidade de trabalho e seu poder de assimilação. É por isso que Platão dizia: "Aprender é recordar-se!"

A lei da hereditariedade vem muitas vezes dificultar, em certo ponto, essas manifestações da individualidade, porque o espírito se afeiçoa ao seu corpo apenas por meio de elementos colocados à sua disposição pela hereditariedade. Entretanto, apesar das dificuldades materiais, vê-se manifestarem-se para alguns seres, desde a idade mais tenra, faculdades de tal modo superiores e sem nenhuma relação com as de seus antepassados, que não se pode, apesar de todas as sutilezas da casuística[1] materialista, relacioná-las a nenhuma causa imediata e conhecida.

---

1 Casuística: diz-se da maneira de ver e aceitar ideias ou fatos passivamente sem apreciar as relações mais amplas e sutis que neles estão subentendidas (N.E.)

Tem-se citado, muitas vezes, o caso de Mozart, que executou uma sonata no piano aos 4 anos e, aos 8, compôs uma ópera. Paganini e Teresa Milanollo, ainda crianças, tocavam violino maravilhosamente. Liszt, Beethoven, Rubinstein eram aplaudidos aos 10 anos. Michelangelo, Salvatore Rosa se revelaram de repente com talentos improvisados. Pascal, aos 12 anos, descobriu a geometria plana, e Rembrandt, antes de saber ler, desenhava como um grande mestre[2].

Napoleão[3] se fez notar por sua aptidão prematura para o militarismo. Desde a infância, brincava de soldadinho como as crianças de sua idade, mas com um método extraordinário, que parecia ser de sua própria invenção.

O século 16 nos deixou a lembrança de um prodigioso poliglota, Jacques Chrichton, que Scaliger denominava um "gênio monstruoso". Era escocês e, aos 15 anos, discutia em latim, em grego, em hebreu, em árabe sobre qualquer questão. Desde os 14 anos, havia conquistado o grau de mestre.

Henri de Heinecken nasceu em Lübeck, em 1721, e falou quase ao nascer. Aos 2 anos, sabia três línguas. Aprendeu a escrever em alguns dias e dentro de pouco tempo exercitava-se em pronunciar pequenos discursos. Aos 2 anos e meio fez um exame de geografia e histórias antiga e moderna. Viveu apenas do leite de sua ama; quiseram desmamá-lo, e ele enfraqueceu e morreu em Lübeck, em 27 de junho de 1725, quando estava com 5 anos e meio, ao afirmar suas esperanças em outra vida. "Era", dizem as *Mémoires de Trévoux* (*Memórias de Trévoux*), "delicado, enfermo e ficava doente muitas vezes." Esse jovem fenomenal teve a plena consciência de seu fim próximo. Falava disso com uma serenidade pelo menos tão admirável quanto sua ciência prematura, e quis consolar seus pais ao lhes deixar encorajamentos tirados de suas crenças comuns.

A História dos últimos séculos assinala um grande número dessas crianças-prodígios.

2 Ver C. Lombroso, *L´homme de génie (O homem de caráter)*.
3 Napoleão Bonaparte (1769-1821): foi o gênio militar mais brilhante do século 19 e imperador dos franceses (N.E.).

O jovem Van der Kerkhove, de Bruges, morreu aos 10 anos e 11 meses, em 12 de agosto de 1873, deixando 350 pequenos quadros de mestre, dos quais alguns, diz Adolphe Siret, membro da Academia Real das Ciências, Letras e Belas-Artes da Bélgica, "poderiam ser assinados por nomes como Diaz, Salvatore Rosa, Corot, Van Goyen etc."

Uma outra criança, William Hamilton, estudava hebreu aos 3 anos e, aos 7, possuía conhecimentos mais extensos do que a maioria dos candidatos ao magistério. "Eu o vejo ainda" – dizia um de seus parentes – "responder a uma questão árdua de matemática, depois se afastar pulando, puxando atrás de si o seu pequeno carrinho." Aos 13 anos, conhecia 12 línguas. Aos 18, surpreendia todas as pessoas ao seu redor, a tal ponto que um astrônomo irlandês dizia dele: "Não digo que ele será, mas que já é o primeiro matemático de sua época".

Nessa época, 1908, a Itália se honra de possuir um linguista[4] fenomenal, senhor Trombetti, que ultrapassou muito aos seus antigos compatriotas, o célebre Pico de Mirandola e o prodigioso Mezzofanti, o cardeal que discursava em 70 línguas.

Trombetti nasceu de uma família de bolonheses pobres e completamente ignorantes. Aprendeu sozinho, na escola primária, o francês e o alemão, e, no fim de dois meses, lia Voltaire e Goethe[5]. Simplesmente aprendeu o árabe ao ler algo sobre a vida de Abd-el-Kader nessa língua. Um persa, de passagem pela Bolonha, ensinou-lhe sua língua em algumas semanas. Aos 12 anos, aprendeu sozinho e simultaneamente o latim, o grego e o hebreu. Depois estudou quase todas as línguas vivas ou mortas; seus amigos afirmam que ele conhece hoje cerca de 300 dialetos orientais. O rei da Itália nomeou-o professor de filologia[6] na Universidade de Bolonha.

4 Linguista: nesse caso, pessoa versada no estudo das línguas (N.E.).
5 Voltaire foi escritor e filósofo francês, e Goethe foi poeta, romancista, dramaturgo e cientista alemão. Ambos escreviam textos complexos, usando uma linguagem difícil, e o fato de Trombetti conseguir ler as obras deles com apenas dois meses de estudo do francês e do alemão demonstra uma inteligência fora do comum (N.E.).
6 Filologia: estudo da língua em toda a sua extensão e dos documentos escritos que servem para documentá-la (N.E.).

No Congresso Internacional de Psicologia de Paris, em 1900, o senhor Charles Richet, da Academia de Medicina, apresentou em assembleia geral, reunidas todas as seções, uma criança espanhola de 3 anos e meio, chamada Pepito Arriola, que tocava e improvisava ao piano árias variadas, muito ricas de sonoridade. Reproduzimos a comunicação feita pelo senhor Richet aos congressistas, na sessão de 21 de agosto de 1900, a respeito dessa criança, antes da audição musical[7]:

"Eis o que conta a sua mãe do modo pelo qual, pela primeira vez, percebeu os dons musicais extraordinários do jovem Pepito:

"'A criança tinha mais ou menos dois anos e meio quando descobri pela primeira vez, e por acaso, suas aptidões musicais. Naquela época, um de meus amigos músicos me enviou uma composição sua, e eu a tocava ao piano com muita frequência; é provável que a criança tenha prestado atenção; mas não percebi. Acontece que, numa manhã, ouvi tocar essa mesma ária, mas com tanta autoridade e perfeição que quis saber quem se permitia tocar ao piano desse modo em minha casa. Entrei no salão e vi meu filhinho, que estava sozinho e tocava essa ária. Ele estava sentado sobre um assento elevado, completamente sozinho e, ao me ver, começou a rir e me disse: 'O que me diz disso, mamãe?' Acreditei que aí havia acontecido um verdadeiro milagre.'

"A partir desse momento, o pequeno Pepito começou a tocar, sem que sua mãe lhe desse lições, às vezes de partituras, outras de árias que ele inventava.

"Logo estava hábil o suficiente para poder, em 4 de dezembro de 1899, ou seja, não tendo ainda 3 anos, tocar diante de uma plateia bastante numerosa de críticos e de músicos; em 26 de dezembro, com a idade de 3 anos e 12 dias, tocou no Palácio Real de Madri, diante do rei e da rainha-mãe, seis composições musicais de sua autoria, que foram aplaudidas.

"Ele não sabia ler, quer se tratasse de música ou do alfabeto. Não tinha talento especial para o desenho; mas às vezes se punha a escrever árias musicais. Essa escrita não tinha nenhum sentido. Mas era bastante agradável vê-lo pegar um pequeno papel, pôr-lhe

7 Ver *Revue Scientifique*, de 6 de outubro de 1900, e *Compte Rendu Officiel du Congrès de Psychologie*, 1900, F. Alcan.

como cabeçalho uns rabiscos que significavam, parece, a natureza do trecho, sonata, *habanera* ou valsa etc. e depois, abaixo, desenhar linhas pretas que seriam as notas. Ele olhava esse papel com satisfação, colocava-o sobre o piano e dizia: 'Vou tocar isto' e de fato, tendo diante dos olhos um papel com rabiscos, improvisava de uma maneira espantosa.

"Para dizer a verdade, o que há nele de mais espantoso não é nem o dedilhado, nem a harmonia, nem a agilidade, mas a expressão. Há uma riqueza de expressão espantosa. Quer se trate de um trecho triste, alegre, marcial[8] ou enérgico, a expressão é satisfatória, muitas vezes é tão forte, tão trágica, em algumas árias melancólicas ou fúnebres, que se tem a sensação de que Pepito não pode, com seu dedilhado imperfeito, exprimir todas as ideias musicais que estremecem nele: de modo que quase ousaria dizer que é muito maior músico do que parece ser...

"Não somente toca os trechos que acaba de ouvir tocar ao piano, mas ainda pode tocar ao piano as árias cantadas que ouviu. É maravilhoso vê-lo, então, achar, imaginar, reconstituir os acordes do baixo e da harmonia, como poderia fazê-lo um músico habilidoso."

Desde então, o jovem artista prosseguiu o curso de seus grandes sucessos. Tornou-se um violinista incomparável, brilhou no mundo musical com seu talento precoce, já tocou em grandes concertos em Leipzig e fez representações musicais em Petersburgo.[9]

Acrescentamos a esta lista o nome de Willy Ferreros, que, com a idade de quatro anos e meio, dirigia com maestria a orquestra do Folies-Bergère, em Paris, depois a do Cassino de Lyon. Eis o que diz, em seu número de 18 de fevereiro de 1911, a revista *Comoedia*:

"É um homenzinho que já traz garbosamente o traje negro, o colete de cetim branco e as botinas de verniz. Com a batuta na mão, dirige com desembaraço, segurança e precisão incomparáveis uma orquestra de 80 músicos, atentos ao menor detalhe, escrupuloso observador do ritmo..."

8 Marcial: relativo a militares ou a guerreiros (N.E.).
9 *Anais das Ciências Psíquicas.* Professor Charles Richet, abril de 1908.

O Intransigeant de 22 de junho de 1911 acrescenta que ele se sobressai na direção das sinfonias de Haydn, na marcha do Tannhauser e na Dança de Anitra, de Grieg.

Citemos também Le Soir, de Bruxelas, em sua enumeração de algumas crianças notáveis do além-mar:

"A Universidade de Nova Orleans acaba de dar um diploma de médico a um aluno de 5 anos, chamado Willie Gwin. Os examinadores declararam em seguida na sessão pública que o jovem médico era o mais sábio osteólogo[10] a quem já tinham oferecido um diploma.

"A esse propósito, os jornais transatlânticos publicaram uma lista de suas crianças-prodígios. Uma delas, mal contando a idade de 11 anos, fundou um jornal chamado *The Sunny Home*, que desde o terceiro número já saía com uma tiragem de 20 mil exemplares.

"Entre os pregadores de destaque dos Estados Unidos, citamos o jovem Dennis Mahan, de Montana, que desde a idade de 6 anos causava surpresa nos fiéis pelo seu profundo conhecimento das escrituras e pela eloquência de sua palavra.

"Pode-se acrescentar a esta lista o nome do famoso engenheiro sueco Ericson, que aos 12 anos era inspetor do grande canal marítimo de Suez e tinha 600 trabalhadores sob suas ordens."

Voltemos ao problema das crianças-prodígios e vamos examiná-lo em diferentes aspectos. Primeiramente, duas hipóteses foram propostas para explicá-lo: a hereditariedade e a mediunidade.

A hereditariedade é, ninguém o ignora, a transmissão das propriedades de um indivíduo aos seus descendentes. As influências hereditárias são consideráveis dos dois pontos de vista: físico e psíquico. A transmissão dos pais aos filhos do temperamento, dos traços, do caráter e da inteligência é bem notada em algumas pessoas. Encontramos em nós,

---

10 Osteólogo: especialista em osteologia, que é o ramo da medicina que estuda os ossos (N.E.).

em diferentes pormenores, não somente particularidades orgânicas de nossos geradores diretos ou ancestrais, mas ainda suas qualidades ou seus defeitos. No homem atual, revive toda a misteriosa linhagem dos seres, que é o resumo dos esforços seculares para uma vida mais elevada e completa.

Mas ao lado das semelhanças há diferenças mais consideráveis ainda. Os membros de uma mesma família, ao apresentar semelhanças, traços comuns, às vezes também oferecem diferenças que se destacam muito. O fato pode ser constatado em todos os lugares, à nossa volta, em cada família, entre os irmãos e irmãs e mesmo entre os gêmeos. Muitos desses, semelhantes fisicamente em seus primeiros anos, a ponto de dificilmente se conseguir distingui-los uns dos outros, apresentam no decorrer de seu desenvolvimento diferenças sensíveis de feições, caráter e de inteligência.

Para explicar essas diferenças será preciso fazer intervir um fator novo na solução do problema: as reencarnações do ser, que lhe permitiram aumentar suas faculdades de vida em vida, constituir uma individualidade, marcando nela seu selo de originalidade e suas próprias aptidões. Somente essa lei dos renascimentos poderá nos fazer compreender como certos espíritos, ao encarnar, mostram desde seus primeiros anos essas facilidades de trabalho e de aprendizagem que caracterizam as crianças-prodígios. Estão aí os resultados de imensos trabalhos que familiarizaram esses espíritos com as artes ou as ciências em que primam. Longas pesquisas, estudos, exercícios seculares deixaram em seu perispírito impressões profundas, criando uma espécie de automatismo psicológico. Para os músicos especialmente, essa faculdade cedo se manifesta com clareza, pela sua maneira de execução, que causa espanto aos mais indiferentes e deixa perplexos os sábios como o professor Richet.

Existem, nesses jovens, reservas consideráveis de conhecimento armazenado na consciência profunda e que, daí, extravasam para a consciência física, de modo a produzir essas manifestações precoces do talento e do gênio. Embora parecendo anormais, são apenas a consequência do trabalho e dos esforços acumulados ao longo dos tempos. É a essa reserva, esses valores indestrutíveis do ser, que F. Myers chama de consciência subliminal e que se encontra em cada um de nós. Ela se revela não somente no sentido artístico, científico ou literário, mas ainda em todas as aquisições do espírito, tanto na ordem moral quanto na intelectual.

A concepção do bem, do justo, a noção do dever são, muitas vezes, mais vivas para certos indivíduos e em algumas raças do que em outras. Elas não resultam somente da educação que recebem, como se pode reconhecer por uma observação atenta dos indivíduos em seus impulsos espontâneos, mas de um fundo pessoal que trazem ao nascer. A educação desenvolve esses germes nativos, permite-lhes desabrochar e produzir todos os seus frutos. Sozinha, ela não poderia predispor tão profundamente nos recém-vindos essas noções superiores que dominam toda a sua existência. Isso é constatado diariamente nas raças inferiores, rebeldes a certas ideias morais e sobre as quais a educação tem pouca influência.

Os antecedentes explicam ainda essas anomalias estranhas dos seres de caráter selvagem, indisciplinado, mau, aparecendo de repente em centros honestos e civilizados. Têm-se visto filhos de boas famílias cometer roubos, provocar incêndios, executar crimes com audácia e habilidade consumadas, sofrer condenações e desonrar o nome que usam. Podemos citar em outras crianças atos de ferocidade sanguinária, que nada ao seu redor ou em sua ascendência pode explicar. Adolescentes, por exemplo, que matam os animais domésticos que caem em suas mãos, após os torturar com uma crueldade refinada.

Em sentido oposto, podem-se constatar casos de dedicação extraordinários pela idade dos que o praticam; salvamentos são efetuados com reflexão e decisão por crianças de dez anos e de menos idade. Esses indivíduos, como os precedentes, parecem trazer para este mundo disposições particulares que não se encontram em seus pais. Assim como se veem anjos de pureza e de doçura nascer e crescer em meios grosseiros e de pouca moral, encontram-se também ladrões e assassinos em famílias virtuosas; e nos dois casos essas anomalias se apresentam em condições cuja chave do enigma nenhum precedente hereditário pode dar.

Todos esses fenômenos, em sua variedade infinita, encontram sua explicação no passado da alma, nas numerosas vidas humanas que ela percorreu. Cada uma traz ao nascer os frutos de sua evolução, a intuição do que aprendeu, as aptidões adquiridas nos diversos domínios do pensamento e da obra social: na arte, na ciência, no comércio, na indústria, na navegação, na guerra etc. Se traz habilidade para determinada coisa é porque se exercitou nesse sentido.

O espírito é capacitado para estudos mais diversos, mas no curso limitado da vida terrestre, pelo efeito das condições do ambiente, por consequência das exigências materiais e sociais, geralmente apenas se aplica ao estudo de um número restrito de questões. E desde que sua vontade é orientada para um dos domínios do vasto conhecimento, pelo fato de suas tendências e das noções acumuladas nele, sua superioridade nesse sentido desperta e se evidencia, se define cada vez mais; repercute de existência em existência, revelando-se, a cada retorno ao campo terrestre, por manifestações sempre mais precoces e mais acentuadas. Daí as crianças-prodígios e, numa ordem mais específica, as vocações, as predisposições nativas. Revelam-se então o talento, o gênio, que são o resultado de esforços perseverantes e contínuos para um objetivo determinado.

Entretanto, que a alma é chamada a abordar todas as formas do conhecimento e não a se restringir a algumas necessidades de estágios sucessivos, demonstra-se pelo fato único da lei de um desenvolvimento sem limites. Do mesmo modo que a prova das vidas anteriores se estabelece pelas aquisições realizadas antes do nascimento, a necessidade das vidas futuras se impõe como consequência de nossos atos atuais; essa consequência, para se desenvolver, exige condições e meios em harmonia com o estado das almas. Atrás de nós temos toda uma infinidade de lembranças; diante de nós, uma outra infinidade de promessas e de esperanças. Mas, de todo esse esplendor de vida, a maioria dos homens vê e só quer ver apenas o fragmento mesquinho da existência atual, existência de um dia que acreditam sem precedente e sem amanhã. Daí a fraqueza do pensamento filosófico e da ação moral em nossa época.

O trabalho anterior efetuado pelo espírito pode ser facilmente calculado, medido pela rapidez com que cada qual executa novamente um trabalho semelhante sobre o mesmo assunto, ou também pela facilidade com que assimila os elementos de uma ciência qualquer. Desse ponto de vista, a diferença entre os indivíduos é de tal modo considerável que se tornaria incompreensível sem essa noção das existências anteriores. Duas pessoas igualmente inteligentes, estudando um mesmo assunto, não o assimilarão da mesma forma: uma alcançará à primeira vista os menores elementos; outra, apenas à custa de um lento trabalho e de muita aplicação. É que uma já conheceu essa matéria e só precisa recordá-la, enquanto a outra se encontra pela primeira vez diante dessas questões. Acontece o mesmo com a facilidade que certas pessoas têm para aceitar determinada verdade, um princípio, um ponto de uma doutrina política ou religiosa, enquanto outras só com o tempo e com a força dos argumentos se convencem. Para uns, é coisa familiar ao seu entendimento, enquanto é nova para outros. As mesmas considerações se aplicam, já vimos, à variedade tão grande dos caracteres e das disposições morais. Sem a noção das preexistências, a diversidade sem limites das inteligências e das consciências permaneceria um problema sem solução, e a ligação dos diferentes elementos do eu, em um todo harmonioso, se tornaria um fenômeno sem causa.

O gênio, dizíamos, não se explica pela hereditariedade, nem pelas condições do meio. Se a hereditariedade pudesse produzir o gênio, seria muito mais frequente. A maioria dos homens célebres tiveram ascendentes de inteligência medíocre e sua descendência foi-lhes notoriamente inferior. Cristo, Sócrates e Joana D'Arc nasceram de famílias obscuras. Sábios ilustres saíram de meios mais vulgares, por exemplo, Bacon, Copérnico, Galvani, Kepler, Hume, Kant, Locke, Malebranche, Réaumur, Spinoza, Laplace etc. J.-J. Rousseau, filho de um relojoeiro, apaixonou-se pela filosofia e pelas letras na loja de seu pai. D'Alembert, enjeitado, foi encontrado numa noite de inverno na soleira de uma igreja e criado pela mulher de um vidraceiro. Nem a ascendência nem o meio explicam as concepções geniais de Shakespeare.

Os fatos não são menos interessantes, quando consideramos a descendência dos homens de gênio. Seu poder intelectual desaparece com eles; não passa para os filhos. Os filhos conhecidos de um grande poeta ou matemático são incapazes das obras mais elementares nesses dois modos de trabalho. Entre os homens ilustres, a maioria teve filhos tontos ou indignos. Péricles gerou dois tolos: Parallas e Xantippe. Diferenças de outra natureza, mas também acentuadas, encontram-se em Aristipo e seu filho Lisímaco, em Tucídides e Milésias. Também Sófocles, Aristarco, Temístocles não foram mais felizes com seus filhos. Que contraste entre Germânico e Calígula, entre Cícero e seu filho, Vespasiano e Domiciano, Marco Aurélio e Cômodo! E dos filhos de Carlos Magno, de Henrique IV; de Pedro, o Grande; de Goethe, de Napoleão, o que se pode dizer disso?

Há casos, entretanto, em que o talento, a memória, a imaginação, as mais altas faculdades do espírito, parecem hereditárias. Essas semelhanças psíquicas entre pais e filhos se explicam pela atração e simpatia. São espíritos afins e familiares, atraídos uns para os outros por inclinações semelhantes e que antigas relações uniram. No que diz respeito às aptidões musicais, pode-se constatar esse fato nos casos de Mozart e do jovem Pepito. Mas essas duas pessoas ultrapassam em muito seus ascendentes. Mozart brilha entre os seus como um sol entre obscuros planetas. A capacidade musical de sua família não basta para nos fazer compreender que aos quatro anos tenha revelado conhecimentos que ninguém ainda lhe havia ensinado, e mostrar uma ciência profunda das leis da harmonia. De todos da família, Mozart, apenas ele, tornou-se célebre. Evidentemente, essas supremas inteligências, a fim de manifestarem mais livremente suas faculdades, escolhem, para reencarnar, um meio em que há comunhão de gostos e em que os organismos materiais são, de geração em geração, aprimorados na esfera de ação que perseguem. Isso se encontra particularmente entre os grandes músicos, para quem condições especiais de sensação e de percepção são indispensáveis. Mas, na maioria dos casos, o gênio aparece no seio de uma família sem precedente e sem sucessor, no encadeamento das gerações. Os grandes gênios moralizadores, os fundadores da religião: Lao-Tse, Buda, Zaratustra, Cristo, Maomé pertencem a essa classe de espíritos. É também o caso para essas poderosas inteligências que tiveram neste mundo nomes imortais, como: Platão, Dante, Newton, Giordano Bruno etc.

Se as exceções fulgurantes ou ocasionais, criadas em uma família pela aparição de um gênio ou de um criminoso, fossem simples casos de hereditariedade, encontrariam na genealogia[11] familiar o ancestral que serviu de modelo, de tipo primitivo para essa manifestação. Acontece que quase nunca isso se dá, nem num sentido nem em outro. Poderiam nos perguntar como conciliaremos essas desigualdades com a lei das atrações e das semelhanças, que parece orientar a aproximação das almas. O surgimento em algumas famílias de seres sensivelmente superiores ou inferiores, que vêm dar ou receber ensinamentos, exercer ou sofrer influências novas, é facilmente explicável; pode resultar do encadeamento dos destinos comuns que, em alguns casos, tornam a se unir como uma consequência de afeições ou ódios mútuos do passado, forças igualmente atrativas que reúnem as almas sobre planos sucessivos na vasta espiral de sua evolução.

---

11 Genealogia: nesse caso, enumeração de ancestrais e seus descendentes na ordem natural de sequência (N.E.).

Seria possível explicar pela mediunidade os fenômenos acima apontados? Alguns tentaram. Nós mesmos, numa obra anterior[12], reconhecemos que o gênio deve muito à inspiração, e essa é uma das formas da mediunidade. Mas acrescentamos que, no caso em que essa faculdade especial se nota claramente, não se pode considerar o homem dotado de gênio um simples instrumento, como é acima de tudo o médium propriamente dito. O gênio, dissemos nós, é principalmente uma aquisição do passado, o resultado dos pacientes estudos seculares, de uma lenta e dolorosa iniciação. Esses antecedentes desenvolveram no ser uma profunda sensibilidade que o torna acessível às influências elevadas.

Há uma grande e sensível diferença entre as manifestações intelectuais das crianças-prodígios e a mediunidade tomada em seu sentido geral. É que a mediunidade tem um caráter não contínuo, passageiro, anormal. O médium não a pode exercer a qualquer momento; são necessárias condições especiais, por vezes difíceis de conciliar; mas as crianças-prodígios podem utilizar seus talentos a qualquer momento, de modo permanente, como nós mesmos fazemos com nossas próprias aquisições mentais.

Se analisarmos com cuidado os casos assinalados, reconheceremos que o gênio dos jovens prodígios é um dom pessoal que se manifesta por sua própria vontade. Suas obras, por mais originais e surpreendentes que pareçam, ressentem-se sempre de sua idade e não têm o caráter que apresentariam se fossem mediúnicas, ou seja, de uma entidade espiritual. Há no seu modo de trabalhar e proceder tentativas, hesitações, tateamentos que não se produziriam se eles fossem os instrumentos passivos de uma vontade superior e oculta. É o que constatamos claramente em Pepito, cujo caso estudamos.

Aliás, pode-se admitir que, em alguns indivíduos, essas duas causas: a aquisição pessoal e a inspiração exterior,

12 Ver *No invisível*, capítulo 26, A Mediunidade Gloriosa, Ed. FEB.

combinam se, completam-se uma pela outra. A doutrina da reencarnação não será enfraquecida por isso.

É sempre a essa doutrina que se deve recorrer quando se trata de abordar desigualdades. As almas humanas são mais ou menos desenvolvidas conforme sua idade e sobretudo pelo emprego que fizeram do tempo vivido. Não fomos todos lançados ao mesmo tempo no turbilhão da vida; não temos caminhado todos de modo igual, desenvolvido do mesmo modo o rosário de nossas existências. Percorremos um caminho infinito; daí procede que nossas situações e nossos valores respectivos nos pareçam tão diferentes; mas o objetivo é o mesmo para todos. Sob o açoite das provas, sob o aguilhão da dor, todos sobem, todos se elevam. A alma não é feita de uma vez só; ela a si mesma se faz; ela mesma se constrói no decorrer dos tempos. Suas faculdades, suas qualidades, seus valores intelectuais e morais, longe de se perderem, capitalizam-se, aumentam de século em século. Pela reencarnação, cada qual vem para continuar a tarefa de ontem, essa tarefa de aperfeiçoamento interrompida pela morte. Daí a brilhante superioridade de algumas almas que viveram muito, adquiriram e trabalharam muito. Daí esses seres extraordinários que aparecem aqui e ali na História e projetam luzes vivas sobre o caminho da humanidade. Sua superioridade é feita apenas da experiência e dos trabalhos acumulados.

Considerada sob esse enfoque, a marcha da humanidade se reveste de aspecto grandioso. Ela se liberta lentamente da obscuridade das idades, emerge das trevas, da ignorância e da barbárie e avança pausadamente no meio dos obstáculos e das tempestades. Sobe o caminho áspero e a cada degrau acima entrevê melhor os grandes cimos, os cumes luminosos onde imperam a sabedoria, a espiritualidade e o amor.

E essa marcha coletiva é também a marcha individual, a de cada um de nós. Porque essa humanidade somos nós mesmos; são os mesmos seres que, após um tempo de repouso no espaço, voltam a reencarnar, até que estejam maduros para uma sociedade melhor, para um mundo mais belo. Fizemos parte das gerações extintas e estaremos entre as gerações que estão por vir. Na realidade, somos apenas uma imensa família humana em marcha para realizar o plano divino nela escrito, o plano de seus magníficos destinos.

Para quem quer ficar atento a isso, todo um passado vive e estremece em nós. Se a História, se todas as coisas antigas têm tantos atrativos aos nossos olhos, se despertam em nossas almas impressões tão profundas, por vezes dolorosas, se nos sentimos viver a vida dos homens de antigamente, sofrer de seus males, é porque essa história é a nossa. A solicitude com que estudamos, com que veneramos a obra de nossos antepassados, os impulsos repentinos que nos atraem para uma causa ou para uma crença, não têm outra razão de ser. Quando percorremos a história dos séculos, nos apaixonamos por algumas épocas, quando todo o nosso ser se anima e vibra com as lembranças heroicas da Grécia ou da Gália, da Idade Média, das Cruzadas, da Revolução, é o passado que sai da sombra, se anima e revive. No decorrer da trama tecida pelos séculos, encontramos as próprias angústias, as aspirações, as discórdias de nosso ser. A lembrança está momentaneamente adormecida em nós; mas, se interrogarmos o nosso subconsciente, ouviremos sair de sua profundeza vozes um tanto vagas e confusas, às vezes brilhantes. Essas vozes nos falariam de grandes epopeias, de migrações de homens, de cavalgadas furiosas que passam como furacões, arrastando tudo para a escuridão e a morte. Elas também nos revelariam as vidas humildes, despercebidas, das lágrimas silenciosas, dos sofrimentos esquecidos, das horas pesadas e monótonas passadas a meditar, a produzir, a orar no silêncio dos claustros, ou a vulgaridade das existências pobres e desoladas.

Há momentos em que todo um mundo obscuro, confuso, misterioso, revive e vibra em nós, um mundo cujos rumores, sussurros nos comovem e embriagam. É a voz do passado; ela fala no transe sonambúlico e nos conta as mudanças sucessivas de nossa pobre alma, errando pelo mundo. Ela nos diz que nosso eu atual é feito de numerosas personalidades que se encontram nele como os afluentes no rio; que nosso princípio de vida animou muitas formas, cuja poeira repousa entre os restos dos impérios, sob os vestígios de civilizações mortas. Todas essas existências deixaram bem no fundo de nós traços, lembranças, impressões inesquecíveis.

O homem que se estuda e se observa sente que viveu e viverá novamente; herda de si mesmo, colhendo no presente o que semeou em outras vidas e semeando para o futuro.

Assim se afirmam a beleza e a grandeza dessa concepção das vidas sucessivas, que vêm completar a lei da evolução entrevista pela ciência. Exercendo sua função simultaneamente em todos os domínios, distribui a cada um conforme suas obras e nos mostra, acima de tudo, essa majestosa lei do progresso que rege o universo e dirige a vida para os estados mais belos, sempre melhores.

4 – AS VIDAS SUCESSIVAS. OBJEÇÕES E CRÍTICAS

Já respondemos à principal objeção que o esquecimento das vidas passadas traz ao pensamento. Resta-nos contestar outras, de caráter filosófico ou religioso, que os representantes das Igrejas opõem de boa-fé à doutrina das reencarnações.

Em primeiro lugar, dizem, essa doutrina é insuficiente do ponto de vista moral. Ao abrir ao homem tão amplas perspectivas sobre o futuro, ao lhe deixar a possibilidade de reparar tudo nas existências futuras, encoraja-o ao vício e ao desleixo; não oferece um estímulo muito poderoso e bastante atual para a prática do bem; por todas essas razões, ela é menos eficaz que a crença num castigo eterno após a morte.

Como vimos, a teoria dos castigos eternos não é, mesmo no pensamento da Igreja[1], mais do que um espantalho destinado a assustar os maus. Mas a ameaça do inferno, a crença nesses suplícios, eficaz no tempo da fé cega, não assusta mais ninguém. No fundo, é uma impiedade para com Deus, de quem se faz um ser cruel, punindo sem necessidade e sem objetivo de melhoramento.

Em seu lugar, a doutrina das reencarnações nos mostra a verdadeira lei de nossos destinos e, com ela, a realização do progresso e da justiça no universo. Ao nos fazer conhecer as causas anteriores de nossos males, ela coloca fim a essa concepção absurda do pecado original, segundo a qual toda a descendência de Adão, ou seja, toda a humanidade, sofreria o castigo das fraquezas do primeiro homem. É por isso que sua influência moral será mais profunda que a das fábulas infantis do inferno e do paraíso. Será o freio às paixões, ao

---

1 Ver *Cristianismo e Espiritismo*, Ed. FEB.

nos mostrar as consequências de nossos atos recaindo sobre nossa vida presente e as futuras, semeando nela germes de dor ou de felicidade. Ao nos ensinar que a alma é tanto mais infeliz quanto mais imperfeita e culpada for, estimulará nossos esforços para o bem. É verdade que essa doutrina é inflexível, mas pelo menos sabe proporcionar o castigo à falta e, após a reparação, fala-nos de reabilitação e esperança. A crença tradicional, porém, impregnada da ideia de que a confissão e a absolvição apagam seus pecados, ilude-se com uma esperança vã e prepara para si própria decepções na outra vida; o homem informado das novas luzes aprende a corrigir sua conduta, a se manter em guarda, a se preparar cuidadosamente para o futuro.

Uma outra objeção consiste em dizer: se estamos convencidos de que nossos males são merecidos, que são uma consequência da lei da justiça, uma tal crença terá por efeito apagar em nós toda piedade, toda compaixão para com o sofrimento dos outros; nos sentiremos menos levados a socorrer, a consolar nossos semelhantes, e deixaremos em livre curso as suas provas, uma vez que devem ser para eles uma expiação necessária e um meio de adiantamento. Essa objeção é ilusória, enganosa; emana de fonte interesseira, falsa.

Consideremos primeiramente a questão do ponto de vista social; e, a seguir, em seu sentido individual. O Espiritismo nos ensina que os homens são solidários entre si, unidos pela mesma sorte. As imperfeições sociais de que todos sofremos, mais ou menos, são os resultados de nossas ações coletivas no passado. Cada um de nós tem a sua parte de responsabilidade e o dever de trabalhar para o melhoramento do destino geral. A educação das almas humanas obriga-as a ocupar situações diversas. Todos devem alternadamente sofrer a prova da riqueza e a da pobreza, do infortúnio, da doença, da dor.

Diante das misérias desse mundo que não o atingem, o egoísta se desinteressa e diz: "Depois de mim, o dilúvio!"[2] Ele

2 "Depois de mim, o dilúvio": frase atribuída a Luís XV (1710-1774), rei de França (N.E.).

acredita que a morte o livra da ação das leis terrestres e das convulsões das sociedades. Com a reencarnação, o ponto de vista muda. Seria preciso ainda voltar e sofrer os males que contávamos deixar aos outros. Todas as paixões e injustiças que tivermos tolerado, encorajado, sustentado, por fraqueza ou interesse, se dirigirão contra nós. Esse meio social para o melhoramento do qual nada tivermos feito nos constrangerá com toda a sua força opressora. Quem oprimiu, explorou os outros, será oprimido, explorado, por sua vez. Quem semeou a divisão, o ódio, sofrerá os efeitos disso. Os orgulhosos serão desprezados e aquele que roubou terá de devolver. Aquele que fez sofrer sofrerá. Se quiserdes assegurar vosso próprio futuro, trabalhai, desde agora, para se aperfeiçoar, para tornar melhor o meio em que deveis renascer, pensai no vosso próprio melhoramento. Eis o que é necessário para eliminar as misérias coletivas que devem ser vencidas pelo esforço de todos. Aquele que, podendo ajudar seus semelhantes, deixa de fazê-lo, falta à lei da solidariedade.

Quanto aos males individuais, diremos, ao nos colocar em um outro ponto de vista: não somos juízes para distinguir com exatidão onde começa ou acaba a expiação. Nós mesmos sabemos em quais casos há expiação? Muitas almas, sem serem culpadas, mas ansiosas por progredir, pedem uma vida de provas para evoluir mais rapidamente. A ajuda que devemos a essas almas pode ser uma das condições tanto de seu destino como do nosso, e é possível que sejamos colocados no seu caminho para aliviá-las, esclarecê-las, reconfortá-las. Todo bem e todo mal realizado remontam à sua origem com seus efeitos, e é negativo de nossa parte negligenciar a menor ocasião de nos tornarmos úteis e prestativos.

"Fora da caridade não há salvação"[3], disse Allan Kardec. Aí está o preceito por excelência da moral espírita. Em todos os lugares onde o sofrimento se manifeste, deve encontrar corações compassivos, prontos a socorrer e a consolar. A caridade é a mais bela das virtudes; é a única obra de acesso aos mundos felizes.

---

3 "Fora da caridade não há salvação": o assunto acha-se desenvolvido em *O Evangelho segundo o Espiritismo*, capítulo 15 (N.E.).

Muitas das pessoas para quem a vida foi rude e difícil sentem medo ante a perspectiva de renová-la indefinidamente. Essa longa e difícil elevação no decorrer dos tempos e entre os mundos enche de pavor aqueles que, tomados de cansaço, esperam um repouso imediato e uma felicidade sem fim. É certo que é preciso ter vigor na alma para contemplar sem vertigem essas perspectivas imensas. A concepção católica é mais sedutora para as almas tímidas, para os espíritos pregui-çosos, porque, conforme ela ensina, poucos esforços têm a fazer para ganhar a salvação. A visão do destino é formidável. Só espíritos vigorosos podem considerá-la sem enfraquecer e encontrar na noção do destino o estimulante necessário, a compensação aos pequenos hábitos confessionais, a calma e a serenidade do pensamento.

Uma felicidade que é preciso conquistar à custa de muitos esforços mais amedronta do que atrai as almas humanas, ainda fracas em sua maioria e inconscientes de seu magnífico futuro. Mas a verdade está acima de tudo! Não estão em questão aqui as nossas conveniências pessoais. A Lei, agrade ou não, é a Lei! Cabe a nós adaptar nossos objetivos e atos a ela, e não lhe cabe dobrar-se às nossas exigências.

A morte não pode transformar um espírito inferior em ele-vado. Somos, nesta como na outra vida, o que fizemos, inte-lectual e moralmente. Todas as manifestações espíritas o de-monstram. Entretanto, dizem que apenas as almas perfeitas habitarão os reinos celestes, e, de outro modo, condicionam e limitam os meios de aperfeiçoamento ao círculo de uma vida fugaz, passageira. Podem-se vencer as paixões, endireitar o caráter no decorrer de uma única vida? Se alguns o têm conseguido, o que pensar da multidão de seres ignorantes e viciosos que povoam o nosso planeta? É admissível que sua evolução se resuma a essa curta passagem sobre a Terra? E aqueles que se tornaram culpados de grandes crimes, onde encontrarão as condições necessárias para a reparação? Se não for nas reencarnações sucessivas, recairemos forçosa-mente no labirinto do inferno. Mas um inferno eterno é tão impossível quanto um eterno paraíso, uma vez que não há ato tão louvável ou crime tão horroroso que acarrete uma eternidade de recompensas ou de castigos!

Basta considerar a obra da natureza desde a origem dos tempos para constatar em todos os lugares essa lenta e tranquila evolução dos seres e das coisas, que se ajusta tão bem ao poder eterno e que todas as vozes do universo proclamam. A alma humana não escapa a essa regra soberana. Ela é o resumo, o remate desse esforço prodigioso, o último anel da cadeia que se desenrola desde as mais profundas camadas da vida e cobre o globo inteiro. Não é no homem que se resume toda a evolução dos reinos inferiores e que aparece com esplendor o princípio sagrado da perfeição? Esse princípio não é a sua própria essência e uma espécie de selo divino marcando sua natureza? E, se ocorre desse modo, como admitir que a inteligência humana possa ser colocada fora das leis imponentes, emanadas da Causa Primária das Inteligências?

A onda de vida que se desencadeia através dos tempos para chegar ao ser humano e que, em seu curso, é dirigida por essa regra grandiosa da evolução poderia terminar em nada? O princípio do progresso está escrito em todos os lugares: na natureza e na História. Todo o movimento que ele imprime às forças em ação sobre nosso mundo vai terminar no homem; pode-se pretender que a parte essencial do homem, seu eu, sua consciência, escape a essa lei de continuidade e de progressão? Não! A lógica, sem falar dos fatos, demonstra que nossa existência não pode ser isolada. O drama da vida não pode compor-se de um único ato; é preciso uma sequência, um prolongamento, pelos quais se explicam e se esclarecem as incoerências aparentes e as obscuridades do presente; é preciso um encadeamento de existências, solidárias umas às outras, fazendo sobressair o plano e a organização que presidem aos destinos dos seres humanos.

Resulta disso que seremos condenados a um trabalho doloroso e incessante? A lei da elevação retardará indefinidamente o período de paz e de descanso? De maneira nenhuma. Ao fim de cada vida terrestre, a alma colhe o fruto das experiências adquiridas; direciona suas forças e suas faculdades para a vida interior e individual. Procede ao inventário de sua obra terrestre, assimila dela as partes úteis e rejeita os elementos improdutivos. É a primeira ocupação na outra vida, o trabalho por excelência de recapitulação e de análise. O recolhimento entre os períodos de atividade terrestre é necessário, e todo ser que segue o caminho normal dele recebe os seus benefícios.

Dizemos recolhimento porque, na realidade, o espírito, na espiritualidade, não descansa. A atividade é sua própria natureza. Não vemos essa atividade no sono? Só os órgãos materiais de transmissão sentem a fadiga e morrem. Na vida espiritual, esses entraves são quase desconhecidos; o espírito pode se dedicar, sem incômodo e sem constrangimento, até o momento da reencarnação, às missões que lhe são destinadas.

Seu retorno à vida terrestre é como um rejuvenescimento. A cada renascimento, a alma reconstitui para si uma espécie de virgindade. O esquecimento do passado, qual Lete[4] benfazejo e reparador, torna a fazer dela um ser novo, que recomeça a elevação vital com mais ardor. Cada vida realiza um progresso, cada progresso aumenta o poder da alma e a aproxima do estado de perfeição. Essa lei nos mostra a vida eterna em sua amplitude. Todos nós temos um ideal a realizar: a beleza e a felicidade supremas. Nós nos encaminhamos para esse ideal mais ou menos rapidamente, seguindo o impulso de nossos impulsos e a intensidade de nossos desejos. Nossa vontade e nossa consciência, reflexos vivos da norma universal, são nossos únicos juízes. Cada existência humana condiciona a seguinte. Seu conjunto constitui a plenitude do destino, ou seja, a comunhão com o infinito.

4 Lete: um dos rios dos infernos. O nome Lete significa esquecimento: as almas que bebiam a água desse rio esqueciam os males e prazeres da vida física (N.E.).

Muitas vezes nos perguntam: como a expiação, o resgate das faltas passadas, podem ser meritórios e fecundos para o espírito reencarnado, uma vez que, esquecido e inconsciente das causas que o oprimem, ignora presentemente o objetivo e a razão de ser de suas provas?

Vimos que o sofrimento não é forçosamente uma expiação. Toda a natureza sofre; tudo que vive, a planta, o animal e o homem, está sujeito à dor. O sofrimento é um modo de evolução, de educação. Mas, no caso proposto, é preciso lembrar que uma distinção deve ser estabelecida entre a inconsciência atual e a consciência virtual[5] do destino no espírito reencarnado.

Quando o espírito compreende, à luz intensa do além, que uma vida de provas lhe é absolutamente necessária para apagar os resultados deploráveis de suas existências anteriores, esse mesmo espírito, agindo em plena inteligência e plena liberdade, escolhe ou aceita espontaneamente sua reencarnação futura com todas as consequências que ela acarreta, aí compreendido o esquecimento do passado, que se segue ao ato da reencarnação. Essa visão inicial, clara e total de seu destino, no momento preciso em que o espírito aceita o renascimento, basta para estabelecer a consciência, a responsabilidade e o mérito dessa nova vida. Dela conserva a intuição, o instinto adormecido, que a menor lembrança, o menor sonho, bastam para acordar e fazer reviver. É por esse laço invisível, mas real e poderoso, que a vida presente se liga à vida anterior do mesmo ser e constitui a unidade moral e a lógica implacável de seu destino. Nós não nos lembramos do passado; é que, muitas vezes, como já demonstramos, nada fazemos para despertar essas lembranças adormecidas. Mas a ordem das coisas não subsiste menos; nenhum anel da cadeia magnética se apagou, e ainda menos se quebrou.

O homem na idade madura não se lembra mais dos detalhes de sua primeira juventude; isso o impede de ser a criança de antigamente e de lhe realizar as promessas? O grande artista que, ao entardecer de um dia de trabalho, cede à fadiga e

---

5 Virtual: que existe como faculdade, porém sem exercício atual. Possível de se realizar (N.E.).

adormece não guarda durante o sono o plano virtual, a visão íntima da obra que vai retomar e continuar assim que acordar? Acontece o mesmo com o nosso destino. Ele também é um trabalho constante, entrecortado muitas vezes, em seu andamento, por sonos que são, na realidade, atividades em dimensão diferente, iluminadas por sonhos de luz e de beleza!

A vida do homem é um drama lógico e harmonioso, cujas cenas e decorações mudam, variam ao infinito, mas não se afastam por um único instante da unidade do objetivo nem da harmonia do conjunto. Só quando voltarmos para o mundo invisível compreenderemos o valor de cada cena, o encadeamento dos atos, a incomparável harmonia do todo em suas relações com a vida e a unidade universais.

Sigamos, com fé e confiança, a linha traçada pela Mão Infalível. Dirijamo-nos aos nossos fins, como os rios vão para o mar – fecundando a terra e refletindo o céu.

Duas objeções ainda se apresentam: "Se a teoria da reencarnação fosse verdadeira" – diz Jacques Brieu, no *Moniteur des Études Psychiques* –, "o progresso moral deveria ser sensível desde o início dos tempos históricos. Acontece que a realidade é outra. Os homens de hoje são tão egoístas, violentos, cruéis e tão ferozes como o eram há dois mil anos."

Essa apreciação é exagerada. Ainda que fosse assim, não prova nada contra a reencarnação. Os melhores homens, nós sabemos, aqueles que, após uma sequência de existências, atingiram certo grau de perfeição, prosseguem sua evolução em mundos mais avançados e voltam à Terra apenas excepcionalmente, na qualidade de missionários. Por outro lado, grande número de espíritos, vindos de planos inferiores, juntam-se a cada dia à população do globo. Como, nessas condições, estranhar que o nível moral se eleve muito pouco?

Segunda objeção: a doutrina das vidas sucessivas, ao se espalhar na humanidade, traz abusos inevitáveis. Não acontece o mesmo com todas as coisas no seio de um mundo pouco avançado, cuja tendência é corromper, desnaturar os ensinamentos mais sublimes, acomodá-los a seus gostos, paixões e interesses mesquinhos?

Está claro que o orgulho humano pode encontrar aí amplas satisfações e, com a colaboração de espíritos zombeteiros ou da sugestão automática[6], assiste-se, por vezes, às revelações mais cômicas. Do mesmo modo que muitas pessoas têm a pretensão de descender de uma ilustre linhagem, assim também, entre os espíritas, encontra-se muito crente vaidoso convencido de ter sido este ou aquele personagem célebre do passado.

"Em nossos dias" – diz F. Myers[7] – "Anna Kingsford e Edward Maitland pretendiam ser nada menos do que a Virgem Maria e São João Batista."

Pessoalmente, conheço uma dezena de pessoas que afirmam ter sido Joana D'Arc. Seria algo infinito se fosse preciso enumerar todos os casos desse gênero. Entretanto, há casos em que é possível ser verdade. Mas como os distinguir dos erros? É preciso, em tais matérias, entregar-se a uma análise atenta e passar essas revelações por uma crítica rigorosa; investigar primeiramente se nossa individualidade apresenta traços surpreendentes de semelhança com a pessoa designada; depois solicitar da parte dos espíritos reveladores provas de identidade no que diz respeito a essas personalidades do passado e a indicação de detalhes e de fatos desconhecidos, cuja verificação seja possível apurar.

É bom lembrar que esses abusos, como tantos outros, não derivam da natureza da causa em questão, mas da inferioridade do meio em que acontecem. Esses abusos, frutos da ignorância e de um falso julgamento, se atenuarão e desaparecerão com o tempo, graças a uma educação mais forte e mais prática.

---

6 Sugestão automática: comunicação anímica, ou seja, do próprio médium, que ele por vezes afirma ser de um espírito desencarnado (N.E.).
7 *Personnalité humaine*.

Uma última dificuldade ainda resta: é a contradição aparente dos ensinamentos espíritas a respeito da reencarnação. Nos países anglo-saxões, por muito tempo as mensagens dos espíritos não falavam dela; muitos até mesmo a negavam, e isso serviu de principal argumento para os adversários do Espiritismo.

Já respondemos em parte a essa objeção. Dissemos que essa desigualdade se explicava pela necessidade em que se encontravam os espíritos de ser tolerantes, no início, com os preconceitos religiosos muito arraigados em certos meios. Muitos pontos da doutrina foram propositadamente deixados de lado nos países protestantes, mais hostis em relação à reencarnação, para serem divulgados com o tempo, no momento oportuno. De fato, depois desse período de silêncio, vemos as afirmações espíritas em favor das vidas sucessivas aparecerem hoje nesses países com a mesma intensidade que nos países latinos. Alguns pontos dos ensinamentos foram esclarecidos aos poucos; não houve contradição.

A negação provém quase sempre de espíritos pouco avançados para saberem e poderem ler em si mesmos e distinguir o futuro que os espera. Sabemos que essas almas passam pela reencarnação sem a preverem e, chegada a hora, são imersas na vida espiritual como em um sonho anestésico.

Os preconceitos de raça e de religião, que marcaram sobre a Terra uma influência considerável sobre esses espíritos, continuam na outra vida. Enquanto a entidade elevada pode facilmente se libertar deles após a morte, os menos avançados permanecem muito tempo submissos a esses preconceitos.

Nos Estados Unidos e na Inglaterra, os preconceitos de cor e de raça, entre eles muito fortes, fizeram considerar a lei dos renascimentos do um aspecto totalmente diferente de como é vista no Velho Mundo, onde as velhas tradições orientais e célticas[8] haviam depositado o seu gérmen em muitas almas. A questão parecia a princípio tão chocante, provocava tanta repulsão, que os espíritos dirigentes do movimento julgaram

---

8 Céltico: relativo aos celtas, povo indo-germânico que, saído do centro-sul da Europa, espalhou-se por parte da Espanha, Itália etc. (N.E.).

mais prudente tolerar. Deixaram, primeiramente, a ideia se expandir nos meios mais bem preparados para, daí, ganhar os centros refratários por caminhos diferentes, visíveis e ocultos, e se infiltrarem lentamente neles, como está ocorrendo agora.

A educação protestante não deixa no pensamento dos crentes ortodoxos[9] nenhum lugar à noção das vidas sucessivas. Segundo os seus princípios, após a morte a alma é julgada e sua sorte fixada definitivamente, seja no paraíso, seja no inferno. Para os católicos, existe um meio-termo: é o purgatório, meio impreciso, não localizado, onde a alma deve expiar suas faltas e se purificar por meios incertos. Essa concepção é meio caminho para as ideias de renascimentos terrestres. O católico pode assim ligar as antigas crenças às novas, enquanto o protestante ortodoxo se encontra na necessidade de fazer tábua rasa[10] e de edificar no seu entendimento doutrinas totalmente diferentes das que lhes foram ensinadas pela sua religião. Daí a hostilidade que o princípio das vidas sucessivas encontrou, no começo, nos países anglo-saxônicos adeptos do protestantismo; razão pela qual esses preconceitos persistem, mesmo depois da morte, para certa categoria de espíritos.

Vimos que, na atualidade, uma reação se produz pouco a pouco. A crença nas vidas sucessivas ganha a cada dia um pouco mais de terreno nos países protestantes, à medida que a ideia de inferno perde toda a influência. Ela já conta, na Inglaterra, nos Estados Unidos e em outros países, com inúmeros seguidores. Os principais órgãos espíritas desses países a adotaram ou pelo menos a discutem de maneira absolutamente justa. Os testemunhos dos espíritos em seu favor, tão raros a princípio, hoje se multiplicam. Eis alguns exemplos:

Uma importante obra foi publicada em Nova York em 1905, com o título The widow's mite, na qual o princípio das reencarnações é aceito. O autor, senhor Funck, é, diz J. Colville, na Light, "um homem altamente conhecido e respeitado nos centros literários americanos como o mais antigo associado da firma Funck

9 Ortodoxo: nesse caso, aquele que cumpre fielmente as determinações de uma doutrina religiosa (N.E.).
10 Fazer tábua rasa: nesse caso, ignorar (N.E.).

e Wagnalls, que publicou o famoso *Standard Dictionary*, cuja autoridade é reconhecida em todos os lugares onde se fala a língua inglesa."

Nessa obra, o autor expõe primeiramente as condições de experimentação, que são rigorosas; depois, passa em revista as comunicações do espírito mentor Amos. Este diz:

"Há aqui um espírito luminoso que eu vos apresento esta noite. Ele vem vos ensinar a respeito da reencarnação, que foi o objeto de uma de vossas questões. É um espírito muito elevado, que consideramos um instrutor para nós mesmos e vem a nosso pedido. Vós vos lembrais que as perguntas que haveis feito, em várias reuniões, não tinham recebido uma resposta satisfatória. Lamento muito que o professor Hyslop esteja ausente, já que fez várias perguntas a esse respeito, em outra ocasião."

Uma voz mais forte do que a anterior e muito diferente da outra toma assim a palavra:

"Meus amigos, a reencarnação é a lei do desenvolvimento do espírito no caminho de seu progresso, e todos devemos progredir, lentamente, é verdade, com pausas mais ou menos prolongadas, e esse crescimento leva longos séculos."

Stainton Moses, aliás, Oxon, professor da Universidade de Oxford, foi o médium ideal, pois era de uma grande cultura e de uma moralidade exemplar. Incentivador do movimento espiritualista na Inglaterra, recebeu e produziu a afirmação das vidas sucessivas em seus ensinamentos espiritualistas:

"A criança" – foi-lhe dito – *"pode alcançar o amor e a ciência apenas pela educação adquirida por uma nova vida terrestre. Uma tal experiência é necessária e numerosos espíritos escolhem um retorno à Terra, a fim de ganhar o que lhes falta."*

F. Myers, em sua obra magistral *Personnalité humaine; sa survivance* (edição inglesa), capítulo 10, exprime uma opinião semelhante:

"Nosso novo conhecimento em 'psiquismo', confirmando o pensamento antigo, confirma também, em relação ao cristianismo, os relatos das aparições de Cristo depois da morte e nos faz entrever a possibilidade da reencarnação benfazeja dos espíritos que já atingiram um nível mais elevado do que o do homem."

Na página 329:

"A doutrina da reencarnação não encerra nada que seja contrário à melhor razão e aos instintos mais elevados do homem. Não é, decerto, fácil estabelecer uma teoria firmando a criação direta de espíritos em fases de adiantamento tão diversas quanto aquelas em que tais espíritos entram na vida terrena sob a forma de homens mortais; deve existir certa continuidade, certa forma de passado espiritual. Para o momento, não possuímos nenhuma prova em favor da reencarnação."

Myers não conhecia as experiências recentes das quais falamos no capítulo 2; entretanto, ele ainda afirma: "a evolução gradual (das almas) tem numerosas etapas, às quais é impossível assinalar um limite".

Mais recentemente, o livro *Lettres du monde des esprits* (*Cartas do mundo dos espíritos*), de Lord Carlingford, publicado na Inglaterra, admite a reencarnação como uma consequência necessária da lei da evolução.

A doutrina das vidas sucessivas, dizemos, nesse momento avança um pouco em todas as partes, do outro lado do Canal da Mancha. Aí vemos um filósofo, como o professor Taggart, adotá-la de preferência às outras doutrinas espiritualistas e declarar, como fez Hume antes dele, "que ela é a única que apresenta argumentos razoáveis sobre a imortalidade".

Enfim, em seu discurso de abertura como presidente da Sociedade para Pesquisa Psíquica, o reverendo W. Boyd-Carpenter, bispo de Ripon, em 23 de maio de 1912, diante de um auditório numeroso e distinto, fez ressaltar a utilidade das pesquisas psíquicas para obter um conhecimento mais completo do eu humano e indicar com exatidão as condições de sua evolução. "O interesse desse discurso" – diz o *Anais das*

Ciências Psíquicas de maio de 1912 – "reside especialmente nisso: o ver-se aí um alto dignitário da Igreja Anglicana afirmar, como certos padres da Igreja Católica, a preexistência da alma, aderir à teoria da evolução e das existências múltiplas".

5 – AS VIDAS SUCESSIVAS. PROVAS HISTÓRICAS

Nosso estudo seria incompleto se não déssemos uma rápida olhada para o papel que representou na História a crença nas vidas sucessivas.

Essa doutrina domina toda a Antiguidade. Vamos encontrá-la no coração das grandes religiões do Oriente e nas obras filosóficas mais puras e elevadas. Ela guiou em sua marcha civilizações do passado e se eternizou de tempos em tempos. Apesar das perseguições e trevas temporárias, reapareceu e persiste no decorrer dos séculos em todos os países.

Originária da Índia, expandiu-se para o mundo. Muito antes de terem aparecido os grandes reveladores[1] dos tempos históricos, era formulada nos Vedas[2] e claramente no Bhagavad-Gita[3]. O bramanismo e o budismo se inspiraram nela e, ainda hoje, milhões de asiáticos – o dobro ou mais do que representam todas as associações cristãs reunidas – acreditam na pluralidade das existências.

O Japão nos mostrou, há pouco, o que tais crenças podem fazer por um povo. A magnífica coragem, o espírito de sacrifício que os japoneses mostram em face da morte, sua indiferença diante da dor, todas essas qualidades superiores que fizeram a admiração do mundo em circunstâncias memoráveis, não tiveram outra causa.

Após a batalha de Tsushima, diz-nos o *Journal*, numa cena de melancolia grandiosa, diante do exército reunido no cemitério de Aoyama, em Tóquio, o almirante Togo falou em nome

---

1 Os grandes reveladores: veja *O Livro dos Espíritos*, questão 628 (N.E.)
2 Vedas: livros sagrados para os hindus (N.E.).
3 Bhagavad-Gita: poema sagrado para as religiões da Índia (N.E.).

da nação e dirigiu-se aos mortos em termos patéticos. Pediu às almas desses heróis que "protegessem a marinha japonesa, que frequentassem os navios e que reencarnassem em novas equipagens[4]".

Se, com o professor Izoulet, comentando no Colégio de França a obra do autor americano A. Mahan sobre o Extremo Oriente, admitirmos que a verdadeira civilização está no ideal espiritual e que, sem ele, os povos caem na corrupção e na decadência, será preciso reconhecê-lo bem: o Japão está destinado a um grande futuro.

Voltemos à Antiguidade. O Egito e a Grécia adotaram essa mesma doutrina. Sob um simbolismo mais ou menos obscuro, esconde-se por toda parte a palingenesia[5].

A antiga crença dos egípcios nos é revelada pelas inscrições dos monumentos e pelos livros de Hermes: "Tomada na origem" – diz-nos o senhor M. de Vogüé – "a doutrina egípcia nos apresenta a viagem às terras divinas como uma série de provas, ao sair das quais se opera a ascensão na luz". Mas o conhecimento das leis profundas do destino era reservado apenas aos iniciados. Em seu livro recente, *La vie e la mort* (*A vida e a morte*), A. Dastre se exprime assim[6]:

> "No Egito, a doutrina das transmigrações[7] era representada por imagens sagradas surpreendentes. Cada ser tinha o seu duplo. Ao nascer, o egípcio é representado por duas figuras. Durante a vigília, as duas individualidades se confundem em uma única; mas durante o sono, enquanto um repousa e repara os órgãos, o outro se lança no mundo dos sonhos. Todavia, essa separação não é completa; ela o será apenas após a morte ou, antes, a separação

---

4 Ver o *Journal* de 12 de dezembro de 1007, artigo do senhor Ludovic Naudeau, testemunha da cerimônia. Ver também Yamato Damachi ou a *L'ame japonaise* (*A alma japonesa*) e o livro do professor americano Hearn, matriculado em uma universidade japonesa: *Kakoro ou l'idée de la préexistence (Kakoro ou a ideia da preexistência)*.
5 Palingenesia: teoria dos renascimentos sucessivos ensinada por filósofos gregos e por religiões orientais muito antes da era cristã (N.E.).
6 Citação de P. C. Revel, *Le hasard, sa loi et ses conséquences (O acaso, sua lei e suas consequências)*.
7 Transmigração: passagem da alma de um corpo para outro (N.E.).

completa é que será a própria morte. Mais tarde, esse duplo ativo poderá vir vivificar um outro corpo terrestre e realizar assim uma nova existência semelhante."

Na Grécia, encontramos a doutrina das vidas sucessivas nos poemas órficos. Era a crença de Sócrates, de Platão, de Pitágoras, de Apolônio[8] e de Empédocles. Sob o nome de metempsicose[9], falam delas muitas vezes em suas obras, em termos ocultos, pois eram ligados pelo juramento iniciático. Entretanto, a afirmação é precisa no último livro de *A República*, em *Fedra,* em *Timeu* e em *Fédon*:

"É certo que os vivos nascem dos mortos, que as almas dos mortos voltam a nascer" (*Fedra*)

"A alma é mais velha que o corpo. As almas renascem sem parar do Hades[10], para voltar à vida atual." (*Fédon*)

A reencarnação era celebrada no Egito nos mistérios de Ísis, e na Grécia, nos de Elêusis, sob o nome de mistério de Perséfone, e somente os iniciados[11] participavam das cerimônias.

O mito de Perséfone era a representação dramática dos renascimentos, a história da alma humana; passado, presente e futuro, sua descida à matéria, seu cativeiro em corpos perecíveis, sua reascensão por etapas sucessivas. As festas eleusianas duravam três dias e traduziam, em uma trilogia comovente,

---

8 Pitágoras e Apolônio: sábios e filósofos gregos anteriores ao Cristianismo (N.E.)

9 Metempsicose: doutrina segundo a qual a mesma alma pode animar, em vidas sucessivas, corpos diversos: vegetais, animais ou homens. O povo não pode ver hoje na metempsicose mais do que a passagem da alma humana no corpo de seres inferiores. Na Índia, no Egito e na Grécia ela era considerada, de um modo mais geral, a transmigração das almas em outros corpos humanos. Somos levados a acreditar que a descida da alma em um corpo inferior à humanidade não era, como a ideia de inferno no catolicismo, mais do que um espantalho destinado, no pensamento dos antigos, a espantar os maus. Toda retrogradação dessa espécie será contrária à justiça, à lógica, à verdade. É, aliás, impossível, pelo fato de que o desenvolvimento do organismo fluídico ou perispírito não permitiria mais ao ser humano se adaptar às condições da vida animal (N.E.).

10 Hades: residência dos mortos. O inferno da mitologia grega (N.E.).

11 Iniciado: indivíduo admitido há pouco tempo em uma seita (N.E.).

as alternâncias da vida dupla, terrestre e celeste. Ao termo das iniciações solenes, os adeptos eram sagrados[12].

Quase todos os grandes homens da Grécia foram iniciados, adoradores fervorosos da grande deusa. É dos seus ensinamentos secretos que tirarão a inspiração do gênio, as formas sublimes da arte e os preceitos da divina sabedoria. Quanto ao povo, eram-lhe apenas apresentados símbolos. Mas, sob a transparência dos mitos, a verdade iniciática aparecia, do mesmo modo que a seiva da vida se revela sob a casca da árvore.

A grande doutrina era conhecida do mundo romano. Ovídio, Virgílio, Cícero, em suas obras imortais, fazem frequentes alusões a isso. Virgílio, em *Eneida*, assegura que a alma, ao mergulhar no Lete, perde a lembrança de suas existências passadas.

A escola de Alexandria deu-lhe um brilho vivo, pelas obras de Filo, Plotino, Amônio Sacchas, Porfírio, Jâmblico etc. Plotino diz a respeito dos deuses: "Eles asseguram a cada um o corpo que lhe convém e que está em harmonia com seus antecedentes, segundo suas existências sucessivas."

Os livros sagrados dos Hebreus: o Zohar, a Cabala, o Talmude afirmam igualmente a preexistência e, sob o nome de ressurreição, a reencarnação era também a crença dos fariseus e dos essênios[13]. O Antigo e o Novo Testamento, por entre textos difíceis de interpretar e alterados, trazem ainda traços numerosos, por exemplo, em algumas passagens de Jeremias e de Jó, depois no caso de João Batista, que foi Elias, no do cego de nascença e na conversação particular de Jesus com Nicodemos.

Lê-se em Mateus[14]: "Eu vos digo em verdade, entre os filhos das mulheres, não há nenhum maior do que João Batista. [...] E se quereis ouvir, é mesmo Elias que deve vir. Aquele que tem ouvidos para ouvir, ouça."

12 Ver *Sanctuaires d'Orient* (*Santuários do Oriente*), Ed. Schuré.
13 Lê-se no Zohar, capítulo 2: "Todas as almas estão sujeitas à revolução (metempsicose), mas os homens não conhecem os caminhos de Deus, o que é bom". José (Antiq. 18, parágrafo 3) diz que o virtuoso terá o poder de ressuscitar e de viver novamente.
14 Mateus, capítulo 11:11, 14 e 15.

Um outro dia, os discípulos do Cristo o interrogam dizendo[15]: "Por que os Escribas dizem 'que é preciso primeiramente que Elias venha?' Jesus respondeu-lhes: 'É verdade que Elias deve vir primeiramente e restabelecer todas as coisas; mas eu vos digo que Elias já veio, mas eles não o reconheceram e fizeram-lhe o que quiseram'." Então os discípulos compreenderam que era de João Batista de quem ele falava.

Um dia Jesus perguntou a seus discípulos o que dizia dele o povo. Esses respondem: "Uns dizem que és João Batista; outros Jeremias, ou alguns dos antigos profetas que voltou ao mundo." Jesus, antes de dissuadi-los, como se tivessem falado coisas imaginárias, contentou-se em acrescentar: "E vós, quem credes que sou eu?"[16] Quando encontrou o cego de nascença, seus discípulos lhe perguntaram se aquele homem nasceu cego por causa dos pecados de seus pais ou dos pecados que cometeu antes de nascer.[17] Eles acreditavam na possibilidade da reencarnação e na possível existência da alma antes do nascimento. Sua linguagem nos leva mesmo a crer que essa ideia estava divulgada entre o povo, e Jesus parece autorizá-la, em vez de combatê-la. Ele fala de numerosas moradas de que se compõe a casa do Pai, e Orígenes, comentando essas palavras, acrescenta: "O Senhor cita as diferentes estações que as almas devem ocupar, depois que se desprenderam de seus corpos atuais e se revestirem de outros."

O Cristianismo primitivo possuía o verdadeiro sentido do destino. Mas, com as sutilezas da teologia bizantina, o sentido oculto desapareceu pouco a pouco; a virtude secreta dos ritos iniciáticos desvaneceu-se como um perfume sutil. A escolástica[18] abafou a primeira revelação sob o peso dos silogismos[19] ou arruinou-a com sua argumentação enganosa.

---

15 Mateus, capítulo 17:10 a 13.

16 Mateus, capítulo 16:14 e 15 (N.E.).

17 João, capítulo 9:2 (N.E.).

18 Escolástica: filosofia religiosa da Igreja Romana baseada em Aristóteles e Tomás de Aquino (N.E.).

19 Silogismo: dedução que se tira de uma proposição que, habilmente conduzida, leva a uma conclusão filosófica. Nesse caso, conclusão falsa, enganadora, impostura, falsidade (N.E.).

Entretanto, os primeiros padres da Igreja, e, entre outros, Orígenes e São Clemente de Alexandria, pronunciaram-se em favor da transmigração das almas. São Jerônimo e Ruffinus (*Carta a Anastácio*) afirmam que ela era ensinada como verdade tradicional a certo número de iniciados.

Em sua mais importante obra, *Dos princípios*, livro I, Orígenes passa em revista os numerosos argumentos que mostram, na existência anterior ao nascimento e na sobrevivência após a morte das almas em outros corpos, o corretivo necessário à desigualdade das condições humanas. Ele se pergunta qual é o total das etapas percorridas por sua alma nas peregrinações no infinito, quais os progressos realizados em cada uma de suas estações, as circunstâncias dessa imensa viagem e a natureza particular de suas residências.

São Gregório de Nysse disse "que há necessidade natural para a alma imortal de ser curada e purificada, e que, se não o foi em sua vida terrestre, a cura se opera pela vida futura e nas seguintes".

Contudo, essa alta doutrina não podia conciliar-se com certos dogmas e artigos de fé, armas poderosas para a Igreja, tais como a predestinação, os castigos eternos e o juízo final. Com ela, o Catolicismo teria dado lugar mais amplo à liberdade do espírito humano, chamado em suas vidas sucessivas a se elevar por seus próprios esforços e não somente por uma graça do "alto".

Por isso, a condenação das opiniões de Orígenes e das teorias gnósticas[20] pelo Concílio de Constantinopla, em 553, foi um ato repleto de consequências prejudiciais. Ela trouxe o descrédito e a repulsa ao princípio das reencarnações. Então, vê-se edificar, em vez de um conceito simples e claro do destino, compreensível às mais humildes inteligências, unindo a Justiça Divina com a desigualdade das condições e dos sofrimentos humanos, todo um conjunto de dogmas que lançaram

---

20 Gnóstico: que segue os ensinamentos da gnose. Gnose quer dizer busca interior ou autoconhecimento e tem suas origens nas antigas religiões orientais e nos filósofos gregos, especialmente em Sócrates e Platão (N.E.)

o esquecimento sobre o problema da vida, revoltaram a razão e, finalmente, afastaram o homem de Deus.

A doutrina das vidas sucessivas reaparece ainda em diferentes épocas, no mundo cristão, sob a forma das grandes heresias[21] e das escolas secretas, mas foi muitas vezes afogada no sangue ou sufocada sob a cinza das fogueiras.

Na Idade Média, ela se apaga quase inteiramente e deixa de influenciar o desenvolvimento do pensamento ocidental, causando-lhe assim grande dano. Daí os erros e a confusão dessa época sombria, o fanatismo mesquinho, a perseguição cruel, as trevas do espírito humano. Uma espécie de noite intelectual se fez sobre a Europa.

No entanto, de tempos em tempos, como um relâmpago, o grande pensamento ilumina ainda, por inspiração do "alto", algumas belas almas intuitivas. Continua a ser, para os pensadores da elite, a única explicação possível do que se tornou para a massa o profundo mistério da vida.

Não somente os trovadores, em seus poemas e suas canções, faziam-lhe discretas menções, mas poderosos espíritos, como Boaventura e Dante Alighieri, mencionaram essa doutrina de um modo formal. Ozanam, escritor católico, reconhece que o plano da *Divina comédia* segue muito de perto as grandes linhas de iniciação antiga, baseadas, como já vimos, na pluralidade das existências. O cardeal Nicolas de Cusa sustentou, em pleno Vaticano, a teoria da pluralidade das vidas e dos mundos habitados, com a aprovação do Papa Eugênio IV.[22]

Thomas Moore, Paracelso, Jacob Boehme, Giordano Bruno e Campanella afirmaram ou ensinaram essa grande doutrina, muitas vezes com seu próprio sacrifício. Van Helmont, em *De revolutione animarum*, expõe, em 200 problemas, todos os argumentos em favor da reencarnação das almas.

Não são essas altas inteligências comparáveis aos cumes das montanhas, aos cimos gelados dos Alpes, que são os primeiros a receber as luzes do dia, a refletir as luzes do sol, e que as conservam ainda quando o resto da Terra já está imerso nas trevas?

21 Heresia: doutrina contrária ao que foi definido pela Igreja em matéria de fé (N.E.)
22 Eugênio IV: exerceu o papado entre 1431 e 1447 (N.E.).

O próprio Islamismo, especialmente no *Alcorão*[23], dá lugar importante às ideias dos renascimentos sucessivos.[24]

A filosofia, nos últimos séculos, enriqueceu-se com elas. Cudworth e Hume as consideram como a teoria mais racional da imortalidade. Em Lessing, Herder, Hegel, Schelling, Fichte – o jovem –, elas são discutidas com elevação.

Mazzini, apostrofando os bispos em sua obra *Dal concilio a Dio,* diz:

> "Acreditamos em uma série indefinida de reencarnações da alma, de vida em vida, de mundo em mundo, em que cada uma constitui um progresso sobre a anterior; podemos recomeçar o estágio percorrido quando merecemos passar a um nível superior; mas não podemos nem recuar nem morrer espiritualmente."

Reportemo-nos agora às origens de nossa raça céltica e veremos a ideia das vidas sucessivas pairar sobre a terra das Gálias: ela vibra nos cantos dos bardos[25]; sussurra na grande voz da floresta: "Agitei-me em cem mundos, vivi em cem círculos". (Canto bárdico: *Barddas cad Goddeu.*)

É a tradição nacional por excelência; ela inspirava em nossos pais o desprezo pela morte, o heroísmo nos combates. Deve ser amada por todos os que se sentem ligados pelo coração ou pelo sangue a essa raça céltica, móvel, entusiasta, generosa, apaixonada pela justiça, sempre pronta a lutar pelas grandes causas.

Nos combates contra os romanos – diz d'Arbois de Jubainville, professor do Colégio de França – os druidas[26] permaneciam imóveis como estátuas, recebendo ferimentos sem fugir nem se defender. Eles sabiam que eram imortais e pensavam

---

23 Alcorão: livro sagrado do Islamismo, religião cujos adeptos seguem os ensinamentos do profeta Maomé (N.E.).
24 Ver Surate 2, versículo 26 do Alcorão; Surate 7, versículo 55; Surate 17, versículo 52; Surate 14, versículo 25.
25 Bardo: poeta heroico entre os celtas e gálios (N.E.).
26 Druida: antigo sacerdote dos povos gauleses e bretões (N.E.).

achar em outra parte do mundo um corpo novo e sempre jovem.[27]

Os druidas não eram somente homens bravos, eram também profundos sábios[28]. Seu culto era o da natureza sob ramos sombrios dos carvalhos ou sobre rochedos batidos pelas tempestades. As *Tríades* proclamam a evolução das almas, partidas de *anoufn*, o abismo, subindo vagarosamente a longa espiral das existências (*abred*) para chegarem, depois de muitas mortes e renascimentos, a *gwynfyd*, o círculo da felicidade.

As *Tríades* são o maravilhoso monumento que nos resta da antiga sabedoria dos bardos e dos druidas; abrem perspectivas sem limites à vista admirada do investigador. Citaremos apenas três, as que se referem mais diretamente ao nosso assunto, *As Tríades* 19, 21 e 36[29]:

> 19. "Três condições indispensáveis para chegar à plenitude (ciência e virtude): transmigrar em *abred,* transmigrar em *gwynfyd* e recordar-se de todas as coisas passadas no *anoufn*."
>
> 21. "Três modos eficazes de Deus, em *abred* (círculos dos mundos planetários), para dominar o mal e vencer sua oposição em relação ao círculo de *gwynfyd* (círculo dos mundos felizes): a necessidade, a perda da memória e a morte."
>
> 36. "Os três poderes (fundamentos) da ciência e da sabedoria: a transmigração completa por todos os estados dos seres; a lembrança de cada transmigração e de seus incidentes; o poder de passar à vontade novamente por um estado qualquer em vista da experiência e do julgamento. E isso será obtido no círculo de *gwynfyd*."

Alguns autores entenderam, de acordo com os textos bárdicos, que as vidas seguintes da alma continuavam exclusivamente nos outros mundos. Eis dois casos que demonstram que os gauleses admitiam também a reencarnação. Nós os

---

27 Ver Tácito: *Ab excessu Augusti*, livro 14.

28 *Commentaires de la guerre des Gaules (Comentários da guerra da Gália)*, livro 6, capítulo 19, Ed. Lemerre, 1919.

29 *As Tríades*. Publicadas por Ed. Williams, conforme o original gaulês e a tradução de Edward Darydd. Ver Gatien Arnoult, *Philosophie Gauloise (Filosofia Gaulesa)*.

extraímos do *Cours de littérature celtique*, do senhor De Jubainville[30]:

Find MacCumail, o célebre herói irlandês, renasce em Morgan, filho de Fiachna, rainha de Ulster, em 603, e, mais tarde, sucede-lhe. Os *Annales de Tigernach* (*Anais de Tigernach*) fixam a morte de Find no ano de 273 de nossa era, na batalha de Athbrea. "Um segundo nascimento" – diz De Jubainville – "dá-lhe uma vida nova e um trono na Irlanda."

Os celtas praticavam também a evocação dos mortos. Houve uma polêmica entre Mongan e Forgoll a respeito da morte do rei Folhad, da qual Mongan fora testemunha ocular, e do lugar onde esse rei tinha perdido a vida: "Ele evocou" – diz o mesmo autor – "do reino dos mortos Cailté, seu companheiro de combates. No terceiro dia, o testemunho de Cailté fornece a prova de que Mongan tinha dito a verdade."

O outro fato de reencarnação remonta a uma época mais antiga. Algum tempo antes de nossa era, Aeochaid Airem, rei supremo da Irlanda, tinha desposado Etâin, filha de Etar. Etâin já havia nascido em país celta muitos séculos antes. Nessa vida anterior, tinha sido filha de Aillil e esposa de Mider, divinizado depois de morto por suas façanhas.

É provável que se encontrassem na história dos tempos célticos numerosos casos de reencarnação; mas, como se sabe, os druidas nada confiavam à escrita e se contentavam com o ensinamento oral. Os documentos relativos à sua ciência e à sua filosofia são raros e de data relativamente recente.

A doutrina céltica, após séculos no esquecimento, reapareceu na França moderna. Ela foi reconstituída ou sustentada por todo um grupo de brilhantes escritores: Charles Bonnet, Dupont de Nemours, Ballanche, Jean Reynaud, Henri Martin, Pierre Leroux, Fourier, Esquiros, Michelet, Victor Hugo, Flammarion, Pezzani, Fauvety, Strada etc.

"Nascer, morrer, renascer e progredir sempre, essa é a lei", disse Allan Kardec. Graças a ele e à escola espírita da qual é

30 Tomo I. Ver também H. d'Arbois de Jubainville, *Les druides et les dieux celtiques* (*Os druidas e os deuses celtas*); *Livre de Leinster* (*Livro de Leinster*); *Anais de Tigernach,* publicados por Whitley Stokes; *Revue Celtique*; *Annales des quatre maîtres* (*Anais de quatro mestres*), Ed. O. Donovan, tomo 1.

o fundador, a crença nas vidas sucessivas da alma se popularizou, se espalhou em todo o Ocidente, e conta hoje com milhões de seguidores. O testemunho dos espíritos veio lhe dar uma comprovação definitiva. À exceção de algumas almas pouco evoluídas para quem o passado ainda está envolvido de trevas, todos, nas mensagens, afirmam a pluralidade das existências e o progresso indefinido dos seres.

A vida terrestre, dizem eles, basicamente é um treino, uma preparação à vida eterna. Limitada a uma única existência, em sua curta duração não poderia corresponder a plano tão amplo. As reencarnações são as etapas do caminho que todas as almas percorrem em sua evolução; é a escala misteriosa que, das regiões misteriosas, por todos os mundos da forma, nos conduz ao reino da luz. Nossas existências se desenrolam no decorrer dos séculos; elas passam, se sucedem e se renovam. Em cada uma delas, purificamo-nos um pouco do mal que está em nós. Lentamente, avançamos, penetramos mais adiante no caminho sagrado, até que tenhamos adquirido os méritos que nos abrirão o acesso aos círculos superiores, de onde se irradiam eternamente a beleza, a sabedoria, a verdade e o amor.

O estudo atento da história dos povos não nos mostra somente o caráter universal da doutrina das vidas sucessivas, mas ainda nos permite perceber o encadeamento grandioso das causas e dos efeitos que se reproduzem, através dos tempos, na ordem social. Vemos nela que esses efeitos renascem de si mesmos e retornam à causa que os gerou; comprometem os indivíduos e as nações na rede de uma lei justa e implacável.

Nesse aspecto, as lições do passado são surpreendentes. O testemunho dos séculos é assinalado por um caráter majestoso que impressiona o homem mais indiferente; ele nos demonstra a irresistível força do direito. Todo o mal praticado, o sangue e as lágrimas derramadas recaem cedo ou tarde, fatalmente, sobre seus autores: indivíduos ou coletividades.

Os mesmos fatos criminosos, os mesmos erros acarretam as mesmas consequências trágicas. Enquanto os homens teimam em agredir uns aos outros, a se oprimir, a se dilacerar, as obras de sangue e luto prosseguem e a humanidade sofre no mais profundo de suas entranhas. Há expiações coletivas, como há reparações individuais. Através dos tempos, uma justiça natural e soberana se exerce; faz desabrocharem os elementos de decadência e de destruição, os germes da morte, que as nações semeiam em seu próprio seio cada vez que desrespeitam as leis superiores.

Se lançarmos nossos olhares sobre a História, veremos que a juventude da humanidade, como a do indivíduo, tem seus períodos de problemas, de loucuras, de experiências dolorosas. Nas suas páginas desfila o cortejo de misérias consequentes. As quedas profundas se alteram com as elevações, os triunfos, com as derrotas.

Civilizações primitivas assinalam as primeiras idades. Os maiores impérios desmoronam uns após outros ao choque das paixões. O Egito, Nínive, Babilônia, o império dos Persas caíram. Roma e Bizâncio, roídas pela corrupção, baquearam ante a invasão dos bárbaros.

Após a Guerra dos Cem Anos e o suplício de Joana D'Arc, a Inglaterra foi açoitada por uma terrível guerra civil, a das Duas Rosas, entre os York e os Lancaster, que a conduz a dois passos do abismo.

O que é feito da Espanha, responsável por tantos suplícios e degolações, a Espanha com seus conquistadores e seu Santo Ofício? Onde está hoje o vasto império no qual o sol jamais se punha?

Vede os Habsburgo, herdeiros do Santo Império e, talvez, reencarnações dos algozes dos hussitas! A casa de Áustria foi ferida em todos os seus membros: Maximiliano foi fuzilado, Rodolfo caiu em meio a uma orgia; a imperatriz Elisabeth foi assassinada; depois chegou a vez de François Ferdinand. O velho imperador, com os cabelos brancos, fica sozinho em meio aos restos de sua família, e, finalmente com a guerra, é a desfeita, a ruína e a deslocação completa de seus Estados.

Onde estão hoje todos esses impérios fundados a ferro e fogo, dos Califas, Mongóis, Carlovíngios, o de Carlos V? Napoleão disse: "Tudo se paga!" E ele mesmo pagou. A França pagou com ele. O império de Napoleão passou como um meteoro!

Detenhamo-nos um instante sobre esse prodigioso destino que, depois de haver lançado, em sua trajetória pelo mundo, um brilho fulgurante, foi se apagar miseravelmente num rochedo do Atlântico, na ilha de Santa Helena, onde ficou prisioneiro. É a vida dele, bem conhecida de todos, e, por conseguinte, melhor que qualquer outra, que deve servir de exemplo. Assim como disse Maeterlinck[31], pode-se constatar uma coisa sobre isso: são as três maiores crueldades cometidas por Napoleão que lançaram as três causas principais de sua queda:

> "Primeiramente, foi o assassinato do duque de Enghien, condenado por sua ordem, sem julgamento e sem provas, e executado nos fossos de Vincennes: assassinato que espalhou ao redor do ditador ódios daí em diante implacáveis e um desejo de vingança que não acabou mais. Em seguida foi a odiosa cilada de Bayonne, em que atraiu por baixas intrigas, para despojá-los de sua coroa hereditária, os bonachões e muito confiantes Bourbons de Espanha. A horrível guerra que se seguiu tragou, além dos 300 mil homens, toda a energia, toda a moralidade, a maior parte do prestígio, quase todas as certezas, quase todas as garantias e todos os destinos felizes do Império. E, por fim, a pavorosa e indesculpável campanha da Rússia, que selou definitivamente a sua sorte com o desastre nos gelos de Berezina e nas neves da Polônia[32]."

A história diplomática da Europa, nos últimos 50 anos, não escapa a essas regras. Os autores das injustiças e das crueldades têm sido castigados, como por uma mão invisível.

A Rússia, depois de dominar a Polônia, prestou seu apoio moral à Prússia para a invasão dos ducados[33] dinamarqueses,

---

31 Maurice Maeterlinck (1862-1949): filósofo, escritor e dramaturgo belga, prêmio Nobel de literatura de 1913 (N.E.).
32 Maeterlinck, *Le temple enseveli* (*O templo oculto*).
33 Ducado: território que faz parte do domínio de um duque (N.E.).

"um dos maiores crimes de pirataria" – diz um historiador – "cometidos nos tempos modernos". Foi punida por causa disso primeiramente pela própria Prússia, que, em 1877, no Congresso de Berlim, anulava todas as vantagens obtidas sobre a Turquia; depois, mais cruelmente ainda, pelos insucessos da guerra de Manchúria e sua repercussão prolongada em todo o império dos czares[34], que por fim veio dar lugar à revolução sangrenta e ao caos bolchevista.

No decorrer dos últimos séculos, a Inglaterra perseguiu muitas vezes uma política fria e egoísta. Depois da Guerra de Transvaal, vê-se mais enfraquecida, aproximando-se talvez dos tempos previstos, em termos impressionantes, pelo senhor Robert: "A habilidade de nossos homens de Estado os imortalizará, se suavizarem para nós essa descida, de modo a evitar que se transforme numa queda, se a conduzirem de modo a fazer parecer-se com a Holanda e não com Cartago e Veneza."

O destacamento da Irlanda, do Egito, a revolta dos Indianos vieram a confirmar essas previsões.

Tal será o destino de todas as nações que foram grandes por seus filósofos e pensadores e que tiveram a fraqueza de pôr seu destino nas mãos de políticos muito ávidos.

Não insistimos sobre esses fatos. Não vimos desenvolver-se sob nossos olhos, de 1914 a 1918[35], o drama imenso, o drama vingador que deixou a Alemanha vencida, punida por seu orgulho e por seus crimes?

Ao mesmo tempo, é preciso reconhecer que a França recebia uma lição terrível, talvez por causa da leviandade, imprevidência e sensualismo de um grande número de seus filhos; mas, com a vitória, encontrava o seu prestígio no mundo. Assim se afirmava uma vez mais a grande missão, o papel providencial que lhe parece destinado e que consiste em proclamar e defender, de todas as formas, pelo verbo e pela espada, o direito, a verdade, a justiça!

---

34 Czar: título que se dava ao imperador da Rússia e aos antigos soberanos sérvios e húngaros (N.E.).
35 De 1914 a 1918: foi o período da Primeira Guerra Mundial (N.E.).

A Alemanha e a Áustria, aventuradas num pacto e numa cumplicidade ferozes, tinham sonhado com o domínio da Europa e do mundo: uma sobre o Oriente e a outra sobre o Ocidente. Na perseguição desse objetivo, calcaram os pés nos empenhos mais solenes, por exemplo, para com a Bélgica; não recuaram diante dos crimes mais odiosos. Qual foi o resultado? Após quatro anos de luta encarniçada, os impérios centrais rolaram no abismo.

A Áustria é apenas um fantasma de nação, a Alemanha diminuiu, arruinada, presa às lutas internas e a todos os males econômicos.

Não é a repercussão dos acontecimentos de 1870 a 1871? Por sua vez, os alemães tiveram que conhecer a derrota e a anarquia.

Talvez, em nenhuma outra guerra, a luta de dois princípios ficou tão evidente. De um lado, a força brutal, do outro, o direito e a liberdade. E o que prova que Deus não se desinteressou pelo destino de nosso pequeno globo é que o direito venceu! Pode-se dizer que, como os gregos em Maratona e em Salamina, os soldados de Marne e de Verdun, sustentados por esses poderes invisíveis, preservaram a humanidade do domínio da espada e salvaram a civilização[36]. Este será o justo julgamento da História!

Sim, a História é um grande ensinamento. Podemos ler em suas profundezas a ação de uma lei poderosa. Na sucessão dos acontecimentos, por vezes, sentimos passar como um vento sobre-humano; no meio da noite dos séculos, por instantes, vemos luzir como brilhos as radiações de um pensamento eterno.

Para os povos, como para os indivíduos, há uma justiça. Para os povos, vemo-la se manifestar no encadeamento dos fatos. Para o indivíduo, não acontece o mesmo. Nem sempre se pode seguir sua marcha, principalmente quando sua ação, em vez de ser imediata, se exerce apenas a longo prazo. A

---

36 Ver meu livro *Le monde invisible et la guerre* (*O mundo invisível e a guerra*).

reencarnação, a descida à carne, a sombra do capuz da matéria que se abate sobre a alma e faz o esquecimento, escondem-nos a sucessão dos efeitos e das causas. Mas, como já vimos, particularmente nos fenômenos de transe, desde que podemos levantar o véu estendido sobre o passado e ler o que está gravado no fundo do ser humano, então, no sofrimento que o atinge, nas grandes dores, nos reveses, nas aflições que ferem, somos constrangidos a reconhecer a ação de uma causa anterior, de uma causa moral, e de nos inclinar diante da majestade das leis que presidem os destinos das almas, das sociedades e dos mundos!

O plano da História se desenvolve em suas linhas formidáveis: Deus envia à humanidade seus messias, seus reveladores visíveis e invisíveis, seus guias, seus educadores de todas as ordens. Mas o homem, livre em seu pensamento, em sua consciência, escuta-os e renega-os. O homem é livre; as incoerências sociais são sua obra. Ele lança sua nota confusa no concerto universal; mas essa nota discordante não chega a dominar a harmonia dos séculos.

Os gênios enviados do "alto" brilham como faróis na noite escura. Sem remontar à mais alta Antiguidade, sem falar dos Hermes, dos Zoroastros, dos Krishnas, ainda antes da aurora dos tempos cristãos, vimos erguer-se a enorme estátua dos profetas, gigantes que ainda dominam a História. Foram eles, de fato, que prepararam os caminhos ao Cristianismo, a religião mestra, da qual nascerá mais tarde, na evolução dos tempos, a fraternidade universal. Depois vemos o Cristo, o homem da dor, o homem do amor, cujo pensamento irradia uma beleza imortal, o drama do Gólgota, a ruína de Jerusalém, a dispersão dos judeus.

Desse lado do mar azul, desabrocha o gênio grego, foco de educação, esplendor de arte e ciência, em que a humanidade virá se esclarecer. Depois virá o poder romano, que ensinará ao mundo o direito, a disciplina, a vida social.

Em seguida voltam as idades das trevas, da ignorância, mil anos de barbárie, o remoinho das invasões, erguem-se os elementos ferozes na civilização, o rebaixamento do nível intelectual, a noite do pensamento. Mas Gutenberg, Cristóvão Colombo, Lutero[37] aparecem. As catedrais góticas se levantam; continentes desconhecidos se revelam, a religião se disciplina. Graças à imprensa, a ideia nova se expandirá sobre todos, sobre o mundo. Depois da reforma virá o renascimento, depois as revoluções!

E eis que depois de muitas desgraças e lutas, a despeito das perseguições religiosas, das tiranias civis e das inquisições, o pensamento se liberta. O problema da vida que, com as concepções de uma Igreja que se tornara fanática e cega, continuava impenetrável, esse problema vai se esclarecer de novo. Como uma estrela sobre a névoa do mar, a grande Lei reaparece. O mundo vai renascer para a vida do espírito. A existência humana não será mais um beco sem saída, misterioso, mas um caminho largamente aberto ao futuro.

As leis da natureza e da História se completam e se afirmam em sua unidade imponente. Uma lei, cíclica, orienta a evolução dos seres e das coisas; rege a marcha dos séculos e das humanidades. Cada destino gravita em um círculo imenso, cada vida descreve uma órbita. Toda a ascensão humana se divide em ciclos, em espirais, que se vão ampliando de modo a tomar um sentido cada vez mais universal.

Do mesmo modo que a natureza se renova sem parar em suas ressurreições, desde as metamorfoses dos insetos até o nascimento e a morte dos astros, assim as coletividades humanas nascem, desenvolvem-se e morrem em suas formas sucessivas. Mas morrem apenas para renascer e crescer em perfeição, em instituições, artes e ciências, cultos e doutrinas.

37 Colombo (1451-1506): descobridor da América em 1492. Lutero (1483-1546): frade agostiniano. Promoveu a reforma religiosa que resultou no Protestantismo, após árdua luta com o Vaticano.

Nas horas de crise e de extravio, surgem enviados que vêm restabelecer as verdades obscurecidas e recolocar a humanidade em seu caminho. E, apesar de melhores almas humanas irem para as esferas superiores, as civilizações terrestres se regeneram e as sociedades evoluem. Apesar dos males ligados ao nosso planeta e das necessidades múltiplas que nos oprimem, o testemunho dos séculos nos diz em sua elevação que as inteligências se apuram, os corações tornam-se mais sensíveis; a humanidade, em seu conjunto, progride lentamente. A partir de hoje, ela aspira à paz na solidariedade.

A cada renascimento, o indivíduo mergulha novamente na massa. A alma, ao reencarnar, veste uma máscara nova. Suas personalidades anteriores se apagam por um tempo. Entretanto, através dos séculos, reconhecem-se algumas grandes figuras do passado. Encontra-se Krishna no Cristo, e, numa ordem menos elevada, Virgílio em Lamartine, Vercingetorix em Desaix, César em Napoleão.

Numa certa mendiga de feições altivas, de olhar tirano, acocorada sobre uma esterqueira às portas de Roma, coberta de úlceras e estendendo a mão aos transeuntes, poder-se-ia reconhecer, num passado recente conforme indicações dos espíritos, Messalina[38].

Quantas outras almas culpadas vivem ao redor de nós, escondidas em corpos disformes, expostas a males, a enfermidades que elas prepararam, moldadas por elas mesmas de algum modo, por seus pensamentos, seus atos de antigamente. O doutor Pascal nos diz:

> "O estudo das vidas anteriores de certos homens, particularmente feridos, revelou estranhos segredos. Aqui, uma traição causando um massacre é punida, passados séculos, por uma vida dolorosa desde a infância e por uma enfermidade que traz a marca de sua origem – a mudez: os lábios que traíram não podem mais falar; ali, um inquisidor retorna à encarnação com um corpo doente desde

---

38 Messalina (10 a.C.-54 d.C.): esposa do imperador romano Cláudio, famosa pelos desregramentos de sua vida amorosa (N.E.).

a infância, num meio familiar agressivo ao extremo e com intuições nítidas das crueldades passadas: os sofrimentos físicos e morais mais agudos o perseguem sem piedade[39]."

Esses casos são mais numerosos do que se supõe. É preciso ver neles a aplicação de uma regra implacável. Todos os nossos atos, conforme sua natureza, se traduzem por um acréscimo ou diminuição de liberdade. Daí, para os culpados, o renascimento em corpos miseráveis, prisões da alma, imagens e repercussão de seu passado.

Nem os problemas da vida individual nem os da vida social se explicam sem essa lei dos renascimentos. Todo o mistério do ser está aí. É por ela que o nosso passado se esclarece e o futuro se amplia. Nossa personalidade se reveste de uma grandeza inesperada. Compreendemos que não é de ontem que data o nosso aparecimento no universo, como muitos ainda pensam; bem ao contrário, nosso ponto de origem, nosso primeiro nascimento recua na profundeza dos tempos. Nós sentimos que estamos ligados a essa humanidade por meio de laços tecidos lentamente no decorrer dos séculos; sua história é a nossa história; viajamos com ela sobre o oceano das idades, afrontando os mesmos perigos, sofrendo os mesmos insucessos. O esquecimento dessas coisas é apenas temporário. Um dia, todo um mundo de lembranças despertará em nós. O passado, o futuro, a História inteira tomará, aos nossos olhos, um caráter novo, um interesse profundo. Nossa admiração aumentará à frente de destinos tão magníficos. As leis divinas nos parecerão maiores, mais sublimes, e a própria vida se tornará bela e desejável, apesar de suas provas, de seus males!

---

39 Doutor Pascal, *Les lois de la destinée* (*As leis do destino*).

6 – JUSTIÇA E RESPONSABILIDADE. O PROBLEMA DO MAL

A lei dos renascimentos, como vimos, rege a vida universal. Com um pouco de atenção, poderemos ler em toda a natureza, como num livro, o mistério da morte e da ressurreição.

As estações se sucedem em seu ritmo imponente. O inverno é o sono das coisas; a primavera é o seu despertar. O dia se alterna com a noite; o repouso segue a vigília; o espírito remonta às regiões superiores, para descer novamente em seguida e retomar, com mais forças, a tarefa interrompida.

As transformações da planta e do animal não são menos significativas. A planta morre para renascer cada vez que volta a seiva; tudo murcha para reflorir. A larva, a crisálida, a borboleta são outros tantos exemplos que reproduzem, com maior ou menor fidelidade, as fases alternadas da vida imortal.

Como só o homem poderia ser excluído dessa lei? Quando tudo está ligado por laços sólidos e numerosos, como admitir que nossa vida seja como um ponto lançado, sem ligação, nos turbilhões do tempo e do espaço? Nada antes, nada depois! Não, o homem, como todas as coisas, está submisso à Lei Eterna. Tudo o que viveu, reviverá sob outras formas, para evoluir e se aperfeiçoar. A natureza nos fez morrer apenas para nos fazer reviver. Em consequência do renovamento periódico das moléculas de nosso corpo, dispersadas e produzidas pelas correntes vitais, pela assimilação e desassimilação cotidianas, já habitamos um grande número de corpos diferentes nas nossas existências. Não é lógico admitir que ainda habitaremos outros no futuro?

A sucessão das existências apresenta-nos, portanto, como uma obra de grande proveito e de melhoramento. Depois de cada vida terrestre, a alma colhe e recolhe, em seu corpo fluídico, as experiências e os frutos da existência decorrida. Todos os seus progressos se refletem nessa forma sutil da qual é inseparável, nesse corpo etéreo, lúcido, transparente, que, purificando-se com ela, torna-se o instrumento maravilhoso, a harpa que vibra a todos os sopros do infinito.

Assim o ser psíquico, em todas as fases de sua elevação, encontra-se tal qual a si mesmo se fez. Nenhum nobre objetivo é improdutivo; nenhum sacrifício é vão. E, na imensa obra, todos são solidários, desde a alma mais obscura até o gênio mais radioso. Uma cadeia sem fim religa os seres na majestosa unidade do cosmo. É uma efusão de luz e de amor que, dos cumes divinos, se lançam e se espalham sobre todos, para regenerá-los e fecundá-los. Ela reúne todas as almas em uma comunhão universal e eterna, em virtude de um princípio que é a mais magnífica revelação dos tempos modernos.

A alma deve conquistar, um a um, todos os elementos, todos os atributos de sua grandeza, de seu poder e felicidade. E, para isso, é preciso o obstáculo, a natureza resistente, até mesmo hostil, a matéria adversa, cujas exigências e rudes lições provocam seus esforços e formam sua experiência. Daí também, nas etapas inferiores da vida, a necessidade das provas e da dor, a fim de que sua sensibilidade desperte e que ao mesmo tempo exerça sua livre escolha e cresçam sua vontade e sua consciência. É preciso a luta para tornar o triunfo possível e fazer surgirem os heróis. Sem o mal, a arbitrariedade[1], a traição, seria possível sofrer e morrer pela justiça?

É preciso o sofrimento físico e a angústia moral para que o espírito se depure, se desembarace de suas partículas grosseiras, para que a débil centelha que está nas profundezas da consciência se converta em uma chama pura e ardente, numa consciência radiosa, centro da vontade, da energia e da virtude.

---

1 Arbitrariedade: procedimento que resulta apenas do desejo de alguém; que não respeita regras (N.E.).

Verdadeiramente só se conhecem, saboreiam e apreciam os bens que se adquirem à própria custa, lentamente, vencendo dificuldades. A alma, criada perfeita, como o querem certos pensadores, seria incapaz de apreciar e mesmo de compreender sua perfeição, sua felicidade. Sem termos de comparação, sem mudanças possíveis com seus semelhantes, perfeitos como ela, sem objetivo para sua atividade, seria condenada à ociosidade, ao desleixo, o que seria o pior dos estados. Uma vez que viver, para o espírito, é agir, é crescer, é conquistar sempre novos títulos, novos méritos, um lugar sempre mais alto na hierarquia luminosa e infinita. E, para o merecer, é preciso ter trabalhado, lutado, sofrido. Para saborear a abundância, é preciso ter conhecido a necessidade. Para apreciar a claridade dos dias, é preciso ter atravessado a sombra das noites. A dor é a condição da alegria e o preço da virtude. E a virtude é o bem mais precioso que existe no universo.

Construir seu eu, sua individualidade, nas milhares de vidas, passadas em centenas de mundos, e, sob a direção de nossos irmãos mais velhos, de nossos amigos do espaço, escalar os caminhos do céu, arrojarmo-nos cada vez mais para cima, fazer em si um campo de ação sempre mais amplo, proporcional à obra realizada ou sonhada, tornar-se um dos atores do drama divino, um dos agentes de Deus na obra eterna, trabalhar para o universo, como o universo trabalha para nós, eis o segredo do destino!

Assim a alma sobe de esfera em esfera, de círculo em círculo, unida aos seres que amou; ela vai, seguindo suas peregrinações, em procura das perfeições divinas. Chegada às regiões superiores, ela é livre da lei dos renascimentos. A reencarnação não é mais uma obrigação para ela, mas somente um ato de sua vontade, a realização de uma missão, uma obra de sacrifício.

Depois que atingiu as alturas supremas, o espírito por vezes diz a si mesmo: "Estou livre, quebrei para sempre as algemas que me acorrentavam aos mundos materiais. Conquistei a ciência, a energia, o amor. Mas o que adquiri, quero partilhar com os meus irmãos, os homens, e para isso irei novamente viver entre eles; irei lhes oferecer o que há de melhor em mim; retomarei um corpo de carne. Descerei novamente até aqueles que choram, que sofrem, que ignoram, para os ajudar, consolar, esclarecer!" E então temos Lao-Tse, Buda, Sócrates, Cristo; em uma palavra, todas as grandes almas que deram a sua vida pela humanidade!

Resumamos. No decorrer deste estudo, demonstramos a importância da doutrina das reencarnações. Vimos aí uma das bases essenciais sobre as quais repousa o Espiritismo. Seu alcance é imenso. Ela explica as desigualdades das condições humanas, a variedade infinita das aptidões, das faculdades dos caracteres. Dissipa os perturbadores mistérios e as contradições da vida; resolve o problema do mal. É por meio dela que a ordem sucede a desordem; a luz se faz no seio do caos; as injustiças desaparecem, as misérias aparentes do destino se desvanecem, para dar lugar à lei forte e majestosa da repercussão dos atos e de suas consequências. E essa lei de justiça que governa os mundos Deus a inscreveu na essência das coisas e na consciência humana.

A doutrina das reencarnações aproxima os homens mais do que qualquer outra crença, ao lhes ensinar sua comunidade de origens e fins, ao lhes mostrar a solidariedade que os liga novamente no passado, no presente, no futuro. Diz-lhes que não há entre eles deserdados nem favorecidos; cada um é filho de suas obras, mestre de seu destino. Nossos sofrimentos são as consequências do passado ou a escola severa em que se aprendem as altas virtudes e os grandes deveres.

Percorremos todas as etapas do imenso caminho. Passaremos alternadamente por todas as condições sociais, para adquirir as qualidades pertencentes a esses meios. Assim, essa solidariedade que nos liga compensa numa harmonia final a variedade infinita dos seres, resultante da desigualdade de seus esforços e também das necessidades de sua evolução. Com ela, para longe vão a inveja, o desprezo, o ódio! Os menores dentre nós talvez já tenham sido grandes, e os maiores renascerão pequenos, se abusam de sua superioridade. A cada um, por sua vez, a alegria como a dor! Daí a verdadeira confraternidade das almas. Nós nos sentimos todos unidos nos degraus de nossa evolução coletiva; aprendemos a nos ajudar, a nos sustentar, a nos dar as mãos!

No decorrer dos ciclos dos tempos, todos se aperfeiçoam e se elevam. Os criminosos do passado se tornarão sábios do futuro. Chegará o tempo em que as nossas faltas serão apagadas, nossos vícios, nossas feridas morais serão curados. As almas fúteis se tornarão sérias; as inteligências obscuras se iluminarão. Todas as forças do mal que vibram em nós serão transformadas em forças do bem. Do ser fraco, indiferente, fechado a todos os grandes pensamentos, sairá, com o passar dos tempos, um espírito poderoso, que reunirá todos os conhecimentos, todas as qualidades e se tornará apto a realizar as mais sublimes coisas.

Essa será a obra das existências acumuladas. Sem dúvida, será preciso um grande número delas para operar tal mudança, para nos purificar de nossas imperfeições, fazer desaparecer as asperezas de nosso caráter; transformar as almas de trevas em almas de luz! Mas só é poderoso e durável aquilo que teve o tempo necessário para germinar, sair da sombra, subir para o céu. A árvore, a floresta, as camadas do solo, os astros e os mundos nos dizem isso em sua profunda linguagem. Nenhuma semente se perde, nenhum esforço é inútil. A planta dá suas flores e seus frutos apenas na hora certa. A vida só desabrocha nas terras do espaço após imensos períodos geológicos.

Vede os diamantes esplêndidos que ornam a beleza das mulheres e faíscam mil cores. Quantas transformações eles não tiveram de sofrer para adquirir essa pureza incomparável, esse brilho fulgurante? Uma lenta permanência no seio da matéria obscura!

Acontece o mesmo com a entidade humana. Para se purificar de seus elementos grosseiros e adquirir todo o seu brilho, são precisos períodos de evolução mais vastos ainda, muitos anos de aprisionamento na carne.

É nesse trabalho de aperfeiçoamento que aparece a utilidade, a importância das vidas de provas, das vidas modestas e apagadas, das existências de trabalho e de dever, para vencer as paixões ferozes, o orgulho e o egoísmo, para curar as feridas morais. Desse ponto de vista, o papel dos humildes, dos pequenos neste mundo, as tarefas modestas se revelam a nossos olhos em toda a sua grandeza: compreendemos melhor a necessidade do retorno à carne para resgate e purificação.

Ao resolver o problema do mal, o Espiritismo mostra uma vez mais sua superioridade sobre as outras doutrinas.

Para os materialistas evolucionistas, o mal e a dor são constantes, universais. Em todas as partes, dizem Taine, Soury, Nietzsche, Haeckel, vemos o mal desabrochar e sempre o mal reinará na humanidade. Entretanto, acrescentam eles, com o progresso o mal se tornará menos frequente, mas será mais doloroso, porque nossa sensibilidade física e moral irá crescer. E será preciso sempre sofrer e chorar sem consolação, por exemplo, no caso de uma catástrofe, irreparável aos olhos deles, e igualmente a morte de um ser querido. Por conseguinte, o mal será sempre superior ao bem.

Certas doutrinas religiosas não são muito mais consoladoras. De acordo com o catolicismo, o mal parece também predominar no universo e Satanás parece ser bem mais poderoso do que Deus. O inferno, segundo essa visão trágica, povoa-se continuamente de multidões inumeráveis, enquanto o paraíso é partilhado por uns poucos eleitos. Para o crente ortodoxo, a perda, a separação dos seres que amou, é quase tão definitiva quanto a do materialista. Nunca há para eles certeza completa de reencontrá-los, de se reunirem um dia.

Com o Espiritismo, a questão toma um aspecto totalmente diferente. O mal é apenas o estado transitório do ser no caminho da evolução para o bem. O mal é próprio e natural da inferioridade dos mundos e dos indivíduos; é também, já vimos, a correção, o resgate do passado. Toda escala comporta graus. Nossas vidas terrestres representam os baixos graus de nossa eterna evolução.

Tudo, ao redor de nós, demonstra a inferioridade do planeta em que vivemos. Muito inclinado sobre o eixo, sua situação astronômica é a causa das perturbações frequentes e das bruscas mudanças de temperatura, de tempestades, inundações, terremotos, calores tórridos, frios rigorosos. A humanidade terrestre, para subsistir, é condenada a um difícil trabalho. Milhares de homens, curvados sob sua tarefa, não conhecem nem o repouso nem o bem-estar. Acontece que existem relações estreitas entre a ordem física dos mundos e o estado moral das sociedades que os povoam. Os mundos imperfeitos como a Terra são reservados, em geral, às almas ainda pouco evoluídas.

Entretanto, nossa estada neste mundo é apenas temporária e subordinada às exigências de nossa educação psíquica. Outros mundos, mais bem contemplados em todos os aspectos, nos esperam. O mal, a dor, o sofrimento, atributos da vida terrestre, têm sua razão de ser. São o chicote, a espora que nos estimulam e nos levam adiante.

O mal, desse ponto de vista, tem apenas um caráter relativo e passageiro; é a condição da alma ainda criança que ensaia para a vida. Com o progresso realizado, ele se atenua pouco a pouco, desaparece, desvanece à medida que a alma sobe as escalas que conduzem ao poder, à virtude, à sabedoria!

Então a justiça se revela no universo. Não há mais eleitos nem reprovados. Todos sofrem a consequência de seus atos, mas todos reparam, resgatam e se preparam cedo ou tarde para evoluir desde os mundos obscuros e materiais até a luz divina. Todas as almas que se amam se encontram, se reúnem em sua elevação, para cooperarem juntas na grande obra e participarem da comunhão universal.

Não há mal real, mal absoluto no universo; há, sim, em toda parte, a realização lenta e progressiva de um ideal superior; em toda parte a ação de uma força, de um poder, de uma causa, que, nos deixando livres, nos atrai e nos arrasta para um estado melhor. Em toda parte vemos os seres trabalhando para desenvolver em si, à custa de imensos esforços, a sensibilidade, o sentimento, a vontade, o amor!

Insistimos na noção de justiça, que é essencial, porque é uma necessidade. É imperioso para todos saber que a justiça não é uma palavra vã, que há razão e legitimidade em todos os deveres e compensação para todas as dores. Nenhum sistema pode satisfazer nossa razão, nossa consciência, se não realizar a noção de justiça em toda a sua amplitude. Essa noção está gravada em nós; é a lei da alma e do universo. É por tê-la desconhecido que tantas doutrinas se enfraquecem e se apagam na presente hora, ao redor de nós.

Acontece que a doutrina das vidas sucessivas é o reflexo da ideia de justiça. Ela lhe dá um relevo e brilho incomparáveis. Todas as nossas vidas são solidárias umas com as outras e se encadeiam rigorosamente. Nossos atos e os efeitos ou consequências que eles geram constituem uma sucessão de elementos que se ligam uns aos outros pela relação estreita de causa e efeito. Nós nos submetemos constantemente em nós mesmos, em nosso ser interior, como nas condições exteriores de nossa vida, aos resultados inevitáveis. Nossa vontade ativa é uma causa geradora de efeitos mais ou menos distantes, bons ou maus, que recaem sobre nós e formam a trama de nossos destinos.

O Cristianismo, renunciando a este mundo, prometia a felicidade e a justiça para o outro. E, se os ensinamentos podiam bastar aos simples e aos crentes, tornavam fácil aos céticos hábeis de se dispensar da justiça com o pretexto de que seu reino não era da Terra. Mas, com a prova das vidas sucessivas, o caso muda completamente de figura. A justiça não é mais relegada a um domínio ilusório e desconhecido. É aqui mesmo; é em nós e ao redor de nós que ela exerce o seu império. O homem deve reparar, no plano físico, o mal que realizou sobre esse mesmo plano. Ele volta ao palco da vida, ao meio onde se tornou culpado, perto daqueles que enganou, despojou, espoliou, para sofrer as consequências de seus atos anteriores.

Com o princípio dos renascimentos, a ideia de justiça se exprime com exatidão e se verifica. A lei moral, a lei do bem se revela em toda sua harmonia. O homem compreende, enfim: esta vida é apenas um dos anéis da grande cadeia de suas existências; tudo o que semeia, colherá cedo ou tarde. Sendo assim, não é mais possível desconhecer nossos deveres nem iludir nossas responsabilidades. Nisso, como em tudo, o amanhã se torna o produto da véspera. Sob a aparente confusão dos fatos, descobrimos as relações que os ligam. Em vez de ser escravizado a um destino inflexível cuja causa nos seria exterior, tornamo-nos senhores e autores disso. Bem longe de ser dominado pela sorte, o homem a domina e a cria, por sua vontade e seus atos. O ideal de justiça não é mais o ideal de um mundo superior; podemos definir os termos disso em cada vida humana renovada, em sua relação com as leis universais, no domínio das causas reais e tangíveis.

Essa grande luz se faz precisamente no momento em que as velhas crenças desabam sob o peso do tempo e todos os sistemas se apresentam com sinais de ruínas, em que os deuses do passado se cobrem e se afastam. Há muito tempo, o pensamento humano, ansioso, tateia nas trevas à procura do novo edifício moral que deve abrigá-lo. E eis que a doutrina dos renascimentos vem lhe oferecer o ideal necessário a toda a sociedade em marcha e, ao mesmo tempo, o corretivo indispensável aos apetites violentos, às ambições desmedidas, à avidez das riquezas, dos lugares, das honras, um dique aos transbordamentos de sensualismo que ameaçam nos arruinar.

Com ela, o homem aprende a suportar sem amargura e sem revolta as existências dolorosas, indispensáveis à sua purificação. Aprende a se submeter às desigualdades naturais e passageiras que são o resultado da lei de evolução, a desdenhar as divisões ilusórias e separatistas, provenientes dos preconceitos de castas, de religiões ou de raças. Esses preconceitos desaparecem inteiramente desde que se saiba que todo espírito, em suas múltiplas vidas, deve passar pelos mais diversos meios.

Graças à noção das vidas sucessivas, as responsabilidades individuais ao mesmo tempo que as das coletividades aparecem-nos mais distintas. Há em nossos contemporâneos uma tendência a empurrar o peso das dificuldades presentes sobre as gerações futuras. Convencidos de que não retornarão à Terra, deixam a nossos sucessores o cuidado de resolverem os problemas espinhosos da vida política e social.

Com a lei dos destinos, a questão muda totalmente de aspecto. Não somente o mal que tivermos feito recairá sobre nós, como teremos de pagar nossas dívidas até o último ceitil[2], mas o estado social que tivermos contribuído para perpetuar com seus vícios, maldades, nos prenderá na sua pesada engrenagem quando voltarmos à Terra e sofreremos por todas as imperfeições. Essa sociedade, à qual teremos pedido muito e dado pouco, se tornará outra vez nossa sociedade, sociedade madrasta para seus filhos egoístas e ingratos.

No decorrer de nossas etapas terrestres, às vezes como poderosos ou fracos, dirigentes ou dirigidos, sentiremos muitas vezes recair sobre nós as injustiças que deixamos se perpetuar.

E não esqueçamos uma coisa: as existências obscuras, as vidas humildes e apagadas serão muito mais numerosas para cada um de nós, ao passo que os homens que possuírem a abastança, a educação e a instrução representarão apenas uma minoria no conjunto das populações do globo.

Mas, quando a doutrina tiver se tornado a base da educação humana e for entendida por todos, quando a lei das vidas sucessivas se estabelecer com toda a clareza, então, dos mais instruídos aos mais reflexivos, desenvolvendo em si as intuições

2 Ceitil: moeda antiga de pequeníssimo valor (N.E.).

do passado, compreenderão que viveram em todos os meios sociais e agirão com mais tolerância e benevolência para com os pequenos. Sentirão que há menos maldade e acidez do que sofrimento revoltado na alma dos deserdados; e que lição admirável poderão tirar de sua própria experiência, ao espalhar em torno de si a luz, a esperança, a consolação.

Então, o interesse, o bem pessoal se tornará o bem de todos. Cada um se sentirá levado a cooperar mais ativamente para o melhoramento dessa sociedade, no seio da qual será preciso renascer para progredir com ela e avançar para o futuro.

A hora presente ainda é de lutas: luta das nações para a conquista de território, de classes para a conquista do bem-estar e do poder. Ao redor de nós se agitam forças cegas e profundas, forças que ignoram o ontem e que, hoje, organizam-se e entram em ação. Uma sociedade agoniza; outra nasce. O ideal do passado vem à tona. Qual será o de amanhã?

Um período de transição está aberto; uma fase diferente da evolução humana está começada, fase obscura, cheia, ao mesmo tempo, de promessas e de ameaças. Na alma das gerações que sobem repousam os germes das florações novas: flores do mal ou flores do bem?

Muitos se alarmam; muitos se apavoram. Não duvidemos do futuro da humanidade, de sua ascensão para a luz, e proclamemos ao redor de nós, com coragem e perseverança incansáveis, as verdades que assegurarão o dia de amanhã e farão as sociedades fortes e felizes.

Os defeitos de nossa organização social provêm principalmente dos nossos legisladores, que, em suas concepções estreitas, visam apenas o horizonte de uma vida material. Não compreendem o objetivo evolutivo da existência e o encadeamento de nossas vidas terrestres e por isso estabeleceram um estado de coisas incompatíveis com os fins reais do homem e da sociedade.

A conquista do poder pela maioria não consegue modificar esse ponto de vista. O povo segue o instinto surdo que o impele, incapaz de medir o mérito e o valor de seus representantes; leva muitas vezes ao poder aqueles que se identificam com suas paixões e partilham de sua cegueira. A educação popular precisa ser completamente refeita; porque só o homem esclarecido poderá colaborar com inteligência, coragem e consciência para a renovação social.

Nas reivindicações atuais, fala-se muito sobre a noção de direito; superexcitam-se os apetites, exaltam-se os ideais. Esquece-se que o direito é inseparável do dever e que é simplesmente sua resultante. Daí, uma ruptura de equilíbrio, uma inversão das relações, de causa e efeito, ou seja, do dever para o direito na repartição das vantagens sociais, o que constitui uma causa permanente de divisão e de ódio entre os homens. O indivíduo que encara somente seu interesse próprio e seu direito pessoal ainda está colocado bem abaixo na escala de evolução.

Assim como disse Godin[3], o fundador do familistério: "O direito é feito do dever cumprido". Os serviços prestados à humanidade, sendo a causa, o direito torna-se o efeito. Em uma sociedade bem organizada, cada cidadão se classificará de acordo com seu valor pessoal, seu grau de evolução será proporcional à sua participação na vida social.

O indivíduo deve ocupar apenas uma situação merecida. Seu direito deverá ser proporcional e equivalente à sua capacidade para o bem. Tal é a regra, tal é a base da ordem universal, e, enquanto a ordem social não for seu reflexo, sua imagem fiel, será precária e instável.

Em virtude dessa regra, cada membro de uma coletividade, em vez de reivindicar direitos fictícios, deve se esforçar para tornar-se digno deles, aumentando o próprio valor e sua participação na obra comum. O ideal social se transforma, o sentido da harmonia se desenvolve, o campo do amor ao próximo se alarga.

3 Godin: fundador do que modernamente chamaríamos de cooperativa de famílias (familistério), em que o trabalho e os rendimentos são igualmente repartidos (N.E.).

Mas, no estado atual das coisas, no seio de uma sociedade onde fermentam tantas paixões, em que se agitam tantas forças brutais, no meio de uma civilização feita de egoísmo e de cobiça, de incoerência e má vontade, de sensualidade e sofrimento, devemos temer muitas convulsões.

Às vezes, ouve-se o ruído da onda que sobe. A queixa daqueles que sofrem transforma-se em crise. As multidões contam-se. Interesses seculares são ameaçados. Mas uma nova fé se levanta, iluminada por um raio do "alto" e apoiada sobre fatos, sobre provas sensíveis. Ela diz a todos: "Sede unidos, pois sois irmãos, irmãos neste mundo, irmãos na imortalidade. Trabalhai em comum para tornardes mais doces as condições da vida social, mais fáceis vossas tarefas de amanhã. Trabalhai para aumentar o saber, os tesouros da sabedoria, do poder, que são a herança da humanidade. A felicidade não está na luta, na vingança; está na união dos corações e das vontades!"

7 – A LEI DOS DESTINOS

Estando demonstrada a prova das vidas sucessivas, como está, o caminho da existência se encontra desimpedido, a rota firme e segura está traçada. A alma vê claramente seu destino, que é a elevação para a sabedoria mais alta, para a luz mais viva. O equilíbrio governa o mundo; nossa felicidade está em nossas mãos. O universo não pode mais falhar. Seu objetivo, sendo a felicidade, seus meios são a justiça e o amor. Portanto, todo receio ilusório, todo terror do além, desaparece. Em vez de recear o futuro, o homem saboreia a alegria das certezas eternas. Com a confiança no amanhã, suas forças redobram; seu esforço para o bem será multiplicado por cem.

Entretanto, uma questão ainda se coloca: por que relações secretas se exerce a ação da justiça no encadeamento de nossas existências?

Notemos, primeiramente, que o funcionamento da justiça humana não nos oferece nada de comparável à lei divina dos destinos. Esta se executa por si mesma, sem intervenção exterior, tanto para os indivíduos como para as coletividades. O que chamamos mal, ofensa, traição, morte, determina nos culpados um estado de alma que os entrega aos golpes da sorte, em uma medida proporcional à gravidade de seus atos.

Essa lei imutável é, antes de tudo, uma lei de equilíbrio. Ela estabelece a ordem no mundo moral do mesmo modo que as leis da gravitação e da gravidade asseguram a ordem e o equilíbrio no mundo físico. Seu mecanismo é, ao mesmo tempo, simples e grande. Todo mal se resgata pela dor. O que o homem realiza de acordo com a lei do bem lhe proporciona a quietude e contribui para sua elevação; toda violação provoca o sofrimento. Este prossegue sua obra interior; cava as profundidades do ser; traz para a luz os tesouros da sabedoria e da beleza que ele contém e, ao mesmo tempo, elimina os germens doentios. Prolongará sua ação e voltará à carga por tanto tempo quanto for necessário, até que ele se expanda no bem e vibre em uníssono com as forças divinas. Mas, na perseguição dessa obra grandiosa, compensações serão reservadas à alma. Alegrias, afeições, períodos de repouso e de felicidade se alternarão, no rosário das vidas, com as existências de luta, de resgate e de reparação. Assim, tudo é regulado, disposto com uma arte, uma ciência, uma bondade infinitas na Obra da Providência.

No princípio de seu curso, em sua ignorância e sua fraqueza, o homem desconhece e desobedece muitas vezes à Lei. Daí as provações, as enfermidades, as servidões materiais. Mas, desde que se instrui, desde que aprende a colocar os atos de sua vida em harmonia com a regra universal, por isso mesmo é cada vez menos presa da adversidade.

Nossos pensamentos e nossos atos se traduzem em movimentos vibratórios, e seu foco de emissão, pela repetição frequente desses mesmos atos e pensamentos, transforma-se pouco a pouco em um gerador poderoso para o bem ou para o mal. O ser classifica-se assim, a si mesmo, pela natureza das energias de que se torna o centro radiador. Mas, enquanto as forças do bem se multiplicam por si mesmas e aumentam sem parar, as forças do mal se destroem por seus próprios efeitos, porque esses efeitos voltam para sua causa, para seu centro de emissão e se traduzem sempre em consequências dolorosas. O indivíduo mau, como todos os seres, sendo submisso à impulsão evolutiva, vê por isso aumentar forçosamente sua sensibilidade. As vibrações de seus atos, de seus pensamentos maus, depois de haverem efetuado sua trajetória, voltam a ele cedo ou tarde, oprimem-no e apertam-no na necessidade de reformar-se.

Esse fenômeno poderia se explicar cientificamente pela correlação das forças, pela espécie de sincronismo vibratório que traz sempre o efeito à sua causa. Temos demonstração disso neste fato bem conhecido: em tempo de epidemia, de contágio, são principalmente as pessoas cujas forças vitais se harmonizam com as causas mórbidas em ação que são atacadas, enquanto os indivíduos dotados de uma vontade firme e isentos de receio permanecem geralmente sadios.

Acontece o mesmo na ordem moral. Os pensamentos de ódio e de vingança, os desejos de prejudicar, vindos de fora, só podem agir sobre nós e nos influenciar desde que encontrem elementos que vibrem em uníssono com esses pensamentos, com esses desejos. Se não existe nada em nós de similar, essas forças más passam por nós sem nos prejudicar; retornam para aquele que as projetou, para, por sua vez, o ferirem, seja no presente, seja no futuro, quando circunstâncias particulares as fizerem entrar na corrente do seu destino.

Na lei de causa e efeito a repercussão dos atos tem, aparentemente, algo de mecânico, de automático. Entretanto, quando acarreta duras expiações, reparações dolorosas, espíritos elevados intervêm para regular-lhe o exercício e acelerar a marcha das almas no caminho da evolução. Sua influência se faz sentir principalmente no momento da reencarnação, a fim de guiar essas almas em sua escolha, ao determinar as condições e os meios favoráveis à cura de suas doenças morais e ao resgate das faltas anteriores.

Sabemos que não há educação completa sem a dor. Ao nos colocar nesse ponto de vista, é preciso nos precaver e não considerar as provas e os males da humanidade a consequência exclusiva das faltas passadas. Todos os que sofrem não são forçosamente culpados em processo de expiação. Muitos são simplesmente espíritos ávidos de progresso, que escolheram vidas de dificuldade e laboriosas para retirar o benefício moral que anda ligado a toda existência sofrida.

Contudo, em tese geral, é do choque, é do conflito do ser inferior, que não se conhece ainda, com a lei da harmonia que nasce o mal, o sofrimento. É pelo retorno gradual e voluntário do mesmo ser a essa harmonia que se restabelece o bem, ou seja, o equilíbrio moral. Em todo pensamento, em toda obra, há ação e reação, sempre proporcional em intensidade à ação realizada. Assim podemos dizer: o ser colhe exatamente o que semeou.

Colhe-o, de fato, uma vez que, por sua ação contínua, modifica sua própria natureza, purifica ou materializa seu perispírito, o envoltório fluídico, o veículo da alma, o instrumento que serve para todas as suas manifestações e sobre o qual se modela o corpo físico em cada renascimento.

Como vimos, nossa situação no além resulta das ações repetidas que nossos pensamentos e vontade exercem constantemente sobre o perispírito. De conformidade com sua natureza e seu objetivo, transformam-no pouco a pouco num organismo sutil e radiante, aberto às mais altas percepções, às sensações mais delicadas da vida do espaço, capaz de vibrar em harmonia com os espíritos elevados e de participar das alegrias e das impressões do infinito. No sentido inverso, farão dele uma forma grosseira, opaca, acorrentado à Terra por seu próprio materialismo e condenado a ficar encerrado nas baixas regiões.

Essa ação contínua do pensamento e da vontade, exercida no decorrer dos séculos e das existências sobre o perispírito, nos faz compreender como se criam e se desenvolvem nossas aptidões físicas, assim como nossas faculdades intelectuais e nossas qualidades morais.

Nossas aptidões para cada espécie de trabalho, nossa habilidade, nossa agilidade em todas as coisas são o resultado de inumeráveis ações mecânicas acumuladas e registradas pelo corpo sutil, do mesmo modo que todas as lembranças e as aquisições mentais são gravadas na consciência profunda. Com o renascimento, essas aptidões são transmitidas por uma nova educação, da consciência externa aos órgãos materiais. Assim se explica a habilidade consumada e quase nativa de certos músicos e, em geral, de todos os que em suas atividades demonstram um grande domínio, uma superioridade de execução que surpreende à primeira vista.

Acontece o mesmo com as faculdades e as virtudes, com todas as riquezas da alma adquiridas com a sequência dos tempos. O gênio é um longo e imenso esforço na ordem intelectual, e a santidade foi adquirida por uma luta secular contra as paixões e as atrações inferiores.

Com um pouco de atenção poderíamos estudar e seguir em nós o processo de nossa evolução moral. Cada vez que realizamos uma boa ação, um ato generoso, uma obra de caridade, de dedicação, a cada sacrifício do eu, não sentimos uma espécie de dilatação interior? Alguma coisa parece expandir-se em nós. Uma chama se ilumina ou se aviva nas profundezas do ser.

Essa sensação não é ilusória. O espírito se ilumina a cada pensamento de amor ao próximo, a cada ímpeto de solidariedade e de amor puro. Se esses pensamentos e esses atos se repetem, se multiplicam e acumulam, o homem se encontra meio transformado ao sair de sua existência terrestre. A alma e seu envoltório fluídico terão adquirido um poder de radiação mais intenso.

No sentido contrário, todo pensamento mau, todo ato culposo e todo hábito deplorável provocam um estreitamento, uma contração do ser psíquico, cujos elementos se condensam, embrutecem, se carregam de fluidos grosseiros.

Os atos violentos, a crueldade, o suicídio e homicídio produzem no organismo fluídico, no perispírito do culpado, uma perturbação, um abalo prolongado, que repercute de renascimento em renascimento no corpo material e se traduz em doenças nervosas, em tiques, convulsões e até mesmo em deformidades e enfermidades, em casos de loucura, conforme a gravidade das causas e o poder das forças em ação. Toda transgressão à lei acarreta uma dificuldade, uma doença, uma privação de liberdade.

As vidas impuras, a luxúria, a embriaguez, a desordem, conduzem-nos a corpos débeis, desprovidos de vigor, de saúde, de beleza. O ser humano que abusa de suas forças vitais condena a si mesmo a um futuro miserável, a enfermidades mais ou menos cruéis.

Às vezes a reparação se efetua numa longa vida de sofrimentos, necessária para extinguir em nós as causas do mal, ou então numa existência curta e difícil, encerrada por uma morte trágica. Uma atração misteriosa reúne algumas vezes num mesmo lugar criminosos de lugares e tempos muito afastados, para feri-los coletivamente. Citamos como exemplos as catástrofes célebres, as grandes desgraças, as mortes coletivas, tais como os incêndios, as explosões, o naufrágio do Titanic e de tantos outros navios.

Assim se explicam as breves existências. Elas são o complemento das vidas anteriores, terminadas muito cedo, abreviadas prematuramente, seja pelo excesso, pelos abusos, seja por qualquer outra causa moral, as quais, normalmente, deveriam ter durado mais tempo.

Não devem ser incluídas nesses casos as mortes de crianças em tenra idade. A curta vida de uma criança pode ser uma prova para os pais, como para o espírito que quer encarnar. Em geral, é simplesmente uma entrada rápida no teatro da vida, seja por causas físicas seja por falta de adaptação entre os fluidos. Nesse caso, a tentativa de encarnação se renova pouco depois no mesmo meio; reproduz-se até completo êxito, ou então, se as dificuldades são muitas, efetua-se em um meio mais favorável.

Todas essas considerações o demonstram: para assegurar a depuração fluídica e o bom estado moral do ser, há uma disciplina de pensamento a estabelecer, uma higiene da alma a seguir, assim como há uma higiene física a observar para manter a saúde do corpo.

Em virtude da ação constante do pensamento e da vontade sobre o perispírito, vê-se que a retribuição é absolutamente perfeita. Cada um colhe o fruto imperecível de suas obras passadas e presentes. Ele o colhe, não pelo efeito de uma causa exterior, mas por um encadeamento que liga em nós mesmos a pena à alegria, o esforço ao sucesso, a falta ao castigo. É, portanto, na intimidade secreta de nossos pensamentos e na viva luz de nossos atos que é preciso procurar a causa eficiente de nossa situação presente e futura.

Colocamo-nos segundo nossos méritos no meio a que nossos antecedentes nos chamam. Se somos infelizes, é porque não somos perfeitos o suficiente para desfrutar de melhor destino. Mas nosso destino melhorará desde que saibamos fazer nascer em nós mais desinteresse, justiça e amor. O ser deve se aperfeiçoar, embelezar sem parar sua natureza íntima, aumentar seu valor próprio, construir o edifício de sua consciência: tal é o objetivo de sua evolução.

Cada um de nós possui esse gênio particular que os druidas chamavam *awen*, ou seja, a aptidão primordial de todo ser para realizar uma das formas especiais do pensamento divino. Deus depositou no fundo da alma os germens das faculdades poderosas e variadas; todavia, há uma das formas de seu gênio que é chamada a desenvolver acima de todas as outras, por um trabalho constante, até que a tenha levado a seu ponto de excelência. Essas formas são inumeráveis. São os aspectos múltiplos da inteligência, da sabedoria e da beleza eternas: a música, a poesia, a eloquência, o dom da invenção, a previsão do futuro e das coisas ocultas, a ciência ou a força, a bondade, o dom da educação, o poder de curar etc.

Ao projetar a entidade humana, o pensamento divino impregna-a mais particularmente de uma dessas forças e por isso mesmo designa-lhe um papel especial no vasto concerto universal.

As missões do ser, seu destino, sua ação na evolução geral se mostrarão cada vez mais no sentido de suas aptidões próprias, aptidões latentes e confusas no início de seu curso, mas que vão despertar, crescer, acentuar-se, à medida que percorrer a imensa espiral. As intuições, as inspirações que receber do "alto" corresponderão a esse lado especial de seu caráter. Conforme suas necessidades e apelos, é sob essa forma que sentirá, do fundo de si mesmo, a divina melodia.

Assim Deus, da variedade infinita dos contrastes, sabe fazer brotar a harmonia, tanto na natureza como no seio da humanidade.

E se a alma abusa desses dons, se os aplica às obras do mal, se concebe disso a vaidade ou o orgulho, será preciso, como expiação, que ela renasça em organismos impotentes para sua manifestação. Viverá, gênio desconhecido, humilhado, entre os homens, por tanto tempo quanto seja necessário para que a dor tenha triunfado dos excessos da personalidade e lhe permita retomar seu voo sublime, seu curso, num momento interrompido, para o ideal.

Almas humanas que percorreis estas páginas, elevai vossos pensamentos e vossas resoluções à altura das tarefas que vos cabem. Os caminhos do infinito se abrem diante de vós, semeados por maravilhas inesgotáveis. Em qualquer ponto a que vosso voo vos leve, em todos os lugares vos aguardam objetos de estudo, com fontes inesgotáveis de alegrias e de deslumbramentos, de luz e de beleza. Em todos os lugares e sempre, horizontes inimagináveis sucederão aos horizontes percorridos.

Tudo é belo na obra divina. Em vossa evolução, vos está reservado saborear os aspectos inumeráveis, desde a flor delicada até os astros flamejantes, assistir ao surgimento dos mundos e das humanidades. Ao mesmo tempo, sentireis se desenvolver vossa compreensão das coisas celestes e aumentar vosso desejo ardente de compreender Deus, de mergulhar n'Ele, em Sua luz, em Seu amor; em Deus, nossa fonte, nossa essência, nossa vida!

A inteligência humana não saberia descrever os futuros que pressente, as ascensões que avista. Nosso espírito encerrado num corpo de argila, nos laços de um organismo mortal, não pode encontrar nele os recursos necessários para exprimir esses esplendores; qualquer expressão permanecerá sempre aquém das realidades. A alma, em suas intuições profundas, tem a sensação das coisas infinitas, de que participa e as quais deseja. Seu destino é vivê-las e gozá-las cada vez mais. Mas procuraria em vão exprimi-las com as balbuciações de uma fraca linguagem humana; ela se esforçaria em vão para traduzir as coisas eternas na pobre linguagem da Terra. A palavra é impotente, mas a consciência evoluída percebe as sutis radiações da vida superior.

Chegará o dia em que a alma engrandecida dominará o tempo e o espaço. Para ela um século durará apenas um instante, e num lampejo de seu pensamento transporá os abismos do céu. Seu organismo sutil, purificado pelas milhares de vidas, vibrará em todos os sopros, em todos os caminhos, em todos os apelos da imensidade. Sua memória mergulhará nas idades extintas, poderá reviver à vontade tudo o que tiver vivido, chamar a si as almas queridas que compartilharam suas alegrias e suas dores.

Porque todas as afeições do passado se encontram e se religam na vida do espaço; fazem-se novas amizades e, de camada em camada, uma comunhão mais poderosa reúne os seres em uma unidade de vida, de sentimento e de ação.

Crê, ama, espera, homem, meu irmão, depois, age! Aplica-te a semear em tua obra os reflexos e as esperanças de teu pensamento, os desejos de teu coração, as alegrias e as certezas de tua alma imortal. Comunica tua fé às inteligências que te rodeiam e partilham tua vida, a fim de que te acompanhem em tua tarefa e que, por toda a Terra, um esforço poderoso levante o fardo das opressões materiais, triunfe das paixões grosseiras, abra uma larga saída aos voos do espírito.

Logo uma ciência jovem e renovada – não mais a ciência dos preconceitos, das rotinas, dos métodos estreitos e velhos, mas uma ciência aberta a todas as pesquisas, a todas as investigações, a ciência do invisível e do além – virá fecundar o ensinamento, esclarecer o destino, fortificar a consciência, apoiada sobre a rocha da experiência e desafiando toda a crítica.

Uma arte mais idealista e mais pura, iluminada por luzes que não se apagam, imagem da vida radiosa, reflexo do céu entrevisto, virá alegrar e vivificar o espírito e os sentidos.

Acontecerá o mesmo com as religiões, crenças, sistemas. No voo do pensamento para elevar-se das verdades de ordem relativa às verdades de ordem superior, chegam a aproximar-se, a alcançar-se, a fundir-se, para fazer das crenças múltiplas do passado, hostis ou mortas, uma fé viva que reunirá a humanidade em um mesmo impulso de adoração e de prece.

Trabalha com todos os poderes de teu ser para preparar essa evolução. É preciso que a atividade humana se dirija com mais intensidade para os caminhos do entendimento. Depois da humanidade física, é preciso criar a humanidade moral; depois dos corpos, as almas! O que foi conquistado em energias materiais, em forças exteriores, perdeu-se em conhecimentos profundos e revelações do sentido íntimo. O homem triunfou do mundo visível; seus conhecimentos no universo físico são imensos; resta-lhe conquistar o mundo interior, conhecer sua própria natureza e o segredo de seu esplêndido futuro.

Não discutas, trabalha. A discussão é vã; a crítica, estéril. Mas a ação pode ser grande, se consistir em te engrandecer a ti mesmo, em engrandecer os outros, em fazer o teu ser melhor e mais belo. Porque não deves esquecer que trabalhas para ti ao trabalhar por todos, associando-te à tarefa comum. O universo, como tua alma, renova-se, perpetua-se e embeleza-se sem parar pelo trabalho e pela mudança. E Deus, ao aperfeiçoar Sua obra, goza dela como tu gozas da tua, embelezando-a. *Tua obra mais bela és tu mesmo.* Por teus esforços constantes, podes fazer de tua inteligência, de tua consciência, uma obra admirável, da qual gozarás indefinidamente. Cada uma de suas vidas é um caminho fecundo de onde deves sair apto para as tarefas, missões sempre mais altas, apropriadas às tuas forças, e cada uma das quais será tua recompensa e tua alegria.

Assim, com tuas mãos irás, dia a dia, moldando teu destino. Renascerás nas formas que teus desejos constroem, que tuas obras geram, até que teus anseios e teus apelos tenham preparado para ti formas e organismos superiores aos da Terra. Renascerás nos meios que anseias, próximos aos seres queridos que já foram associados aos teus trabalhos, às tuas vidas e que viverão contigo e para ti, como viverás com eles e para eles.

Depois de terminada tua evolução terrestre, quando tiveres exaltado tuas faculdades e tuas forças a um grau de poder suficiente, quando tiveres esvaziado a taça dos sofrimentos, das amarguras e das felicidades que nos oferece este mundo, sondado suas ciências e suas crenças, te comunicado com todos os aspectos do gênio humano, então subirás com teus amados para outros mundos mais belos, mundos de paz e de harmonia.

E, depois que teu último envoltório humano tiver retornado ao pó, tua essência depurada chegado às regiões espirituais, tua lembrança e tua obra ainda ampararão os homens, teus irmãos, em suas lutas e suas provas, e poderás dizer com a alegria de uma consciência serena: "Minha passagem sobre a Terra não terá sido estéril; meus esforços não terão sido vãos."

O PROBLEMA
DA DOR

Tradução conforme edição de 1922 da União Espírita
Francesa e Francófila Estudos experimentais sobre os
aspectos ignorados do ser humano – As personalidades
duplas – A consciência profunda – A renovação da
memória – As vidas anteriores e sucessivas etc.

1– A VONTADE

O estudo do ser, a que nos dedicamos na primeira parte deste livro, intitulada *O problema do ser*, nos deixou entrever a poderosa rede de forças, de energias escondidas em nós. Mostrou-nos que todo o nosso futuro, em seu desenvolvimento ilimitado, lá está contido em gérmen[1]. As causas da felicidade não se encontram em lugares determinados do espaço; estão em nós, nas profundezas misteriosas da alma.

É o que confirmam todas as grandes doutrinas: "O reino dos céus está dentro de vós", disse o Cristo.

O mesmo pensamento é expresso sob uma outra forma nos Vedas[2]: "Trazes em ti um amigo sublime que não conheces".

A sabedoria persa não é menos afirmativa: "Viveis no meio de armazéns cheios de riqueza e morreis de fome à porta" (Suffis Ferdousis).

Todos os grandes ensinamentos concordam sobre este ponto: é na vida interior, no desabrochar de nossas potências, de nossas faculdades, de nossas virtudes, que está a fonte das felicidades futuras.

Olhemos atentamente para o interior de nós mesmos; fechemos nosso entendimento às coisas externas e, depois de havermos habituado nossos sentidos psíquicos à obscuridade e ao silêncio, veremos surgir luzes inesperadas, ouviremos vozes fortificantes e consoladoras. Mas há poucos homens que sabem ler em si, explorar essas jazidas onde dormem tesouros inestimáveis. Esbanjamos nossa vida em coisas banais, ociosas; percorremos o caminho da existência sem saber nada de nós mesmos, dessas riquezas psíquicas, cuja valorização nos proporcionaria alegrias inumeráveis.

---

1 Gérmen: rudimento de um novo ser (N.E.).
2 Vedas: livros sagrados para os hindus (N.E.).

Há em toda alma humana dois centros, ou melhor, duas esferas de ação e de expressão: uma, a exterior, manifesta a personalidade, o eu, com suas paixões, suas fraquezas, sua mobilidade, sua insuficiência. Enquanto ela regular nossa conduta, teremos a vida inferior, semeada de provas e de males.

A outra, a interior, profunda, imutável, é, ao mesmo tempo, a sede da consciência, a fonte da vida espiritual, o templo de Deus em nós. Somente quando esse centro de ação domina o outro, quando seus impulsos nos dirigem, é que se revelam nossos poderes ocultos e que o Espírito se afirma em seu brilho e sua beleza. É por ele que estamos em comunhão com "esse Pai que reside em nós", segundo a palavra do Cristo, esse Pai que é o foco de todo amor, o princípio de todas as grandes ações.

Por um, perpetuamo-nos nos mundos materiais onde tudo é inferioridade, incerteza e dor; pelo outro, ascendemos aos mundos celestes, onde tudo é paz, serenidade e grandeza. É somente pela manifestação crescente do Espírito Divino em nós que chegamos a vencer o eu egoísta e a nos associar plenamente à obra universal e eterna, a criar uma vida feliz e perfeita.

Como poremos em movimento esses poderes interiores e os orientaremos para um ideal elevado? Pela vontade! O uso persistente, tenaz dessa faculdade soberana nos permitirá modificar nossa natureza, vencer todos os obstáculos, dominar a matéria, a doença e a morte.

É pela vontade que dirigimos nossos pensamentos para um objetivo preciso. Na maioria dos homens, os pensamentos flutuam sem parar. Sua mobilidade constante, sua variedade infinita oferecem pequeno acesso às influências superiores. É preciso saber se concentrar, colocar seu eu em sintonia com o pensamento divino. Então se produz a fecundação da alma humana pelo Espírito Divino que a envolve e penetra, a torna apta a realizar nobres tarefas, prepara-a para a vida no além, cujos esplendores entrevê enfraquecidamente desde este mundo. Os Espíritos elevados veem e ouvem entre si os pensamentos que são harmonias penetrantes, enquanto os nossos são, na maioria das vezes, apenas discordância e confusão. Aprendamos a nos servir de nossa vontade e, por ela, a unir nossos pensamentos a tudo o que é grande, à harmonia universal, cujas vibrações enchem o espaço e embalam os mundos.

A vontade é o maior de todos os poderes. Em sua ação, ela é comparável a um ímã. A vontade de viver, de desenvolver em si a vida, atrai para nós novos recursos vitais. Está aí o segredo da lei de evolução. A vontade pode agir com intensidade sobre o corpo fluídico, ativar suas vibrações e, dessa forma, apropriá-lo a um modo sempre mais elevado de sensações, prepará-lo para um estágio mais alto de existência.

O princípio de evolução não está na matéria; está na vontade, cuja ação se estende tanto à ordem invisível das coisas quanto à ordem visível e material. Essa é simplesmente uma consequência daquela. O princípio superior, o motor da existência, é a vontade. A Vontade Divina é o grande motor da vida universal.

O que importa acima de tudo é compreender que podemos realizar tudo no domínio psíquico. Nenhuma força permanece estéril quando se exerce de um modo constante, visando a um objetivo coerente com o direito e a justiça.

É o que se dá com a vontade; ela pode agir igualmente no sono e na vigília, porque a alma corajosa, que estabeleceu para si mesma um objetivo, procura-o com tenacidade em ambas as fases de sua vida e determina assim uma corrente poderosa que mina lenta e silenciosamente todos os obstáculos.

Com a preservação dá-se o mesmo que com a ação. A vontade, a confiança, o otimismo são outras tantas forças preservadoras, outras tantas muralhas opostas em nós a toda causa de problema, de perturbação interior e exterior. Bastam, às vezes, por si sós, para desviar o mal, enquanto o desânimo, o temor, o mau humor nos desarmam, nos expõem a ele sem defesa. O simples fato de olhar de frente o mal, o perigo e a dor, e a resolução de afrontá-los, de vencê-los, diminuem-lhes a importância e o efeito.

Os americanos têm, sob o nome de *mind cure* (cura mental) ou ciência cristã, aplicado esse método à terapêutica, e não se pode negar que os resultados obtidos são consideráveis. Esse método se resume na seguinte fórmula: "O pessimismo torna fraco; o otimismo torna forte". Ela consiste na eliminação gradual do egoísmo, na união completa com a Vontade Suprema, fonte das forças infinitas. Os casos de cura são numerosos e se apoiam sobre testemunhos irrecusáveis[3].

Foi esse, de resto, em todos os tempos e de formas diversas, o princípio da saúde física e moral.

Na ordem física, por exemplo, não se destroem os infusórios[4], os infinitamente pequenos que vivem e se multiplicam em nós; mas ganham-se forças para lhes resistir. Da mesma forma, na ordem moral, nem sempre é possível afastar as misérias da sorte; mas pode-se adquirir força para suportá-las; superá-las com esforço mental; dominá-las de forma que percam todo o caráter ameaçador para se transformar em auxiliares do nosso progresso e do nosso bem.

Demonstramos em outras obras, ao nos apoiarmos em fatos recentes, o poder da alma sobre o corpo na sugestão e autossugestão[5]. Lembraremos apenas alguns outros exemplos ainda mais concludentes:

Louise Lateau, a estigmatizada[6] de Bois-d'Haine – cujo caso foi estudado por uma comissão da Academia de Medicina da Bélgica –, ao meditar sobre a paixão de Cristo, fazia-se sangrar à vontade nos pés, nas mãos e do lado esquerdo. A hemorragia durava algumas horas[7].

---

3 Ver W. James, reitor da Universidade de Harvard, *L'expérience religieuse (A experiência religiosa)*. Tradução francesa de Abauzit.

4 Infusório: o autor refere-se aos micróbios, bactérias, vírus que vivem no organismo humano, e não aos microscópicos animais ciliados também assim chamados (N.E.).

5 Ver *Depois da morte*, capítulo 32, e *No invisível*, capítulo 15.

6 Estigmatizado: que tem marcas, sinais, cicatrizes (N.E.).

7 Doutor Warlomont, *Louise Lateau, la stigmatisée de Bois-d'Haine (Louise Lateau, a estigmatizada de Bois-d'Haine)*. Bruxelas, 1873.

Pierre Janet observou casos semelhantes em Salpêtrière, em Paris. Uma extática apresentava estigmas nos pés quando estavam presos a um aparelho[8].

Louis Vivé, em suas crises, dava a si mesmo a ordem de sangrar em horas determinadas e o fenômeno se produzia com exatidão.

Fatos idênticos se encontram em alguns sonhos, assim como nos sinais ditos genéticos ou marcas de nascimento[9]. Em todos os domínios da observação, encontramos a prova de que a vontade impressiona a matéria e pode submetê-la à sua vontade. Essa lei se manifesta com mais intensidade ainda no campo da vida invisível. É em virtude das mesmas regras que os Espíritos criam as formas e os atributos que nos permitem reconhecê-los nas sessões de materialização.

Pela vontade criadora dos grandes Espíritos e, acima de tudo, do Espírito Divino, toda uma vida maravilhosa se desenvolve e se estende, de grau em grau, ao infinito, nas profundezas do cosmo, vida incomparavelmente superior a todas as maravilhas criadas pela arte humana, e tanto mais perfeita quanto mais se aproxima de Deus.

Se o homem conhecesse a extensão dos recursos que há nele, talvez ficasse deslumbrado com isso; em vez de se acreditar fraco e de temer o futuro, compreenderia a sua força, sentiria que ele próprio pode criar esse futuro.

Cada alma é um foco de vibrações que a vontade impulsiona. Uma sociedade é um agrupamento de vontades que, quando estão unidas, dirigidas para um mesmo objetivo, constituem um centro de forças irresistíveis. A humanidade é um foco ainda mais poderoso que vibra através da imensidade.

Pela educação e exercício da vontade, certos povos chegam a resultados que parecem prodigiosos.

A energia mental, o vigor de espírito dos japoneses, seu desprezo pela dor e sua impassibilidade diante da morte causaram espanto aos ocidentais e se afiguram como uma espécie

---

8 P. Janet, "Une extatique" ("Uma extática"). *Boletim do Instituto de Psicologia*, julho, agosto e setembro de 1901.
9 Ver, entre outros, *Boletim da Sociedade Psíquica de Marselha*, outubro de 1903.

de revelação. Os japoneses se habituam desde a infância a dominar suas impressões, a nada deixar perceber dos desgostos, das decepções, dos sofrimentos por que passam, a permanecer impenetráveis, a nunca se lastimar, a nunca se encolerizar, a sempre receber bem os reveses.

Uma educação assim retempera os ânimos e assegura o sucesso em todas as coisas. Na grande tragédia da existência e da História, o heroísmo representa o papel principal, e é a vontade que faz os heróis.

Esse estado de espírito não é privilégio dos japoneses. Os hindus, por meio do que chamam de *hatha-yoga* ou exercício da vontade, chegam também a suprimir em si o sentimento da dor física.

Pode-se julgar por aí como a educação mental e o objetivo dos orientais são diferentes dos nossos. Tudo, para eles, tende a desenvolver o homem interior, sua vontade, sua consciência, em vista dos vastos ciclos da evolução que lhes são abertos, enquanto o ocidental adota de preferência como objetivo os bens imediatos, limitados pelo círculo da vida presente. Os objetivos a atingir, nos dois casos, são divergentes, e essa divergência resulta de um conceito essencialmente diferente do papel do ser no universo. Por muito tempo os orientais consideraram com espanto misturado à piedade nossa agitação febril, nossa admiração pelas coisas contingentes[10] e sem futuro, nossa ignorância das coisas estáveis, profundas, indescritíveis, que constituem a verdadeira força do homem. Daí o contraste notável que oferecem as civilizações do Ocidente e do Oriente. A superioridade pertence evidentemente àquela que abraça os horizontes mais vastos e se inspira nas verdadeiras leis da alma e de seu futuro. Ela pode ter parecido atrasada aos observadores superficiais, enquanto as duas civilizações evoluíram paralelamente sem se chocarem muito. Mas depois que as necessidades da existência e a pressão crescente dos povos do Ocidente forçaram os asiáticos a entrar na corrente do progresso moderno – e é o caso dos japoneses – pode-se

10 Contingente: que pode ou não ocorrer, pode ser ou não ser. Incerto. Acaso (N.E.).

ver que as qualidades elevadas dessa raça, ao se manifesta-rem no domínio material, puderam igualmente lhe assegurar a supremacia. Se esse estado de coisas se acentua, como é de prever, se o Japão conseguir arrastar consigo todo o Extremo Oriente, é possível que a dominação do mundo mude de eixo e passe de uma raça para a outra, sobretudo se o Ocidente persistir em não se interessar pelo que constitui o mais alto objetivo da vida humana e a se contentar com um ideal inferior e quase bárbaro.

Mesmo ao limitar o campo de nossas observações aos povos da raça branca, devemos constatar também que as nações de vontade mais firme, mais tenaz, vão pouco a pouco tomando predomínio sobre as outras. É o caso dos povos anglo-saxônicos. Vemos o que a Inglaterra pôde realizar, no decorrer do tempo, para a execução de seu plano de ação. A própria Alemanha, com seu espírito de método, soube manter sua união, apesar dos reveses. E os Estados Unidos tomam um lugar cada vez mais importante no concerto dos povos.

A França, pelo contrário, é, em geral, uma nação de von-tade instável. Passamos de uma ideia à outra com extrema mobilidade, e esse defeito não é estranho aos acontecimentos de nossa História. Os primeiros impulsos são, para nós, admiráveis; o entusiasmo é vibrante. Mas, se empreendemos com facilidade uma obra, nós a abandonamos por vezes muito rapidamente, quando o pensamento já a vai edificando e os elementos vão se juntando silenciosamente ao seu redor. Assim o mundo apresenta numerosos traços meio apagados de nossa ação passageira, de nossos esforços interrompidos muito depressa.

O pessimismo e o materialismo, que se expandem cada vez mais entre nós, tendem ainda a diminuir as qualidades generosas de nossa gente que a História tinha revelado. Os profundos recursos do espírito nacional se atrofiam, falta de uma educação forte e de um ideal elevado.

Aprendamos a criar uma vontade poderosa. Fortifiquemos ao redor de nós os espíritos e os corações, se não quisermos ver nosso país numa decadência irremediável.

Querer é poder! O poder da vontade é sem limites. O homem consciente de si mesmo, de suas fontes latentes, sente crescerem suas forças em razão de seus esforços. Ele sabe que tudo o que deseja de bem e de bom deve se realizar cedo ou tarde, inevitavelmente, seja no presente, seja na sequência de suas existências, quando seu pensamento se puser de acordo com a Lei Divina. E é nisso que se cumpre a palavra celeste: "A fé move montanhas".

Não é consolador e belo poder dizer: "Sou inteligência e vontade livres, a mim mesmo me fiz, inconscientemente, através das idades; edifiquei lentamente minha individualidade e minha liberdade, e agora conheço a grandeza e a força que estão em mim. Eu me apoiarei sobre elas; não as deixarei ocultar uma única dúvida, mesmo por um instante, e com elas, com a ajuda de Deus e de meus irmãos, os Espíritos, elevar-me-ei acima de todas as dificuldades; vencerei o mal em mim; libertar-me-ei de tudo o que me encadeia às correntes grosseiras, para tomar meu voo para os mundos felizes".

Vejo claramente o caminho que se desenrola e que sou chamado a percorrer; ele se dilata por uma extensão que não tem fim. Mas para me conduzir nesse caminho infinito tenho um guia seguro: é a compreensão da lei da vida, do progresso e do amor que rege todas as coisas. Aprendi a me conhecer, a acreditar em mim e em Deus. Assim, possuo a chave de toda elevação. E, nesse caminho imenso que se abre diante de meus passos, continuarei firme, inabalável em minha vontade de crescer e de me elevar mais alto; e com a ajuda de minha inteligência, que é fiel a Deus, atrairei para mim todas as riquezas morais e participarei de todas as maravilhas do cosmo.

Minha vontade chama-me: "Adiante, sempre adiante; cada vez mais conhecimento, mais vida, vida divina!" Com ela conquistarei essa plenitude da existência, construirei para mim uma personalidade melhor, mais radiante e mais amorosa. Saio para sempre do estado inferior do ser ignorante, inconsciente de seu valor e de seu poder; afirmo-me na independência e na dignidade de minha consciência e estendo a mão a todos os meus irmãos ao lhes dizer:

"Despertai de vosso sono pesado; desatai o véu material que vos encobre. Aprendei a vos conhecer, a conhecer os poderes que estão em vós e a utilizá-los. Todas as vozes da natureza, todas as vozes do além vos exclamam: 'Levantai-vos e marchai! Apressai-vos para a conquista de vossos destinos!'

"A todos vós que vos curvais sob o peso da vida, julgando-vos fracos e sós, vos entregais à tristeza, ao desespero, ou que aspirais ao nada, venho dizer: 'O nada não existe; a morte é um novo nascimento, um encaminhamento para novas tarefas, novos trabalhos, novas colheitas. A vida é uma comunhão universal e eterna que liga Deus a todos os seus filhos'.

"Vós todos que vos acreditais vencidos pelo sofrimento e decepções, pobres seres aflitos, corações partidos pelo vento áspero das provas, Espíritos esmagados, dilacerados pela roda de ferro da adversidade, venho vos dizer: 'Não há alma incapaz de renascimento e de florações novas. Basta-vos querer e sentireis despertar em vós forças desconhecidas. Acreditai em vós, em vosso rejuvenescimento em novas vidas; acreditai em vossos destinos imortais. Acreditai em Deus, Sol dos sóis, foco imenso cuja centelha brilha em vós e pode se tornar uma ardente e generosa chama!'

"Sabei que todo homem pode ser bom e feliz; para vir a sê-lo, basta querer com energia e continuidade. Essa concepção mental do ser, elaborada na obscuridade das existências dolorosas, preparada pela lenta evolução das idades, desabrochará na luz das vidas superiores, e todos adquirirão essa magnífica individualidade que nos está reservada.

"Dirigi incessantemente vosso pensamento para esta verdade: podeis tornar-vos o que quiserdes ser, e sabei querer ser sempre maiores e melhores. Está aí a noção do progresso eterno e o meio de realizá-lo; está aí o segredo da força mental de onde decorrem todas as forças magnéticas e físicas. Quando tiverdes conquistado esse domínio sobre vós mesmos, não tereis mais que temer os recuos nem as quedas, nem as doenças, nem a morte; tereis feito de vosso eu pequeno e frágil uma individualidade alta, estável, poderosa!"

2 – A CONSCIÊNCIA, O SENTIDO ÍNTIMO

Nossos estudos anteriores demonstraram: a alma é uma emanação, uma partícula do Absoluto. Suas vidas sucessivas têm por objetivo a manifestação cada vez mais grandiosa do que há de divino nela, o aumento do domínio que é chamada a exercer dentro e fora de si, com a ajuda de seus sentidos e de suas energias latentes.

Pode-se alcançar esse resultado por procedimentos diversos: pela ciência, pela meditação, pelo trabalho ou pelo aperfeiçoamento moral. O melhor procedimento é utilizar todos esses modos de aplicação, é completá-los uns com os outros; porém, o mais eficaz é o exame de consciência e a introspecção.

Acrescentemos o desapego às coisas materiais, a vontade firme de melhorar a si mesmo, a união com Deus, em espírito e verdade, e veremos que toda religião verdadeira, toda filosofia profunda encontram aí sua fonte e se resumem nessas fórmulas. O resto, doutrinas, formas de culto, ritos e práticas, são apenas vestimentas exteriores que disfarçam aos olhos das multidões a alma das religiões.

Victor Hugo escrevia no *Postscriptum de ma vie*: "É dentro de nós que é preciso olhar o exterior... Ao nos curvarmos sobre esse poço, nosso Espírito, avistamos, a uma distância de abismo, em círculo estreito, o mundo imenso".

Emerson dizia igualmente: "A alma é superior ao que se pode saber dela e mais sábia do que qualquer uma de suas obras".

A alma se liga, na sua essência, à grande Alma universal e eterna, da qual ela é como uma vibração. Essa origem e essa participação da divina natureza explicam as necessidades irresistíveis do Espírito evoluído: necessidade de infinito, de justiça, de luz, necessidade de sondar todos os mistérios, de saciar a sede nos mananciais vivos e inesgotáveis, cuja existência ele pressente, mas não chega a descobrir no plano de suas vidas terrestres.

Daí provêm nossas aspirações mais elevadas, nosso desejo de saber nunca satisfeito, nosso sentimento do belo e do bem; daí as luzes súbitas que iluminam de tempos em tempos as trevas da existência, e esses pressentimentos, essa previsão do futuro, relâmpagos fugitivos no abismo do tempo, que brilham às vezes para algumas inteligências.

Sob a superfície do eu, superfície agitada pelos desejos, esperanças e temores, está o santuário onde reina a consciência integral, calma, pacífica, serena, o princípio da sabedoria e da razão, de que a maior parte dos homens tem consciência apenas pelas surdas impulsões ou por vagos reflexos pressentidos.

Todo o segredo da felicidade e da perfeição está na identificação, na fusão em nós desses dois planos ou focos psíquicos. No seu desconhecimento reside a causa de todos os nossos males, de todas as nossas misérias morais.

Na *Crítica da razão pura*, o grande filósofo de Koenigsberg[1] demonstrou que a razão humana, ou seja, essa razão superficial de que falamos, por si mesma nada pode perceber, nada pode provar do que diz respeito às realidades do mundo transcendental, às origens da vida, ao Espírito, à alma, a Deus.

Essa argumentação nos leva lógica e necessariamente a esta consequência: que existe em nós um princípio, uma razão mais profunda, que, por meio da revelação interior, nos inicia nas verdades e nas leis do mundo espiritual.

William James[2] o reconhece nestes termos: "O eu consciente faz um só com um eu maior do qual lhe vem a ação"[3]. E mais adiante:

1 O grande filósofo a que o autor se refere é Emmanuel Kant (1724-1804) (N.E.).
2 William James (1842-1910): psicólogo norte-americano de grande projeção, reitor da Universidade de Harvard (N.E.).
3 William James, *L'expérience religieuse*.

"Os prolongamentos do eu consciente estendem-se muito além da sensação e da razão. Quando nossas tendências para o ideal têm sua origem nesse além, é porque nele estamos enraizados mais profundamente do que no mundo visível."

A consciência é, como diz W. James, o centro da personalidade, centro permanente, indestrutível, que persiste e se mantém no decorrer de todas as transformações do indivíduo. A consciência não é somente a faculdade de perceber, mas é também o sentimento que temos de viver, de agir, de pensar, de querer. Ela é uma e indivisível. A pluralidade de seus estados não prova nada, como já vimos, contra essa unidade. Esses estados são sucessivos como as percepções que se ligam, e não são simultâneos. Para demonstrar que existe em nós vários centros autônomos de consciência, seria preciso provar também que há percepções simultâneas e diferentes, mas isso não é possível e não pode ser.

Todavia, a consciência, em sua unidade, apresenta, como sabemos, vários planos e vários aspectos. Física, confunde-se com o que a ciência chama de *sensorium*, ou seja, a faculdade de concentrar as sensações exteriores, de coordená-las, de defini-las, de perceber-lhes as causas e determinar os efeitos disso. Pouco a pouco, pelo próprio fato da evolução, essas sensações se multiplicam, apuram-se, e a inteligência intelectual acorda. Daí em diante, seu desenvolvimento não terá mais limites, uma vez que poderá estender-se a todas as manifestações da vida infinita. Então despertarão o sentimento e o julgamento, e a alma a si mesma compreenderá. Tornar-se-á ao mesmo tempo sujeito e objeto. Na multiplicidade e na variedade de suas ações mentais, sempre terá consciência do que pensa e quer.

O eu se afirma e engrandece, e a personalidade se completa pela manifestação da consciência moral ou espiritual. A faculdade de perceber os efeitos do mundo sensível se exercerá por meios mais elevados. Converter-se-á na possibilidade de sentir as vibrações do mundo moral, de distinguir as suas causas e as suas leis.

É por meio dos sentidos interiores que o ser humano percebe os fatos e as verdades da ordem transcendental. Os sentidos físicos enganam; distinguem apenas a aparência das coisas e não seriam nada sem o *sensorium*, a sede da sensação, que agrupa, centraliza suas percepções e as transmite à alma; essa registra tudo e tira o efeito útil, mas abaixo desse sensorium superficial há um outro mais profundo, que distingue e considera as regras e as coisas do mundo metafísico. É esse sentido profundo, desconhecido, inutilizado pela maioria dos homens, que certos experimentadores designaram sob o nome de consciência subliminal[4].

A maioria das grandes descobertas foi apenas a confirmação, na ordem física, das ideias percebidas pela intuição ou pelo sentido íntimo. Por exemplo, Newton tinha concebido havia muito tempo a teoria da atração universal, quando a queda de uma maçã revelou aos seus sentidos materiais a demonstração objetiva.

Assim como existe em nós um organismo e um *sensorium* físico que nos colocam em relação com os seres e as coisas do plano material, do mesmo modo há um sentido espiritual, por meio do qual certos homens penetram, já em vida, no domínio do mundo invisível. Depois da morte, desde que o véu da carne tenha caído, esse sentido se tornará o centro único de nossas percepções.

É na extensão e na liberação crescente desse sentido espiritual que está a lei de nossa evolução psíquica, a renovação do ser, o segredo de sua iluminação interior e progressiva. Por ele nos desapegamos do relativo e do ilusório, de todas as contingências materiais, para nos vincularmos cada vez mais ao imutável e absoluto.

Por isso a ciência experimental será sempre insuficiente, apesar das vantagens que oferece e das conquistas que realiza, se não for complementada pela intuição, por essa espécie

4 Subliminal ou subliminar: nesse caso, abaixo do limiar, abaixo de um patamar. Inferior. Em psicologia diz-se que um estímulo é subliminar quando não é suficientemente intenso para que dele o indivíduo tome conhecimento, e que só à custa de muitas repetições é que se alcança o efeito desejado. É um dos recursos usados em propaganda (N.E.).

de adivinhação interior que nos faz descobrir as verdades essenciais. Há uma maravilha que supera todas as do exterior; essa maravilha somos nós mesmos; é esse espelho oculto no homem e que reflete todo o universo.

Aqueles que se dedicam ao estudo exclusivo dos fenômenos, na busca das formas mutáveis e dos fatos exteriores, procuram muitas vezes bem longe essa certeza, esse princípio que está neles. Deixam de escutar as vozes íntimas, de consultar as faculdades de entendimento que se desenvolvem e se purificam no estudo silencioso e recolhido. É por isso que as coisas do invisível, do impalpável, do divino, imperceptíveis para tantos sábios, são percebidas algumas vezes pelos simples. O mais belo livro está em nós mesmos; o infinito nele se revela. Feliz daquele que nele pode ler!

Todo esse domínio permanece fechado ao positivista, que desdenha da única chave, o único instrumento com a ajuda do qual pode penetrar nele, e se cansa em experimentar, por meio de seus sentidos físicos e de instrumentos materiais, o que escapa a toda medida objetiva. Assim, o homem dos sentidos exteriores raciocina a respeito do mundo e dos seres metafísicos como um surdo raciocina sobre as regras da melodia, e um cego, sobre as leis da óptica. Mas, quando o sentido íntimo o despertar e iluminar, a ciência terrestre, antes tão grande a seus olhos, imediatamente diminuirá ao ser comparada com essa luz que o inundará.

O ilustre psicólogo americano William James, reitor da Universidade de Harvard, declara-o nestes termos[5]:

> "Posso colocar-me na atitude do homem da ciência e imaginar vivamente que não existe nada fora da sensação e das leis da matéria. Mas não posso fazê-lo sem ouvir uma advertência interior: 'Tudo isso é fantasmagoria!' Toda experiência humana, em sua viva realidade, me impele irresistivelmente a sair dos estreitos limites no qual pretende encerrar-nos a ciência. O mundo real é diversamente constituído, é muito mais rico e mais complexo que o da ciência."

---

5 *L'expérience religieuse.*

Depois de Myers e Flournoy, cujas opiniões citamos, W. James estabelece, por sua vez, que a psicologia oficial não pode mais continuar a desconhecer esses limites da consciência profunda, colocados sob a consciência normal. Ele o diz assim[6]:

> "Nossa consciência normal é apenas um gênero particular de consciência, separada, como por uma fina membrana, de vários outros que aguardam o momento favorável para entrar em jogo. Podemos atravessar a vida sem suspeitar de sua existência; mas, na presença do estímulo conveniente, parecem reais e completos."

E mais adiante:

> "Quando um homem tende conscientemente para um ideal, é a princípio para qualquer coisa de vago e impreciso. E, entretanto, bem no fundo de seu organismo, existem forças que crescem e vão num sentido determinado; os fracos esforços que esclarecem sua consciência suscitam esforços subconscientes, aliados vigorosos que trabalham na sombra; mas essas forças orgânicas convergem para um resultado que muitas vezes não é o mesmo, e que é sempre mais bem determinado do que o ideal imaginado, meditado, reclamado pela consciência nítida."

Tudo isso confirma: a causa inicial, o princípio da sensação, não está no corpo, mas na alma. Os sentidos físicos são apenas a manifestação exterior e grosseira, o prolongamento na superfície do ser dos sentidos íntimos e ocultos.

O *Chicago Chronicle*, de dezembro de 1905, relata um caso extraordinário de manifestação do sexto sentido. Trata-se de uma jovem de 17 anos, cega e surda-muda desde os seis anos, e para a qual se desenvolveu, desde essa época, uma faculdade nova:

> "Ella Hopkins pertence a uma boa família de Utica, Nova York. Há três anos foi colocada por seus pais em uma instituição de Nova

---

6 Idem, p. 329 e 178.

York destinada à instrução de surdos-mudos. Como as outras crianças daquela casa, ensinaram-lhe a ler, a ouvir e a se exprimir por meio dos dedos.

"Ella não somente aprendeu rapidamente essa linguagem, mas chegou a perceber o que se passa à sua volta, tão facilmente como se tivesse seus sentidos normais. Sabe quem entra e sai, se é pessoa conhecida ou estranha. Segue e percebe a conversa em voz baixa no aposento onde se encontra e, a pedido, a reproduz fielmente pela escrita. Não se trata de uma leitura de pensamento direto, uma vez que a menina não compreende o pensamento das pessoas presentes senão quando lhe dão uma expressão verbal.

"Mas essa faculdade tem intermitências e se mostra por vezes sob outros aspectos.

"A memória de Ella é das mais notáveis. O que aprendeu uma vez, e aprende depressa, nunca é esquecido. Sentada diante de sua máquina de escrever, os olhos fixos, como se vissem, com um interesse intenso no teclado, do qual se serve com extrema precisão, tem toda a aparência de uma jovem inteligente, em plena posse de suas faculdades normais. Os olhos são claros e expressivos, a fisionomia animada e instável. Ninguém diria que Ella é cega, surda e muda.

"Acreditamos que o diretor da instituição, M. Currier, está habituado ao desabrochar de faculdades anormais nesses pobres aflitos, uma vez que não lhe causa surpresa o caso da menina. 'Estamos todos' – diz ele – 'conscientes de certas coisas, sem a participação aparente dos sentidos comuns... Os que são privados de dois ou três desses sentidos, e forçados a contar com o desenvolvimento de outras faculdades para substituí-los, veem naturalmente estas se desenvolverem e se fortificarem'.

"Há, na mesma classe de Ella, duas outras meninas igualmente cegas, surdas e mudas, que possuem também esse 'sexto sentido', ainda que em menor grau. Faz gosto ver as três comunicarem-se rapidamente pelo pensamento, apenas com o contato dos seus dedos."

A esses fatos acrescentaremos um testemunho de alto valor, o do professor César Lombroso, da Universidade de Turim, que escreveu na revista italiana *Arena* (junho de 1907):

"Em 1891 eu me debati, em minha prática médica, contra um dos fenômenos mais curiosos que já tinha visto. Tive de tratar a filha de um alto funcionário de minha cidade natal, em que subitamente se manifestara, na época da puberdade, um violento acesso de histeria, acompanhado de sintomas para os quais nem a patologia[7] nem a fisiologia[8] podiam dar a explicação. Havia momentos em que os seus olhos perdiam totalmente a faculdade de ver, e, em compensação, 'via' com os ouvidos. Ela era capaz de 'ler' com os olhos vendados quaisquer linhas impressas que se apresentassem aos seus ouvidos. Quando se colocava uma lupa entre seu ouvido e a luz solar, experimentava uma espécie de queimadura nos olhos; exclamava que queriam cegá-la... Ainda que esses fatos não fossem novos, não eram menos singulares. Confesso que, pelo menos, me pareciam inexplicáveis pelas teorias fisiológicas e patológicas estabelecidas até então. Uma única coisa me parecia bem clara: é que esse estado colocava em ação, numa pessoa inteiramente normal até então, forças estranhas em relação com sentidos desconhecidos."

Eis um outro exemplo de desenvolvimento dos sentidos psíquicos, para o qual chamamos a atenção do leitor. A pessoa de quem vamos falar é considerada uma das maravilhas da nossa época[9].

Helen Keller é também uma menina cega, surda e muda. Ela possui na aparência apenas o sentido do toque para se comunicar com o mundo exterior. E, entretanto, pode conversar em três línguas com seus visitantes; sua bagagem intelectual é considerável; possui um sentido estético que lhe permite apreciar obras de arte e as harmonias da natureza. Pelo simples contato das mãos, distingue o caráter e a disposição de espírito das pessoas que encontra. Com a ponta dos dedos colhe a palavra nos lábios e lê nos livros apalpando as letras grafadas especialmente impressas para ela (método braile). Ela se eleva à concepção das coisas mais abstratas, e

---

7 Patologia: ramo da medicina que se ocupa da natureza e das modificações estruturais e funcionais produzidas pela doença no organismo (N.E.).
8 Fisiologia: parte da biologia que investiga as funções orgânicas, processos ou atividades vitais, como o crescimento, a nutrição, a respiração etc. (N.E.).
9 Ver a obra de Gérard Harry sobre Helen Keller.

sua consciência se ilumina com a claridade que tira das profundezas de sua alma.

Escutemos o que nos diz a senhora Maeterlinck, depois da visita que lhe fez em Wrentham, nos Estados Unidos:

"Helen Keller é um ser superior; vê-se sua razão tão equilibrada, tão poderosa e tão sã, sua inteligência tão clara e tão bela, que o problema logo se transforma. Já não se procura ser compreendido, mas compreender.

"Helen possui profundos conhecimentos de álgebra, matemática, um pouco de astronomia, latim e grego; lê Molière e Anatole France e se exprime no idioma deles; também lê Goethe, Schiller, Heine em alemão, Shakespeare, Rudyard Kipling, Wells em inglês e escreve como filósofa, psicóloga e poetisa."

Seu biógrafo, Gérard Harry, assegura que a intensidade de suas percepções lhe confere as aptidões de uma leitora de pensamento. Evidentemente nos encontramos diante de um ser muito evoluído, de volta à cena do mundo com tudo o que adquiriu nos séculos percorridos.

O caso de Helen prova que, por trás dos órgãos atrofiados momentaneamente, existe uma consciência desde muito tempo familiarizada com as noções do mundo exterior. Há aí, ao mesmo tempo, uma demonstração das vidas anteriores da alma e da existência de seus sentidos próprios, independentes da matéria, dominando-a e sobrevivendo a toda desagregação corporal.

Para desenvolver, purificar a percepção de uma maneira geral, é preciso primeiramente acordar o sentido interior, o sentido espiritual. A mediunidade nos demonstra que há seres humanos muito mais dotados, em relação à visão e audição interiores, que certos Espíritos vivendo no espaço, e cujas percepções são extremamente limitadas em consequência da sua pouca evolução.

Quanto mais os pensamentos e os atos são puros e desinteressados, em uma palavra, quanto mais a vida espiritual é intensa e predomina sobre a vida física, mais os sentidos interiores crescem. O véu que nos esconde o mundo fluídico torna-se transparente e, por trás dele, a alma percebe um maravilhoso conjunto de harmonias e de belezas. Ao mesmo tempo, torna-se mais apta a recolher e transmitir as revelações, as inspirações dos seres superiores, porque o desenvolvimento dos sentidos internos coincide geralmente com uma extensão das faculdades do Espírito, com uma atração mais enérgica das radiações etéreas.

Cada plano do universo, cada círculo da vida corresponde a um número de vibrações que se acentuam e se tornam mais rápidas, mais sutis, à medida que se aproximam da vida perfeita. Os seres dotados de um fraco poder de radiação não podem perceber formas de vida que lhes são superiores. Mas todo Espírito é capaz de obter, pela educação da vontade e dos sentidos interiores, um poder de vibração que lhe permite agir sobre os planos mais extensos. Encontramos uma prova da intensidade desse modo de emissão mental no fato de que moribundos, ou pessoas em perigo de morte, conseguiram impressionar telepaticamente, a grandes distâncias, muitas pessoas ao mesmo tempo[10].

Na realidade, cada um de nós poderia, se quisesse, comunicar-se a toda hora com o mundo invisível. Somos Espíritos: pela vontade, podemos comandar a matéria e nos libertar desses laços para viver em uma esfera mais livre, a esfera da vida superconsciente. Para isso, uma coisa é necessária: espiritualizar-se, voltar-se à vida do Espírito por uma concentração perfeita de nossas forças interiores. Então nos encontramos face a face com uma ordem de coisas que nem o instinto, nem a experiência, nem mesmo a razão podem perceber.

A alma, em sua expansão, pode quebrar a muralha da carne que a prende e comunicar-se por seus sentidos próprios com os mundos superiores e divinos. É o que têm feito os videntes e os verdadeiros santos, os grandes místicos de todos os tempos e de todas as religiões.

---

10 Ver *Annales des Sciences Psychiques (Anais das Ciências Psíquicas)*, outubro de 1906.

A mediunidade, em suas formas tão variadas, é também a resultante da superexcitação do psíquico, que permite aos sentidos da alma entrar em ação e sobrepor-se, por um momento, aos sentidos físicos e perceber o que é imperceptível para os outros homens. Ela se caracteriza e se desenvolve segundo as aptidões que têm o sentido íntimo de predominar, de um modo ou de outro, e se manifestar por um dos caminhos habituais da sensação. O Espírito que deseja comunicar-se reconhece à primeira vista o órgão específico que, no médium, lhe servirá de intermediário e age sobre esse ponto. Assim é a palavra, ou a escrita pela ação mecânica da mão, ou é o cérebro, quando se trata da mediunidade intuitiva. Nas incorporações temporárias, é uma espécie de possessão e de adaptação de seus sentidos espirituais aos sentidos físicos do médium.

A faculdade mais comum é a clarividência, ou seja, a percepção, estando os olhos fechados, do que se passa ao longe, seja no tempo, seja no espaço, no passado ou no futuro. É a penetração do Espírito do clarividente nos meios fluídicos, onde se registram os fatos realizados e onde se elaboram os planos das coisas futuras. Na maioria das vezes, a clarividência se exerce inconscientemente, sem nenhuma preparação. Nesse caso, ela resulta da evolução natural do médium; mas pode também ser provocada, do mesmo modo que a visão espírita, a vidência[11]. Sobre esse assunto, o coronel De Rochas[12] se exprime da seguinte maneira[13]:

11 Vidência: faculdade mediúnica que permite aos médiuns ver os espíritos e o ambiente espiritual em que eles se encontram (veja *O Livro dos Médiuns*, capítulo 14) (N.E.).

12 Coronel A. de Rochas: engenheiro e matemático francês, coronel do exército de seu país. Notável pesquisador dos fenômenos espíritas e do magnetismo. Deixou publicadas várias obras de grande valor nas quais aborda as suas pesquisas, sempre tendo como base a sobrevivência da alma e os fenômenos anímicos. A propósito, a palavra anímico deriva de animismo, que é um fenômeno psíquico pelo qual a pessoa leva ao passado os próprios sentimentos, de onde recolhe as impressões de que se vê possuída (N.E.).

13 A. de Rochas, *Les vies successives (Vidas sucessivas)*.

"Mireille descrevia-me assim os efeitos que sentia decorrentes de minhas magnetizações:

'Quando estou acordada, minha alma está encarcerada no meu corpo, e sou como uma pessoa que, encerrada no pavimento térreo de uma torre, vê o mundo exterior apenas através das cinco janelas dos sentidos, cada uma com um vidro de cor diferente. Quando me magnetiza, livra-me pouco a pouco de minhas correntes, e minha alma, que aspira sempre a se elevar, sobe a escada da torre, escada sem janelas, e não percebo que você me guia até o momento em que chego à plataforma superior. Aí, minha vista se estende em todas as direções com um sentido único muito aguçado, que me coloca em relação com objetos que eu não podia perceber através das janelas da torre.'"

Pode-se desenvolver também a clarividência, a audição das vozes interiores, modo de comunicação possível com os Espíritos. Uma outra manifestação da mediunidade é a leitura dos acontecimentos registrados, fotografados de algum modo num objeto antigo ou moderno. Por exemplo, um pedaço de arma, uma medalha, um fragmento de sarcófago, uma pedra proveniente de uma ruína evocarão, na alma do vidente, toda uma sequência de imagens referentes aos tempos e lugares a que esses objetos pertenceram. É o que se chama de *psicometria.*

Acrescentamos ainda os sonhos simbólicos, os premonitórios e mesmo os pressentimentos obscuros que nos advertem de um perigo de que não desconfiamos.

Muitas pessoas, já dissemos, têm, sem saber, a possibilidade de se comunicar com seus amigos desencarnados. São as almas verdadeiramente religiosas, ou seja, idealizadoras, nas quais as provas, os sofrimentos, um longo encadeamento moral apuraram os sentidos sutis, tornando-as mais sensíveis às vibrações dos pensamentos exteriores. Muitas pessoas me procuram para solicitar do além avisos, conselhos, indicações que não me são possíveis oferecer-lhes. Eu lhes recomendo, então, a seguinte experiência, que, às vezes, dá bom resultado. Concentrai-vos no isolamento e no silêncio. Elevai vossos pensamentos para Deus; chamai vosso Espírito protetor, esse guia tutelar que a Providência liga a nós na viagem da vida. Interrogai-o sobre as questões que vos preocupam, desde que sejam dignas dele, livres de todo o interesse vil; depois, esperai! Escutai em vós mesmos atentamente e, ao cabo de algum tempo, nas profundezas de vossa consciência, ouvireis como o eco enfraquecido de uma voz longínqua, ou, antes, percebereis as vibrações de um pensamento misterioso, que acabará com as vossas dúvidas, dissipará vossas tristezas, vos acalentará, vos consolará.

Aí está, de fato, uma das formas da mediunidade, e uma das mais belas. Todos podem praticá-la e participar dessa comunhão entre vivos e mortos que está destinada a se propagar um dia a toda a humanidade.

Pode-se até, dessa forma, se comunicar com o plano divino. Em circunstâncias difíceis de minha vida, quando hesitava entre resoluções contrárias a respeito da tarefa que me foi confiada, de difundir as verdades consoladoras da Doutrina Espírita, apelando para a Entidade Suprema, ouvia sempre ressoar em mim uma voz grave e solene que me ditava meu dever. Clara e distinta, contudo, essa voz parecia provir de um ponto muito afastado. Seu acento de ternura comovia-me até as lágrimas.

A intuição é, na maioria das vezes, apenas uma das formas empregadas pelos habitantes do mundo espiritual para nos transmitir seus avisos, suas instruções. Outras vezes, é a revelação da consciência profunda à consciência normal. No primeiro caso, pode ser considerada inspiração. Pela mediunidade, o Espírito inspira suas ideias no entendimento do transmissor. Este fornecerá a expressão, a forma, a linguagem e, na medida de seu desenvolvimento cerebral, o Espírito encontrará nele meios mais ou menos seguros e suficientes para comunicar seu pensamento em toda sua extensão e brilho.

O pensamento do Espírito agente é uno em seu princípio de emissão, mas varia em suas manifestações, de acordo com o estado mais ou menos perfeito dos instrumentos que emprega. Cada médium marca com o cunho de sua personalidade a inspiração que lhe vem do mais alto. Quanto mais o intelecto do indivíduo esteja cultivado e espiritualizado, quanto mais os instintos materiais estejam subjugados, melhor transmitirá o pensamento superior com pureza e fidelidade.

A larga corrente de um rio não pode fluir por um estreito canal; do mesmo modo que o Espírito inspirador não alcançará êxito em transmitir pelo organismo do médium senão aquelas suas concepções que por ele puderem passar. Por um grande esforço mental, sob a excitação de uma força exterior, o médium poderá exprimir concepções superiores ao seu próprio saber; mas, ao expressar as ideias sugeridas, empregará seus termos favoritos, seus modos de dizer habituais, ainda que o Espírito que por ele se manifesta lhe dê, por instantes, mais amplitude e elevação à linguagem.

Vemos, assim, quantas dificuldades, quantos obstáculos o organismo humano opõe à transmissão fiel e perfeita das concepções da alma, e como é necessária uma longa preparação, uma educação dedicada para amoldá-lo e adaptá-lo às necessidades da inteligência que quer se manifestar. E isso não se aplica somente ao Espírito desencarnado que quer se manifestar com a ajuda de um intermediário, um médium, mas também ao Espírito encarnado, cujas concepções profundas nunca conseguem vir plenamente à tona no plano terrestre, como o afirmam todos os homens de gênio e, particularmente, os compositores e os poetas.

A princípio, a inspiração é consciente; mas desde que a ação do Espírito se acentua, o médium se encontra sob a influência de uma força que o faz agir independentemente de sua vontade. Ou melhor, uma espécie de torpor o invade; seus olhos se velam e perde a consciência de si mesmo para passar a uma dominação invisível. Nesse caso, o médium não é mais do que um instrumento, um aparelho de recepção e de transmissão.

Assim como uma máquina obedece à corrente elétrica que a aciona, o médium obedece à corrente dos pensamentos que o invadem.

No exercício da mediunidade intuitiva, no estado de vigília, muitos se confundem diante da impossibilidade de distinguir as ideias que nos são próprias das que nos são sugeridas. Entretanto, é fácil reconhecer as ideias que nos são inspiradas pelos Espíritos. Elas brotam espontaneamente, de improviso, como clarões súbitos emanando de um foco desconhecido; enquanto nossas ideias pessoais, as que provêm do fundo de nosso ser, estão sempre à nossa disposição e ocupam, de modo permanente, nosso intelecto. Não somente as ideias inspiradas surgem como por encantamento, mas se seguem, encadeiam-se por si mesmas e se exprimem com rapidez, às vezes de maneira febril.

Quase todos os autores, escritores, oradores e poetas são médiuns em certos momentos: possuem a intuição de uma assistência oculta que os inspira e participa de seus trabalhos. Eles mesmos o confessam.

Thomas Paine escrevia:

> "Não há ninguém que, tendo-se ocupado dos progressos do espírito humano, não tenha observado que há duas classes bem distintas do que se chama ideias ou pensamentos: as que são produzidas em nós mesmos pela reflexão e as que se precipitam de si mesmas em nosso espírito. Tomei para mim como regra sempre acolher com cortesia esses visitantes inesperados e investigar, com todo o cuidado de que era capaz, se eles eram merecedores de minha atenção. Declaro que é a esses hóspedes estranhos que devo todos os conhecimentos que possuo."

Emerson fala nesses termos do fenômeno da inspiração:

> "Os pensamentos não me vêm sucessivamente, como em um problema de matemática, mas penetram por si mesmos em meu intelecto, semelhantes a uma luz que brilha nas trevas da noite. A verdade aparece-me não pelo raciocínio, mas pela intuição."

A rapidez com a qual Walter Scott, o bardo d'Aven, escrevia seus romances causava espanto aos seus contemporâneos. Eis a explicação que ele dá de si mesmo:

"Vinte vezes iniciei o trabalho, depois de ter composto o plano, e nunca me foi possível segui-lo. Meus dedos trabalham independentes de meu pensamento; é assim que, depois de ter escrito o segundo volume de *Woodstock*, não tinha a menor ideia de como a história se encaminhava para uma catástrofe no terceiro volume."

Falando de *Lantiquaire (O antiquário)*, ainda disse:

"Tenho um plano geral; mas logo que pego a caneta, ela corre tão rápida sobre o papel, a tal ponto que muitas vezes sou tentado a deixá-la ir sozinha, para ver se escreverá tão bem como quando é dirigida pelo meu pensamento."

Novalis, cujos *Fragments (Fragmentos)* e *Disciples de Sais (Discípulos de Sais)* ficarão entre os mais elevados pensamentos do espírito humano, escreveu:

"Parece ao homem que ele está empenhado em uma conversação, e que algum ser desconhecido e espiritual o determina, de uma maneira maravilhosa, a desenvolver os pensamentos mais evidentes. Essa entidade deve ser superior e homogênea, pois se coloca em relação ao homem de uma maneira que não é possível a um ser submisso aos fenômenos."

Lembremos também a célebre Inspiração de Jean-Jacques Rousseau descrita por ele próprio:

"Eu ia ver Diderot, então prisioneiro em Vincennes; tinha no bolso o jornal *Mercure de France*, que me coloquei a folhear ao longo do caminho. Deparei com a questão da Academia de Dijon, que motivou meu primeiro escrito. Se nunca alguma coisa se pareceu com uma inspiração sutil, foi o movimento que se operou em mim com essa leitura. De repente, senti o espírito deslumbrado por mil luzes; multidões de ideias vivas se apresentavam ao mesmo tempo, com uma força e uma confiança que me lançaram numa perturbação inexplicável. Senti minha cabeça tomada por um atordoamento semelhante à embriaguez. Uma violenta palpitação oprimia meu peito; não podendo mais respirar ao andar, encostei-me a uma das árvores da avenida, e passei ali meia hora em uma tal agitação que, ao levantar-me, percebi toda a frente de meu paletó molhada de lágrimas sem ter notado que houvesse chorado. Oh! Se alguma vez me tivesse sido possível escrever a quarta parte do que vi e experimentei sob aquela árvore, com que clareza teria feito ver todas as contradições do sistema social, com que força teria exposto todos os abusos de nossas instituições; com que simplicidade teria demonstrado que o homem é naturalmente bom... Tudo o que pude reter daquela massa de grandes verdades que em um quarto de hora me iluminaram foi facilmente disseminado em meus três principais escritos, a saber: este primeiro discurso[14], o *Da desigualdade, e o Tratado da educação...* Todo o resto foi perdido.”

O caso de inspiração mediúnica mais extraordinária, talvez, dos tempos modernos, é o de Andrew Jackson Davis, chamado também de “o vidente de Poughkeepsie”. Esse personagem apareceu na aurora do espiritualismo americano como uma espécie de apóstolo de grande destaque. Graças a uma faculdade que não teve rival, pôde exercer uma influência excepcional em sua época, nos Estados Unidos.

Retiramos os seguintes detalhes da obra da senhora Emma Harding, intitulada: *Espiritualismo americano moderno*[15]:

---

14 Este primeiro discurso: refere-se ao *Discurso*, texto em que o filósofo discute a questão de se o progresso das ciências e das artes contribuiu para corromper ou depurar os costumes (N.E.).

15 Espiritualismo americano moderno: começou em Hydesville (EUA) com as irmãs Fox, Margaret (14 anos) e Kate (11 anos), partindo dos fenômenos ocorridos em 1848.

O Espiritismo iniciou-se com as mesas falantes com Allan Kardec (1853) em Paris, embora 50 anos antes o senhor Charles Renard, também francês, mantivesse conversações com os Espíritos, e das mesas falantes se têm notícias em todos os povos desde a China milenar.

O espiritualismo trata das manifestações da alma ou do Espírito de forma teórica,

"Com 15 anos, o jovem Davis tornou-se, primeiramente, célebre em Nova York e em Connecticut por sua habilidade em diagnosticar doenças e prescrever remédios, graças a uma espantosa faculdade de clarividência. O jovem curador possuía um grau de cultura intuitiva que compensava a ausência total de instrução, e uma facilidade de apresentação que não era de esperar de sua origem muito humilde, pois era filho e aprendiz de um modesto sapateiro.

"A sua origem e os meios limitados de seus pais tinham privado o jovem Davis de qualquer oportunidade de adquirir cultura, salvo durante cinco meses em que tinha frequentado a escola da cidade com os rudes camponeses dos distritos afastados. Davis tinha então 18 anos quando anunciou que era instrumento de uma fase nova e espantosa de poder espiritual, começando por uma série de conferências destinadas a produzir um efeito considerável sobre o mundo científico e as opiniões religiosas da humanidade.

"Em cumprimento dessa profecia, Davis começou uma série de conferências, às quais assistiam pessoas de alta posição e de grande conhecimento em literatura e ciência. Assim se produziu o vasto conjunto de mensagens literárias, científicas, filosóficas e históricas, intitulado *Divinas revelações da natureza*.

"O caráter maravilhoso dessa obra, emanando de uma pessoa completamente incapaz de produzi-la em circunstâncias comuns, causou a mais profunda admiração em toda a sociedade.

"As *Revelações* foram logo seguidas da *Grande harmonia*, da *Idade presente* e da *Vida interior*. Outras volumosas produções vieram se juntar às conferências de Davis, a seus trabalhos de editor, às associações e à sua larga influência pessoal, e provocaram uma revolução completa nos Estados Unidos, no espírito de uma classe numerosa de pensadores chamados *advogados da filosofia harmônica*. Essa revolução deve incontestavelmente sua origem ao 'pobre' aprendiz de sapateiro.

"Milhares de pessoas, que o viram examinando doentes ou em suas exposições científicas, testemunharam a espantosa elevação de espírito de Davis em seu estado mediúnico. Seus manuscritos

---

dogmática, e para tanto vale-se de elementos de todas as áreas do conhecimento, por isso fez várias escolas ou correntes de opiniões.

O Espiritismo (Doutrina Espírita) demonstra essas mesmas manifestações positivamente, comprovando-as, como o faz qualquer ciência (veja *O Livro dos Médiuns*, parte segunda, capítulo 2, item 60) (N.E.).

foram muitas vezes submetidos à investigação das mais brilhantes inteligências do país, que se certificaram, de modo indiscutível, da impossibilidade de ele ter os conhecimentos que demonstrava em seu estado mediúnico. O resultado mais claro da vida desse personagem fenomenal foi a revelação de que a alma do homem pode comunicar-se com os Espíritos do outro mundo e com os deste também, e trabalhar para adquirir conhecimentos que se estendem muito além da esfera terrestre."

Falemos resumidamente do método a seguir para o desenvolvimento da sensibilidade psíquica ou mediunidade. Consiste em isolar-se em certas horas do dia ou da noite, suspender a atividade dos sentidos exteriores, afastar de si as imagens e os ruídos da vida exterior. Isso é possível mesmo nos ambientes sociais mais humildes e entre pessoas comuns. É preciso, por assim dizer, concentrar-se sobre si mesmo e, na calma e no recolhimento do pensamento, fazer um esforço mental para ver e ler no grande livro misterioso que está em nós. Nesses momentos, afastai de vosso espírito tudo o que é passageiro, terrestre, instável. As preocupações de ordem material criam correntes vibratórias horizontais que resultam em obstáculo às radiações etéreas e restringem nossa percepção. Ao contrário, a meditação, a contemplação, o esforço constante para o bem e o belo formam correntes ascensionais que estabelecem a relação com os planos superiores e facilitam a penetração das emanações divinas em nós. Por esse exercício repetido e prolongado, o ser interior se encontra, pouco a pouco, iluminado, fecundado, regenerado. Essa obra de preparação é longa e difícil; por vezes necessita de toda uma existência. Assim, nunca é cedo demais para começar. Seus bons efeitos não tardarão a se fazer sentir.

Tudo o que perderdes em sensações de ordem inferior ganhareis em percepções supraterrestres, em equilíbrio moral e mental, em alegria do espírito. Vossa sensibilidade interior adquirirá uma delicadeza, uma percepção extraordinária; chegareis a vos comunicar um dia com as mais altas esferas espirituais. As religiões procuraram constituir esses poderes por meio da comunhão e da prece. Mas a prece das igrejas, conjunto de fórmulas decoradas e repetidas mecanicamente durante horas inteiras, é impotente para dar à alma o impulso necessário e estabelecer o laço fluídico, o fio condutor pelo qual a relação se estabelecerá. É preciso um chamado, um laço mais vigoroso, uma concentração, um recolhimento mais profundo. É por isso que sempre recomendamos a prece improvisada, o grito da alma que, em sua fé e seu amor, se lança com todas as forças acumuladas em si para o objeto de seu desejo.

Em vez de convidar, de evocar os Espíritos celestes a descer até nós, aprenderemos assim a desprender-nos e subir até eles.

Contudo, algumas precauções são necessárias. O mundo espiritual está povoado de entidades de todas as ordens, e quem nele penetra deve possuir uma perfeição suficiente, ser inspirado por sentimentos muito elevados para se pôr a salvo de todas as sugestões do mal, e por isso deve ter um mentor seguro e esclarecido. É pelo progresso moral que se obtém a autoridade, a energia necessária para se impor com respeito aos inúmeros Espíritos levianos e atrasados que existem ao nosso redor. A plena posse de nós mesmos, o conhecimento profundo e tranquilo das leis eternas nos preservam dos perigos, das armadilhas, das ilusões do além; proporcionam-nos os meios de controlar as forças em ação no plano espiritual.

3 – O LIVRE-ARBÍTRIO

A liberdade é a condição necessária à alma humana, que sem ela não poderia construir seu destino. É em vão que os filósofos e os teólogos argumentaram longamente a respeito dessa questão. Ou melhor, a obscureceram, com suas teorias e falsos argumentos, sujeitando a humanidade à servidão, em vez de a conduzir à luz libertadora. A noção é simples e clara. Os druidas[1] a haviam formulado desde os primeiros tempos de nossa História. Ela é expressa nesses termos, nas *Tríades*: "Há três unidades primitivas: Deus, a luz e a liberdade".

À primeira vista, a liberdade do homem parece muito restrita ao círculo de fatalidades em que transita: necessidades físicas, condições sociais, interesses ou instintos. Mas, ao considerar a questão mais de perto, vê-se que essa liberdade é sempre suficiente para permitir à alma quebrar esse círculo e escapar das forças opressivas.

A liberdade e a responsabilidade são correspondentes no ser e aumentam com sua elevação. É a responsabilidade do homem que faz sua dignidade e sua moralidade; sem ela, seria apenas uma máquina cega, um joguete das forças ambientes. A noção de moralidade é inseparável da de liberdade.

A responsabilidade é estabelecida pela ação da consciência que nos aprova ou nos condena segundo a natureza de nossos atos. A sensação de remorso é uma prova mais evidente do que todos os argumentos filosóficos. Para todo Espírito, por menos evoluído que seja, a lei do dever brilha como um farol em meio às neblinas das paixões e dos interesses. Assim, vemos todos os dias homens, nas mais humildes e difíceis situações, preferirem aceitar duras provas a se rebaixarem a cometer atos indignos.

---

1 Druidas: antigos sacerdotes entre os gauleses e bretões (N.E.).

Se a liberdade humana é limitada, é pelo menos correspondente ao desenvolvimento, porque o progresso não é
outra coisa senão a extensão do livre-arbítrio no indivíduo e
na coletividade. A luta entre a matéria e o Espírito tem precisamente por objetivo libertar esse último, cada vez mais,
do jugo das forças cegas. A inteligência e a vontade chegam
a predominar, pouco a pouco, sobre o que parece ser, aos
nossos olhos, a fatalidade. O livre-arbítrio é, portanto, o desabrochar da personalidade e da consciência. Para ser livre, é
preciso querer sê-lo e se esforçar para isso, libertando-se da
escravidão da ignorância e das baixas paixões, substituindo o
império das sensações e dos instintos pelo da razão.

Isso só se pode obter pela educação e preparação constante das faculdades humanas: libertação física pela limitação
dos apetites; libertação intelectual pela conquista da verdade;
libertação moral pela procura da virtude. **Está aí a obra dos
séculos.** Mas em todos os graus de sua elevação, na repartição dos bens e dos males da vida, ao lado do encadeamento
das causas, sem prejuízo dos destinos que nosso passado
nos impõe, há sempre lugar para a livre vontade do homem.

Como conciliar nossa liberdade com a presciência[2] divina?
Diante do conhecimento antecipado que Deus tem de todas
as coisas, pode-se verdadeiramente compreender a liberdade
humana? Questão complexa e árdua na aparência, que já fez
correr rios de tinta, e cuja solução é, contudo, simples. Mas o
homem não ama as coisas simples. Ele prefere o obscuro,
o complicado, e aceita a verdade só depois de ter esgotado
todas as formas de erro.

Deus, cuja ciência infinita abrange todas as coisas, conhece,
além da natureza de cada homem, seus impulsos e tendências, de acordo com as quais o homem decidirá agir. Nós
mesmos, conhecendo o caráter de uma pessoa, podemos

---

2 Presciência: qualidade daquele que sabe com antecipação; que prevê o futuro (N.E.).

facilmente prever em que sentido, numa certa circunstância, ela se decidirá, seja de acordo com o interesse, seja de acordo com o dever. Uma resolução não pode nascer do nada; está forçosamente ligada a uma série de causas e de efeitos anteriores, da qual deriva e que a explica. Deus conhece cada alma em suas menores particularidades e, com certeza, pode rigorosamente deduzir, do conhecimento que tem dessa alma e das condições em que é chamada a agir, as determinações que ela tomará livremente.

Notemos que não é a previsão de nossos atos que os provoca. Se Deus não pudesse prever nossas resoluções, elas não deixariam por isso de seguir seu livre curso.

É assim que a liberdade humana e a providência divina se conciliam e se combinam, quando se considera o problema à luz da razão.

O círculo no qual se exerce a vontade do homem é, aliás, muito restrito para que, em qualquer caso, ele possa impedir a ação divina, cujos efeitos se desenrolam na imensidade sem limites. O fraco inseto, perdido num canto do jardim, ainda que desarranjando uns poucos átomos ao seu alcance, não conseguiria perturbar a harmonia do conjunto e atrapalhar a obra do Divino Jardineiro.

A questão do livre-arbítrio tem uma importância fundamental e de graves consequências para toda a ordem social, por sua ação e repercussão na educação, na moralidade, na justiça, na legislação etc. Por isso vemos duas correntes opostas de opiniões: a que nega o livre-arbítrio e a que o admite com restrição.

Os argumentos dos fatalistas e dos deterministas se resumem assim: "O homem é submisso aos impulsos de sua natureza, que o dominam e o obrigam a querer, a se determinar em um sentido mais do que em outro. Por conseguinte, não é livre."

A escola oposta, a que admite a livre vontade do homem, em face desse sistema negativo, defende a teoria das causas indeterminadas. Seu mais brilhante representante em nossa época é o senhor Renouvier.

As afirmações desse filósofo foram confirmadas mais recentemente pelos belos trabalhos de Wundt sobre a apercepção[3], de Alfred Fouillée sobre a *ideia-força* e de Boutroux sobre a *contingência da lei natural*.

Os elementos que a revelação espírita nos faz conhecer sobre a natureza e o futuro do ser dão à teoria do livre-arbítrio uma comprovação definitiva. Vêm arrancar da consciência moderna a influência nociva do materialismo e orientar o pensamento para uma concepção do destino, que terá por efeito, como disse Du Prel, recomeçar a vida interior da civilização.

Até agora, tanto do ponto de vista teológico quanto do determinista, a questão tinha ficado quase insolúvel. Não podia ser de outro modo, uma vez que cada um desses sistemas partia do dado inexato de que o ser humano tem a percorrer uma única existência terrestre. A questão muda ao se alargar o círculo da vida e ao se considerar o problema à luz da doutrina dos renascimentos. Assim, cada ser conquista sua própria liberdade no decorrer da evolução a que deve submeter-se.

Suprida, a princípio pelo instinto, que desaparece pouco a pouco para dar lugar à razão, nossa liberdade é muito limitada em nossas primeiras etapas e em todo o período primário de nossa educação. Ela só toma uma extensão considerável quando o Espírito adquire a compreensão da lei. E sempre, em todos os graus de sua evolução, na hora das resoluções importantes, será assistido, guiado, aconselhado por inteligências superiores, pelos Espíritos evoluídos e mais esclarecidos do que ele.

O livre-arbítrio, a livre vontade do Espírito, se exerce sobretudo na hora da reencarnação. Ao escolher tal família, tal meio social, ele sabe de antemão quais são as provas que o esperam, mas compreende igualmente a necessidade dessas provas

---

3 Apercepção: intuição. Faculdade de apreender pela consciência uma ideia ou formular juízo. Na psicologia: a assimilação de novas experiências (N.E.).

para desenvolver suas qualidades, atenuar seus defeitos, renunciar aos seus preconceitos e vícios. Essas provas podem ser também a consequência de um passado trágico, que é preciso apagar, e ele as aceita com resignação, com confiança, porque sabe que seus grandes irmãos do além não o abandonam nas horas difíceis.

O futuro aparece-lhe então, não em seus detalhes, mas em seus traços mais salientes, ou seja, na medida em que esse futuro é a resultante de atos anteriores. É isso que se pode chamar de fatalidade ou "predestinação", que alguns homens são levados a ver em todas as vidas. São simplesmente, como vimos, os efeitos ou as reações das ações de vidas anteriores. Na realidade, não há nada de fatal e, qualquer que seja o peso das responsabilidades em que se tenha incorrido, pode-se sempre atenuar, modificar o destino com obras de devotamento, de bondade, de caridade, por um longo sacrifício ao dever.

A questão do livre-arbítrio, portanto, tem uma grande importância do ponto de vista jurídico. Levando em conta o direito de repressão e de preservação social, é muito difícil precisar, em todos os casos julgados pelos tribunais, a extensão das responsabilidades individuais. Só seria possível fazê-lo se pudéssemos estabelecer o grau de evolução dos culpados. A Doutrina Espírita nos forneceria os meios para isso. Mas a justiça humana, pouco versada nessas matérias, permanece cega e imperfeita em suas decisões e sentenças.

Muitas vezes o mau, o criminoso, é na realidade apenas um Espírito jovem e ignorante que a razão não teve tempo de amadurecer. "O crime" – disse Duelos – "é sempre o resultado de um falso julgamento". É por isso que as penalidades infligidas deveriam ser estabelecidas de modo que obrigassem o condenado a refletir, a se instruir, a se esclarecer, a se emendar. A sociedade deve corrigir com amor e sem ódio, senão ela mesma se tornará culpada[4].

Nós já demonstramos, as almas são iguais no ponto de partida. Elas são diferentes em seus graus infinitos de adiantamento: umas jovens; outras velhas e, por conseguinte, diversamente desenvolvidas em moralidade e sabedoria, de acordo com sua idade. Seria injusto esperar do Espírito infantil méritos iguais aos de um Espírito que viu e aprendeu muito. Daí uma grande diferenciação nas responsabilidades.

O ser só estará verdadeiramente maduro para a liberdade no dia em que as leis universais, exteriores a ele, se tornarem interiores e conscientes em razão de sua própria evolução. No dia em que ele se compenetrar da lei e fizer dela a norma de suas ações, terá atingido o ponto moral em que o homem possui, domina e governa a si mesmo.

Daí em diante não terá mais necessidade do constrangimento e da autoridade sociais para se dirigir. E dá-se com a coletividade o que se dá com o indivíduo. Um povo é verdadeiramente livre, digno da liberdade, se aprendeu a obedecer a essa lei interior, lei moral, eterna e universal, que não emana do poder de uma casta nem da vontade das multidões, mas de um poder mais alto. Sem a disciplina moral que cada um deve

4 O Direito Romano, de onde deriva toda a nossa legislação ocidental, por originar-se do paganismo, era de uma severidade extrema com os criminosos. Os condenados eram tratados com crueldade desumana. O Cristianismo, que vinha ensinar "Não faças a ninguém o que não queres que te façam", e teria que percorrer uma longa e demorada estrada, está fadado a atenuar, como já podemos ver nos nossos dias, em parte, essa questão, e exterminá-la de maneira definitiva, num futuro próximo. "Jesus faz o homem refletir sobre uma nova ideia, a da aplicação misericordiosa da lei" (*O Evangelho segundo o Espiritismo,* capítulo 10). No julgamento da mulher adúltera, diz o divino Mestre à condenada: "Vai e não peques mais" (João 8:3-11). Uma sociedade que se diz civilizada não pode simplesmente impor ao condenado a cela, porque isso não resolve a questão da criminalidade, não traz benefícios para nenhuma das partes e é prejudicial a ambos. O autor diz: "A sociedade deve corrigir com amor e sem ódio, senão ela mesma se tornará culpada". Presentemente se discute em todo o mundo ocidental a abolição da pena de morte onde ela é aplicada e a reformulação das leis penais; em várias partes do mundo há admiráveis exemplos de aplicação de penas alternativas, que não implicam reclusão e "obrigam o condenado a refletir, a se instruir, a se esclarecer, a se emendar", como recomendou o autor nesta obra. Devemos notar que este livro foi escrito em 1908 e contém ideias muito avançadas para aquela época (N.E.).

se impor, as liberdades públicas são apenas uma ilusão. Tem-se a aparência, mas não os costumes de um povo livre. A sociedade permanece exposta, pela violência de suas paixões e pela intensidade de seus apetites, a todas as complicações, a todas as desordens.

Tudo o que se eleva para a luz se eleva para a liberdade. Esta se expande, plena e inteira, na vida superior. A alma sofre tanto mais o peso das fatalidades materiais quanto mais atrasada e mais inconsciente é, e torna-se tanto mais livre quanto mais se eleva e se aproxima do divino. Em seu estado de ignorância, é uma felicidade para ela estar submetida a uma direção. Mas, quando sábia e perfeita, goza de sua liberdade na luz divina.

Em tese geral, todo homem, ao atingir o estado da razão, é livre e responsável, na medida de seu adiantamento. Devemos excluir os casos em que, vítima de uma causa qualquer, física ou moral, doença ou obsessão[5], o homem perde o uso de suas faculdades. Não se pode desconhecer que o físico exerce, às vezes, uma grande influência sobre o moral. Entretanto, na luta entre eles, as almas fortes sempre triunfam. Sócrates dizia que tinha sentido germinar em si os instintos mais perversos e que os tinha domado. Havia para esse filósofo duas correntes de forças contrárias: uma orientada para o mal, a outra para o bem; e era a última que predominava.

Há também causas secretas que, muitas vezes, agem sobre nós. Às vezes a intuição vem combater o raciocínio. Impulsos partidos da consciência profunda nos determinam num sentido não previsto. Não é a negação do livre-arbítrio, é a ação da alma em sua plenitude, intervindo no curso de seu destino, ou então pode ser a influência de nossos mentores espirituais, ou ainda a intervenção de uma inteligência que, vinda de mais longe e mais alto, procura arrancar-nos às contingências inferiores e levar-nos para as altitudes. Mas em

5 Obsessão: influência de um espírito desencarnado, malévolo, sobre um encarnado. Pode haver obsessão também de encarnado para encarnado e de encarnado para desencarnado (N.E.).

todos esses casos é somente nossa vontade que rejeita ou aceita e decide em última instância.

Em resumo, em vez de negar ou afirmar o livre-arbítrio, conforme a escola filosófica que se aceite, seria mais exato dizer: O homem é o artesão de sua liberdade. Ele atinge o estado completo de liberdade apenas pela cultura interior e pela valorização de suas potências ocultas. Os obstáculos que encontra em seu caminho são apenas meios de o obrigar a sair de sua indiferença e a utilizar suas forças latentes. Todas as dificuldades materiais podem ser vencidas.

Somos todos solidários, e a liberdade de cada um de nós se liga à liberdade dos outros. Ao se libertar das paixões e da ignorância, cada homem liberta seus semelhantes. Tudo o que contribui para eliminar da inteligência as trevas e fazer recuar o mal torna a humanidade mais livre, mais consciente de si mesma, de seus deveres e de seus poderes.

Elevemo-nos à consciência de nosso papel e de nosso objetivo e seremos livres. Asseguraremos, com os nossos esforços, nossos ensinamentos e nossos exemplos, o triunfo da vontade, assim como do bem, e, em vez de formarmos seres passivos curvados sob o peso da matéria, expostos à incerteza e à inércia, teremos feito almas verdadeiramente livres, libertas das cadeias da fatalidade e planando sobre o mundo pela superioridade das qualidades conquistadas.

4 – O PENSAMENTO

O pensamento é criador. Assim como o pensamento do Eterno projeta sem parar no espaço os germens dos seres e dos mundos, também o do escritor, do orador, do poeta, do artista faz brotar incessante florescência de ideias, de obras, de concepções que vão influenciar, impressionar para o bem ou para o mal, conforme sua natureza, a multidão humana.

É por isso que a missão dos obreiros do pensamento, que trabalham com a palavra, é ao mesmo tempo grande, temível e sagrada.

É grande e sagrada, porque o pensamento dissipa as sombras do caminho, resolve os enigmas da vida e traça o caminho da humanidade, sua chama aquece as almas e embeleza os desertos da existência. É temível, porque seus efeitos são poderosos tanto para a descida quanto para a ascensão.

Mais cedo ou mais tarde, toda criação do espírito reverte ao seu autor com suas consequências, acarretando-lhe, conforme o caso, o sofrimento, uma diminuição, uma privação da liberdade ou ainda satisfações íntimas, uma dilatação, uma elevação de seu ser.

A vida presente é, como sabemos, um simples episódio de nossa longa história, um fragmento da grande cadeia que se desenrola para todos através da imensidade. E, constantemente, recaem sobre nós, em brumas ou claridades, os resultados de nossas obras. A alma humana percorre seu caminho cercada de uma atmosfera radiosa ou sombria, povoada pelas criações de seu pensamento. E é isso, na vida do além, sua glória ou desonra.

Para dar ao pensamento toda a sua força e amplitude, nada é mais eficaz do que a investigação dos grandes problemas. Por bem dizer, é preciso sentir com veemência; para saborear as sensações elevadas e profundas, é preciso remontar à fonte de onde deriva toda a vida, toda a harmonia, toda a beleza.

O que há de nobre e de elevado no domínio da inteligência emana de uma causa eterna, viva e pensante. Quanto mais largo é o voo do pensamento para essa causa, tanto mais alto ele plana, mais radiosas também são as claridades entrevistas, mais inebriantes as alegrias sentidas, mais poderosas as forças adquiridas, mais geniais as inspirações! Depois de cada voo, o pensamento torna a descer, vivificado, esclarecido, ao campo terrestre, para retomar a tarefa na qual continuará a desenvolver-se, porque é o trabalho que faz a inteligência, como é a inteligência que faz a beleza, o esplendor da obra realizada.

Eleva teu olhar, ó pensador, ó poeta! Lança teu brado de apelo, de aspiração, de prece! Diante do mar de reflexos variáveis, à vista dos brancos cimos longínquos ou do infinito estrelado, não passaste nunca horas de êxtase e de embriaguez em que a alma se sente mergulhada num sonho divino, quando a inspiração chega poderosa como um relâmpago, rápido mensageiro do céu à Terra?

Escuta bem! Nunca ouviste no fundo do teu ser vibrações de harmonia confusas, rumores do mundo invisível, vozes que te acalentam e preparam o pensamento para as intuições supremas? Há em todo poeta, artista ou escritor germens de mediunidade, inconscientes, insuspeitos e que aguardam apenas o momento para aflorar; para eles, o operário do pensamento entra em relação com a fonte inesgotável e recebe sua parte da revelação. Sua missão é exprimir em obras essa revelação de estética apropriada à sua natureza, ao gênero de seu talento, que farão penetrar na alma das multidões uma vibração das forças divinas, uma radiação das verdades eternas.

É na comunhão frequente e consciente com o mundo dos Espíritos que os gênios do futuro hão de encontrar os elementos de sua obra. Desde hoje, a penetração dos segredos de sua dupla vida vem oferecer ao homem o socorro e a luz que as religiões enfraquecidas não saberiam mais lhe proporcionar. Em todos os domínios, a ideia espírita vai fecundar o pensamento em atividade.

A ciência lhe deverá uma renovação completa de suas teorias e de seus métodos. Dever-lhe-á a descoberta das forças incalculáveis e a conquista do universo oculto. A filosofia alcançará um conhecimento mais extenso e mais preciso da personalidade humana. Esta, no transe e na exteriorização, é como uma cripta que se abre, cheia de coisas estranhas, e onde está guardada a chave do mistério do ser.

As religiões do futuro encontrarão no Espiritismo as provas da progressão dos Espíritos e dos mundos e as regras da vida no além, e ao mesmo tempo também o princípio de uma união estreita das duas humanidades, visível e invisível, em sua ascensão para o Pai comum. A arte, sob todas as suas formas, descobrirá nele fontes inesgotáveis de inspiração e de emoção.

O homem do povo, nas horas de cansaço, beberá nele a coragem moral. Compreenderá que a alma pode desenvolver-se tão bem pelo trabalho humilde quanto pela obra majestosa, e que nenhum dever é desprezível; que a inveja é irmã do ódio e que, muitas vezes, o ser é menos feliz no luxo do que na modéstia. O poderoso aprenderá nele a bondade, com o sentimento de solidariedade que nos liga a todos pelas nossas vidas sucessivas e pode nos constranger a renascer em condições humildes para adquirir as virtudes dos simples.

O descrente achará nele a fé; o desanimado, a esperança duradoura e as enérgicas resoluções; todos aqueles que sofrem encontrarão a ideia grandiosa de que uma lei de justiça preside a todas as coisas; que não há, em nenhum domínio, efeito sem causa, parto sem dor, vitória sem combate, triunfos sem rudes esforços, mas que, acima de tudo, reina uma perfeita e majestosa harmonia, e que ninguém está abandonado por Deus, do qual é uma parcela.

Assim se opera, lentamente, a renovação da humanidade, tão nova ainda, tão ignorante de si mesma, mas cujo desejo se dirige pouco a pouco para a compreensão de sua tarefa e de seu objetivo, ao mesmo tempo que desenvolve seu campo de exploração e a perspectiva de um futuro infinito. E, em breve, eis que ela avançará, mais consciente de si mesma e de sua força, consciente de seu magnífico destino. A cada etapa transposta, vendo e querendo mais, sentindo brilhar e se avivar o foco que está nela, vê também as trevas recuarem, os sombrios enigmas do mundo se fundirem e se resolverem, e o caminho se iluminar com um raio poderoso.

Juntamente com as sombras, desfazem-se pouco a pouco os preconceitos, os terrores vãos; as contradições aparentes do universo se dissipam, e a harmonia se faz em todas as coisas. Então a confiança e a alegria penetram nessas almas, o homem sente desenvolver seu pensamento e seu coração. E avança sempre, pelo caminho das idades, para o fim de sua obra; mas sua obra não tem fim, pois, cada vez que a humanidade se eleva para um ideal novo, julga ter alcançado o ideal supremo, quando, na realidade, só atingiu a crença ou o sistema correspondente ao seu grau de evolução. Mas a cada vez, também, de seus avanços, de seus sucessos, decorrem-lhe felicidade e forças novas, e encontra a recompensa de seu trabalho e de sua angústia no próprio trabalho, na alegria de viver e de progredir, que é a lei dos seres, numa comunhão mais íntima com o universo, numa posse um pouco mais completa do bem e do belo.

Ó escritores, artistas, poetas, vós, cujo número aumenta todos os dias, cujas obras se multiplicam e sobem como a maré, muitas vezes belas pela forma, mas fracas no fundo, superficiais e materiais, quanto talento não gastais com coisas medíocres! Quantos esforços desperdiçados ou perdidos em serviço de paixões nocivas, de volúpias inferiores e interesses vis!

Quando vastos e magníficos horizontes se desdobram, quando o livro maravilhoso do universo e da alma se abre, de par em par diante de vós, e que o gênio do pensamento vos convida para nobres tarefas, para obras cheias de seiva, fecundas para o adiantamento da humanidade, vós vos satisfazeis muitas vezes com estudos fúteis e estéreis, com trabalhos em que a consciência se empobrece, a inteligência se enfraquece e se perde, e nos quais os sentidos e os instintos impuros são exaltados.

Quem de vós contará a epopeia da alma, lutando pela conquista de seus destinos no imenso ciclo das idades e dos mundos; suas dores e alegrias, suas quedas e ascensões, a descida aos abismos da vida, o bater de asas para a luz, os sacrifícios, os holocaustos que são um resgate, as missões redentoras, a participação cada vez maior nas concepções divinas?

Quem cantará também as poderosas harmonias do universo, harpa gigantesca vibrando sob o pensamento de Deus, o canto dos mundos, o ritmo eterno que embala a gênese dos astros e das humanidades?

Ou então a lenta elaboração, a dolorosa gestação da consciência desde os estados inferiores, a construção laboriosa de uma individualidade, de um ser moral? Quem dirá da conquista da vida, sempre mais plena, maior, mais serena, mais esclarecida pelos raios do alto, a marcha de cimo em cimo, em busca da felicidade, do poder e do amor puro? Quem cantará a obra do homem, lutador imortal, erguendo em meio às suas dúvidas, suas discórdias, suas angústias e suas lágrimas o edifício harmônico e sublime de sua personalidade pensante e consciente? Sempre adiante, sempre mais longe, sempre mais alto! Responderão: "Não sabemos". E perguntarão: "Quem nos ensinará estas coisas?"

Quem? As vozes interiores e as vozes do além! Aprendei a abrir, a folhear, a ler o livro oculto em vós, o livro das metamorfoses do ser. Ele vos dirá o que tendes sido e o que sereis. Ele vos ensinará os maiores mistérios, a criação do eu pelo esforço constante, a ação soberana que, no pensamento silencioso, faz germinar a obra e, conforme vossas aptidões, vosso talento, vos fará pintar as telas mais belas, esculpir as formas mais ideais, compor as sinfonias mais harmoniosas, escrever as mais belas páginas, realizar os mais belos poemas.

Tudo está aí, ao redor de vós! Tudo fala, tudo vibra, o visível e o invisível, tudo canta e celebra a glória de viver, a alegria de pensar, de criar, de associar-se à obra universal. Esplendores dos mares e do céu estrelado, majestade dos cimos, perfumes das flores, sons misteriosos das florestas, melodias da terra e do espaço, vozes do invisível que falam no silêncio da noite, voz da consciência, eco da voz divina, tudo é ensinamento e revelação para quem sabe ver, escutar, compreender, pensar, agir!

Depois, acima de tudo, a visão suprema, a visão sem formas, o pensamento incriado, verdade total, harmonia final das essências e das leis, que, desde o fundo de nosso ser até a mais longínqua estrela, liga tudo e todos em sua unidade resplandecente. É a cadeia da vida, que se eleva e se desenrola no infinito, escada dos poderes espirituais que levam a Deus os chamados do homem pela prece e ao homem trazem a resposta de Deus pela inspiração.

E agora, uma última questão: por que, no meio do imenso labor e da abundante produção intelectual que caracterizam nossa época, se encontram tão poucas obras fortes e de concepções geniais? Porque deixamos de ver as coisas divinas pelos olhos da alma! Porque paramos de amar e de acreditar!

Remontemos às fontes celestes e eternas: é o único remédio para a nossa anemia moral. Dirijamos nosso pensamento para as coisas solenes e profundas. Que a ciência se ilumine e se complete pelas intuições da consciência e as faculdades superiores do Espírito. O Espiritismo a auxiliará.

5 – A DISCIPLINA DO PENSAMENTO E A REFORMA DO CARÁTER

O pensamento, dizíamos, é criador. Não atua somente ao redor de nós, influenciando nossos semelhantes para o bem ou para o mal; age sobretudo em nós. Gera nossas palavras, nossas ações, e com ele construímos, a cada dia, o edifício grandioso ou miserável de nossa vida presente e futura. Modelamos nossa alma e seu envoltório com os nossos pensamentos; estes produzem formas, imagens que se imprimem na matéria sutil de que o corpo fluídico é formado. Assim, pouco a pouco, nosso ser se povoa de formas frívolas ou austeras, graciosas ou terríveis, grosseiras ou sublimes; a alma se enobrece, se adorna de beleza ou cria uma atmosfera de feiura.

Não há assunto mais importante do que o estudo do pensamento, de seus poderes, de sua ação. Ele é a causa inicial de nossa elevação ou de nosso rebaixamento; prepara todas as descobertas da ciência, todas as maravilhas da arte, mas também todas as misérias e todas as vergonhas da humanidade. Conforme a impulsão que lhe é dada, funda ou destrói as instituições como os impérios, os caracteres como as consciências. O homem só é grande, só tem valor pelo seu pensamento; é por ele que suas obras radiantes se perpetuam no decorrer dos séculos.

A Doutrina Espírita, muito melhor do que todas as doutrinas, nos permite perceber, compreender melhor toda a força da projeção do pensamento. É o princípio da comunhão universal. Vemos o pensamento agir no fenômeno espírita, facilitando-o ou dificultando-o; seu papel nas sessões espíritas é sempre considerável. A telepatia nos demonstrou que as almas podem impressionar-se, influenciar-se a quaisquer distâncias. É o meio de que se servem as humanidades do espaço para se comunicar entre si através das imensidades siderais. Em todos os campos das atividades sociais, em todos os domínios do mundo visível ou invisível, a ação do pensamento é soberana. Não é menor sua ação, repetimos, em nós mesmos, modificando constantemente nossa natureza íntima.

As vibrações de nossos pensamentos, de nossas palavras, ao se renovarem no sentido sublime, nobre e uniforme, expulsam de nós os elementos que não podem vibrar em harmonia com elas; atraem elementos similares que acentuam as tendências do ser. Uma obra, muitas vezes inconsciente, elabora-se; mil obreiros misteriosos trabalham na sombra; nas profundezas da alma, todo um destino se esboça; em sua ganga, o diamante oculto se purifica ou perde o brilho.

Se meditarmos sobre assuntos elevados, sobre a sabedoria, o dever, o sacrifício, nosso ser se impregna pouco a pouco das qualidades de nosso pensamento. Eis por que a prece improvisada, ardente, o impulso da alma para as potências infinitas, tem tanta virtude. Nesse diálogo solene do ser com a sua causa, uma ligação com o alto nos invade, e sentimentos novos despertam. A compreensão, a consciência da vida aumentam e sentimos, melhor do que se pode exprimir, a nobreza e a grandeza até da mais humilde das existências. A prece, a comunhão pelo pensamento com o universo espiritual e divino, é o esforço da alma para a beleza e a verdade eternas; é a entrada por um instante nas esferas da vida real e superior, a vida que não tem limites.

Se, ao contrário, nosso pensamento é inspirado pelos maus desejos, pela paixão, pela inveja, pelo ódio, as imagens que cria sucedem-se, acumulam-se em nosso corpo fluídico e o tornam tenebroso. Assim, podemos, à vontade, fazer em nós a luz ou a sombra. É o que afirmam várias comunicações dos Espíritos. Somos o que pensamos e por essa razão devemos pensar com força, vontade, persistência. Mas quase sempre nossos pensamentos passam constantemente de um assunto a outro. Pensamos raramente por nós mesmos, refletimos os mil pensamentos incoerentes do meio em que vivemos. Poucos homens sabem viver de seu próprio pensamento, beber nas fontes profundas, nesse grande reservatório de inspirações que cada um traz em si, mas que a maioria ignora. Assim criamos um envoltório povoado das mais disparatadas formas. Nosso Espírito é como uma casa aberta a todos os que passam. Os raios do bem e as sombras do mal se confundem num caos perpétuo. É o incessante combate da paixão e do dever em que, quase sempre, a paixão sai vitoriosa. Antes de tudo, é preciso aprender a controlar nossos pensamentos, a discipliná-los, a lhes imprimir uma direção precisa, um objetivo nobre e digno.

O domínio dos pensamentos acarreta o controle dos atos, porque se uns são bons, outros o serão igualmente, e toda a nossa conduta se encontrará regulada por um encadeamento harmônico. Porém, se nossos atos são bons e nossos pensamentos maus, pode haver aí apenas uma falsa aparência do bem, e continuaremos a trazer em nós um foco malfazejo, cujas influências se farão sentir cedo ou tarde, fatalmente, sobre nossa vida.

Às vezes observamos uma contradição surpreendente entre os pensamentos, os escritos e as ações de alguns homens, e somos levados, por isso, a duvidar de sua boa-fé, de sua sinceridade. Muitas vezes não há mais do que uma falsa interpretação de nossa parte. Os atos desses homens resultam da impulsão surda dos pensamentos e das forças do passado que estão ainda atuando neles. Suas aspirações presentes, mais elevadas, seus pensamentos, mais generosos, serão realizados em atos futuros. Assim tudo se combina e explica quando se consideram as coisas do ponto de vista largo da evolução; enquanto tudo permanece obscuro, incompreensível e contraditório com a teoria de uma vida única para cada um de nós.

É bom viver em contato pelo pensamento com os escritores de gênio, com os autores verdadeiramente grandes de todos os tempos e de todos os países, ao ler, ao meditar sobre suas obras e impregnar todo o nosso ser da substância de sua alma. A radiação de seus pensamentos despertará em nós efeitos semelhantes e produzirá, com o tempo, as modificações de nosso caráter pela própria natureza das impressões sentidas.

É preciso escolher nossas leituras com cuidado, depois amadurecê-las e assimilar-lhes a ideia principal. Em geral, lê-se muito, lê-se ativamente e não se medita. Seria preferível ler menos e refletir mais no que se lê. É um meio seguro de fortificar nossa inteligência, de recolher os frutos da sabedoria e da beleza que podem conter nossas leituras. Nisso, como em todas as coisas, o belo atrai e gera o belo, do mesmo modo que a bondade atrai a felicidade, e o mal atrai o sofrimento.

O estudo silencioso e recolhido é sempre fecundado pelo desenvolvimento do pensamento. É no silêncio que se elaboram as obras fortes. A palavra é brilhante, mas muitas vezes degenera em propósitos estéreis, às vezes maléficos; com isso o pensamento se enfraquece e a alma esvazia-se. Enquanto na meditação o Espírito se concentra, volta-se para o lado sério e solene das coisas, a luz do mundo espiritual o banha com suas ondas. Há ao redor do pensador grandes seres espirituais que só querem inspirá-lo; é na alvorada das horas tranquilas, ou então sob a luz discreta da sua lâmpada de trabalho, que melhor podem entrar em comunicação com ele. Em toda parte e sempre, uma vida oculta se mistura com a nossa vida.

Evitemos as discussões ruidosas, as palavras vãs, as leituras frívolas. Sejamos moderados na leitura de jornais, pois, ao nos fazer passar sem parar de um assunto a outro, torna o Espírito ainda mais instável. Vivemos numa época de anemia intelectual, que é causada pela raridade de estudos sérios, pela procura abusiva da palavra pela palavra, da forma enfeitada e vazia, e sobretudo pela insuficiência dos educadores da mocidade. Apliquemo-nos às obras mais substanciais, a tudo o que pode nos esclarecer sobre as leis profundas da vida e facilitar nossa evolução. Pouco a pouco se edificarão em nós uma inteligência, uma consciência mais forte, e nosso corpo fluídico se iluminará com os reflexos de um pensamento alto e puro.

Já dissemos, a alma encerra profundezas onde o pensamento raramente desce, porque mil objetos exteriores o ocupam sem parar. Sua superfície, como a de um mar, é muitas vezes agitada; mas por baixo se estendem regiões inacessíveis às tempestades. Aí dormem esses poderes ocultos que esperam nosso chamado para emergir e aparecer. O chamado se faz raramente ouvir, e o homem se agita em sua extrema pobreza, ignorando os tesouros inapreciáveis que repousam nele.

É preciso o choque das provas, as horas tristes e desoladas para lhe fazer compreender a fragilidade das coisas exteriores e conduzi-lo na procura de si mesmo, para a descoberta de suas verdadeiras riquezas espirituais.

É por isso que as grandes almas se tornam tanto mais nobres e mais belas quanto mais duras são suas dores. A cada infelicidade que se abate sobre elas, dão a sensação de se haver aproximado um pouco mais da verdade e da perfeição, e a esse pensamento experimentam como que um prazer amargo. Levantou-se uma nova estrela no céu de seu destino, uma estrela cujos raios trêmulos penetram no santuário de sua consciência, iluminam-lhe os abismos ocultos. Nas inteligências de alta cultura, as angústias fazem sementeira: cada dor é um sulco de onde brota um manancial de virtude e de beleza.

Há momentos em nossa vida, quando morre nossa mãe, quando se desmorona uma esperança ardentemente acariciada, quando se perde a mulher, o filho amado, cada vez que se quebra um dos laços que nos ligam a este mundo, uma voz misteriosa se levanta das profundezas de nossa alma, voz solene que nos fala de mil leis mais majestosas, mais veneráveis que as da Terra, e todo um mundo ideal se entreabre. Mas os barulhos de fora abafam-na bem depressa, e o ser

humano recai quase sempre em suas dúvidas, suas hesitações, na banal vulgaridade de sua existência.

Não há progresso possível sem uma observação atenta de
si mesmo. É preciso vigiar todos os nossos atos impulsivos, a
fim de chegar a saber em que sentido devemos dirigir nossos
esforços para nos aperfeiçoar. Primeiramente, regular a vida física, reduzir as necessidades materiais ao necessário, a fim de
assegurar a saúde do corpo, esse instrumento indispensável
ao nosso trânsito terrestre. Depois, disciplinar as impressões,
as emoções; exercitar-se para dominá-las, para utilizá-las
como agentes de nosso aperfeiçoamento moral. Aprender,
sobretudo, a esquecer, a renunciar a si mesmo, a retirar de
nós todo sentimento de egoísmo. *A verdadeira felicidade neste mundo está na proporção do esquecimento próprio.*

Não basta crer e saber, é preciso viver nossa crença, ou
seja, fazer penetrar na prática cotidiana da vida os princípios
superiores que adotamos. É preciso habituar-se a se comunicar pelo pensamento e pelo coração com os Espíritos elevados, portadores da revelação, e com todas as almas da
elite que serviram de guias à humanidade, viver com eles na
intimidade de cada dia, inspirar- se em seu saber e sentir sua
influência pela percepção íntima que desenvolve nossas relações com o mundo invisível.

Entre essas grandes almas, é bom escolher uma como
exemplo, a mais digna de nossa admiração, e em todas as
circunstâncias difíceis, em todos os casos em que nossa
consciência vacila entre dois rumos a tomar, inquirir-nos sobre
como ela resolveria e agir do mesmo modo.

Assim, construímos pouco a pouco, de acordo com esse
modelo, um ideal moral que se refletirá em todos os nossos
atos. Todo homem, na humilde realidade de cada dia, pode
modelar em si uma consciência sublime. A obra é difícil e lenta,
mas temos os séculos para realizá-la.

Concentremos firmemente nossos pensamentos para poder dirigi-los, pela vontade, para o ideal sonhado. Meditemos nele todos os dias, a uma certa hora escolhida, pela manhã, por exemplo, quando tudo é calmo e repousa ainda ao redor de nós, esse momento a que o poeta chama "hora divina", quando a natureza fresca e descansada acorda para as claridades do dia. Nas horas matinais, a alma, pela prece e meditação, desperta com o mais fácil impulso para as alturas, de onde se pode ver e compreender que tudo – a vida, os atos, os pensamentos – é ligado a alguma coisa de grande e eterno e que habitamos um mundo em que os poderes invisíveis vivem e trabalham conosco. Na vida mais simples, na tarefa mais modesta, na existência mais apagada, revelam-se então valores mais profundos, uma reserva de ideal, fontes possíveis de beleza. Cada alma pode fazer para si, por seus pensamentos, uma atmosfera espiritual tão bela e tão resplandecente como nas paisagens mais encantadoras; e na morada mais simples e modesta há abertura para Deus e para o infinito!

Em todas as nossas relações sociais e com nossos semelhantes é preciso que nos lembremos constantemente disso: os homens são viajantes em marcha, ocupando pontos diversos na escala da evolução, pela qual todos subimos. Por conseguinte, não devemos exigir nem esperar nada que não esteja em relação com o grau de adiantamento deles.

A todos devemos tolerância, benevolência e mesmo o perdão; pois se nos causam prejuízo, se zombam de nós e nos ofendem, é quase sempre em virtude da falta de compreensão e de saber, causada por um desenvolvimento insuficiente. Deus pede aos homens somente o que puderam adquirir pelos seus lentos e penosos trabalhos. Não temos o direito de exigir mais. Já não fomos semelhantes aos mais atrasados deles? Se cada um de nós pudesse ler em seu passado o que foi, o que fez, quanto não seria maior nossa indulgência para as faltas dos outros! Às vezes, também temos necessidade da mesma indulgência que lhes devemos. Sejamos severos para conosco e tolerantes para com os outros. Instruamo-los, esclareçamo-los, guiemo-los com doçura: é o que a lei da solidariedade nos ensina.

Enfim, é preciso saber suportar todas as coisas com paciência e serenidade. Seja qual for o procedimento de nossos semelhantes para conosco, não devemos conceber nenhuma animosidade, nenhum ressentimento; mas, ao contrário, aproveitar todas as causas de aborrecimento ou de aflição para a nossa própria educação moral. Nenhum revés poderia nos atingir se por nossas vidas anteriores e faltosas não tivéssemos dado margem à maldade. Eis o que é preciso muitas vezes dizer. Chegaremos, assim, a aceitar sem amargura todas as provas, ao considerá-las uma reparação do passado ou um processo de aperfeiçoamento.

De grau em grau chegaremos a essa calma de espírito, à posse de nós mesmos, à confiança absoluta no futuro, que dão a força, a quietude, a satisfação íntima e nos permitem ficar firmes em meio às mais duras provas.

Quando chega a idade, as ilusões, as vãs esperanças caem como folhas mortas; mas as altas verdades aparecem com mais brilho, como estrelas no céu de inverno, em meio aos ramos nus de nossos jardins.

Pouco importa que a circunstância da vida não nos tenha oferecido nenhuma glória, nenhum sorriso, nenhum raio de alegria, se tiver enriquecido nossa alma com mais uma virtude, com alguma beleza moral. As vidas simples e difíceis são às vezes as mais fecundas, enquanto as vidas suntuosas nos prendem muitas vezes e por muito tempo na corrente formidável das responsabilidades.

A felicidade não está nas coisas exteriores ou nos acasos, mas somente em nós mesmos, na vida interna que soubermos criar. Não importa que o céu esteja escuro sobre nossa cabeça e a maldade, ao redor de nós, se tivermos a luz na fronte, a alegria do bem e a liberdade moral no coração. Porém, se eu tiver vergonha de mim mesmo, se o mal houver invadido meu pensamento, se o crime e a traição habitarem em mim, todos os favores, todas as felicidades da Terra não me restituirão a paz silenciosa e a alegria da consciência. O sábio cria para si mesmo, desde este mundo, um refúgio seguro, um lugar sagrado, um retiro profundo onde não chegam as discórdias e as contradições de fora. Do mesmo modo, na vida espiritual, o cumprimento do dever e a realização da justiça são de ordem totalmente íntima. Cada alma traz em si sua luz ou sua sombra, seu paraíso ou seu inferno. Mas lembremo-nos de que não há nada de irreparável: a situação atual em que se encontra o Espírito atrasado, inferior, é apenas um ponto quase imperceptível na imensidão de seus destinos.

6 – O AMOR

O amor, como a maioria o entende na Terra, é um sentimento, um impulso do ser que o leva para outro ser com o desejo de se unir. Mas, na realidade, o amor reveste formas infinitas, desde as mais vulgares às mais sublimes. Princípio da vida universal, proporciona à alma, em suas mais altas e puras manifestações, essa intensidade de radiação que aquece, vivifica tudo o que o rodeia; é por ele que a alma se sente estreitamente ligada ao poder divino, foco ardente de toda vida, de todo amor.

Acima de tudo, Deus é amor; por amor criou os seres, para associá-los às suas alegrias, à sua obra. O amor é um sacrifício; Deus tirou de si a vida para dá-la às almas. Ao mesmo tempo que receberam o princípio vital, receberam o princípio afetivo que germinará e desabrochará na vivência dos séculos de provas, até que, por sua vez, tenham aprendido a doar-se, isto é, sacrificar-se pelas outras pessoas. Assim, longe de se diminuírem, se engrandecem, se enobrecem e se aproximam do foco supremo.

O amor é uma força inesgotável; renova-se sem parar e enriquece ao mesmo tempo quem dá e quem recebe. É pelo amor, sol das almas, que Deus age ativamente no mundo; por ele atrai para si todos os pobres seres atrasados nos antros da paixão, os Espíritos cativos na matéria; ele os eleva e os arrasta na espiral da ascensão infinita para os esplendores da luz e da liberdade.

O amor conjugal, o amor materno, o amor filial ou fraternal, o amor da pátria, da raça, da humanidade são retrações, raios do amor divino, que abraçam, penetram todos os seres e, ao se difundir neles, fazem surgir e florir mil formas variadas, mil florações esplêndidas de amor.

Até as profundezas do abismo da vida, as radiações do amor divino infiltram-se e vão acender para os seres mais rudimentares, pela afeição à companheira e aos filhos, as primeiras claridades que, nesse meio de egoísmo feroz, serão como a alvorada indecisa e a promessa de uma vida mais alta.

É o apelo do ser ao ser, é o amor que provocará, no fundo das almas embrionárias, os primeiros frutos do desprendimento, da piedade, da bondade. Mais acima, na escala evolutiva, iniciará o ser humano nas primeiras felicidades, nas únicas sensações de felicidade perfeita que lhe são dadas para desfrutar na Terra, sensações mais fortes e mais doces que todas as alegrias físicas, e conhecidas somente das almas que sabem amar verdadeiramente.

Assim, de etapa em etapa, sob a influência e o esplendor do amor, a alma se desenvolverá, se engrandecerá, verá alargar-se o círculo de suas sensações. Lentamente, o que nela era apenas paixão, desejo carnal, se purificará, se transformará em sentimento nobre e desinteressado. A afeição a um só, ou a alguns, se tornará a afeição a todos, à família, à pátria, à humanidade. E a alma adquirirá a plenitude de seu desenvolvimento quando estiver apta a compreender a vida celeste, que é toda amor, e a participar dela.

O amor é mais forte que o ódio, mais forte que a morte. Se Cristo foi o maior dos missionários e dos profetas, se teve tanto domínio sobre os homens, é porque trazia em si um reflexo mais poderoso do amor divino. Jesus passou pouco tempo na Terra; três anos de evangelização lhe bastaram para que o seu domínio se estendesse a todas as nações. Não foi pela ciência nem pela arte da oratória que ele seduziu e cativou as multidões; foi pelo amor. E, depois de sua morte, seu amor permaneceu no mundo como um foco sempre vivo, sempre ardente. Por isso, apesar dos erros e faltas dos que falaram em seu nome, apesar de tanto sangue derramado por ele, de tantas fogueiras acesas, tantos véus estendidos sobre seu ensinamento, o Cristianismo permaneceu a mais bela, a maior de todas as religiões. Ele disciplinou, afeiçoou a alma humana, suavizou o caráter feroz dos bárbaros, arrancou raças inteiras da sensualidade ou da bestialidade.

O Cristo não é o único exemplo a mostrar. De um modo geral, pode-se, em nossa esfera, constatar que das almas sublimes se desprendem radiações, emanações regeneradoras, que constituem uma atmosfera de paz, uma espécie de proteção, de preservação, de providência particular. Todos aqueles que vivem sob essa benéfica influência moral sentem uma calma, um repouso de espírito, uma espécie de serenidade, que dá um antegozo das quietudes celestes. Essa sensação é mais evidente ainda nas sessões espíritas dirigidas e inspiradas por almas superiores; muitas vezes nós mesmos a experimentamos na presença das entidades que presidiam aos trabalhos de nosso grupo de Tours[1].

Essas impressões se mostram cada vez mais vivas quanto mais se afastam dos planos inferiores, onde reinam os impulsos egoístas e fatais, e se sobem os degraus da gloriosa hierarquia espiritual, aproximando-se do Foco Divino. Pode-se constatar assim, por uma experiência que vem completar nossas intuições, que cada alma é um sistema de forças e um gerador de amor, cujo poder de ação aumenta com a elevação.

Desse modo, ainda se explicam e se afirmam a solidariedade e a fraternidade universais. Um dia, quando a verdadeira noção do ser se desprender das dúvidas e das incertezas que obsidiam o pensamento humano, comprender-se-á essa grande fraternidade ligando as almas. Sentir-se-á que todas são envolvidas pelo magnetismo divino, pelo grande sopro de amor que enche os espaços.

Além desse poderoso laço, as almas constituem também agrupamentos separados, famílias que se formaram pouco a pouco no decorrer dos séculos, pela comunhão das alegrias e das dores experimentadas. A verdadeira família é a espiritual; a da Terra é apenas uma imagem, uma redução enfraquecida, como o são as coisas desse mundo comparadas às do céu. A verdadeira família se compõe de Espíritos que subiram

1 Ver *No invisível*, capítulo 19.

juntos os rudes atalhos do destino para se compreenderem e se amarem.

Quem conseguirá descrever os sentimentos íntimos e ternos que unem esses seres, as alegrias indescritíveis nascidas da fusão das inteligências e das consciências, a união fluídica das almas sob o olhar de Deus?

Esses agrupamentos espirituais são os centros abençoados, nos quais todas as paixões terrestres se apaziguam, os egoísmos se desvanecem, os corações se dilatam e nos quais vêm se fortalecer e se consolar todos aqueles que sofreram, quando, libertos pela morte, tornaram a juntar-se com os bem-amados, reunidos para festejar seu retorno.

Quem poderá descrever os êxtases que proporciona a efusão do amor divino às almas purificadas, que chegaram aos cumes da luz? E os noivados celestes pelos quais dois Espíritos se ligam para sempre no seio das famílias do além, reunidas para consagrar, por um rito solene, essa união simbólica e indestrutível? Tal é o himeneu verdadeiro, o das almas irmãs que Deus reúne por um fio de ouro para a eternidade. Com essas festas de amor, os Espíritos que aprenderam a se tornar livres e a usar de sua liberdade fundem-se num mesmo fluido, sob o olhar comovido de seus irmãos. Daí em diante seguirão em suas peregrinações pelos mundos; caminharão, de mãos dadas, sorrindo à desgraça e tirando de sua ternura comum a força para suportar todas as infelicidades, todas as amarguras. Algumas vezes, separados pelos renascimentos, conservarão a intuição secreta de que seu isolamento é apenas passageiro: depois das provas da separação, entreveem a alegria do regresso ao seio das imensidades.

Entre os que caminham neste mundo, solitários, curvados sob o fardo da vida, há os que conservam no fundo do coração a vaga lembrança de sua família espiritual. Esses sofrem cruelmente a nostalgia da vida espiritual e do celeste amor, e nada, entre as alegrias da Terra, pode distraí-los e consolá-los. Seu pensamento vai muitas vezes, durante a vigília, e mais ainda durante o sono, reunir-se aos seres queridos que os esperam na paz serena do além. O sentimento profundo das compensações que os aguardam explica sua força moral na luta e sua aspiração por um mundo melhor. E a esperança semeia de flores vigorosas os atalhos desertos que eles percorrem.

Todo poder da alma se resume em três palavras: querer, saber, amar!

Querer, ou seja, dirigir toda a sua atividade, toda a sua energia para o objetivo a atingir; desenvolver sua vontade e aprender a direcioná-la.

Saber, porque, sem o estudo aprofundado, sem o conhecimento das coisas e das leis, o pensamento e a vontade podem se extraviar no meio das forças que procuram conquistar e dos elementos a que aspiram comandar.

Mas, acima de tudo, é preciso amar, porque sem o amor, a vontade e o saber são incompletos e, muitas vezes, estéreis. O amor os ilumina, os fecunda, multiplica por cem seus recursos. Não se trata aqui do amor que contempla sem agir, mas daquele que se aplica a espalhar o bem e a verdade no mundo. A vida terrestre é um conflito entre as forças do bem e do mal. O dever de toda alma forte é tomar parte no combate, trazer-lhe todos os seus impulsos, todos os seus meios de ação, de lutar pelos outros, por todos aqueles que ainda se agitam no caminho obscuro. O mais nobre uso que se pode fazer de suas faculdades é trabalhar para se engrandecer, desenvolver no sentido do bem e do belo esta civilização, esta sociedade humana, que tem suas chagas e feiuras, sem dúvida, mas que é rica de esperança e de magníficas promessas. Essas promessas se transformarão em realidade viva no dia em que a humanidade tiver aprendido a se comunicar, pelo pensamento e pelo coração, com o foco de amor que é o esplendor de Deus.

Amemos, pois, com todo o poder de nosso coração; amemos até o sacrifício, como Joana d'Arc amou a França, como Cristo amou a humanidade, e todos aqueles que nos rodeiam, envolvidos pela nossa influência, sentir-se-ão nascer para uma nova vida.

Homem, procure ao seu redor as chagas sobre as quais pensar, os males a curar, as aflições a consolar. Alargue as inteligências; guie os corações transviados; associe as forças e as almas. Trabalhe para construir a alta cidade de paz e de harmonia que será a cidade de amor, a cidade de Deus! Ilumine, levante, purifique! Que importa se rirem de você; que importa se a ingratidão e a maldade se levantarem no seu caminho? Aquele que ama não recua por tão pouco; mesmo que colha apenas espinhos e pedras, continue sua obra, porque seu dever está aí. Ele sabe que a abnegação nos engrandece.

E, depois, o sacrifício também tem suas alegrias; feito com amor, transforma as lágrimas em sorriso, faz nascer em nós alegrias desconhecidas do egoísta e do mau. Para aquele que sabe amar, as coisas mais banais são de interesse: tudo parece se iluminar; mil sensações novas despertam nele.

São necessárias à sabedoria e à ciência longos esforços, uma lenta e difícil ascensão para nos conduzir às altitudes do pensamento. O amor e o sacrifício nos fazem chegar lá de um pulo só, com um único bater de asas. Em seu ímpeto, conquistam a paciência, a coragem, a benevolência, todas as virtudes fortes e doces. O amor purifica a inteligência, engrandece o coração, e é pela soma de amor acumulado em nós que podemos avaliar o caminho que temos percorrido para Deus.

A todas as interrogações do homem, a suas hesitações, a seus temores, a suas blasfêmias, uma grande voz, poderosa e misteriosa, responde: Aprende a amar! O amor é a síntese de tudo, o objetivo de tudo, o final de tudo. Dessa maneira, estende-se e desdobra-se sem cessar, no universo, a imensa rede de amor, tecida de ouro e de luz. Amar é o segredo da felicidade. Com uma só palavra, o amor resolve todos os problemas, dissipa todas as obscuridades. O amor salvará o mundo; seu calor fará derreter os gelos da dúvida, do egoísmo, do ódio; enternecerá os corações mais duros, os mais refratários.

Em todas as suas magníficas variantes, o amor é sempre um esforço para a beleza. Nem mesmo o amor sexual, do homem e da mulher, deixa, por mais material que pareça, de poder aureolar-se de ideal e de poesia, de perder todo caráter vulgar, se nele houver um sentimento de estética e um pensamento superior. E isso depende principalmente da mulher. Aquela que ama sente e vê coisas que o homem não pode conhecer. Possui em seu coração inesgotáveis reservas de amor, uma espécie de intuição que pode dar uma ideia do amor eterno.

A mulher é sempre, de algum modo, irmã do mistério, e a parte de seu ser que toca o infinito parece ter mais extensão do que nos homens. Quando o homem responde como a mulher aos apelos do invisível, quando seu amor é isento de todo desejo brutal, se o sentem mais pelo Espírito que pelo corpo, então, no abraço desses dois seres que se penetram, se completam para transmitir a vida, passará como um relâmpago, como uma chama, o reflexo das mais altas felicidades que se podem sentir. Todavia, as alegrias do amor terrestre são fugitivas e misturadas de amarguras. Não existem sem decepções, sem recuos e sem quedas. Apenas Deus é o amor em sua plenitude. É o braseiro ardente e, ao mesmo tempo, o abismo do pensamento e da luz, de onde saem e para quem remontam, eternamente, a quente emanação de todos os astros, a ternura apaixonada de todos os corações das mulheres, mães, esposas, e as afeições vigorosas de todos os corações dos homens. Deus gera e chama o amor, pois é a beleza infinita, perfeita, e é próprio da beleza provocar o amor.

Quem é que, num dia de verão, quando o sol brilha, quando a imensa cúpula azulada se desenrola sobre nossas cabeças e, dos prados e bosques, dos montes e do mar sobem a adoração, a prece muda dos seres e das coisas, não sentiu essas radiações de amor enchendo o infinito?

É preciso nunca ter aberto sua alma a essas influências para ignorá-las ou negá-las. Muitas almas terrestres, é verdade, permanecem hermeticamente[2] fechadas às coisas divinas. Ou então, se sentem sua harmonia e beleza, escondem cuidadosamente o segredo em si mesmas. Elas parecem ter vergonha de confessar o que conhecem ou o que experimentam de maior e de melhor.

Mas tentai a experiência! Abri o vosso ser interior, abri as janelas da prisão da alma às vibrações da vida universal e, de repente, essa prisão se encherá de claridade, de melodia; todo um mundo de luz penetrará em vós. Vossa alma arrebatada conhecerá êxtases, felicidades que não podem ser descritas; compreenderá que há ao seu redor um oceano de amor, de força e de vida divina, no qual pode penetrar, e que lhe basta querer para ser banhada por suas águas regeneradoras. Sentirá no universo um poder soberano e maravilhoso que nos ama, nos envolve, nos sustenta, que vela sobre nós como um avarento sobre a joia preciosa, e invocando-o, ao lhe dirigir um ardente apelo, será logo envolvida por sua presença e seu amor. Essas coisas se sentem, mas se exprimem dificilmente; só as podem compreender os que as saboreiam. Entretanto, todos podem chegar a conhecê-las, a possuí-las, ao despertar o que há de divino em si; não há homem tão tenebroso, tão mau que, na hora de abandono e de sofrimento, não veja abrir-se uma fresta, por onde um pouco da claridade das coisas superiores, um pouco de amor se filtrem até ele.

Basta ter experimentado uma única vez essas impressões para não mais as esquecer. E quando chega o declínio da vida com seus desencantos, quando as sombras crepusculares se acumulam sobre nós, então essas sensações poderosas se revelam com a memória de todas as alegrias sentidas. E essa lembrança das horas em que amamos verdadeiramente cai como delicioso orvalho sobre nossas almas dissecadas pelo vento áspero das provas e da dor.

---

2 Hermeticamente: relativo a hermético, que é inteiramente fechado, de maneira que não deixe penetrar o ar (N.E.).

7 – A DOR

Tudo o que vive neste mundo sofre: a natureza, os animais e o homem. E, entretanto, o amor é a lei do universo, e é pelo amor que Deus formou os seres. Contradição aparentemente formidável, problema angustiante, que perturbou tantos pensadores e os levou à dúvida e ao pessimismo!

O animal está sujeito à implacável luta pela vida. Entre as ervas do prado, sob a folhagem e a ramagem dos bosques, nos ares, no seio das águas, por toda a parte, se desenrolam dramas ignorados. Depois, no seio da civilização, prossegue sem cessar a matança dos pobres animais inofensivos, sacrificados às nossas necessidades ou submetidos nos laboratórios ao suplício da vivissecção[1].

Quanto à humanidade, sua história é uma longa lista de mártires. No decorrer dos tempos, pairando sobre os séculos, rola a triste cantiga dos sofrimentos humanos; a queixa dos infelizes vem à tona com tanta intensidade quanto a força das marés.

A dor segue todos os nossos passos; ela nos espreita em todas as voltas do caminho. E, diante dessa esfinge que o fita com seu olhar estranho, o homem se faz a eterna pergunta: Por que a dor?

É, no que lhe diz respeito, uma punição, uma expiação, como dizem alguns? É a reparação do passado, o resgate das faltas cometidas?

No fundo, a dor é apenas uma lei de equilíbrio e de educação. Sem dúvida, as faltas do passado recaem sobre nós com todo o seu peso e determinam as condições de nosso destino. O sofrimento nada mais é do que a repercussão das violações cometidas à ordem eterna; mas, sendo partilhado por todos,

---

1 Vivissecção: operação praticada em animais vivos para estudo dos órgãos e das funções orgânicas (N.E.).

deve ser considerado uma necessidade de ordem geral, como um agente de desenvolvimento, uma condição do progresso. Todos os seres devem passar por ele. Sua ação é benfazeja para quem sabe compreendê-lo. Mas somente podem compreender o sofrimento os que sentem seus efeitos poderosos. É, sobretudo, a esses que dirijo estas páginas, a todos os que sofrem, sofreram ou são dignos de sofrer!

A dor e o prazer são as duas formas extremas da sensação. Para suprimir uma ou outra, seria preciso suprimir a sensibilidade. São, portanto, inseparáveis, em princípio, e ambas necessárias à educação do ser, que, em sua evolução, deve experimentar todas as formas ilimitadas do prazer e da dor.

A dor física produz sensações; o sofrimento moral, sentimentos. Mas, assim como dissemos anteriormente, no *sensorium* íntimo, sensação e sentimento se confundem e são um só.

O prazer e a dor residem bem menos nas coisas exteriores do que em nós mesmos. E é por isso que cabe a cada um de nós, ao regular suas sensações, ao disciplinar seus sentimentos, dominá-los e limitar seus efeitos. Epicteto dizia: "As coisas são apenas o que imaginamos que são". Assim, pela vontade, podemos domar, vencer a dor, ou pelo menos tirar dela proveito, fazendo-a um instrumento de elevação.

A ideia que fazemos da felicidade e da desgraça, da alegria e da dor, varia ao infinito, de acordo com a evolução de cada um. A alma pura, boa, sábia, não pode ser feliz à maneira da alma vulgar. O que encanta uma deixa a outra indiferente. À medida que evolui, o aspecto das coisas muda. Como a criança, ao crescer, deixa de lado os brinquedos que a cativaram, a alma que se eleva procura satisfações cada vez mais nobres, graves e profundas. O homem que julga com superioridade e considera o objetivo grandioso da vida encontrará mais felicidade, paz serena num belo pensamento, numa boa obra, num ato de virtude e mesmo na infelicidade que purifica, do que em todos os bens materiais e no brilho das glórias terrestres, porque essas o perturbam, corrompem, embriagam de um modo mentiroso.

É muito difícil fazer os homens entenderem que o sofrimento é bom. Cada um desejará fazer e embelezar a vida a seu modo, adorná-la com todos os consentimentos, sem pensar que não há bem sem dor, ascensão sem esforço.

A tendência geral consiste em fecharmo-nos no círculo estreito do individualismo, do cada um por si; dessa forma, o homem se diminui; reduz a estreitos limites tudo o que nele é grande, destinado a desenvolver-se, a se dilatar, a desferir voo: o pensamento, a consciência, numa palavra, toda a sua alma. Acontece que os gozos, os prazeres, a ociosidade estéril não fazem mais do que apertar esses limites, tornar mais estreitos nossa vida e nosso coração. Para quebrar esse círculo, para que todas as virtudes escondidas se manifestem à luz, é preciso a dor. A dor, as provações fazem jorrar em nós as fontes de uma vida desconhecida e mais bela. A tristeza e o sofrimento nos fazem ver, ouvir, sentir mil coisas, delicadas ou poderosas, que o homem feliz, o homem preso à ilusão da matéria, não pode perceber. O mundo material se obscurece; um outro se desenha. Vagamente a princípio, mas que se tornará cada vez mais distinto, à medida que nosso olhar se desprender das coisas inferiores e mergulhar no ilimitado.

O gênio não é somente o resultado de trabalhos seculares; é também a apoteose, a coroação de sofrimento. De Homero a Dante, a Camões, a Tasso, a Milton[2], e não só esses, mas todos os grandes homens sofreram. A dor fez vibrar suas almas; inspirou-lhes essa nobreza de sentimento, essa intensidade de emoção que souberam traduzir com os acentos do gênio que os imortalizaram. A alma canta melhor na dor, que,

2 Dante Alighieri (1265-1321): poeta italiano, autor de *A divina comédia*. Luis Vaz de Camões (1524-1580): poeta português autor de *Os Lusíadas*. Torquato Tasso (1544-1595): poeta italiano autor de *Jerusalém libertada*. John Milton (1608-1674): poeta inglês autor de *O paraíso perdido* (N.E.).

ao atingir as profundezas do ser, faz brotar de lá os gritos eloquentes, esses apelos poderosos que comovem e arrastam as multidões.

Acontece o mesmo com todos os heróis, com todos os grandes caracteres, com todos os corações generosos, com os espíritos mais destacados. Sua elevação mede-se pela soma dos sofrimentos enfrentados. Diante da dor e da morte, a alma do herói, do mártir se revela em sua beleza comovente, em sua grandeza trágica que toca às vezes o sublime, e coroa-o com uma luz inesgotável.

Suprimi a dor e suprimireis, ao mesmo tempo, o que é mais digno de admiração neste mundo, ou seja, a coragem de suportá-la. O mais nobre ensinamento que se pode propor aos homens não é a memória daqueles que sofreram e foram mortos pela verdade e pela justiça? Haverá coisa mais respeitável, mais venerável que os seus monumentos fúnebres? Nada se iguala ao poder moral que daí provém. As almas que deram esses exemplos avultam a nossos olhos com os séculos e parecem, de longe, mais imponentes ainda. São outras tantas fontes de força e de beleza onde vão retemperar-se as gerações. Através do tempo e do espaço, sua irradiação, como a luz dos astros, se estende ainda sobre a Terra. Sua morte gerou a vida, e sua lembrança, como um sutil aroma, vai lançar em todos os lugares a semente dos entusiasmos futuros.

Essas almas nos ensinaram que é pela dedicação, pelos sofrimentos dignamente suportados que se sobem os caminhos do céu. E a história do mundo não é outra coisa do que a exaltação do Espírito pela dor. Sem ela não pode haver virtude completa, nem glória eterna.

É necessário sofrer para adquirir e conquistar. Os atos de sacrifício aumentam as radiações psíquicas. Há como uma esteira luminosa que segue, no espaço, o Espírito dos heróis e dos mártires.

Aqueles que não sofreram mal podem compreender essas coisas, porque neles somente a superfície do ser está lapidada, colocada em valor. Seus sentimentos não têm amplitude, seu coração não vibra amor; seu pensamento alcança apenas horizontes estreitos. São necessárias as desventuras, as angústias, para dar à alma seu aveludado, sua beleza moral, para despertar seus sentimentos adormecidos. A vida dolorosa é um alambique onde se destilam os seres para os mundos melhores e a forma como o coração se embeleza por ter sofrido. Há, já nesta vida, alguma coisa de grave e de comovedor nos rostos em que as lágrimas correram muitas vezes. Tomam uma expressão de beleza austera, uma espécie de majestade que impressiona e seduz.

Michelangelo adotava por regra de conduta o seguinte: "Concentra-te em ti mesmo e faze como o escultor faz à obra que quer tornar bela; suprime tudo o que é supérfluo, torna claro o obscuro, difunde a luz em todos os lugares e não pares de esculpir tua própria estátua".

Máxima sublime, que contém o princípio de todo o aperfeiçoamento íntimo. Nossa alma é nossa obra, de fato, obra capital e fecunda, que supera em grandeza todas as manifestações parciais da arte, da ciência, do gênio.

Todavia, as dificuldades da execução estão em relação com o esplendor do objetivo. E, diante dessa penosa tarefa da reforma interior, do combate incessante travado com a paixão, com a matéria, quantas vezes o artista não se desencoraja? Quantas vezes não abandona o cinzel[3]? É então que Deus lhe envia uma ajuda, a dor! Ela cava ousadamente nessas profundezas da consciência a que o trabalhador hesitante e inábil não poderia ou não saberia chegar; desobstrui-lhe os recessos, modela-lhe os contornos; elimina ou destrói o que era inútil ou ruim.

E do mármore frio, sem forma, sem beleza, da estátua feia e grosseira que nossas mãos mal tinham esboçado, faz surgir, com o tempo, a estátua viva, a obra-prima incomparável, as formas harmônicas e suaves da divina psique!

3 Cinzel: instrumento de aço utilizado pelos escultores (N.E.).

A dor não atinge apenas os culpados. Em nosso mundo, o homem honesto sofre tanto quanto o mau. E isso se explica. Primeiramente, porque a alma virtuosa, sendo mais evoluída, é mais sensível. Além disso, muitas vezes ama e procura a dor para lhe conhecer todo o valor.

Há entre essas almas as que só vêm a este mundo para dar a todos o exemplo de grandeza no sofrimento. São missionárias e sua missão não é menos bela e tocante do que a dos grandes descobridores. Encontram-se em todos os tempos e ocupam todos os planos da vida. Estão em pé nos cimos resplandecentes da História, e, para encontrá-las, humildes e ocultas, é preciso procurá-las entre as multidões.

Admiramos o Cristo, Sócrates, Antígona[4], Joana d'Arc; mas quantas vítimas obscuras do dever ou do amor caem todos os dias e sobre as quais se fazem o silêncio e o esquecimento? Entretanto, seus exemplos não são perdidos; eles iluminam toda a vida dos poucos homens que os testemunharam.

Para ser completa e fecunda, não é indispensável que uma vida seja semeada de grandes atos de sacrifício e coroada por uma morte que a exalte aos olhos de todos. Uma existência comum na aparência, modesta e apagada, é, na realidade, um esforço contínuo, uma luta de todos os instantes contra a infelicidade e o sofrimento. Não sabemos tudo o que se passa no segredo das almas; muitas por pudor ocultam chagas dolorosas, males cruéis que as tornariam tão veneráveis aos nossos olhos quanto os mártires mais célebres. Pelo combate incessante que travam contra o destino, essas almas também são grandes e heroicas! Seus triunfos permanecem ignorados, mas todos os tesouros de energia, de paixão generosa, de paciência ou de amor que acumularam nesse esforço de

---

4 Antígona: heroína grega considerada o modelo da piedade filial e fraternal. Foi imortalizada por Sófocles, clássico autor grego, na peça teatral que leva o seu nome. Deu em sacrifício sua vida por amor a seu pai, Édipo, e seu irmão Polínices (N.E.).

cada dia lhes constituirão um capital de força, de beleza moral que pode torná-las, no além, iguais às mais nobres figuras da História.

Na oficina magnífica onde se forjam as almas, o gênio e a glória não bastam para fazê-las verdadeiramente belas. Sempre, para dar-lhes o último traço sublime, foi necessária a dor. Se algumas existências obscuras se tornaram tão santas e sagradas quanto as dedicações célebres, é que nelas o sofrimento foi contínuo. Não foi somente uma vez, em determinada circunstância ou na hora da morte, que a dor as elevou acima de si mesmas e as apresentou à admiração dos séculos; é porque toda a sua vida foi de sacrifício constante.

E essa obra de purificação lenta, esse lento desfilar de horas dolorosas, essa afinação misteriosa dos seres que se preparam, assim, para as últimas ascensões, causam admiração aos próprios Espíritos. É esse espetáculo comovente que lhes inspira a vontade de renascer entre nós, a fim de sofrer e de morrer outra vez por tudo o que é grande, para tudo o que amam e, por esse novo sacrifício, tornarem mais vivo seu próprio brilho.

Após essas considerações de ordem geral, retomemos a questão em seus elementos primários.

A dor física é, na maioria das vezes, um aviso da natureza, que procura preservar-nos dos excessos. Sem ela, abusaríamos de nosso organismo a ponto de destruí-lo antes da hora. Quando uma doença grave nos atinge, o que aconteceria se não lhe sentíssemos logo os efeitos desagradáveis? Ganharia cada vez mais terreno, nos invadiria e destruiria em nós a fonte da vida.

Porém, se persistirmos em menosprezar os avisos repetidos da natureza, deixaremos a doença se desenvolver em nós, podendo resultar ainda num benefício se, causada por nossos abusos e nossos vícios, nos ensinar a detestá-los e a nos corrigir. É preciso sofrer para se autoconhecer e para conhecer bem a vida.

Epicteto, que gostamos de citar, dizia: "É uma ideia falsa pretender que a saúde seja um bem, a doença, um mal. Usar bem a saúde é um bem; usá-la mal é um mal. Usar bem a doença é um bem; usá-la mal é um mal. Tira-se o bem de tudo, até mesmo da própria morte".

Às almas fracas, a doença vem ensinar a paciência, a sabedoria, o governo de si mesma. Às almas fortes, pode oferecer compensações de ideal, ao deixar ao Espírito o livre voo de suas aspirações, a ponto de esquecer os sofrimentos físicos.

A ação da dor não é menos eficaz para as coletividades do que para os indivíduos. Não foi graças a ela que se constituíram os primeiros agrupamentos humanos? Não foi a ameaça das feras que levou o homem a procurar seus semelhantes para se associarem? E de sua vida comum, de seus sofrimentos comuns, de sua inteligência e de seu trabalho saíram toda a civilização, com suas artes, suas ciências, sua indústria!

A dor física, pode-se também dizer, resulta da desproporção entre nossa fraqueza corporal e o conjunto das forças que nos rodeiam, forças colossais e fecundas, manifestações da vida universal e das quais podemos assimilar apenas uma parte ínfima; mas, ao agir sobre nós, trabalham para aumentar, para engrandecer sem parar a esfera de nossa atividade e a gama de nossas sensações. Sua ação sobre o corpo orgânico repercute sobre a forma fluídica; contribui para enriquecê-la, dilatá-la, torná-la mais impressionável, em uma palavra, apta para novos aperfeiçoamentos.

O sofrimento, por sua ação química, sempre tem um resultado útil, mas esse resultado varia ao infinito, segundo os indivíduos e seu estado de adiantamento. Ao purificar nosso envoltório material, dará a uns mais força ao ser interior, mais facilidade para se separar das coisas terrestres. Em outros, mais evoluídos, agirá no sentido moral. A dor é como uma asa dada à alma escravizada pela carne, para ajudá-la a se desprender e a se elevar mais alto.

A primeira reação do homem infeliz é de se revoltar sob o golpe do destino. Porém, mais tarde, depois de o Espírito ter subido as encostas e contemplado o árduo caminho percorrido, o desfiladeiro movediço de suas existências, é com um enternecimento alegre que se lembra das provas, das tribulações que o ajudaram a alcançar o cimo.

Se nas horas das provas soubéssemos observar o trabalho interior, a ação misteriosa da dor em nós, em nosso eu, em nossa consciência, compreenderíamos melhor sua obra sublime de educação e de aperfeiçoamento. Veríamos que ela fere sempre o local sensível. A mão que dirige o cinzel é a do artista incomparável; ela não se cansa de agir até que os ângulos de nosso caráter estejam arredondados, polidos, aperfeiçoados. Para isso, voltará tantas vezes à carga quantas forem necessárias. E sob os golpes repetidos do martelo, em um será preciso que a arrogância e a personalidade excessiva caiam; será preciso que a moleza, a apatia, a indiferença desapareçam em outro; a dureza, a cólera, o furor, num terceiro. Para todos, haverá processos diferentes, variados ao infinito segundo os indivíduos, mas para todos agirá com eficácia, de modo a fazer nascer ou desenvolver a sensibilidade, a delicadeza, a bondade, a ternura, a fazer sair das dilacerações e das lágrimas alguma qualidade desconhecida que dormia silenciosa no fundo do ser, ou então uma nobreza nova, adorno da alma, para sempre adquirida.

E, quanto mais a alma se eleva, se engrandece, se faz bela, mais a dor se espiritualiza e torna-se sutil. Os maus precisam de numerosas provas, como as árvores precisam de flores para produzir alguns frutos. Mas, quanto mais o ser humano se aperfeiçoa, mais os frutos da dor se tornam admiráveis nele. Os sofrimentos físicos, as dores violentas tocam as almas degeneradas, imperfeitas; às egoístas, às avarentas caberão as perdas da fortuna, as terríveis inquietações, os tormentos do Espírito. Depois, aos seres delicados, às mães, aos amantes, às esposas, as torturas ocultas, as feridas do coração. Aos nobres pensadores, aos inspirados, a dor sutil e profunda que faz brotar o grito sublime, o relâmpago do gênio!

Sim, por trás da dor há algo de invisível que conduz sua ação e a regula segundo as necessidades de cada um, com uma arte, uma sabedoria infinita, trabalhando assim para aumentar nossa beleza interior nunca acabada, sempre perseguida, de luz em luz, de virtude em virtude, até que tenhamos nos tornado Espíritos celestes.

Por mais espantoso que isso possa parecer à primeira vista, a dor é apenas um meio do poder infinito para nos chamar a si e, ao mesmo tempo, nos fazer ascender mais rapidamente à felicidade espiritual, a única duradoura. É realmente por amor a nós que Deus nos enviou o sofrimento. Ele nos fere, nos corrige como a mãe corrige seu filho para educá-lo e torná-lo melhor. Ele trabalha sem parar para abrandar, purificar, embelezar nossa alma, que só pode ser verdadeira e completamente feliz na medida de suas perfeições.

E, para isso, Deus colocou nessa terra de aprendizagem, ao lado das alegrias raras e fugidias, as dores frequentes e prolongadas, a fim de nos fazer sentir que nosso mundo é um lugar de passagem e não o ponto de chegada. Alegrias e sofrimentos, prazeres e dores. Deus repartiu essas coisas na existência como um grande artista que, em sua tela, uniu a sombra e a claridade para produzir uma obra de arte.

O sofrimento para os animais já é um trabalho de evolução para o princípio de vida que está neles; adquirem, por esse modo, os primeiros rudimentos da consciência. E acontece o mesmo com o ser humano em suas reencarnações sucessivas. Se desde as primeiras etapas terrestres a alma vivesse isenta da dor do mal, ficaria inerte, passiva, ignorante das coisas profundas e das forças morais que estão nela.

Nosso objetivo está à nossa frente; nosso destino é de marchar para esse objetivo, sem nos demorarmos no caminho. Acontece que as felicidades deste mundo nos imobilizam, há atrasos, esquecimentos. Mas, quando a demora é excessiva, vem a dor e impele-nos para a frente.

Quando para nós se abre uma fonte de prazeres, por exemplo, na juventude, o amor, o casamento, e nos inebriamos no encantamento das horas abençoadas, é muito comum que logo depois uma circunstância imprevista sobrevenha, e com ela o sofrimento.

À medida que avançamos na vida, as alegrias diminuem e as dores aumentam. O corpo e o fardo da vida tornam-se mais pesados. Quase sempre a existência começa na felicidade e termina na tristeza. O declínio traz para a maioria dos homens o período tristonho da velhice, com seu cansaço, enfermidades, abandono. As luzes se apagam, as simpatias, as consolações se retiram; os sonhos, as esperanças se desvanecem. Os abismos se aprofundam cada vez mais ao redor de nós. Então se abrem longas horas de imobilidade, de inércia, de sofrimento. Elas nos obrigam a entrar em nós mesmos, a passar muitas vezes em revista os atos e as lembranças de nossa vida. Está aí uma prova necessária para que a alma, antes de deixar o corpo, adquira a maturidade, o julgamento, a clarividência das coisas que serão a coroação de sua carreira terrestre. Assim, quando amaldiçoamos as horas aparentemente estéreis e desoladas da velhice enferma, solitária, desconhecemos um dos maiores benefícios que a natureza nos oferece. Esquecemos que a velhice dolorosa é a época em que se completa a purificação.

Nesse momento da existência, os raios e as forças que durante os anos de juventude e de virilidade dispersamos para todos os lados, em nossa atividade e nossa exuberância, concentram-se, dirigem-se para as profundezas do ser, ativam a consciência e proporcionam ao homem mais sabedoria e maturidade. Pouco a pouco, a harmonia se faz entre os nossos pensamentos e as radiações exteriores; a melodia íntima desperta com a melodia divina.

Há, então, na velhice resignada, mais beleza e grandeza serena do que no brilho da juventude e no vigor da maturidade. Sob a ação do tempo, o que há de profundo, de imutável em nós, se manifesta, e a fronte dos velhos se aureola de claridades do além.

A todos aqueles que perguntam: "Por que a dor?", respondo: "Por que polir a pedra, esculpir o mármore, fundir o vidro, martelar o ferro? É a fim de construir e de ornar o templo magnífico, cheio de raios, de vibrações, de hinos, de perfumes, onde todas as artes se combinam para exprimir o divino, preparar a apoteose do pensamento consciente, celebrar a libertação do Espírito!"

E vede o resultado obtido! Com o que eram em nós elementos esparsos, materiais disformes e, às vezes, até no vicioso e decaído, nas ruínas e destroços, a dor levantou, construiu no coração do homem um altar esplêndido à beleza moral, à verdade eterna.

A estátua, em suas formas ideais e perfeitas, está escondida no bloco grosseiro. Quando o homem não tem a energia, o saber, a vontade de prosseguir na obra, então, dissemos, vem a dor. Ela pega o martelo, o cinzel e, pouco a pouco, com golpes violentos, ou então sob o lento e persistente trabalho do buril[5], faz a estátua viva se desenhar em seus contornos flexíveis e maravilhosos; sob o quartzo despedaçado, a esmeralda cintila!

Sim, para que a forma se desenvolva em suas linhas puras e delicadas, o Espírito triunfe da substância, o pensamento se manifeste em ímpetos sublimes e o poeta encontre seus acentos imortais, o músico seus suaves acordes, é preciso no coração as dores da vida, do luto e das lágrimas, a ingratidão, as traições da amizade e do amor, as angústias e as discórdias; são necessárias urnas funerárias com os seres adorados descendo à sepultura, a juventude que foge, a velhice que chega, as decepções, as tristezas amargas que se sucedem. É preciso ao homem sofrimentos, como o fruto da vinha precisa da moenda para que dele se extraia o licor precioso!

---

5 Buril: instrumento de gravador, usado na execução de gravuras em metal e em madeira

Consideremos ainda o problema da dor do ponto de vista das medidas penais.

Censuram Allan Kardec por ter insistido muito em suas obras sobre a ideia de castigo e de expiação. Isso levantou numerosas críticas. Diz-se que ela dá uma noção falsa da ação divina; implica um exagero de punições incompatíveis com a suprema bondade.

Esse julgamento resulta de um exame muito superficial das obras do grande codificador. A ideia, a expressão de castigo, excessiva talvez em certas passagens isoladas, mal interpretadas em muitos casos, atenua-se e apaga-se, quando se estuda a obra inteira.

É sobretudo na consciência, sabemos, que está a compreensão do bem e do mal. Ela registra minuciosamente todos os nossos atos e, cedo ou tarde, ergue-se em juiz severo para o culpado, que, por consequência de sua evolução, acaba sempre por entender-lhe a voz e sofrer suas sentenças. Para o Espírito, as lembranças do passado se unem ao presente na vida espiritual e formam um todo inseparável. Vive fora da duração, além dos limites do tempo e sofre tão vivamente as faltas há muito cometidas quanto as mais recentes. Por isso pede muitas vezes uma reencarnação rápida e dolorosa, em que resgatará o passado, conquanto dê tréguas às suas lembranças inoportunas.

Com a diferença de plano, o sofrimento mudará de aspecto. Na Terra se tornará ao mesmo tempo físico e moral e constituirá um modo de reparação. Mergulhará o culpado em sua chama para purificá-lo; tornará a forjar na bigorna das provas a alma deformada pelo mal. Assim, cada um de nós pôde ou poderá apagar do seu passado as tristes páginas do início de sua história, as faltas graves cometidas quando era apenas um Espírito ignorante ou exaltado. Pelo sofrimento aprendemos a humildade, e ao mesmo tempo a indulgência e a compaixão para com todos aqueles que sucumbem ao redor de nós sob o impulso dos instintos inferiores, como tantas vezes nos sucedeu em vidas passadas.

Não é, portanto, por vingança que a lei nos pune, mas porque é bom e proveitoso sofrer, uma vez que o sofrimento nos liberta ao dar satisfação à consciência, cujo veredicto executa.

Tudo se resgata e se repara pela dor. Já vimos que há uma profunda sabedoria nos processos que executa para modelar a alma humana e, quando essa se extravia, reconduzi-la à ordem sublime das coisas.

Muitas vezes se tem falado de uma lei de talião[6]. Na realidade, a reparação nem sempre se apresenta sob a mesma forma que a falta cometida. As condições sociais e a evolução histórica se opõem a isso, da mesma forma que os suplícios da Idade Média e muitos outros flagelos têm desaparecido. Entretanto, a soma dos sofrimentos humanos, sob suas formas variadas, inumeráveis, se apresenta sempre proporcional à causa que os produziu e, apesar de progressos se realizarem, a civilização se estender, a higiene e o bem-estar se desenvolverem, doenças novas aparecem e o homem é impotente para curá-las. É preciso reconhecer nisso a manifestação dessa lei superior de equilíbrio de que falamos. A dor será necessária enquanto o homem não tiver colocado seus pensamentos e seus atos em harmonia com as leis eternas e só deixará de se fazer sentir quando tiver sido estabelecido esse equilíbrio. Todos os nossos males provêm de agirmos em sentido oposto à corrente divina; se tornarmos a entrar nessa corrente, a dor desaparece com as causas que a fizeram nascer.

Por muito tempo ainda a humanidade terrestre, ignorante das leis superiores, inconsciente do futuro e do dever, terá necessidade da dor para ser estimulada em seu caminho e transformar o que nela predomina, os instintos primitivos e grosseiros, em sentimentos puros e generosos. Por muito tempo o homem terá que passar pela iniciação amarga para chegar ao conhecimento de si mesmo e de seu objetivo. Presentemente ele só cogita aplicar seu conhecimento e sua energia para combater o sofrimento no plano físico, aumentar o bem-estar

---

6 Lei de talião: mais conhecida como pena de talião. Pena imposta na Antiguidade, pela qual se vingava o delito infligindo ao delinquente o mesmo dano ou mal que ele praticara (N.E.).

e a riqueza e tornar mais agradáveis as condições da vida material. Mas isso será em vão. O sofrimento poderá variar, mudar de aspecto, mas a dor persistirá enquanto o egoísmo e o interesse regerem a sociedade terrestre, enquanto o pensamento se desviar das coisas profundas, enquanto a flor da alma não tiver desabrochado.

Todas as doutrinas econômicas e sociais serão impotentes para reformar o mundo, para aliviar os males da humanidade, porque assentam em base muito estreita e colocam na vida presente a única razão de ser, o objetivo dessa vida e de todos os nossos esforços. Para extinguir o mal social é preciso elevar a alma humana à consciência de seu papel, fazê-la compreender que seu destino depende somente dela e que sua felicidade será sempre proporcional à extensão de seus triunfos sobre si mesma e de sua dedicação às outras.

Então a questão social será resolvida pela substituição do personalismo exclusivo e estreito pelo desprendimento. Os homens se sentirão irmãos e iguais diante da lei divina que distribui a cada um o bem e o mal necessários para a sua evolução, os meios de vencer a si mesmo e de apressar a sua ascensão. Somente a partir daí a dor verá diminuir o seu império. Fruto da ignorância e da inferioridade, do ódio e da inveja, do egoísmo, de todas as paixões inferiores que se agitam ainda no fundo do ser humano, a dor desaparecerá com as causas que a produzem, graças a uma educação mais alta, à realização em nós da bondade moral, da justiça e do amor.

O mal moral subsiste na alma apenas pelas suas dissonâncias com a harmonia divina. Mas, à medida que ela evolui para uma claridade mais viva, uma verdade mais ampla, uma sabedoria mais perfeita, as causas do sofrimento se atenuam, ao mesmo tempo que se desfazem suas vãs ambições, seus desejos materiais. E de etapa em etapa, de vida em vida, a alma penetra na grande luz e na grande paz, onde o mal é desconhecido, onde reina apenas o bem!

Muitas vezes ouvimos certas pessoas, cuja existência foi difícil e semeada de provas, dizer: "Eu não queria nascer em uma nova vida; não quero voltar para a Terra". Quando se sofreu muito, quando se foi violentamente sacudido pelas tempestades deste mundo, é muito legítima a aspiração ao repouso. É compreensível que uma alma fraca recue perante o pensamento de recomeçar a batalha da vida, em que recebeu feridas que ainda sangram. Mas a lei é implacável. Para subir mais alto na hierarquia dos mundos, é preciso ter deixado na Terra toda a bagagem embaraçosa dos gostos, dos apetites que nos prendem à Terra. Muitas vezes levamos esses laços conosco para o além e são eles que nos retêm nas regiões inferiores. Por vezes, nos julgamos capazes e dignos de ganhar as altitudes e, sem o sabermos, mil cadeias nos acorrentam ainda a este planeta inferior. Não compreendemos nem o amor em sua sublime essência, nem o sacrifício tal como é praticado nessas humanidades purificadas, onde ninguém vive para si ou para alguns, mas para todos. Acontece que somente os que estão preparados para uma vida assim podem alcançá-la. Para nos tornarmos dignos dela, será preciso que desçamos de novo ao cadinho, à fornalha onde se fundirão como cera as durezas de nosso coração. E, quando as impurezas de nossa alma tiverem sido rejeitadas, eliminadas, quando nossa essência tiver se tornado isenta de mesclas, então Deus nos chamará a uma vida mais alta, a uma tarefa mais bela.

Acima de tudo, é preciso medir em seu justo valor as inquietações, as tristezas deste mundo. Para nós, são coisas bem cruéis; mas tudo isso se amesquinha e apaga se as observamos a distância, se o Espírito, elevando-se acima dos detalhes da existência, alcançar com um só olhar as perspectivas de seu destino. Só assim saberá pesar e medir essas coisas, que o seu pensamento avaliará sem se perturbar perante os dois oceanos do espaço e do tempo: a imensidão e a eternidade!

Vós todos que vos queixais amargamente das decepções, das pequenas misérias, das tribulações de que toda existência é semeada e que vos sentis invadidos pelo cansaço e pelo desânimo; se quereis novamente encontrar a resolução, a coragem perdida, se quereis aprender a desafiar alegremente a adversidade, a suportar resignados o destino que vos toca, lançai um olhar atento ao redor de vós.

Considerai a dor completamente ignorada dos humildes, dos deserdados, o sofrimento de milhares de seres, homens como vós; considerai essas aflições sem conta: cegos privados da luz que guia e conforta; paralíticos impotentes, corpos que a existência torceu, aleijou, quebrou, que padecem de males hereditários! E os que carecem do necessário, sobre quem sopra, glacial, o inverno! Pensai em todas essas vidas tristes, obscuras, miseráveis; comparai vossos males muitas vezes imaginários com as torturas de vossos irmãos de dor e vos julgareis menos infelizes; ganhareis paciência e coragem, e de vosso coração descerá sobre a multidão dos humanos, sobre todos esses peregrinos da vida que se arrastam em sofrimento no caminho árido, o sentimento de uma piedade sem limites e de um imenso amor!

8 – REVELAÇÃO PELA DOR

É principalmente diante do sofrimento que se mostra a necessidade, a eficácia de uma crença robusta, poderosamente baseada, ao mesmo tempo, na razão, no sentimento e nos fatos, e que explica o enigma da vida, o problema da dor.

Que consolações podem o materialismo e o ateísmo oferecer ao homem diante de um mal incurável? Que dirão para acalmar o desespero, preparar a alma daquele que vai morrer? De que linguagem usarão com o pai, a mãe ajoelhados diante do berço de um filho morto, e com todos aqueles que veem descer à sepultura os seres queridos? Aqui se evidencia toda a pobreza, toda a insuficiência das doutrinas do nada.

A dor não é somente o critério, acima de tudo, da vida, o juiz que pesa os caracteres, as consciências, e mede a verdadeira grandeza do homem. É também um processo infalível para se reconhecer o valor das teorias filosóficas e das doutrinas religiosas. A melhor será evidentemente a que nos reconforta, a que diz por que as lágrimas são a herança da humanidade e fornece os meios de estancá-las. Pela dor descobre-se mais seguramente o lugar de onde emana o mais belo, o mais doce raio da verdade, aquele que não se apaga.

Se o universo é apenas um campo fechado, à mercê de forças caprichosas e cegas da natureza, uma odiosa fatalidade que nos esmaga; se não há nele nem consciência, nem justiça, nem bondade, então a dor não tem sentido, não tem utilidade; não comporta consolações. Só resta impor silêncio ao nosso coração despedaçado, porque seria pueril e vão importunar os homens e o céu com os nossos lamentos!

Para todos aqueles cuja vida é limitada pelos horizontes estreitos do materialismo, o problema da dor é insolúvel; não há esperança para aquele que sofre.

Não é verdadeiramente de estranhar a impotência de tantos sábios, filósofos, pensadores, há milhares de anos, para explicar e compreender a dor, e para nos fazer aceitá-la quando é inevitável? Uns a negaram, o que é uma ingenuidade. Outros aconselharam o esquecimento, a distração, o que é vão, o que é covarde quando se trata da perda dos que amamos. Em geral, têm-nos ensinado a temê-la, a receá-la, a detestá-la. Bem poucos a têm compreendido; bem poucos a explicaram!

Assim, ao redor de nós, nas relações de cada dia, como se tornaram pobres, banais, infantis as palavras de simpatia, as tentativas de consolação que se oferecem àqueles que a desgraça tocou. Que frias palavras nos lábios, que ausência de calor e de luz nos pensamentos e nos corações! Que fraqueza, que vazio nos procedimentos empregados para reconfortar as almas enlutadas, procedimentos que antes lhes agravam e duplicam os males, a tristeza. Tudo isso resulta unicamente da obscuridade que reina sobre o problema da dor, das falsas noções disseminadas nos espíritos pelas doutrinas negativas e certas filosofias espiritualistas. De fato, é próprio das teorias errôneas desencorajar, amedrontar, escurecer a alma nas horas difíceis, em vez de lhe proporcionar os meios de fazer frente ao destino com uma firme resolução.

"E as religiões?", poderão perguntar-me. Sim, sem dúvida, as religiões têm contribuído com ajuda espiritual para as almas aflitas; entretanto, a consolação que oferecem firma-se numa concepção muito estreita do objetivo da vida e das leis do destino; como já demonstramos suficientemente, para não ter de voltar a recordá-la.

As religiões cristãs, especialmente, compreenderam o papel grandioso do sofrimento, mas exageram-no, desnaturando-lhe o sentido. O paganismo exprimia a alegria; seus deuses se coroavam de flores e presidiam as festas. Entretanto, os estoicos[1], e com eles algumas escolas secretas, já consideravam a dor um elemento indispensável à ordem do

---

1 Estoico: que pertence ou pratica a filosofia dos estoicos, fundada por Zenon (Grécia) no século 4 a.C., cujos princípios são: austeridade do caráter, da moral e a compreensão da dor. (N.E.)

mundo. O Cristianismo glorificou-a, deificou-a na pessoa de Jesus. Diante da cruz do calvário, a humanidade achou menos pesada a sua. A lembrança do grande supliciado ajudou os homens a sofrer e a morrer. Todavia, ao levar as coisas ao extremo, o Cristianismo deu à vida, à morte, à religião, a Deus, aspectos fúnebres, por vezes terrificantes. É necessário reagir e tornar a pôr as coisas em seus termos, porque, em razão dos excessos das religiões, elas veem todos os dias diminuírem sua autoridade. O materialismo ganha pouco a pouco o terreno que elas perderam; a consciência popular se obscurece; a noção do dever desaba por falta de uma doutrina adaptada às necessidades do tempo e da evolução humana.

É por isso que diremos aos sacerdotes de todas as religiões: "Alargai o círculo de vossos ensinamentos; dai ao homem uma noção mais extensa de seu destino, uma visão mais clara do além, uma ideia mais alta do objetivo que o espera. Fazei-lhe compreender que sua obra consiste em construir a si mesmo com a ajuda da dor, sua consciência, sua personalidade moral, e isso no decorrer do infinito do tempo e do espaço. Se, no presente momento, vossa influência se enfraquece, se vosso poder está abalado, não é por causa da moral que ensinais, é em consequência da impotência de vossa concepção de vida, que não mostra nada da justiça nas leis e nas coisas e, por conseguinte, não mostra Deus. Vossas teologias encerraram o pensamento num círculo que o abafa; elas lhe fixaram uma base muito restrita e sobre essa base todo o edifício vacila e ameaça desabar. Parai de discutir sobre os textos e de oprimir as consciências; saí das criptas onde sepultastes o pensamento; caminhai e agi!"

Uma nova doutrina se levanta, engrandece, se estende, e ajudará o pensamento a realizar sua obra de transformação. A Doutrina Espírita contém todas as fontes necessárias para consolar as aflições, enriquecer a filosofia, regenerar as religiões, atrair conjuntamente a afeição do mais humilde discípulo e o respeito do gênio mais altivo.

Pode satisfazer os mais nobres impulsos da inteligência e as aspirações do coração e, ao mesmo tempo, explica a fraqueza humana, o lado obscuro, atormentado da alma inferior entregue às paixões, proporcionando-lhe os meios de se elevar ao conhecimento e à plenitude.

Enfim, constitui o remédio moral mais poderoso contra a dor. Na explicação que dá, na consolação que vem oferecer ao infortúnio, se encontra a prova mais evidente, a mais tocante de seu caráter verídico e de sua solidez inabalável.

Melhor do que qualquer outra doutrina filosófica ou religiosa, revela-nos o grande papel do sofrimento e nos ensina a aceitá-lo. Ao fazer dele um procedimento educativo ou reparador, nos mostra a justiça e o amor divino intervindo até em nossas provas e em nossos males. Em vez dos desesperados que as doutrinas negativistas fazem de nós, em vez desses abatidos, condenados ou malditos, o Espiritismo mostra, nos infelizes, aprendizes principiantes que a dor ilumina e inicia, candidatos à perfeição e à felicidade.

Ao dar à vida um objetivo infinito, o Espiritismo oferece-nos uma razão de viver e de sofrer que merece verdadeiramente que se viva e que se sofra, em uma palavra, um objetivo digno da alma e digno de Deus. Na desordem aparente e na confusão das coisas, mostra-nos a ordem que, lentamente, se delineia e se realiza, o futuro que se elabora no presente e, acima de tudo, a manifestação de uma imensa e divina harmonia.

E vede as consequências desse ensinamento. A dor perde seu caráter assustador; não é mais um inimigo, um monstro temido; é uma ajuda, um auxiliar, e seu papel é providencial. Purifica, engrandece, refunde o ser em sua chama, reveste-o de uma beleza que não se lhe conhecia. O homem, a princípio admirado, inquieto em seu aspecto, aprende a conhecê-la, a apreciá-la, a se familiarizar com ela; acaba quase por amá-la. Certas almas heroicas, em vez de se afastarem da dor, de a evitarem, vão-lhe ao encontro para nela livremente se embeberem e regenerarem.

O destino, sendo ilimitado, prepara-nos possibilidades sempre novas de melhoramento. O sofrimento é apenas um corretivo aos nossos abusos, aos nossos erros, um estimulante em nossa marcha. Assim as leis soberanas se mostram perfeitamente justas e boas. Não aplicam a ninguém castigos inúteis ou desmerecidos. O estudo do universo moral nos enche de admiração por um poder que, mediante o emprego da dor, transforma pouco a pouco as forças do mal em forças do bem, faz sair do vício a virtude, do egoísmo o amor!

Daí em diante, certo do resultado de seus esforços, o homem aceita com coragem as provas inevitáveis. A velhice pode vir, a vida declinar e rolar pelo declive rápido dos anos, sua fé o ajuda a atravessar os períodos acidentados e as horas tristes da existência. À medida que essa decai e se envolve de bruma, a grande luz do além se faz mais viva e o sentimento da justiça, da bondade, do amor que preside o destino de todos os seres torna-se para ele uma força nas horas de desalento; torna-lhe mais fácil a preparação para a partida.

Para o materialista e até mesmo para muitos crentes, o falecimento dos seres amados cava entre eles e nós um abismo que nada pode preencher, abismo de sombra, trevas, onde não brilha nenhuma luz, nenhuma esperança. O protestante, incerto do destino deles, nem mesmo por seus mortos ora. O católico, não menos angustiado, receia para os seus o juízo que separa os eleitos dos condenados.

Mas eis a doutrina nova com suas certezas inabaláveis. Para aqueles que a têm adotado, a morte, como a dor, não traz pavores. Cada sepultura que se abre é uma porta de libertação, uma saída aberta para os livres espaços; cada amigo que desaparece vai preparar a morada futura, demarcar o caminho a seguir, no qual todos nos havemos de reunir. A separação é apenas aparente. Sabemos que essas almas não nos deixarão sem retorno; uma comunhão íntima ainda pode se estabelecer entre elas e nós. Se suas manifestações, na ordem sensível, encontram obstáculos, podemos pelo menos corresponder-nos com elas pelo pensamento.

Conheceis a lei telepática. Não há grito, lágrima, apelo de amor que não tenha sua repercussão e sua resposta. Solidariedade admirável das almas para quem oramos e que oram por nós, permuta de pensamentos vibrantes e de apelos regeneradores que atravessam o espaço, penetram os corações angustiados de radiações, de força e de esperança e nunca deixam de alcançar o objetivo!

Julgáveis sofrer sozinho, mas não: junto de vós e até na extensão sem limites há seres que vibram ao vosso sofrimento e participam de vossa dor. Não a torneis muito viva, por amor a eles.

À dor, à tristeza humanas, Deus deu por companheira a simpatia celeste. E essa simpatia muitas vezes toma a forma de um ser amado que, nos dias de provação, desce, cheio de solicitude, e recolhe cada uma de nossas dores para com elas nos tecer uma coroa de luz no espaço.

Quantos esposos, noivos, amantes separados pela morte vivem em uma união nova, mais estreita e mais íntima. Nas horas de aflição, o Espírito de um pai, de uma mãe, todos os amigos do céu se inclinam para nós e banham nossas frontes com seus fluidos doces e afetuosos; envolvem nosso coração com quentes palpitações de amor. Como nos entregarmos à dor ou ao desespero na presença de tais testemunhas, certos de que elas veem as nossas inquietações, leem nossos pensamentos, nos esperam e se aprontam para nos receber nos campos da imensidade!

Ao deixar a Terra, iremos encontrá-los todos, e com eles ainda maior número de Espíritos amigos, que havíamos esquecido durante nossa última estada terrestre, a multidao daqueles que participaram de nossas vidas passadas e compõem nossa família espiritual.

Todos os nossos companheiros da grande viagem eterna se agruparão para nos acolher, não como pálidas sombras, vagos fantasmas animados de uma vida indecisa, mas na plenitude de todas as suas faculdades aumentadas; como seres ativos, ainda se interessando pelas coisas da Terra, participando da obra universal, cooperando para os nossos esforços, para os nossos trabalhos, para os nossos projetos.

Os laços do passado se reatarão com uma força nova. O amor, a amizade, a paternidade planejados outrora, em múltiplas existências, se cimentarão com os compromissos novos tomados em vista do futuro, a fim de aumentar sempre e de elevar à suprema potência os sentimentos que nos unem a todos. E as tristezas das separações passageiras, o afastamento aparente das almas causado pela morte, tudo se fundirá em efusões de felicidade, no arrebatamento dos retornos e das reuniões de alegria indescritível.

Reneguemos as sombrias doutrinas que falam de leis ferrenhas ou então de condenação, do inferno e do paraíso, afastando-nos uns dos outros e para sempre daqueles que amamos.

Não há abismo que o amor não possa encher.

Deus, todo amor, não podia condenar à extinção o sentimento mais belo, o mais nobre dentre todos que vibram no coração do homem. O amor é imortal como a própria alma.

Nas horas de sofrimento, de angústia, de abatimento, concentrai-vos e, por um apelo ardente, atraí a vós esses seres que foram, como nós, homens, e que são agora Espíritos celestes, e forças desconhecidas penetrarão em vós; e vos ajudarão a suportar vossas misérias e vossos males.

Homens, pobres viajantes que trilhais penosamente a subida dolorosa da existência, sabei que por toda parte, em nosso caminho, seres invisíveis, poderosos e bons, caminham a nosso lado. Nos momentos difíceis, seus fluidos nos amparam, sustentam nossa marcha vacilante. Abri-lhes vossas almas; colocai vossos pensamentos de acordo com os deles e logo sentireis a alegria de sua presença; uma atmosfera de paz e de bênção vos envolverá; suaves consolações descerão para vós.

Em meio às provações, as verdades que acabamos de recordar não dispensam emoções e lágrimas; isso seria contra a natureza. Porém nos ensinam a não lamentar, a não permanecer abatidos sob o peso da dor e afastam de nós esses pensamentos nocivos de revolta, de desespero ou de suicídio que muitas vezes envolvem o cérebro dos descrentes. Se continuamos a chorar, é sem amargura e sem blasfêmia.

Mesmo quando se trata do suicídio de jovens arrebatados pelo ardor de suas paixões, diante da dor imensa de uma mãe, o Espiritismo não fica impotente. Ainda derrama a esperança nos corações desolados proporcionando-lhes, pela prece, pelo pensamento ardente, a possibilidade de aliviar essas almas que se situam nas trevas espirituais entre a Terra e o espaço, ou permanecem confinadas, por seus fluidos grosseiros, aos meios em que viveram. Atenua-lhes seu sofrimento ao lhes dizer que não há nada irreparável, nada de definitivo no mal; toda evolução entravada retoma seu curso quando o culpado resgata sua dívida à justiça.

Por toda parte e em tudo, a Doutrina Espírita nos oferece uma base, um ponto de apoio em que a alma pode tomar seu impulso para o futuro e se consolar com o presente pela perspectiva das coisas futuras. A confiança e a fé em nossos destinos projetam diante de nós uma luz que ilumina o sentido da vida, nos fixa o dever, engrandece nossa esfera de ação e nos ensina a agir com os outros. Sentimos que há no universo uma força, um poder, uma sabedoria incomparáveis; mas também que nós mesmos fazemos parte dessa força e desse poder de que descendemos.

Compreendemos que os designios de Deus sobre nós, seu objetivo, tudo tem princípio e origem em seu amor. Em todas as coisas Deus quer nosso bem e o persegue por caminhos ora claros, ora misteriosos, mas constantemente apropriados às nossas necessidades. Se nos separa daqueles que amamos, é para nos tornar mais vivas as alegrias do retorno. Se permite as decepções, os abandonos, as doenças, os reveses, é a fim de nos obrigar a despregar a vista da Terra e elevá-la para Ele, a procurar alegrias superiores àquelas que podemos provar neste mundo.

O universo é justiça e amor; na espiral infinita das ascensões, a soma dos sofrimentos, divina alquimia, converte-se, lá em cima, em ondas de luz e em feixes de felicidade.

Não tendes notado, ao fim de algumas dores, um sabor particular e renovador em que não há como deixar de reconhecer uma intervenção benfazeja? Algumas vezes a alma atingida vê brilhar uma claridade desconhecida, tanto mais viva quanto maior é o desastre. Com um único golpe, a dor faz com que nos elevemos a tais alturas que seria preciso muitos e muitos anos de estudo e esforço para atingi-las.

Não posso resistir ao desejo de citar dois exemplos, entre muitos outros que me são conhecidos. Trata-se de dois homens que depois se tornaram meus amigos, pais de duas maravilhosas meninas que eram toda a sua alegria neste mundo, e que a morte arrebatou brutalmente em alguns dias. Um é oficial superior na Região do Leste. Sua filha mais velha possuía todos os dons da inteligência e da beleza. De um caráter sério, desprezava voluntariamente os prazeres de sua idade e tomava parte nos trabalhos de seu pai, escritor, militar e publicista de talento. O pai havia-lhe dedicado uma afeição que ia até o culto. Em pouco tempo, uma doença sem remédio arrebatou a garota à ternura dos que a amavam. Entre os seus papéis foi encontrado um caderno de notas com o seguinte título: "Para meu pai quando eu já não existir!" Embora gozasse de perfeita saúde no momento em que traçara essas palavras, tinha o pressentimento de sua morte próxima e dirigia a seu pai consolações comovedoras. Graças a um livro que descobriu entre os pertences da filha, entramos em relação. Pouco a pouco, ao proceder com método e persistência, tornou-se médium vidente, e hoje possui não somente a graça de estar iniciado nos mistérios da sobrevivência da alma, mas também a de rever muitas vezes a filha perto de si e de receber os testemunhos de seu amor. O Espírito de Yvonne – esse era o seu nome – se comunica igualmente com o seu noivo e com um de seus primos, oficial subalterno no regimento de seu pai. Essas manifestações se completam e se confirmam umas pelas outras e são também percebidas por dois animais domésticos, conforme o atestam as cartas do general[2].

O segundo caso é o de M. Debrus, comerciante de Valence. Sua única filha, Rose, nascida muitos anos depois do casamento, era ternamente amada. Todas as esperanças do pai e da mãe repousavam na querida filha. Mas, aos 12 anos, a menina foi bruscamente atacada por uma meningite aguda que a levou. O desespero dos pais foi inexplicável e a ideia do suicídio perseguiu, mais de uma vez, o espírito do pobre pai. Recobrou, porém, ânimo devido a alguns conhecimentos do Espiritismo e teve a alegria de tornar-se médium. Hoje, comunica-se sem intermediário, livremente e com segurança com sua filha. Ela intervém frequentemente na vida íntima dos seus e produz às vezes, ao redor deles, fenômenos luminosos e de grande intensidade.

Ambos pouco sabiam das coisas do além e viviam numa indiferença total a respeito dos problemas da vida futura e do destino. Agora tudo se esclarece aos seus olhos. Após ter sofrido, foram consolados e consolam os outros por sua vez, trabalhando para difundir a verdade em volta de si, impressionando todos os que deles se aproximam, pela elevação de seus conceitos e pela firmeza de suas convicções. Sua filha voltou transfigurada e radiante. E eles chegaram a compreender por que Deus os havia separado e como lhes prepara uma vida comum na luz e na paz do espaço. Eis a obra da dor!

Para o materialista, dissemos, não há explicação para o enigma do mundo, nem para o problema da dor. Toda a magnífica evolução da vida, todas as formas de existência e de beleza lentamente desenvolvidas no decorrer dos séculos, tudo

---

2 Essas cartas estão publicadas no *L'au-delà et la survivance de l'être* (*O além e a sobrevivência do ser*).

isso, a seus olhos, é a resultante do capricho de um acaso cego e não tem outra destinação além do nada. No final dos tempos, será como se a humanidade nunca houvesse existido. Todos os esforços que tenha feito para se elevar a um estado superior, todas as suas queixas, sofrimentos, misérias acumuladas, tudo desaparecerá como uma sombra, tudo terá sido inútil e em vão.

Mas, em vez dessa teoria da esterilidade e do desespero, nós, que temos a certeza da vida futura e do mundo espiritual, vemos no universo o imenso laboratório onde se afina e se purifica a alma humana, pelas existências alternativamente celestes e terrestres. O objetivo das últimas é um só: a educação das inteligências associadas aos corpos. A matéria é um instrumento de progresso. O que chamamos mal, dor, é apenas um modo de elevação.

O eu é algo odioso, tem-se dito. Entretanto, permita-me uma confissão. Cada vez que o anjo da dor me tocou com as suas asas, senti agitarem-se em mim potências desconhecidas; ouvi vozes interiores entoarem o cântico eterno da vida e da luz. E agora, após ter compartilhado de todos os males de meus companheiros de viagem, abençoo o sofrimento; foi ele que harmonizou meu ser; proporcionou-me um julgamento mais seguro, um sentimento mais preciso das altas verdades eternas. Minha vida foi mais de uma vez sacudida pela infelicidade, como o carvalho pela tempestade; mas nenhuma prova deixou de me ensinar um pouco mais a adquirir maior conhecimento de mim.

Chega a velhice. O fim de minha obra aproxima-se. Após 50 anos de estudos, de trabalhos, de meditação, de experiências, é doce para mim poder afirmar a todos os que sofrem, a todos os aflitos deste mundo, que há no universo uma justiça infalível. Nenhum de nossos males é inútil; não há dor sem compensação, trabalho sem proveito. Todos marchamos em meio às instabilidades e lágrimas para um objetivo grandioso, fixado por Deus, e temos ao nosso lado um guia seguro, um conselheiro invisível para nos sustentar e consolar.

Homem, meu irmão, aprende a sofrer, porque a dor é santa! É o mais nobre agente da perfeição. Penetrante e fecunda, é indispensável à vida de todo aquele que não queira permanecer petrificado no egoísmo e na indiferença. É uma verdade filosófica: Deus envia o sofrimento aos que ama. "Sou escravo, aleijado" – dizia Epicteto – "um outro Irus[3] na pobreza e na miséria e, todavia, amado por Deus."

Aprende a sofrer! Não te direi: procura a dor. Mas, quando ela parecer inevitável em teu caminho, acolhe-a como a um amigo, aprende a conhecê-la, a apreciar sua beleza austera, a entender-lhe os ensinamentos secretos. Estuda sua obra oculta; em vez de te revoltares contra ela ou de permaneceres abatido, inerte e cego sob sua ação, associa tua vontade, teu pensamento ao objetivo que ela traz, procura retirar de sua passagem, pela tua vida, toda lição que pode oferecer a teu espírito e a teu coração.

Esforça-te para seres, a teu modo, um exemplo para os outros; por tua atitude no sofrimento, tua aceitação voluntária e corajosa, tua confiança no futuro, torna-o mais aceitável aos olhos dos outros.

Numa palavra, faze a dor mais bela. A harmonia e a beleza são leis universais e, nesse conjunto, a dor tem seu papel estético. Seria pueril praguejar contra esse elemento necessário à beleza do mundo. Exaltemo-la antes com compreensão e esperanças mais altas! Vejamos nela o remédio supremo para todos os vícios, todas as decadências, todas as quedas!

Vós todos que andais vergados sob o fardo das provas ou que chorais no silêncio, aconteça o que acontecer, nunca vos desespereis. Lembrai-vos de que nada acontece em vão nem sem causa. Quase todas as nossas dores vêm de nós mesmos, de nosso passado, e nos abrem os caminhos do céu. O sofrimento é um iniciador e um mestre. Ele nos revela o sentido grave, o lado sério e imponente da nossa existência, que não é uma comédia frívola, mas antes uma tragédia

---

3 Irus ou Iro: personagem muito pobre da *Odisseia*, de Homero, em que são narradas as aventuras do herói grego Ulisses (N.E.).

dolorosa; é a luta para a conquista da vida espiritual, e, nessa luta, o que há de maior é a resignação, a paciência, a firmeza, o heroísmo. No fundo, as lendas alegóricas de Prometeu, dos Argonautas, de Niebelungen[4], os mistérios sagrados do Oriente não têm outro sentido.

Um instinto profundo faz admirar aqueles cuja existência é apenas um combate perpétuo contra a dor, um esforço constante para escalar as íngremes ladeiras que conduzem aos cumes luminosos, aos tesouros inviolados. E não admiramos somente o heroísmo, as ações que provocam o entusiasmo das multidões, mas é admirável também a luta obscura e oculta contra as privações, a doença, a miséria, contra tudo o que nos escraviza aos laços materiais e às coisas transitórias.

Orientar as vontades; temperar os caracteres para o combate da vida; desenvolver a força da resistência; afastar da alma da criança tudo o que pode enfraquecê-la; elevar o ideal a um nível superior de força e de grandeza: eis o que a educação moderna deveria adotar por objetivo essencial. Mas, em nossa época, perdemos o hábito das lutas morais, enquanto se exaltam os prazeres do corpo. Assim, a sensualidade extravasa em nossos dias, os caracteres se deprimem, a decadência social se acentua.

Ergamos o coração, os pensamentos, as vontades! Abramos nossa alma aos grandes sopros do espaço! Levantemos nossos olhares para o futuro sem limites; lembremo-nos de que esse futuro nos pertence: nossa tarefa é conquistá-lo.

Vivemos em tempos de crise. Para que as inteligências se abram às novas verdades, para que os corações falem, serão necessários avisos ruidosos. Serão necessárias as duras lições do sofrimento. Conheceremos dias sombrios e períodos difíceis. A infelicidade deve reaproximar os homens. Só se sentirão verdadeiramente irmãos pela dor.

Parece que a sociedade humana segue um caminho margeado de precipícios. O alcoolismo, a imoralidade, o suicídio,

4 Prometeu: lenda da mitologia grega que exalta a coragem e a esperança; Argonautas: também da mitologia grega, exalta o heroísmo; Niebelungen: lenda germânica que exalta o perdão (N.E.).

o crime, vícios de toda ordem exercem seus estragos. A cada instante, escândalos surgem, despertando curiosidades malfazejas, remexendo o lodo em que fermentam corrupções. O pensamento rasteja sem se elevar. Também a alma da França, que tantas vezes foi o símbolo dos povos, o seu guia na vida sagrada, essa sofre por sentir que vive em um corpo viciado.

Alma viva da França, liberta-te desse envoltório corroído, evoca as grandes lembranças, os altos pensamentos, as inspirações sublimes de teu gênio! Pois teu gênio não está morto; dormita. Amanhã, se levantará!

A decomposição precede a renovação. Da fermentação social pode vir uma nova vida, mais pura e mais bela. Sob o influxo da ideia nova, a sociedade encontrará a crença e a confiança. Ela se revelará maior e mais forte para realizar sua obra neste mundo!

9 – PROFISSÃO DE FÉ DO SÉCULO 20

No ponto de evolução a que o pensamento humano chegou; considerando do alto os sistemas filosóficos e religiosos, o problema formidável do ser, do universo e do destino, em que palavras poderiam se resumir às noções adquiridas; numa palavra, qual poderia ser o *Credo* filosófico do século 20?

Já tentei resumir no livro *Depois da morte*, de maneira conclusiva, os princípios essenciais do Espiritismo. Se dermos a esse trabalho uma outra forma, ao adotar por base, como o fez Descartes[1], a própria noção do ser pensante, mas desenvolvendo-a e ampliando-a, poderemos dizer:

1. O primeiro princípio do conhecimento é a ideia do Ser (Inteligência e Vida). A ideia do ser impõe-se: Eu sou! Essa afirmação é indiscutível. Não podemos duvidar de nós mesmos. Mas só essa ideia não é suficiente; ela deve se completar pela ideia da ação e da vida progressiva: Eu sou e quero ser, sempre mais e melhor!

O Ser, em seu eu consciente: a alma é a única unidade viva, a única mônada[2] indivisível e indestrutível da substância simples, que se procura em vão na matéria, porque existe apenas em nós mesmos. A alma permanece invariável em sua unidade, nas milhares de formas, nos milhares de corpos de carne que constrói e anima para as necessidades de sua evolução eterna; e sempre diferente pelas qualidades adquiridas e o progresso

---

1 René Descartes (1596-1650): filósofo francês. Revolucionou os princípios filosóficos com o seu "penso, logo existo", com base em que só se podem admitir como ideias certas as que a inteligência não pode separar do pensamento. Demonstrou filosoficamente a existência de Deus, de onde vêm todos os princípios morais e os racionais (N.E.).

2 Mônada: segundo o filósofo Leibniz, cada uma das substâncias simples e de número infinito, de natureza psíquica e que não têm qualquer relação umas com as outras, que se agregam harmoniosamente por predeterminação da divindade, constituindo as coisas de que a natureza se compõe (N.E.).

realizado, cada vez mais consciente e livre, na espiral infinita de suas existências planetárias e celestes.

2. Todavia, a alma só em metade pertence a si mesma. A outra metade pertence ao universo, ao todo do qual é parte. É por isso que só pode chegar ao inteiro conhecimento de si mesma estudando o universo.

A busca desse duplo conhecimento é a própria razão e o objetivo de sua vida, de todas as suas vidas, e a morte é apenas a renovação das forças vitais necessárias para uma nova etapa adiante.

3. O estudo do universo demonstra, a princípio, que uma ação superior, inteligente, soberana, governa o mundo.

O caráter essencial dessa ação, pelo próprio fato de que ela se perpetua, é a duração. Pela necessidade de ser absoluta, essa duração não saberia comportar limites: daí a eternidade.

4. A eternidade, viva e ativa, implica o ser eterno e infinito: Deus, causa primeira, princípio gerador, origem de todos os seres. Dizemos eterno e infinito, porque o ilimitado na duração implica matematicamente o ilimitado na extensão.

5. A ação infinita é ligada às necessidades da duração. Acontece que onde há ligação, relação, há lei.

A lei do universo é a conservação, é a ordem e a harmonia. Da ordem resulta o bem; da harmonia resulta a beleza.

O objetivo mais elevado do universo é a beleza, sob todos os seus aspectos: material, intelectual, moral. A justiça e o amor são seus meios. A beleza, em sua essência, é inseparável do bem e ambas, por sua estreita união, constituem a absoluta verdade, a suprema inteligência, a perfeição!

6. O objetivo da alma, em sua evolução, é atingir e realizar nela e ao redor dela, no decurso dos tempos e estações ascendentes do universo, pela expansão dos poderes que possui em gérmen, essa noção eterna do belo e do bem, que exprime a ideia de Deus, a própria ideia de perfeição.

7. Da lei de ascensão, bem entendida, resulta a explicação de todos os problemas do ser: a evolução da alma, que recebe, primeiramente, pela transmissão atávica[3], todas as suas qualidades ancestrais, depois as desenvolve por sua própria ação para acrescentar a elas qualidades novas; a liberdade relativa do ser relativo no Ser absoluto; a lenta formação da consciência humana no decorrer dos séculos e seus desenvolvimentos sucessivos nos infinitos do futuro; a unidade da essência e da solidariedade eterna das almas em sua marcha para a conquista dos altos cimos.

---

3 Atávico: fator de caráter, tendência ou talento herdado de antepassado (N.E.).

10 – TESTEMUNHOS CIENTÍFICOS

Opinião do senhor William Crookes, célebre físico inglês que descobriu o Talium, fez conhecer o estado radiante, inventou o radiômetro, experimentou raios catódicos e facilitou o estudo dos raios X (tubos de Crookes):

"Estando certo da realidade dos fenômenos espíritas, seria uma covardia moral lhes recusar meu testemunho."

Após seis anos de experiência sobre o Espiritismo, seis anos durante os quais inventou numerosos aparelhos destinados seja para permitir um controle científico, seja para registrar os fenômenos, William Crookes disse o seguinte sobre os fatos espíritas:

"Não digo que isso é possível: digo que é."

Opinião do senhor Oliver Lodge, outro grande físico inglês, cujos trabalhos no domínio da eletricidade, notadamente a teoria dos íons, são conhecidos no mundo inteiro:

"Falando por minha conta e com todo o sentimento de minha responsabilidade, tenho a constatar que, como resultado de minha investigação no psiquismo, tenho gradualmente adquirido a convicção e estou agora convencido, após 20 anos de estudos, não somente que a continuação da existência pessoal é um fato, mas que uma comunicação pode, ocasionalmente, mas com dificuldade e em condições especiais, nos alcançar através do espaço. Esse assunto não é daqueles que permitem uma conclusão fácil; as provas podem ser adquiridas por aqueles que consagram a isso tempo e um sério estudo."

Prosseguindo em suas pesquisas, o mesmo sábio, que foi ao mesmo tempo reitor da Universidade de Birmingham e membro da Academia Real, ainda escreveu:

"Eu me afirmo espírita, pois tive de aceitar os fenômenos como realidade!"

Opinião do professor César Lombroso, da Universidade de Turin, o ilustre criminalista italiano que combateu por muito tempo as teorias espíritas, mas que acabou por concordar em estudá-las:

"Sou forçado a formular minha convicção de que os fenômenos espíritas são de uma importância enorme e que é dever da ciência dirigir sua atenção, sem prazo, sobre essas manifestações."

Esse sábio ainda emite um precioso testemunho:

"Trata-se do Espiritismo de fraude, o que dispensa atenções. Estou confuso por ter combatido a possibilidade dos fenômenos espíritas."

Opinião do naturalista Russel Wallace, que era tão renomado quanto Darwin e presidente da Sociedade Inglesa de Antropologia:

"Eu era um materialista tão completo e tão convencido que não podia abrigar em meu espírito nenhum lugar para uma existência espiritual. Mas os fatos são coisas teimosas e eles me venceram. Os fenômenos espíritas são tão provados quanto os fatos de todas as outras ciências."

Opinião de Camille Flammarion, célebre astrônomo francês: "Não hesito em dizer que aquele que declara os fenômenos espíritas contrários à ciência não sabe do que fala. De fato, na natureza não há nada de oculto, de sobrenatural, há o desconhecido; mas o desconhecido de ontem se torna a verdade de amanhã."

No terceiro volume de sua grande obra, *A morte e seu mistério*, ele conclui nesses termos: "A alma sobrevive ao organismo físico e pode se manifestar após a morte".

Ao terminar a leitura deste livro, provavelmente você ficou com algumas dúvidas e perguntas a fazer, o que é um bom sinal. Sinal de que está em busca de explicações para a vida.

Todas as respostas de que você precisa estão nas Obras Básicas de Allan Kardec.

Se você gostou deste livro, o que acha de fazer com que outras pessoas venham a conhecê-lo também? Poderia comentá-lo com aquelas do seu relacionamento, dar de presente a alguém que talvez esteja precisando ou até mesmo emprestar àquele que não tem condições de comprá-lo. O importante é a divulgação da boa leitura, principalmente a literatura espírita. Entre nessa corrente!

NO INVISÍVEL
Léon Denis

Filosófico
Formato: 16x23cm
Páginas: 464

9 788592 793197

A mediunidade, desde épocas imemoriais, tem se mostrado um componente sempre presente na experiência humana. Sua manifestação, cada vez mais, ajuda o homem a compreender seu lugar no universo e a buscar respostas sobre o chamado mundo invisível, aquele que nos aguarda após a experiência física. Léon Denis, um dos autores clássicos do Espiritismo, utiliza a presente obra para tratar de questões relacionadas ao Espiritismo experimental, à mediunidade, a aparições de espíritos, além de muitos outros temas que despertam o interesse daqueles que querem estudar e entender as experiências mediúnicas.

 www.boanova.net

 www.facebook.com/boanovaed

 www.instagram.com/boanovaed

 www.youtube.com/boanovaeditora

EDICEL®

Entre em contato com nossos consultores e confira as condições
Catanduva-SP 17 3531.4444 | boanova@boanova.net

JOANA D'ARC MÉDIUM

Léon Denis | Tradução: Guillon Ribeiro
Biografia | 16x23 cm | 288 páginas

Em qualquer obra na qual constem nomes de mulheres que mudaram a História, com certeza Joana d'Arc estará entre eles. Camponesa de família humilde, ela tinha visões e ouvia vozes, sen dotada de ostensiva mediunidade. Neste livro, a vida dessa notável médium é estudada em detalhes. Aos poucos, a cada página, o leitor vai entender e desmistificar fatos que foram tratados como bruxaria, tendo culminado com Joana na fogueira. Uma história empolgante, escrita de forma didática por Léos Deniz, uma das maiores autoridades no assunto.

 EDICEL®

Levamos o livro espírita cada vez mais longe!

 Av. Porto Ferreira, 1031 | Parque Iracema
CEP 15809-020 | Catanduva-SP

 www.**boanova**.net

 boanova@boanova.net

 17 3531.4444

 17 99257.5523

Siga-nos em nossas redes sociais.

@boanovaed   boanovaeditora

CURTA, COMENTE, COMPARTILHE E SALVE.
utilize #boanovaeditora

Acesse nossa loja   Fale pelo whatsapp